Οι θεσμοί του αυτοκεφάλου
και του αυτονόμου καθεστώτος
στην Ορθόδοξη Εκκλησία
(Μελέτες – Πηγές)

Κατασκευή Εξωφύλλου: Εκδόσεις Μέθεξις
Επιμ. Έκδοσης: Εκδόσεις Μέθεξις

© Copyright: Εκδόσεις Μέθεξις 2014
Κεραμοπούλου 5, Θεσσαλονίκη ΤΚ 546 22
Τηλ. - Fax: 2310-278301
e-mail: info@metheksis.gr
www.metheksis.gr

ISBN: 978-960-6796-67-8

Απαγορεύεται η ολική, μερική ή περιληπτική αναδημοσίευση, αναπαραγωγή ή διασκευή του περιεχομένου του παρόντος βιβλίου με οποιονδήποτε τρόπο χωρίς γραπτή άδεια του εκδότη.

Αριθμ. Έκδοσης 73

Αναστάσιος Βαβούσκος
Δρ. Εκκλησιαστικού Δικαίου
Νομικής Σχολής Α.Π.Θ.
Δικηγόρος

Γρηγόριος Λιάντας
Επίκουρος καθηγητής
Ανωτάτης Εκκλησιαστικής Ακαδημίας
Θεσσαλονίκης

Οι θεσμοί του αυτοκεφάλου και του αυτονόμου καθεστώτος στην Ορθόδοξη Εκκλησία

(Μελέτες – Πηγές)

Θεσσαλονίκη 2014

Περιεχόμενα

Πρόλογος 9

Μελέτες 13
1. Αναστάσιος Βαβούσκος
Οι θεσμοί του «αυτοκεφάλου» και του «αυτονόμου» καθεστώτος
κατά τους ιερούς κανόνες 15
   i. Εισαγωγικά 15
   ii. Οι έννοιες του «αυτοκεφάλου» και του «αυτονόμου» 16
   iii. Η κανονική θεμελίωση του αυτοκεφάλου και του αυτονόμου
   καθεστώτος 19
   iv. Συμπεράσματα 63
2. Γρηγόριος Λιάντας
Το Αυτοκέφαλο και το Αυτόνομο υπό το πρίσμα των Διορθόδοξων Σχέσεων 67
Βιβλιογραφία 78
Παράρτημα Κειμένων 81
α) Το αυτοκέφαλον και το αυτόνομον εν τη Ορθοδόξω Εκκλησία και
τρόπος ανακηρύξεως αυτών 83
β) Εγκριθέν κείμενο 109

Πηγές 113
I. Αυτοκέφαλες Εκκλησίες 115
1. Πατριαρχείο Ρωσίας 117
   α) Συνοδικό Χρυσόβουλλο ή Τόμος περί ανυψώσεως του Μητροπολίτη
   Μόσχας σε Πατριάρχη 117

β) Πράξη Συνοδική της Αγίας Μεγάλης Συνόδου της Κωνσταντινουπόλεως περί κυρώσεως της ανυψώσεως του Μητροπολίτη Μόσχας σε Πατριάρχη και αλλαγής της κατά τάξη θέσεως του Πατριαρχείου Μόσχας   119

γ) Επιστολή του Ρώσου Αυτοκράτορα Πέτρου του Α΄ προς τον Οικουμενικό Πατριάρχη Ιερεμία περί αποδόσεως ίσης τιμής στην Ιερά Σύνοδο της Εκκλησίας της Ρωσίας   126

δ) Απαντητική επιστολή του Οικουμενικού Πατριάρχη Ιερεμία προς τον Ρώσο Αυτοκράτορα Πέτρο τον Α΄ περί κηρύξεως της Ιεράς Συνόδου της Εκκλησίας της Ρωσίας ως ισότιμης προς τις συνόδους των άλλων Ορθοδόξων Αυτοκεφάλων Εκκλησιών   130

2. Πατριαρχείο Σερβίας   131

α) Πατριαρχικός και Συνοδικός Τόμος περί εσωτερικής διοικητικής αυτονομίας της Σερβικής Εκκλησίας με διατήρηση δικαιώματος εποπτείας από το Οικουμενικό Πατριαρχείο   131

β) Πατριαρχικός και Συνοδικός Τόμος περί παραχωρήσεως αυτοκεφάλου καθεστώτος στη Σερβική Εκκλησία   136

γ) Πατριαρχικός και Συνοδικός Τόμος περί ιδρύσεως της «Αυτοκεφάλου Ηνωμένης Ορθοδόξου Σερβικής Εκκλησίας του Βασιλείου των Σέρβων, Κροατών και Σλοβένων»   142

3. Πατριαρχείο Ρουμανίας   145

α) Πατριαρχικός και Συνοδικός Τόμος περί παραχωρήσεως αυτοκεφάλου καθεστώτος στη Ρουμανική Εκκλησία   145

β) Επιστολή προς την Εκκλησία της Ρουμανίας περί ανακοινώσεως προς αυτήν της αποφάσεως για την ανύψωση της σε Πατριαρχείο   149

γ) Απαντητική επιστολή του Προκαθημένου της Ρουμανικής Εκκλησίας για την ανύψωση αυτής σε Πατριαρχείο   151

4. Πατριαρχείο Βουλγαρίας   153

α) Πρωτόκολλον των Όρων περί άρσεως του Σχίσματος   153

β) Πατριαρχική και Συνοδική Πράξη περί άρσεως του Σχίσματος   156 γ) Πατριαρχικός και Συνοδικός Τόμος περί παραχωρήσεως αυτοκεφάλου καθεστώτος στη Βουλγαρική Εκκλησία   159

δ) Επιστολή προς την Εκκλησία της Βουλγαρίας περί ανακοινώσεως προς αυτήν της αποφάσεως για την ανύψωσή της σε Πατριαρχείο   162

5. Πατριαρχείο Γεωργίας   165

α) Πατριαρχικός και Συνοδικός Τόμος περί παραχωρήσεως αυτοκεφάλου καθεστώτος στην Εκκλησία της Γεωργίας   165

β) Πατριαρχική και Συνοδική Πράξη περί αποδόσεως της Πατριαρχικής Αξίας στον Προκαθήμενο της Αγιωτάτης Εκκλησίας της Γεωργίας   170

6. Εκκλησία Ελλάδος   173

α) Πατριαρχικός και Συνοδικός Τόμος περί ιδρύσεως «Αυτοκεφάλου Εκκλησίας της Ελλάδος»   173

β) Πατριαρχική και Συνοδική πράξη περί παραχωρήσεως στην Αυτοκέφαλη Εκκλησία της Ελλάδος των εκκλησιαστικών επαρχιών του Οικουμενικού Πατριαρχείου στην Επτάνησο   180

γ) Πατριαρχική και Συνοδική Πράξη περί παραχωρήσεως στην Αυτοκέφαλη Εκκλησία της Ελλάδος των εκκλησιαστικών επαρχιών του Οικουμενικού Πατριαρχείου στη Θεσσαλία και σε τμήμα της Ηπείρου   184

δ) Πατριαρχική και Συνοδική Πράξη περί παραχωρήσεως κατά τη διοίκηση στην Αυτοκέφαλη Εκκλησία της Ελλάδος των εκκλησιαστικών επαρχιών του Οικουμενικού Πατριαρχείου των λεγόμενων «Νέων Χωρών»   187

7. Εκκλησία Πολωνίας   193

α) Πατριαρχικός και Συνοδικός Τόμος περί παραχωρήσεως αυτοκεφάλου καθεστώτος στην Εκκλησία της Πολωνίας   193

β) Πατριαρχική και Συνοδική πράξη περί απονομής του τίτλου του Μακαριωτάτου στον Μητροπολίτη Βαρσοβίας και πάσης Πολωνίας   197

8. Εκκλησία Αλβανίας   199

Πατριαρχικός και Συνοδικός Τόμος περί παραχωρήσεως αυτοκεφάλου καθεστώτος στην Εκκλησία της Αλβανίας   199

9. Εκκλησία Τσεχίας και Σλοβακίας 203

    α) Πατριαρχική και Συνοδική Πράξη περί ιδρύσεως της Ορθόδοξης Αρχιεπισκοπής Τσεχοσλοβακίας και παραχωρήσεως σ' αυτήν αυτονόμου καθεστώτος 203

    β) Πατριαρχικός και Συνοδικός Τόμος περί παραχωρήσεως αυτοκεφάλου καθεστώτος στην Εκκλησία Τσεχίας και Σλοβακίας 208

II. Αυτόνομες Εκκλησίες 215

1. Εκκλησία Φιλανδίας 217

    α) Πατριαρχικός και Συνοδικός Τόμος περί ιδρύσεως της Ορθόδοξης Αρχιεπισκοπής Φιλανδίας και παραχωρήσεως σ' αυτήν αυτονόμου καθεστώτος 217

    β) Πατριαρχική και Συνοδική Πράξη περί ανυψώσεως των Επισκοπών Καρελίας και Ελσίγκυ στην τάξη και τιμή Μητροπόλεων 221

2. Εκκλησία Εσθονίας 223

    α) Πατριαρχικός και Συνοδικός Τόμος περί παραχωρήσεως αυτονόμου καθεστώτος στην Εκκλησία της Εσθονίας 223

    β) Πατριαρχική και Συνοδική Πράξη περί ενεργοποιήσεως του Πατριαρχικού και Συνοδικού Τόμου του 1923 227

Πρόλογος

Αφορμή για την έκδοση του παρόντος πονήματος αποτέλεσε η διαπίστωση ότι ελλείπει από τη βιβλιογραφία του Εκκλησιαστικού Δικαίου η συγκεντρωτική καταγραφή και παρουσίαση των αποφάσεων της Αγίας και Ιεράς Συνόδου του Οικουμενικού Πατριαρχείου περί παραχωρήσεως αυτοκεφάλου και αυτονόμου καθεστώτος σε εκκλησιαστικές περιφέρειές του, οι οποίες για συγκεκριμένους κάθε φορά λόγους ζήτησαν από τη Μητέρα Εκκλησία τη διοικητική ανεξαρτησία τους από αυτήν.

Οι αποφάσεις αυτές – είτε υπό τη μορφή Πατριαρχικού και Συνοδικού Τόμου είτε υπό τη Μορφή Πατριαρχικής και Συνοδικής Πράξεως – αποτυπώνουν την εξελικτική πορεία της διοικητικής ενότητας της Ορθόδοξης Εκκλησίας και αναδεικνύουν τον ρόλο του Οικουμενικού Πατριαρχείου ως θεματοφύλακα της ευλαβούς τηρήσεως των ιερών κανόνων και κατ' επέκτασιν και της κανονικότητας αλλά και της ενότητας εν γένει της καθόλου Ορθοδοξίας.

Σε κάθε μία εκ των αποφάσεων αυτών ο αναγνώστης μπορεί να διακρίνει ευχερώς την ακολουθούμενη παγίως δομή του κειμένου, η οποία περιλαμβάνει κατά σειρά:

α) την κατηγορηματική διακήρυξη της αναγκαιότητας της διατηρήσεως της πνευματικής ενότητας της Ορθόδοξης Εκκλησίας, β) την αποτύπωση του υποβληθέντος αιτήματος της αιτούσης καθεστώς διοικητικής αυτοτέλειας εκκλησιαστικής περιφέρειας,

γ) τη διαπίστωση ότι υφίστανται οι περιλαμβανόμενοι στο αίτημα λόγοι, που δικαιολογούν την παραχώρηση αυτοκεφάλου ή αυτονόμου καθεστώτος,

δ) τη σύζευξη της πνευματικής και διοικητικής ενότητας, παρά τη διάσπαση της τελευταίας μέσω της παραχωρήσεως αυτοκεφάλου ή αυτονόμου καθεστώτος και

ε) την ανακήρυξη του νέου καθεστώτος, αυτοκεφάλου ή αυτονόμου, με την ταυτόχρονη θέση των όρων, υπό τους οποίους αυτό παραχωρείται και των οποίων η τήρηση είναι επιβεβλημένη.

Όσον αφορά τη δομή της παρούσης εργασίας, κρίνεται σκόπιμο να σημειωθούν τα εξής:

Ως προς την επιλογή των αυτοκεφάλων και αυτονόμων Εκκλησιών, ελήφθη υπόψιν η ύπαρξη Πατριαρχικού και Συνοδικού Τόμου ή Πατριαρχικής και Συνοδικής Πράξεως περί παραχωρήσεως σ' αυτές αυτοκεφάλου ή αυτονόμου καθεστώτος. Για τον λόγο αυτό δεν περιλαμβάνονται στην παρούσα μελέτη:

α) τα Πρεσβυγενή Πατριαρχεία και η Εκκλησία της Κύπρου, καθόσον οι Εκκλησίες αυτές θεμελιώνουν τη διοικητική αυτοτέλεια τους απευθείας στους ιερούς κανόνες και

β) η Εκκλησία της Κρήτης, η οποία θεμελιώνει το νομοκανονικό καθεστώς της στην από 4 Αυγούστου 1900 Σύμβαση μεταξύ αφενός του Μητροπολίτη Κρήτης Ευμένιου Ξηρουδάκη, υπό την ιδιότητα του εκπροσώπου του Οικουμενικού Πατριαρχείου και αφετέρου του Συμβούλου Δικαιοσύνης της Αυτόνομης Κρητικής Πολιτείας Ελευθερίου Βενιζέλου, υπό την ιδιότητα του εκπροσώπου της Κρητικής Πολιτείας, στον ν. 276/1900 «Περί καταστατικού νόμου της εν Κρήτη Ορθοδόξου Εκκλησίας» και ήδη στον ν. 4149/1961 «Περί Καταστατικού Νόμου της εν Κρήτη Ορθοδόξου Εκκλησίας και άλλων τινών διατάξεων».

Η παρουσίαση των Τόμων και Πράξεων που αφορούν στις Αυτοκέφαλες Εκκλησίες γίνεται με κριτήριο τη σειρά με την οποία αυτές κατατάσσονται στον επίσημο ιστότοπο του Οικουμενικού Πατριαρχείου. Όσον αφορά τις αυτόνομες Εκκλησίες αυτές κατατάσσονται κατά χρονολογική σειρά, δηλαδή αναλόγως του έτους εκδόσεως της σχετικής αποφάσεως της Αγίας και Ιεράς Συνόδου του Οικουμενικού Πατριαρχείου περί παραχωρήσεως σ' αυτές αυτονόμου καθεστώτος.

Της παραθέσεως των κειμένων των Συνοδικών Τόμων και Πράξεων προηγούνται δύο εισαγωγικού χαρακτήρα μελέτες, εκ των οποίων η μεν πρώτη συνετάγη από τον Αναστάσιο Βαβούσκο και διαπραγματεύεται το ζήτημα της κανονικής θεμελιώσεως του αυτοκεφάλου και του αυτονόμου καθεστώτος η δε δεύτερη από τον Γρηγόριο Λιάντα και διαπραγματεύεται το ζήτημα του αυτοκεφάλου και του αυτονόμου καθεστώτος υπό το πρίσμα των διορθοδόξων σχέσεων.

Από τη θέση αυτή θα θέλαμε να εκφράσουμε τις θερμότατες ευχαριστίες μας στην Αυτού Θειοτάτη Παναγιότητα τον Αρχιεπίσκοπο Κωνσταντινουπόλεως, Νέας Ρώμης και Οικουμενικό Πατριάρχη κ.κ. Βαρθολομαίο και στην περί Αυτόν Αγία και Ιερά Σύνοδο για την παροχή τόσο της απαιτουμένης αδείας για έρευνα στο Αρχειοφυλάκιο του Οικουμενικού Πατριαρχείου όσο και της φιλοξενίας.

Ευχαριστίες οφείλουμε και στον Εκδοτικό Οίκο «Εκδόσεις Μέθεξις» για την επιμελημένη έκδοση του παρόντος.

Οι συγγραφείς

Μελέτες

Αναστάσιος Βαβούσκος

Οι θεσμοί του «αυτοκεφάλου» και του «αυτονόμου» καθεστώτος κατά τους ιερούς κανόνες

i. Εισαγωγικά

Οι θεσμοί του «αυτοκεφάλου» και του «αυτονόμου» καθεστώτος, καθώς και του πιο σύγχρονου «ημιαυτονόμου», εντός της Ορθόδοξης Εκκλησίας συνιστούν τρόπους διοικητικής οργανώσεως παγιωμένους όχι μόνο στη διοικούσα Εκκλησία αλλά και στη συνείδηση του πληρώματος αυτής.

Παρά ταύτα, οι δύο αυτοί θεσμοί, αν και δεν ρυθμίζονται στο Κανονικό Δίκαιο, είτε μέσω του καθορισμού του εννοιολογικού περιεχομένου τους είτε μέσω των προϋποθέσεων παραχωρήσεώς τους, θεμελιώνονται σ' αυτό μέσω:

α) των κανονικών διατάξεων που αφορούν στην αρμοδιότητα και ειδικότερα αυτών περί κανονικής δικαιοδοσίας των διοικητικών οργάνων της Εκκλησίας. Υπό την έννοια αυτή, το αυτοκέφαλο και το αυτόνομο ως μορφές διοικήσεως ανευρίσκονται σε κάθε επίπεδο κανονικής δικαιοδοσίας, δηλαδή Επισκοπής, Μητροπόλεως, Πατριαρχείου ή Αυτοκέφαλης Εκκλησίας και εξελίσσονται παραλλήλως με την προοδευτική σε διοικητικό επίπεδο διαρκή αναδιοργάνωση της Εκκλησίας.

β) Των κανονικών διατάξεων που προβλέπουν τη δημιουργία νέων εκκλησιαστικών περιφερειών μέσω της διασπάσεως υφισταμένων, είτε η διαδικασία αυτή προκαλείται με πρωτοβουλία της Εκκλησίας είτε συνιστά συνέπεια ή επακόλουθο ήδη ληφθείσης πρωτοβουλίας από την πολιτεία.

ii. Οι έννοιες του «αυτοκεφάλου» και του «αυτονόμου»

Το αυτοκέφαλο καθεστώς συνιστά εντός των κόλπων της Ορθόδοξης Εκκλησίας την πληρέστερη μορφή διοικητικής αυτοτέλειας και αυτενέργειας μιάς εκκλησιαστικής περιφέρειας.

Το καθεστώς αυτό παρουσιάζεται διαχρονικώς καταρχήν με τη μορφή της αυτοκέφαλης Εκκλησίας η οποία έχει δική της σύνοδο και δικό της Προκαθήμενο, τον οποίον εκλέγει η ίδια, όπως τα πέντε πρεσβυγενή Πατριαρχεία, η Εκκλησία της Κύπρου και μετέπειτα η Αρχιεπισκοπή Πρώτης Ιουστινιανής (Αχρίδος)[1]. Υπό αυτό το πρίσμα, ως αυτοκέφαλο καθεστώς θα νοηθεί η νομοκανονική εκείνη κατάσταση η οποία παρέχει στην Εκκλησία αυτή την εξουσία να ασκεί τα κανονικά δικαιώματα της εκλογής της διοικητικής της κεφαλής και της διοικήσεως και διαχειρίσεως των υποθέσεων της, μεταξύ των οποίων συγκαταλέγονται η χειροτονία των επισκόπων, η οικονομική διαχείριση, η εκδίκαση των κανονικών παραπτωμάτων, ανεξαρτήτως του τρόπου κτήσεως της ανεξαρτησίας της, δηλαδή δια πράξεως των εκκλησιαστικών αρχών ή της πολιτειακής εξουσίας[2].

Περαιτέρω, το καθεστώς αυτό παρουσιάζεται και με τη μορφή της αυτοκέφαλης επαρχίας εντός των γεωγραφικών ορίων μιας εκ των πέντε αυτοκεφάλων Εκκλησιών. Οι αυτοκέφαλες αυτές επαρχίες είναι: α) είτε Επισκοπές και Αρχιεπισκοπές οι οποίες τιμήθηκαν με το προνόμιο της Μητροπό-

---
1. Βλ. για την εκκλησιαστική αυτή περιφέρεια παρακάτω, σελ. 49 επ.
2. Πρβλ. G. Papathomas, Essai de Bibliographie (ad hoc) pour l' étude des questions de l'autocephalie, de l' autonomie et de la diaspora, Katerini: Editions Epektasis, 1998, 18-19.

λεως και για τον λόγο αυτό - ως πρώην Επισκοπές και Αρχιεπισκοπές - δεν είχαν δική τους σύνοδο, είτε Αρχιεπισκοπές χωρίς σύνοδο, αμφότερες, δε, υπήγοντο απευθείας στη δικαιοδοσία του Πατριάρχη – Προκαθημένου της αυτοκέφαλης εκκλησίας, στην οποία ανήκαν[3].

---

3. Βλ. Νείλου Δοξαπατρή, Τάξις των Πατριαρχικών Θρόνων, σε Ελληνική Πατρολογία, Τ. 132, 1088-1089, ο οποίος αναφερόμενος στην περιφέρεια του Πατριαρχείου Αντιοχείας σημειώνει: «Ἔχει δὲ καὶ μητροπόλεις ἄλλας ἡ Ἀντιόχεια, μὴ ἐχούσας ὑφ᾽ ἑαυτὰς ἐπισκόπους, αἵτινες εἰσι τὸν ἀριθμὸν ὀκτώ. Αὗται γὰρ ἐπισκοπαὶ ἦσαν πρότερον ὑποκείμεναι ἄλλαις μητροπόλεσιν, ἐτιμήθησαν εἶναι μητροπόλεις καὶ αὐταί, καὶ ὑποκεῖσθαι οὐχὶ μητροπολίταις, ἀλλ᾽ αὐτῷ τῷ πατριάρχῃ Ἀντιοχείας, καὶ εἶναι αὐτοκέφαλοι, ὡς αἱ λοιπαὶ μητροπόλεις. Διὸ καὶ διὰ τὸ εἶναι πρώην, ἐπισκοπαὶ οὐκ ἔχουσιν ὑφ᾽ ἑαυτὰς ἐπισκόπους, ὡς αἱ παλαιαὶ μητροπόλεις. Εἰσίν οὖν αἱ ὀκτὼ αὗται μητροπόλεις· α΄. Βηρυτοῦ, β΄. Ἠλιουπόλεως, ἥτις ἀπεσπάσθη τοῦ θρόνου Δαμασκοῦ, γ΄. Λαοδικείας, δ΄. Σαμοσάτων, ε΄. Μαρτυρουπόλεως, στ΄. Μοψουεστίας, ζ΄. Ἀδάνας, η΄. Πομπηΐου πόλεως... Ἔτι ἔχει (εννοείται το Πατριαρχείο Αντιοχείας) καὶ ἀρχιεπισκοπὰς λιτὰς καὶ ἐλευθέρας πέντε· α΄. τὴν Σαλαμίων, β΄. τὴν Βέρκον, γ΄. τὴν Ρασᾶν, δ΄. τὴν Ἀγάθην· ε΄. τὴν Βαρκουσῶν. Αὗται μὲν πᾶσαι αἱ ἐκκλησίαι ὑπόκεινται τῷ θρόνῳ Ἀντιοχείας, διὰ τὸ καὶ πολλὰς ἐπαρχίας καὶ χώρας ἔχειν ὑφ᾽ ἑαυτῇ, ὡς εἴπομεν». Επίσης αναφερόμενος στο Πατριαρχείο Αλεξανδρείας (σελ. 1089) σημειώνει: «Εἰσὶ δὲ λοιπαὶ πέντε μητροπόλεις αὐτῆς οὐκ ἔχουσαι ἐπισκοπὰς ὑφ᾽ ἑαυτάς. Εἰσὶ δὲ αὗται ἡ Δαμιάτα, ἡ Σιάτα, ἡ τῆς Ἐρυθρᾶς Θαλάσσης, ἡ Φαράν, καί ἡ Ἄρη, ὁμοῦ δεκατρεῖς». Περαιτέρω, αναφερόμενος στο Πατριαρχείο Ιεροσολύμων (σελ. 1093-1096) σημειώνει: «Ἔχει δὲ καὶ αὐτοκεφάλους ἐπισκοπὰς εἴκοσι πέντε, μὴ ἐχούσας ὑφ᾽ ἑαυτὰς ἐπισκοπάς, ὑπόκεινται δὲ τῷ θρόνῳ τῶν Ἱεροσολύμων, α΄. τὴν Διοσπόλεως, ἤτοι Γεωργίου πόλεως, β΄. τὴν Ἀσκάλωνος, γ΄. τὴν Ἰόππης, δ΄. τὴν Γάζης, ε΄. τὴν Ἀνθηδόνος, στ΄. τὴν Διοκλητιανουπόλεως, ζ΄. τὴν Ἐλευθερουπόλεως, η΄. τὴν Νεαπόλεως, θ΄. τὴν Σεβαστῆς, ι΄. τὴν Ἰορδάνου, ια΄. τὴν Τιβεριάδος, ιβ΄. τὴν Διοκαισαρείας, ιγ΄. τὴν Μαξιμιανουπόλεως, ιδ΄. τὴν Καπιτωλιάδος, ιε΄. τὴν Μύρου, ιστ΄. τὴν Γαδάρου, ιζ΄. τὴν Ναζαρέτ, ιη΄. τὴν Θαβωρίου, ιθ΄. τὴν Κυριακουπόλεως, κ΄. τὴν Ἀδρίας, κα΄. τὴν Γαβάλων, κβ΄. τὴν Αἰλίας, κγ΄. τὴν Φαρᾶς, κδ΄. τὴν Ἐλενουπόλεως, κε΄. τὴν ὄρους Σινᾶ». Τέλος, αναφερόμενος στις επαρχίες του Οικουμενικού Πατριαρχείου (σ. 1109) περιλαμβάνει μεταξύ των μητροπόλεων του την επισκοπή Κατάνης της μητροπόλεως Συρακούσης Σικελίας, διότι προβιβάσθηκε τιμής ένεκεν για τον Άγιο Λέοντα, επίσκοπο Κατάνης: «...μστ΄. Ἡ Κατάνη ἐπισκοπὴ οὖσα Συρακούσης, τιμηθεῖσα δὲ διὰ τὸν ἅγιον Λέοντα» και καταγράφει τις Αρχιεπισκοπές που υπόκεινται στην κανονική δικαιοδοσία του Οικουμενικού Πατριαρχείου και οι οποίες δεν έχουν οικεία σύνοδο ούτε υπόκεινται σε κάποιο εκ των μητροπολιτών του Οικουμενικού Πατριαρχείου: «Καὶ αἱ ἀρχιεπισκοπαὶ αἱ ὑποκείμεναι τῷ θρόνῳ Κωνσταντινουπόλεως, καὶ μηδενὶ μητροπολίτῃ ὑποκείμεναι μήτε ἔχουσαι ὑφ᾽ ἑαυτὰς ἐπισκοπάς, αἱ πᾶσαι τὸν ἀριθμὸν εἰσὶν αὐταί· α΄. ἡ Βιζύη, β΄. ἡ Λεοντόπολις, γ΄. τὸ Πάρειον, δ΄. ἡ Προκόνησος, ε΄. ἡ Κίος, στ΄. ἡ Ἄσπρος, ζ΄. ἡ Κύψελα, η΄. ἡ Ψίκη, θ΄. ἡ Νεάπολις, ι΄. ἡ Σέλγη, ια΄. ἡ Χερσών, ιβ΄. ἡ Μέσην,

Τέλος, συναντάται και η περίπτωση της αυτοκέφαλης επαρχίας η οποία δεν υπάγεται στη δικαιοδοσία κανενός εκ των πέντε πρεσβυγενών Πατριαρχείων, όπως η Μητρόπολη Δαδήμων της Επαρχίας της Τετάρτης Αρμενίας της άλλης, η οποία κατέστη αυτοκέφαλη και ανεξάρτητη από τα πέντε πρεσβυγενή Πατριαρχεία, τιμής ένεκεν για τον Άγιο Γρηγόριο Αρμενίας[4].

Ελάσσονος και όχι ήσσονος μορφής καθεστώς διοικητικής αυτοτέλειας συνιστά το αυτόνομο καθεστώς, υπό την ισχύ του οποίου μία τοπική Εκκλησία έχουσα δική της σύνοδο δύναται κανονικώς να διαχειρίζεται τις υποθέσεις της, εξαιρουμένης της περιπτώσεως της εκλογής της διοικητικής κεφαλής της, καθόσον αυτή διεκπεραιώνεται μεν από την τοπική Εκκλησία, επικυρώνεται δε από τον οικείο Πατριάρχη[5]. Χαρακτηριστικές περιπτώσεις αυτονόμου διοικητικού καθεστώτος συνιστούν οι Εκκλησίες της Εσθονίας και της Φιλανδίας, των οποίων οι επικεφαλής –ο Αρχιεπίσκοπος Καρελίας και πάσης Φιλανδίας και ο Μητροπολίτης Ταλλίνης και πάσης Εσθονίας αντιστοίχως– εκλέγονται μεν από τις τοπικές συνόδους των δύο αυτών Εκκλησιών, η επικύρωση όμως της εκλογής ανήκει στον Οικουμενικό Πατριάρχη[6]. Κατά τα λοιπά, και στο νομοκανονικό αυτό καθεστώς δεν θίγεται η πνευματική ενότητα με τις υπόλοιπες τοπικές Ορθόδοξες Εκκλησίες.

ιγ.΄ ἡ Γαρέλα, ιδ.΄ ἡ Βρύσις, ιε.΄ ἡ Δέρκους, ιστ.΄ ἡ Καραζύη, ιζ.΄ ἡ Λῆμνος, ιη.΄ ἡ Λευκάς, ιθ.΄ ἡ Μίσθεια, κ.΄ ἡ Πιδαχθόη, κα.΄ ἡ Πέρμη, κβ.΄ ἡ Βόσπορος, κγ.΄ ἡ Κοτραβία, κδ.΄ αἱ Κόρδαι, κε.΄ ἡ Κάρπαθος, κστ.΄ ἡ Κοτρώ, κζ.΄ τὸ Ρύζεον, κη.΄ ἡ Γοτθία, κθ.΄ ἡ Σουγδία, λ.΄ αἱ Φοῦλλοι, λα.΄ Αἴγινα, λβ.΄ τὰ Φάρσαλα, λγ.΄ ἡ Ἀγχίαλος, λδ.΄ τοῦ Ἡρακλείου. Αὗται πᾶσαι αἱ πόλεις καὶ ἐπαρχίαι τοῦ θρόνου Κωνσταντινουπόλεως».
4. Βλ. Τάξις πρωτοκαθεδρίας Πατριαρχῶν ἀπό τόν Λέοντα ΣΤ΄ τόν Σοφό μέχρι τόν Ἀνδρόνικο Παλαιολόγο, σε Ἑλληνική Πατρολογία, Τ. 107, 349: «Ἐπαρχία Τετάρτη Ἀρμενίας ἄλλη· Δαδήμων, νῦν μητρόπολις, Ἀρμουσάτων, Πολίχνη Χοζάνων, Χοζομάχων, Κιθαριζῶν, Μερτικέρτων, Κάστρον Βαιουλοῖος, Κάστρον Πολιός, Κάστρον Ἀρδῶν, Κλίμα Σοφηνῆς, Κλίμα Ἀνζιτινῆς, Κλίμα Διγισηνῆς, Κλίμα Γαρηνῆς, Κλίμα Ὀρζιακινῆς, Κλίμα Βιλαβιτηνῆς, Κλίμα Ἀστιανικῆς, Κλίμα Μαμουζουρῶν. Χρή εἰδέναι ὅτι αὕτη αὐτοκέφαλος ἐστί, μὴ τελοῦσα ὑπὸ Ἀποστολικὸν θρόνον· ἀλλά τιμηθεῖσα διὰ τὸν ἅγιον Γρηγόριον Ἀρμενίας ἔχουσα πόλεις καὶ κάστρα διακόσια».
5. Πρβλ. G. Papathomas, ὁ.π., (σημ. 2), 25.
6. Βλ. σχετ. τον όρο δ΄ της Πράξεως παραχωρήσεως αυτονόμου καθεστώτος της Ἀρχιεπι-

Ειδική μορφή αυτονόμου καθεστώτος αποτελεί το ημιαυτόνομο καθεστώς. Το καθεστώς αυτό παρέχει στην τοπική Εκκλησία έτι περαιτέρω μειωμένη διοικητική αυτοτέλεια, αφού υπό την ισχύ αυτού η τοπική Εκκλησία διαχειρίζεται τις υποθέσεις της μέσω των αποφάσεων της συνόδου της, εκλέγει και τους επικεφαλής των εκκλησιαστικών περιφερειών της· η αρμοδιότητα εκλογής της διοικητικής κεφαλής αυτής όμως ανήκει στον οικείο Πατριάρχη ο οποίος έχει το δικαίωμα μετά της συνόδου αυτού να παρεμβαίνει σε σημαντικά θέματα της τοπικής αυτής Εκκλησίας. Από αυτό το καθεστώς διέπεται η Αρχιεπισκοπή Κρήτης, η οποία εξαρτάται κανονικώς από το Οικουμενικό Πατριαρχείο[7]. Η εκλογή του Αρχιεπισκόπου Κρήτης διενεργείται από την Αγία και Ιερά Σύνοδο του Οικουμενικού Πατριαρχείου[8], η διαχείριση των υποθέσεων της τοπικής Εκκλησίας ανήκει στην αρμοδιότητα της συνόδου της[9], καθώς και η εκλογή των επισκόπων της[10], αλλά όταν πρόκειται περί συγχωνεύσεως ή επανασυστάσεως Επισκοπών ή περί μεταθέσεως έδρας Επισκοπής ή περί παραιτήσεως ή παύσεως Επισκόπου, η απόφαση της συνόδου έχει γνωμοδοτικό χαρακτήρα και υπόκειται στην έγκριση του Οικουμενικού Πατριαρχείου[11]. Πάντως, και στο καθεστώς αυτό, η πνευματική ενότητα της ημιαυτόνομης Εκκλησίας με τις λοιπές τοπικές Εκκλησίες παραμένει αμετάβλητη και ανεπηρέαστη.

iii. Η κανονική θεμελίωση του αυτοκεφάλου και του αυτονόμου καθεστώτος

α) Κατά πρώτο λόγο, τα δύο αυτά καθεστώτα βρίσκουν έρεισμα στις διατάξεις των ιερών κανόνων περί κανονικής δικαιοδοσίας.

σκοπής Καρελίας και πάσης Φιλανδίας και επίσης τον όρο δ΄) της Πράξεως παραχωρήσεως αυτονόμου καθεστώτος της Μητροπόλεως Ταλλίνης και πάσης Εσθονίας.
7. Βλ. άρθρο 1 του Καταστατικού Χάρτη της Εκκλησίας της Κρήτης.
8. Βλ. άρθρο 19 του Καταστατικού Χάρτη της Εκκλησίας της Κρήτης.
9. Βλ. άρθρο 4 του Καταστατικού Χάρτη της Εκκλησίας της Κρήτης.
10. Βλ. άρθρα 22 και 23 του Καταστατικού Χάρτη της Εκκλησίας της Κρήτης.
11. Βλ. άρθρο 10 περιπ. 4 και 5 του Καταστατικού Χάρτη της Εκκλησίας της Κρήτης.

Ο όρος «κανονική δικαιοδοσία» προσδιορίζει τα ευρύτερα όρια εντός των οποίων το εκκλησιαστικό όργανο, μονοπρόσωπο ή συλλογικό, ασκεί τις εξουσίες του, όπως αυτές απορρέουν από τους ιερούς κανόνες και οριοθετείται από δύο στοιχεία: το στοιχείο της κατά τόπο αρμοδιότητας και το στοιχείο της κατά πρόσωπο αρμοδιότητας[12].

Ειδικότερα, με βάση το στοιχείο της κατά τόπο αρμοδιότητας, η κανονική δικαιοδοσία συνέχεται αμέσως με μια συγκεκριμένη γεωγραφική περιφέρεια εντός της οποίας και ασκείται. Τα όρια της περιφέρειας αυτής είναι κοινά και ταυτόσημα τόσο για τη διοικητική – πολιτική περιφέρεια όσο και για την εκκλησιαστική περιφέρεια. Το φαινόμενο δε αυτό της ταυτίσεως γεωγραφικών ορίων πολιτικής και εκκλησιαστικής περιφέρειας παρατηρήθηκε από τα πρώτα στάδια της θεμελιώσεως του οργανωτικού πλαισίου της Εκκλησίας, καθόσον η Εκκλησία μη έχοντας – ως νέος Οργανισμός – προγενέστερα πρότυπα διοικητικής οργανώσεως και αναζητώντας λύσεις, προκειμένου να αντιμετωπίσει τις ταχέως αυξανόμενες ανάγκες της από την ραγδαία εξάπλωσή της, χρησιμοποίησε την οργανωτική βάση και δομή της αυτοκρατορίας[13].

Περαιτέρω, αυτή η διασύνδεση της κανονικής δικαιοδοσίας με την εδαφικότητα αποτυπώθηκε από τους Πατέρες της Εκκλησίας και στους ιερούς κανόνες με δύο τρόπους: 1) με τη μορφή της σαφούς οριοθετήσεως και κατοχυρώσεως της ασκουμένης εξουσίας εντός καθορισμένων γεωγραφικών ορίων[14] και 2) με τη μορφή της απαγορεύσεως υπερβάσεως των ορίων αυτών

---

12. Βλ. εκτενέστερα Α. Βαβούσκος, Θεμελιώδεις αρχές της Εκκλησιαστικής Δικονομίας της Εκκλησίας της Ελλάδος: η αρχή της εξασφαλίσεως της ανεξαρτησίας και της αμεροληψίας των οργάνων απονομής της εκκλησιαστικής δικαιοσύνης (διδ. διατριβή), εκδ. Εταιρείας Μακεδονικών Σπουδών, Θεσσαλονίκη 2003, 215επ.
13. Το γεγονός αυτό έλαβε και μορφή κανονικού χαρακτήρα δεσμεύσεως με τη θέσπιση του 38ου κανόνα της Πενθέκτης Οικουμενικής συνόδου (βλ. το κείμενο του κανόνα σε Γ. Ράλλη–Μ. Ποτλή, Σύνταγμα των Θείων και Ιερών Κανόνων, Τ. I–VI, εκ τυπογραφίας Γ. Χαρτοφύλακος Αθήνησι 1852-1859 (εφεξής:Σύνταγμα) και ειδικότερα Σύνταγμα, ΙΙ, 393, όπως θα δούμε παρακάτω.
14. Βλ. σχετ.:
α) 34ο των Αποστόλων (Σύνταγμα, ΙΙ, 45): «... · ἐκεῖνα δὲ μόνα πράττειν ἕκαστον, ὅσα

μέσω της αναμείξεως στις υποθέσεις άλλης εκκλησιαστικής περιφερείας[15], με βασικό άξονα και στις δύο περιπτώσεις το δίκαιο των χειροτονιών, το οποίο

τῷ αὐτοῦ παροικίᾳ ἐπιβάλλει, καὶ ταῖς ὑπ' αὐτὸν χώραις».
β) 6ο τῆς Α΄ Οἰκουμενικῆς συνόδου (Σύνταγμα, ΙΙ, 128): «Τὰ ἀρχαῖα ἔθη κρατείτω, τὰ ἐν Αἰγύπτῳ, καὶ Λιβύῃ καὶ Πενταπόλει, ὥστε τὸν ἐν Ἀλεξανδρείᾳ ἐπίσκοπον πάντων τούτων ἔχειν τὴν ἐξουσίαν· ἐπειδὴ καὶ τῷ ἐν Ῥώμῃ ἐπισκόπῳ σύνηθές ἐστιν. Ὁμοίως δὲ καὶ κατὰ τὴν Ἀντιόχειαν, καὶ ἐν ταῖς ἄλλαις ἐπαρχίαις, τὰ πρεσβεῖα σώζεσθαι ταῖς ἐκκλησίαις».
γ) 7ο τῆς Α΄ Οἰκουμενικῆς (Σύνταγμα, ΙΙ, 131-132): «Ἐπειδὴ συνήθεια κεκράτηκε, καὶ παράδοσις ἀρχαία, ὥστε τὸν Αἰλίᾳ ἐπίσκοπον τιμᾶσθαι, ἐχέτω τὴν ἀκολουθίαν τῆς τιμῆς τῷ μητροπόλει σωζομένου τοῦ οἰκείου ἀξιώματος».
δ) 2ο τῆς Β΄ Οἰκουμενικῆς συνόδου (Σύνταγμα, ΙΙ, 169-170): «ἀλλὰ κατὰ τοὺς κανόνας, τὸν μὲν Ἀλεξανδρείας ἐπίσκοπον, τὰ ἐν Αἰγύπτῳ μόνον οἰκονομεῖν· τοὺς δὲ τῆς Ἀνατολῆς ἐπισκόπους, τὴν Ἀνατολὴν μόνην διοικεῖν· φυλαττομένων τῶν ἐν τοῖς κανόσι τοῖς κατὰ Νίκαιαν πρεσβείων τῇ Ἀντιοχέων ἐκκλησίᾳ καὶ τοὺς τῆς Ἀσιανῆς διοικήσεως ἐπισκόπους, τὰ κατὰ τὴν Ἀσιανὴν μόνον διοικεῖν· καὶ τοὺς τῆς Ποντικῆς, τὰ τῆς Ποντικῆς μόνον· καὶ τοὺς τῆς Θράκης τὰ τῆς Θρακικῆς μόνον οἰκονομεῖν».
ε) 28ο τῆς Δ΄ Οἰκουμενικῆς συνόδου (Σύνταγμα, ΙΙ, 280 -281): «Καὶ ὥστε τοὺς τῆς Ποντικῆς, καὶ τῆς Ἀσιανῆς, καὶ τῆς Θρακικῆς διοικήσεως μητροπολίτας μόνους, ἔτι δὲ καὶ τοὺς ἐν τοῖς βαρβαρικοῖς ἐπισκόπους τῶν προειρημένων διοικήσεων χειροτονεῖσθαι ὑπὸ τοῦ προειρημένου ἁγιωτάτου θρόνου τῆς κατὰ Κωνσταντινούπολιν ἁγιωτάτης ἐκκλησίας· δηλαδὴ ἑκάστου μητροπολίτου τῶν προειρημένων διοικήσεων μετὰ τῶν τῆς ἐπαρχίας ἐπισκόπων χειροτονοῦντος τοὺς τῆς ἐπαρχίας ἐπισκόπους, καθὼς τοῖς θείοις κανόσι διηγόρευται· χειροτονεῖσθαι δὲ ... ».
15. Βλ. σχετ. :
α) 35ο Ἀποστόλων (Σύνταγμα, ΙΙ, 47): «Ἐπίσκοπον μὴ τολμᾶν ἔξω τῶν ἑαυτοῦ ὅρων χειροτονίας ποιεῖσθαι, εἰς τὰς μὴ ὑποκειμένας αὐτῷ πόλεις καὶ χώρας...».
β) 2ο τῆς Β΄ Οἰκουμενικῆς συνόδου (Σύνταγμα, ΙΙ, 169 - 170), ὁ ὁποῖος ὁρίζει: «Τοὺς ὑπὲρ διοίκησιν ἐπισκόπους ταῖς ὑπερορίοις ἐκκλησίαις μὴ ἐπιέναι, μηδὲ συγχέειν τὰς ἐκκλησίας· ...Ἀκλήτους δὲ ἐπισκόπους ὑπὲρ διοίκησιν μὴ ἐπιβαίνειν ἐπὶ χειροτονίᾳ, ἢ τισιν ἄλλαις οἰκονομίαις ἐκκλησιαστικαῖς ... ».
γ) 8ο τῆς Γ΄ Οἰκουμενικῆς (Σύνταγμα, ΙΙ, 203 – 204): «... εἰ μηδὲ ἔθος ἀρχαῖον παρηκολούθησεν, ὥστε τὸν ἐπίσκοπον τῆς Ἀντιοχέων πόλεως τὰς ἐν Κύπρῳ ποιεῖσθαι χειροτονίας, καθὰ διὰ τῶν λιβέλλων καὶ τῶν οἰκείων φωνῶν ἐδίδαξαν οἱ εὐλαβέστατοι ἄνδρες, οἱ τὴν πρόσοδον τῷ ἁγίᾳ συνόδῳ ποιησάμενοι, ἕξουσι τὸ ἀνεπηρέαστον καὶ ἀβίαστον οἱ τῶν ἁγίων Ἐκκλησιῶν, τῶν κατὰ τὴν Κύπρον, προεστῶτες, κατὰ τοὺς κανόνας τῶν ὁσίων Πατέρων, καὶ τὴν ἀρχαίαν συνήθειαν, δι' ἑαυτῶν τὰς χειροτονίας τῶν εὐλαβεστάτων ἐπισκόπων ποιούμενοι ... ».
δ) 13ο τῆς Ἀντιοχείας (Σύνταγμα, ΙΙ, 150 – 151): «Μηδένα ἐπίσκοπον τολμᾶν ἀφ' ἑτέρας ἐπαρχίας εἰς ἑτέραν μεταβαίνειν, καὶ χειροτονεῖν, ἐν ἐκκλησίᾳ τινὰς εἰς προαγωγὴν λειτουργίας, μηδὲ εἰ συνεπάγοιτο ἑαυτῷ ἑτέρους, εἰ μὴ παρακληθείς ... ».

καθίσταται καταλυτικός παράγοντας της διακρίσεως των ορίων εξουσίας σε όλη την εξέλιξη του οργανωτικού πλαισίου της Εκκλησίας[16].

Κατά τους ιερούς κανόνες, η κανονική δικαιοδοσία ασκείται σε τρία διαφορετικά επίπεδα. Τα επίπεδα αυτά είναι α) της Επισκοπής, β) της Μητροπόλεως και γ) του Πατριαρχείου ή της Αυτοκέφαλης Εκκλησίας. Τα επίπεδα αυτά τελούν μεταξύ τους σε σχέση υποκειμένου προς υπερκείμενο[17], με την Επισκοπή να συνιστά επίπεδο κανονικής δικαιοδοσίας υποκείμενο της Μητροπόλεως, τη Μητρόπολη να συνιστά επίπεδο δικαιοδοσίας υπερκείμενο της Επισκοπής και υποκείμενο του Πατριαρχείου ή της Αυτοκέφαλης Εκκλησίας, και το Πατριαρχείο ή η Αυτοκέφαλη Εκκλησία να αποτελούν το υπερκείμενο επίπεδο όλων.

Κανονικό υπόβαθρο του πρώτου επιπέδου δικαιοδοσίας, δηλαδή αυτού της Επισκοπής, αποτελεί ο 34ος κανόνας των Αποστόλων, κατά τον οποίο: «*Τούς ἐπισκόπους ἑκάστου ἔθνους εἰδέναι χρή τόν ἐν αὐτοῖς πρῶτον, καί ἡγεῖσθαι αὐτόν ὡς κεφαλήν, καί μηδέν τι πράττειν περιττόν ἄνευ τῆς ἐκείνου γνώμης· ἐκεῖνα δέ μόνα πράττειν ἕκαστον, ὅσα τῷ αὐτοῦ παροικίᾳ ἐπιβάλλει, καί ταῖς ὑπ' αὐτήν χώραις…*»[18].

---

16. Βλ. το σχόλιο του Ι. Ζωναρά κάτω από τον 6ο κανόνα της Α΄ Οικουμενικής συνόδου (Σύνταγμα, ΙΙ, 129) «…Καί τοσοῦτον βούλεται προέχειν τούς ἐπισκόπους ἐν ταῖς ἐπαρχίαις αὐτῶν, ὥστε καθόλου δίδωσι τύπον μηδέν χωρίς αὐτῶν εἰς ἐκκλησιαστικήν διοίκησιν ἀναφερόμενον γίνεσθαι, ἧς τό μεῖζον καί κυριώτερον ἡ τῶν ἐπισκόπων χειροτονία ἐστί…». Περί του συσχετισμού της διοικητικής οργανώσεως της εκκλησίας και δικαίου χειροτονιών, βλ. εκτενώς Β. Φειδάς, Ο θεσμός της Πενταρχίας των Πατριαρχών, τεύχος Ι΄, Προϋποθέσεις διαμορφώσεως του θεσμού (απ' αρχής μέχρι το 451), Αθήναι 1977 και ειδικότερα σ. 73 επ., 135 επ., και 175 επ.

17. Προ της δημιουργίας του τρίτου επιπέδου κανονικής δικαιοδοσίας αναπτύχθηκε ο θεσμός του Εξάρχου, ο οποίος ήταν ανώτερος του Μητροπολίτη και ηγείτο της Διοικήσεως, η οποία περιελάμβανε στους κόλπους της περισσότερες της μίας Μητροπόλεις. Οπως χαρακτηριστικώς σημειώνει ο Θ. Βαλσαμών στην ερμηνεία του 9ου κανόνα της Δ΄ Οικουμενικής συνόδου (Σύνταγμα, ΙΙ, 239) «…Ὁ μέν τοι ἔξαρχος τῆς διοικήσεως, ὥς ἐμοί δοκεῖ, οὐχ ὁ ἑκάστης ἐπαρχίας μητροπολίτης, ἀλλ' ὁ τῆς ὅλης διοικήσεως μητροπολίτης. Διοίκησις δέ ἐστιν ἡ πολλάς ἐπαρχίας ἔχουσα ἐν αὐτῷ». Έτσι και Πηδάλιον, σημ. 1 υπό την ερμηνεία του 9ου κανόνα της Δ΄ Οικουμενικής, 193. Περί του θεσμού του Εξάρχου βλ. αναλυτικότερα Β. Φειδάς, ό.π., (σημ. 16), 146 – 167. Επίσης Μάξιμος (Μητροπολίτης Σάρδεων), Το Οικουμενικόν Πατριαρχείον εν τη Ορθοδόξω Εκκλησία, Θεσσαλονίκη 1972, 50 - 55.

18. Βλ. το κείμενο του κανόνα σε Σύνταγμα, ΙΙ, 45.

Ο ως άνω κανόνας καθορίζει επακριβώς τα όρια της κανονικής δικαιοδοσίας του Επισκόπου, ορίζοντας αυτά ως τα όρια που καλύπτουν τη γεωγραφική επιφάνεια, την οποία καταλαμβάνει η «*παροικία*» του, δηλαδή η επισκοπή του και οι «*ὑπ' αὐτήν χῶραι*»[19], δηλαδή οι ενορίες που βρίσκονται εντός των ορίων της Επισκοπής. Εντός των γεωγραφικών αυτών πλαισίων ο ποιμαίνων επίσκοπος είναι παντοδύναμος και αδιαμφισβήτητος ηγέτης καθ' όλο το διάστημα που βρίσκεται εν ζωή και μπορεί να επιτελεί τα ποιμαντικά του καθήκοντα[20], ασκώντας τη διοίκηση της επαρχίας του και διεκπεραιώνοντας τις υποθέσεις της, δηλαδή όλα τα ζητήματα που αναφύονται εντός των γεωγραφικών ορίων της περιφέρειας του και εμπίπτουν στην αρμοδιότητά του συμφώνως προς τις αρχές της κανονικής δικαιοδοσίας και της εντοπιότητας[21], ανεξαρτήτως αν κατατάσσονται στα ζητήματα δογματικής τάξεως, στα ζητήματα κανονικής τάξεως ή στα ζητήματα ηθικής τάξεως[22]. Ούτως, ο Επίσκοπος έχει την εξουσία να τελεί χειροτονίες πρεσβυτέρων και διακόνων προς εξυπηρέτηση των λειτουργικών αναγκών της επαρχίας του και να επιλαμβάνεται όλων των θεμάτων που απορρέουν από αυτές, όπως η κρίση των κανονικών παραπτωμάτων αυτών[23], και οποιοδήποτε εν γένει ζήτημα δογματικής, κανονικής ή ηθικής τάξεως που αφορά αποκλειστικώς την επαρχία

---

19. Βλ. το ερμηνευτικό σχόλιο του Ι. Ζωναρά υπό τον κανόνα (Σύνταγμα, ΙΙ 46): «... Ἕκαστον (εννοείται επίσκοπον) δέ τάς τῆς οἰκείας ἐκκλησίας διοικήσεις, καί τῶν ὑποκειμένων αὐταῖς χωρῶν, πράττειν ἰδιαζόντως καθ' ἑαυτούς».
20. Βλ. τον 16ο κανόνα της Πρωτοδευτέρας συνόδου (Σύνταγμα, ΙΙ, 696 – 697), κατά τον οποίο: «Διά τάς φιλονεικίας τε καί ταραχάς, τάς ἐν τῇ τοῦ Θεοῦ ἐκκλησίᾳ συμβαινούσας, καί τοῦτο ὁρίσαι ἀναγκαῖόν ἐστι· τό μηδενί τρόπῳ ἐπίσκοπον καταστῆναι ἐν τῷ ἐκκλησίᾳ ἧς ὁ προεστώς ζῇ, καί ἐν τῷ ἰδίᾳ συνίσταται τιμῇ, εἰμή αὐτός ἑκών τήν ἐπισκοπικήν παραιτήσεται».
21. Βλ. περί αυτών Α. Βαβούσκος, ό.π. (σημ. 12), 215επ. και 223επ.
22. Περί των διακρίσεων αυτών βλ. Α. Βαβούσκος, ό.π. (σημ. 12), 232 - 233, 240 και 247.
23. Βλ. τον 9ο κανόνα της συνόδου της Αντιοχείας (Σύνταγμα, ΙΙΙ, 140-141): «...· ὡς καί χειροτονεῖν πρεσβυτέρους καί διακόνους, καί μετά κρίσεως ἕκαστα διαλαμβάνειν», καθώς και το υπό τον κανόνα ερμηνευτικό σχόλιο του Α. Αριστηνού (Σύνταγμα ΙΙΙ, 141): «...· καί χειροτονεῖν πρεσβύτερον, καί διάκονον, καί ὅσα τούτοις ἀκόλουθα».

του και όχι την Εκκλησία εν γένει, όπως είναι οι αιρέσεις, οι χειροτονίες επισκόπων, εκποιήσεις περιουσιακών στοιχείων της Εκκλησίας κτλ.[24].

Ούτως, λοιπόν ο Επίσκοπος, ασκώντας την εκ των ιερών κανόνων κανονική δικαιοδοσία του είναι αυτεξούσιος και όχι αυτοκέφαλος[25], απολαμβάνει διοικητικής αυτοτέλειας και αυτενέργειας, η οποία του παρέχει την εξουσία να διοικεί και να χειρίζεται κατ' εφαρμογήν των ιερών κανόνων τις υποθέσεις της επαρχίας του, αποκλειομένης της παρεμβάσεως άλλου μονομελούς ή πολυμελούς διοικητικού οργάνου της Εκκλησίας.

Το αυτεξούσιο αυτό απορρέει από τον αυτόνομο χαρακτήρα των διοικητικών καθηκόντων των Επισκόπων, χαρακτήρας, ο οποίος σαφώς προβλέπεται από τους ιερούς κανόνες, κατά τέτοιο τρόπο ώστε αφ' ής στιγμής ο Επίσκοπος αναλαμβάνει τη διαποίμανση μιας εκκλησιαστικής περιφερείας έχει πλήρη διοικητική αυτοτέλεια και όχι μόνο δικαιούται αλλά και υποχρεούται να διοικεί την ανατεθείσα σ' αυτόν Επαρχία κατά τους ιερούς κανόνες[26]. Η διοικητική,

---

24. Επιχείρημα κατ' αντιδιαστολή από τα σχόλια υπό τον 34ο κανόνα τόσο του Ι. Ζωναρά (Σύνταγμα, II, 45): «Διά τοῦτο ὁ παρὼν κανὼν τοὺς ἑκάστης ἐπαρχίας πρώτους ἐπισκόπους, τοὺς τῶν μητροπόλεων δηλονότι ἀρχιερεῖς, κεφαλὴν ἡγεῖσθαι ὑπὸ τῶν ἄλλων ἐπισκόπων τῆς αὐτῆς ἐπαρχίας κελεύει, καὶ χωρὶς ἐκείνων μηδὲν ποιεῖν, ὅ εἰς κοινὴν ἀφορᾷ τῆς ἐκκλησίας κατάστασιν, οἷον ζητήσεις δογματικάς, οἰκονομίας περὶ σφαλμάτων κοινῶν, καταστάσεις ἀρχιερέων, καὶ ὅσα τοιαῦτα», όσο και τοῦ Α. Αριστηνού (Σύνταγμα, II, 47): «Οὔτε οἱ ἐπίσκοποι, οὔτε οἱ μητροπολῖται παρὰ γνώμην τοῦ αὐτῶν πρώτου ὀφείλουσί τι περιττὸν πράττειν, οἷον ἐπισκόπους ψηφίζεσθαι, περὶ δογμάτων νέων ζητεῖν, ἢ ἐκποιήσεις ἐκκλησιαστικῶν τινων ποιεῖσθαι, εἰ μὴ τὰ ἐπιβάλλοντα τῷ ἑκάστου παροικίᾳ, καὶ ταῖς ὑπ' αὐτὸν χώραις», όπου καταγράφονται από τους ερμηνευτές τα ζητήματα που λόγω του χαρακτήρα τους ως κοινού ενδιαφέροντος ανήκουν στην αρμοδιότητα της συνόδου.
25. Βλ. Β. Φειδάς, Το «αυτοκέφαλον» και το «αυτόνομον» εν τη Ορθοδόξω Εκκλησία, εν Ιεροσολύμοις 1979, 8, όπου ορθώς επισημαίνεται ότι: «Οὕτως ἡ συνείδησις αὐταρκείας καὶ ἐσωτερικῆς αὐτονομίας ἑκάστης τοπικῆς ἐκκλησίας συνεδέετο ἀρρήκτως μὲ τὴν ὁρατὴν κεφαλὴν αὐτῆς, τὴν ὁποίαν ὅμως δὲν ἦτο δυνατὸν νὰ ἀποκτήση αὕτη αὐτονόμως, ἤτοι δι' ἐσωτερικῶν μόνον λειτουργιῶν τοῦ σώματος τῆς τοπικῆς ἐκκλησίας. Ἡ ἔχουσα ἐσωτερικὴν αὐτονομίαν τοπικὴ ἐκκλησία δὲν ἦτο «αὐτοκέφαλος», ἤτοι δὲν ἠδύνατο καθ' ἑαυτὴν καὶ δι' ἑαυτῆς νὰ ἀποκτήση κεφαλήν».
26. Βλ. τους κανόνες α) 34ο των Αποστόλων, β) 6ο της Α' Οικουμενικής, γ) 7ο της Α'

δε, αυτή αυτοτέλεια των Επισκόπων δεν καταργήθηκε ούτε περιορίσθηκε με τη δημιουργία του δευτέρου επιπέδου κανονικής δικαιδοσίας, ήτοι του μητροπολιτικού, αλλά παρέμεινε αμετάβλητη. Και τούτο διότι το νέο επίπεδο κανονικής δικαιοδοσίας, αν και βρίσκεται υπεράνω αυτού της Επισκοπής, εξοπλίστηκε με αρμοδιότητες, που παρέχουν την εξουσία διαχειρίσεως υποθέσεων, οι οποίες εκφεύγουν και βρίσκονται πέραν των αρμοδιοτήτων μιας Επισκοπής και του επικεφαλής αυτής Επισκόπου.

Το δεύτερο επίπεδο κανονικής δικαιοδοσίας, το μητροπολιτικό, και υπερκείμενο αυτού της επισκοπής, θεμελιώνεται στους κανόνες 4ο[27], 5ο[28], 6ο[29] και 7ο[30] της Α΄ Οικουμενικής συνόδου.

Οικουμενικής, δ) 2ο της Β΄ Οικουμενικής και ε) 28ο της Δ΄ Οικουμενικής, ό.π., (σημ. 14).
27. Βλ. το κείμενο σε Σύνταγμα, ΙΙ, 122: «Ἐπίσκοπον προσήκει μάλιστα μὲν ὑπὸ πάντων τῶν ἐν τῇ ἐπαρχίᾳ καθίστασθαι· εἰ δὲ δυσχερὲς εἴη τὸ τοιοῦτο, ἢ διὰ κατεπείγουσαν ἀνάγκην, ἢ διὰ μῆκος ὁδοῦ, ἐξ ἅπαντος τρεῖς ἐπὶ τὸ αὐτὸ συναγομένους, συμψήφων γινομένων καὶ τῶν ἀπόντων, καὶ συντιθεμένων διὰ γραμμάτων, τότε τὴν χειροτονίαν ποιεῖσθαι· τὸ δὲ κῦρος τῶν γινομένων δίδοσθαι καθ' ἑκάστην ἐπαρχίαν τῷ μητροπολίτῃ».
28. Βλ. το κείμενο σε Σύνταγμα, ΙΙ, 124 - 125: «Περὶ τῶν ἀκοινωνήτων γενομένων, εἴτε τῶν ἐν κλήρῳ εἴτε τῶν ἐν λαϊκῷ τάγματι, ὑπὸ τῶν καθ' ἑκάστην ἐπαρχίαν ἐπισκόπων, κρατείτω ἡ γνώμη, κατὰ τὸν κανόνα τὸν διαγορεύοντα, τοὺς ὑφ' ἑτέρων ἀποβληθέντας ὑφ' ἑτέρων μὴ προσίεσθαι. Ἐξεταζέσθω δέ, μὴ μικροψυχίᾳ, ἢ φιλονεικίᾳ, ἢ τινι τοιαύτῃ ἀηδίᾳ τοῦ ἐπισκόπου, ἀποσυνάγωγοι γεγένηνται. Ἵνα οὖν τοῦτο τὴν πρέπουσαν ἐξέτασιν λαμβάνοι, καλῶς ἔχειν ἔδοξεν, ἑκάστου ἐνιαυτοῦ καθ' ἑκάστην ἐπαρχίαν δὶς τοῦ ἔτους συνόδους γίνεσθαι· ἵνα κοινῇ πάντων τῶν ἐπισκόπων τῆς ἐπαρχίας ἐπὶ τὸ αὐτὸ συναγομένων, τὰ τοιαῦτα ζητήματα ἐξετάζηται, καὶ οὕτως οἱ ὁμολογουμένως προσκεκρουκότες τῷ ἐπισκόπῳ, κατὰ λόγον ἀκοινώνητοι παρὰ πᾶσιν εἶναι δόξωσι, ... ».
29. Βλ. το κείμενο σε Σύνταγμα, ΙΙ, 128: «Τὰ ἀρχαῖα ἔθη κρατείτω, τὰ ἐν Αἰγύπτῳ, καὶ Λιβύῃ καὶ Πενταπόλει, ὥστε τὸν ἐν Ἀλεξανδρείᾳ ἐπίσκοπον πάντων τούτων ἔχειν τὴν ἐξουσίαν· ἐπειδὴ καὶ τῷ ἐν Ῥώμῃ ἐπισκόπῳ τοῦτο σύνηθές ἐστιν. Ὁμοίως δὲ καὶ κατὰ τὴν Ἀντιόχειαν, καὶ ἐν ταῖς ἄλλαις ἐπαρχίαις, τὰ πρεσβεῖα σώζεσθαι ταῖς ἐκκλησίαις. Καθόλου δὲ πρόδηλον ἐκεῖνο· ὅτι, εἴ τις χωρὶς γνώμης τοῦ μητροπολίτου γένοιτο ἐπίσκοπος, τὸν τοιοῦτον ἡ μεγάλη σύνοδος ὥρισε μὴ δεῖν εἶναι ἐπίσκοπον. Ἐὰν μέντοι τῷ κοινῷ πάντων ψήφῳ, εὐλόγῳ οὔσῃ, καὶ κατὰ κανόνα ἐκκλησιαστικόν, δύο ἢ τρεῖς δι' οἰκείαν φιλονεικίαν ἀντιλέγωσι, κρατείτω ἡ τῶν πλειόνων ψῆφος».
30. Βλ. το κείμενο σε Σύνταγμα, ΙΙ, 131-132: «Ἐπειδὴ συνήθεια κεκράτηκε, καὶ παράδοσις ἀρχαία, ὥστε τὸν ἐν Αἰλίᾳ ἐπίσκοπον τιμᾶσθαι, ἐχέτω τὴν ἀκολουθίαν τῆς τιμῆς· τῇ μητροπόλει σωζομένου τοῦ οἰκείου ἀξιώματος».

Στο νέο αυτό επίπεδο κανονικής δικαιοδοσίας επέρχονται δύο σημαντικές μεταβολές, οι οποίες αφορούν τόσο στο όργανο που την ασκεί όσο και στη γεωγραφική περιφέρεια εντός της οποίας ασκείται.

Η κανονική δικαιοδοσία κατανέμεται πλέον στους κατά τόπους Επισκόπους των Επισκοπών της μητροπόλεως και στην Επαρχιακή (Μητροπολιτική) Σύνοδο, της οποίας προεδρεύει ο Επίσκοπος της πρωτευούσης της Μητροπόλεως, δηλαδή ο Μητροπολίτης – Επίσκοπος και μέλη της είναι όλοι οι Επίσκοποι της επαρχίας (συνοδικό σύστημα)[31]. Σε αντίθεση με το μέχρι τούδε ισχύον σύστημα κανονικής δικαιοδοσίας, το οποίο λειτουργούσε με βάση μονοπρόσωπο διοικητικό όργανο (τον Επίσκοπο), το νέο επίπεδο στηρίζεται στον δυαδικό χαρακτήρα του ρόλου των Επισκόπων και στην αμφίδρομης φοράς σχέση, που δημιουργείται από και διά της εφαρμογής του νέου επιπέδου κανονικής δικαιοδοσίας, ανάμεσα στους Επισκόπους της Μητροπόλεως και στον Μητροπολίτη. Οι Επίσκοποι πλέον, μέσω της συμμετοχής τους στο συλλογικό όργανο διοικήσεως της Επαρχίας (σύνοδος), παύουν να είναι υπεύθυνοι μόνον για τις υποθέσεις των οικείων Επισκοπών τους αλλά

---

31. Την ουσία του περιεχομένου του νέου επιπέδου κανονικής δικαιοδοσίας αποδίδει πλήρως ο κανόνας 34ος των Αποστόλων, ό.π. (σημ. 14). Βλ. επίσης και υπό τόν κανόνα ερμηνευτικό σχόλιο του Ι. Ζωναρά, ο οποίος σημειώνει (Σύνταγμα, ΙΙ, 45): «Ὥσπερ τά σώματα, μή τήν οἰκείαν ἐνέργειαν ὑγιᾶ σωζούσης τῆς κεφαλῆς, πλημμελῶς κινοῦνται, ἤ καί ἄχρηστά εἰσι παντελῶς, οὕτω καί τό σῶμα τῆς ἐκκλησίας, εἰ μή ὁ πρωτεύων τούτου, καί τάξιν πληρῶν κεφαλῆς, ἐπί τῆς οἰκείας διατηροῖτο τιμῆς, ἀτάκτως καί πλημμελῶς κινηθήσεται». Τό ίδιο περιεχόμενο έχει και ο μεταγενέστερος χρονικώς της Α΄ Οικουμενικής συνόδου 9ος κανόνας της Αντιοχείας (Σύνταγμα, ΙΙΙ, 140 – 141), κατά τον οποίο: «Τούς καθ᾽ ἑκάστην ἐπαρχίαν ἐπισκόπους εἰδέναι χρή τόν ἐν τῷ μητροπόλει προεστῶτα ἐπίσκοπον, καί τήν φροντίδα ἀναδέχεσθαι πάσης τῆς ἐπαρχίας, διά τό ἐν τῷ μητροπόλει πανταχόθεν συντρέχειν πάντας τούς τά πράγματα ἔχοντας. Ὅθεν ἔδοξε καί τῇ τιμῇ προηγεῖσθαι αὐτόν, μηδέν τε πράττειν περιττόν τούς λοιπούς ἐπισκόπους ἄνευ αὐτοῦ, κατά τόν ἀρχαῖον κρατήσαντα ἐκ τῶν Πατέρων ἡμῶν κανόνα· ἤ ταῦτα μόνα, ὅσα τῇ ἑκάστου ἐπιβάλλει παροικίᾳ, καί ταῖς ὑπ᾽ αὐτήν χώραις. Ἕκαστον γάρ ἐπίσκοπον ἐξουσίαν ἔχειν τῆς ἑαυτοῦ παροικίας, διοικεῖν τε κατά τήν ἑκάστῳ ἐπιβάλλουσαν εὐλάβειαν, καί πρόνοιαν ποιεῖσθαι πάσης τῆς χώρας τῆς ὑπό τήν ἑαυτοῦ πόλιν· ὡς καί χειροτονεῖν πρεσβυτέρους καί διακόνους, καί μετά κρίσεως ἕκαστα διαλαμβάνειν· περαιτέρω δέ μηδέν πράττειν ἐπιχειρεῖν, δίχα τοῦ τῆς μητροπόλεως ἐπισκόπου, μηδέ αὐτόν ἄνευ τῆς τῶν λοιπῶν γνώμης».

επιφορτίζονται και με τη συμμετοχή τους στη λήψη αποφάσεων επί εκείνων των υποθέσεων που άπτονται του γενικοτέρου συμφέροντος της διευρυμένης πλέον εκκλησιαστικής περιφέρειας. Από την άλλη πλευρά, μεταξύ των Επισκόπων – μελών της Επαρχιακής συνόδου και του Προέδρου αυτής Μητροπολίτη – επισκόπου της πρωτευούσης της Επαρχίας δημιουργείται μια σχέση αμφίδρομης φοράς, η οποία βρίσκει την έκφρασή της κατά τη λειτουργία του συνοδικού συστήματος. Στο νέο επίπεδο δικαιοδοσίας, ουδείς Επίσκοπος ενεργεί άνευ της γνώμης του Μητροπολίτη του και ουδείς Μητροπολίτης ενεργεί άνευ της γνώμης των Επισκόπων της Επαρχίας του[32]. Επιπλέον, διευρύνεται γεωγραφικώς και η επικράτεια εντός της οποίας ασκείται η νέα αυτή κανονική δικαιοδοσία, περιλαμβάνοντας στα όριά της το σύνολο των Επισκοπών της εδαφικής επικράτειας της Μητροπόλεως.

Κανονικό θεμέλιο της αρμοδιότητας της συνόδου των Επισκόπων μιας εκκλησιαστικής περιφέρειας εν γένει να επιλαμβάνεται ενός ζητήματος αποτελεί ο 37ος κανόνας των Αποστόλων, ο οποίος ορίζει: «*Δεύτερον τοῦ ἔτους σύνοδος γινέσθω τῶν ἐπισκόπων, καὶ ἀνακρινέτωσαν ἀλλήλως τά δόγματα τῆς*

---

32. Βλ. σχετ. τους κανόνες: α) 34ο των Αποστόλων: «...*καί μηδέν τι πράττειν περιττόν ἄνευ τῆς ἐκείνου γνώμης·... Ἀλλά καί μηδέ ἐκεῖνος ἄνευ τῆς πάντων γνώμης ποιείτω τι...*». Βλ. επίσης και τα υπό τον κανόνα σύμφωνα σχόλια του Ι. Ζωναρά (Σύνταγμα, ΙΙ, 45, 46): «...*Διά τοῦτο ὁ παρών κανών τούς ἑκάστης ἐπαρχίας πρώτους ἐπισκόπους, τούς τῶν μητροπόλεων δηλονότι ἀρχιερεῖς, κεφαλήν ἡγεῖσθαι ὑπό τῶν ἄλλων ἐπισκόπων τῆς αὐτῆς ἐπαρχίας κελεύει, καί χωρίς ἐκείνων μηδέν ποιεῖν,... Πλήν ἀλλ' οὐδέ τῷ πρώτῳ ἐπισκόπῳ παραχωρεῖ, τῷ τιμῇ καταχρώμενον, εἰς δυναστείαν ταύτην ἀμείβειν, καί ἐναυθεντεῖν, καί χωρίς γνώμης κοινῆς τῶν οἰκείων συλλειτουργῶν ποιεῖν τι τῶν εἰρημένων, ἤ τῶν "ὁμοίων αὐτοῖς"...*», Θ. Βαλσαμώνος (Σύνταγμα, ΙΙ, 46): «...*διό καί ὡρίσθη κατά κοινήν γνώμην, τά ἐπέκεινα τῆς διοικήσεως τῶν ἀνηκόντων ἑκάστη παροικία, εἰς ἐκκλησιαστικήν κατάστασιν ἀποβλέποντα, καί περιττά λογιζόμενα, μή γίνεσθαι χωρίς γνώμης τῶν πρώτων. Καί αὐτῷ δέ τῷ πρώτῳ τοιοῦτόν τι ποιεῖν ἄνευ γνώμης τῶν ἐπισκόπων αὐτοῦ οὐκ ἐνεδόθη...*» και Α. Αριστηνού (Σύνταγμα, ΙΙ, 47): «*Δίχα τοῦ πρώτου αὐτῶν ποιοῦσιν οὐδέν οἱ ἐπίσκοποι, εἰμή τά τῆς παροικίας αὐτοῦ ἕκαστος· καί ὁ πρῶτος ἄτερ ἐκείνων οὐδέν, διά τήν ὀφειλομένην ὁμόνοιαν*» και β) 9ο της Αντιοχείας (Σύνταγμα, ΙΙΙ, 140-141): «...*περαιτέρω δέ μηδέν πράττειν ἐπιχειρεῖν, δίχα τοῦ τῆς μητροπόλεως ἐπισκόπου, μηδέ αὐτόν ἄνευ τῆς τῶν λοιπῶν γνώμης*».

ευσεβείας, και τάς εμπιπτούσας εκκλησιαστικάς αντιλογίας διαλυέτωσαν· άπαξ μέν, τῷ τετάρτῃ εβδομάδι τῆς Πεντηκοστῆς· δεύτερον δέ, Ὑπερβερεταίου δωδεκάτῃ»[33]. Την ίδια περιεχομένου ρύθμιση έχουν και:

α) Ο 8ος κανόνας της Πενθέκτης Οικουμενικής συνόδου: «...Ἐπειδή δέ διά τε τάς τῶν βαρβάρων ἐπιδρομάς, διά τε τάς προσπιπτούσας ἑτέρας αἰτίας, ἀδυνάτως οἱ τῶν ἐκκλησιῶν πρόεδροι ἔχουσι δίς τοῦ ἐνιαυτοῦ τάς συνόδους ποιεῖσθαι, ἔδοξεν, ὥστε τρόπῳ παντί ἅπαξ τοῦ ἐνιαυτοῦ τήν τῶν προγεγραμμένων ἐπισκόπων, διά τά ὡς εἰκός ἀναφυόμενα ἐκκλησιαστικά κεφάλαια, ἐν ἑκάστῃ ἐπαρχίᾳ γίνεσθαι σύνοδον... »[34],

β) ο 6ος της Ζ΄ Οικουμενικής συνόδου: «...Τῆς δέ συνόδου γενομένης περί κανονικῶν καί εὐαγγελικῶν πραγμάτων, δεῖ τοῖς συναθροισθεῖσιν ἐπισκόποις ἐν μελέτῃ καί φροντίδι γίνεσθαι τοῦ φυλάττεσθαι τάς θείας καί ζωοποιούς ἐντολάς τοῦ Θεοῦ»[35],

γ) ο 20ος της Αντιοχείας: «Διά τάς ἐκκλησιαστικάς χρείας καί τάς τῶν ἀμφισβητουμένων διαλύσεις, καλῶς ἔχειν ἔδοξε συνόδους καθ᾽ ἑκάστην ἐπαρχίαν τῶν ἐπισκόπων γίνεσθαι δεύτερον τοῦ ἔτους·...» [36] και

δ) ο 18ος της Καρθαγένης: «Διό βεβαιωτέον ἐστίν ἐν ταύτῃ τῷ ἁγίᾳ συνόδῳ, ὥστε κατά τούς ἐν Νικαίᾳ ὅρους, διά τάς ἐκκλησιαστικάς αἰτίας, αἵτινες πολλάκις ἐνιαυτόν σύνοδον συγκαλεῖσθαι, ... »[37].

---

[33]. Βλ. το κείμενο του κανόνα σε Σύνταγμα, ΙΙ, 50. Βλ. επίσης και τα κάτω από τον κανόνα ερμηνευτικά σχόλια του Ι. Ζωναρά (Σύνταγμα, ΙΙ, 50): «Διά τάς ἐμπιπτούσας περί δογμάτων ἀμφιβολίας, καί ἐκκλησιαστικάς ἑτέρας αἰτίας, καί τούς παρά τῶν ἐπισκόπων ἀφορισμοῖς ὑποβαλλομένους, εἰ αἰτιῶνται τούς ἀφορίσαντας, ἀναγκαῖον ἐκρίθη τοῖς ἱεροῖς Ἀποστόλοις, τούς ἑκάστης ἐπαρχίας ἐπισκόπους συνέρχεσθαι ἐπί τό αὐτό, δίς τοῦ ἐνιαυτοῦ, καί κοινοῦσθαι ἀλλήλοις τάς γινομένας ἀμφιβολίας, καί λύειν ταύτας» και Α. Αριστηνού (Σύνταγμα, ΙΙ, 51): «Δίς κατ᾽ ἔτος οἱ ἐπίσκοποι συνίτωσαν διά τά πράγματα, καί τά δόγματα·... »
[34]. Βλ. το κείμενο σε Σύνταγμα, ΙΙ, 324. Το ότι ο κανόνας αναφέρεται στα «εκκλησιαστικά κεφάλαια» και όχι ειδικώς στα δογματικά θέματα δεν μεταβάλλει το περιεχόμενό του, διότι ο χρησιμοποιούμενος όρος, ως ευρύτερος εννοιολογικώς, περιλαμβάνει και τα ζητήματα πίστεως.
[35]. Βλ. το κείμενο σε Σύνταγμα, ΙΙ, 577-578.
[36]. Βλ. το κείμενο σε Σύνταγμα, ΙΙΙ, 162.
[37]. Βλ. το κείμενο σε Σύνταγμα, ΙΙΙ, 356.

Είναι γεγονός ότι οι ιεροί κανόνες, ενώ ως προς τα ζητήματα πίστεως είναι σαφείς[38], ως προς τα ζητήματα κανονικής τάξεως δεν χρησιμοποιούν ούτε ενιαία ορολογία ούτε απαριθμούν ποια ακριβώς είναι τα ζητήματα αυτά. Έτσι ο 37ος κανόνας των Αποστόλων χρησιμοποιεί τον όρο «*τάς ἐμπιπτούσας ἐκκλησιαστικάς ἀντιλογίας*», ο 8ος κανόνας της Πενθέκτης τον όρο «*ἐκκλησιαστικά κεφάλαια*», ο 6ος κανόνας της Ζ΄ Οικουμενικής τον όρο «*κανονικῶν καί εὐαγγελικῶν πραγμάτων*», ο 20ός κανόνας της Αντιοχείας τον όρο «*ἐκκλησιαστικάς χρείας καί τάς τῶν ἀμφισβητουμένων διαλύσεις*» και ο 18ος της Καρθαγένης τον όρο «*ἐκκλησιαστικάς αἰτίας*». Απάντηση στο ζήτημα δίνουν οι ερμηνευτικές προσεγγίσεις των σχολιαστών των ιερών κανόνων. Ο Ι. Ζωναράς στα ερμηνευτικά του σχόλια υπό τους κανόνες 6 της Ζ΄ Οικουμενικής και 20 της Αντιοχείας φαίνεται να εντάσσει στα ζητήματα κανονικής τάξεως τις υποθέσεις δικαστικού και διοικητικού χαρακτήρα, καθώς και τις παραβιάσεις των επιταγών του Ευαγγελίου, σημειώνοντας χαρακτηριστικώς στο μεν σχόλιό του υπό τον 6ο κανόνα ότι: «... *Κανονικά μέν οὖν πράγματα, εἶεν ἂν οἱ ἀφορισμοί, εἰ δικαίως γίνονται σκοπούμενοι, εἰ δέ οἰκονόμων, ὄντων ἐκ τῶν κλήρων αὐτῶν, τά τῶν ἐκκλησιῶν διοικοῦσιν ἐπίσκοποι· καί τοιαῦτά τινα, ἃ οἱ κανόνες γίνεσθαι διατάττονται. Εὐαγγελικά δέ, ἃ διά τοῦ Εὐαγγελίου ἡμῖν ἐπιτάττονται, οἷον ἐστι τό βαπτίζειν εἰς ὄνομα Πατρός, καί Υἱοῦ, καί ἁγίου Πνεύματος, καί τό μή ἐκβάλλειν τινά τήν γυναῖκα αὐτοῦ, ἐκτός λόγου πορνείας, καί ἄλλα τοιαῦτα*»[39], στο δε υπό τον 20ο κανόνα σχόλιό του ότι: «...*Λέγει δέ ὁ παρών κανών τάς συνόδους ὀφείλειν γίνεσθαι διά τάς ἐκκλησιαστικάς χρείας, ἤγουν τάς περί τινων καταστάσεων ἐκκλησιαστικῶν ζητήσεις, καί τάς τῶν ἀμφισβητουμένων διαλύσεις, ἤτοι τάς αἰτιάσεις τάς παρά τινων ἴσως κατ' ἐπισκόπων φερομένα, ὡς ἀδίκως αὐτούς ἀφορισάντων, ἢ καθελόντων, καί ἄλλας τινάς τοιαύτας ἀμφιβολίας...*»[40]. Με την άποψη αυτή φαίνεται να συντάσσεται και ο Θ. Βαλσαμών ο οποίος στο ερμηνευτικό του σχόλιο υπό τον 6ο κανόνα της Ζ΄ Οικουμενικής

---

38. Βλ. τον 37ο κανόνα που αναφέρεται σαφώς στα «*δόγματα τῆς εὐσεβείας*», ό.π.
39. Βλ. το κείμενο του σχολίου σε Σύνταγμα, ΙΙ, 578.
40. Βλ. το κείμενο του σχολίου σε Σύνταγμα, ΙΙΙ, 163.

σημειώνει: «... Καὶ κανονικαί μέν παραδόσεις εἰσίν οἱ εὔλογοι καὶ παράλογοι ἀφορισμοί, αἱ καταταγαί τῶν κληρικῶν, αἱ διοικήσεις τῶν ἐπισκοπικῶν πραγμάτων, καὶ τά τοιαῦτα»⁴¹. Με βάση λοιπόν τα ανωτέρω, στα ζητήματα που υπάγονται στην αρμοδιότητα της επαρχιακής συνόδου, θα πρέπει να περιληφθούν η καταδίκη των αιρέσεων, η άσκηση της δικαιοδοτικής εξουσίας, η χειροτονία των κληρικών, η εκλογή και χειροτονία επισκόπων, οι μεταθέσεις επισκόπων, η διοίκηση των επισκοπικών υποθέσεων, η διοίκηση της εκκλησιαστικής περιουσίας. Ιδιαιτέρως, όμως, αυτό της εκλογής και χειροτονίας των Επισκόπων, με κορυφαία έκφραση του την εκλογή και χειροτονία του Μητροπολίτη – Προέδρου της συνόδου, ο οποίος συνιστά την «κεφαλή» της τοπικής Εκκλησίας. Κατ' αυτόν τον τρόπο, μέσω της αρμοδιότητας αυτής, η Μητρόπολη ως διοικητική μονάδα κτάται και απολαύει το προνόμιο του αυτοκεφάλου καθεστώτος⁴². Εντός του πλαισίου αυτού εντάσσεται και η άποψη του Θ. Βαλσαμώνα ο οποίος προσδιορίζοντας τη διοικητική αυτοτέλεια – αυτοκέφαλο καθεστώς στο δεύτερο επίπεδο κανονικής δικαιοδοσίας σημειώνει στο σχόλιό του υπό τον 2ο κανόνα της Β΄ Οικουμενικής συνόδου: «*Σημείωσαι οὖν ἀπὸ τοῦ παρόντος κανόνος, ὅτι τὸ παλαιὸν πάντες οἱ τῶν ἐπαρχιῶν μητροπολῖται αὐτοκέφαλοι ἦσαν, καὶ ὑπὸ τῶν οἰκείων συνόδων ἐχειροτονοῦντο*»⁴³.

Το τρίτο και τελευταίο επίπεδο κανονικής δικαιοδοσίας, το υπερμητροπολιτικό, είναι υπερκείμενο των δύο προηγουμένων και περιλαμβάνει στους κόλπους του περισσότερες των μίας Επαρχιών – Μητροπόλεων. Βάση του συστήματος αυτού αποτελούν τα πέντε Πρεσβυγενή Πατριαρχεία Ρώμης, Κωνσταντινουπόλεως, Αλεξανδρείας, Αντιοχείας και Ιεροσολύμων.

Σημείο εκκινήσεως αποτέλεσαν οι κανόνες 6ος[44] και 7ος[45] της Α΄ Οικουμενικής συνόδου, διά των οποίων αναγνωρίστηκαν στους μέχρι τότε

---

41. Βλ. το κείμενο του σχολίου σε Σύνταγμα, ΙΙ, 579.
42. Έτσι και Β. Φειδάς, ό.π. (σημ. 25, 12).
43. Βλ. το κείμενο σε Σύνταγμα, ΙΙ, 171.
44. Βλ. το κείμενο του κανόνα, ό.π. (σημ. 14).
45. Βλ. το κείμενο του κανόνα, ό.π. (σημ. 14).

επισημοτέρους θρόνους της Εκκλησίας Ρώμης, Αλεξανδρείας, Αντιοχείας και Ιεροσολύμων τα πρεσβεία τιμής έναντι των άλλων εκκλησιών, καθώς και οι περιφέρειες της κανονικής τους δικαιοδοσίας. Οι Εκκλησίες αυτές μαζί με την Εκκλησία της Κωνσταντινουπόλεως θα αποτελέσουν αργότερα με την ολοκλήρωση του Πατριαρχικού συστήματος τους πέντε πόλους, γύρω από τους οποίους θα οικοδομηθεί όλη η οργανωτική δομή της Εκκλησίας[46].

Δεύτερο στάδιο της εξελικτικής αυτής πορείας αποτέλεσε η ψήφιση του 2ου κανόνα της Β΄ Οικουμενικής συνόδου[47], ο οποίος συνιστά το κανονικό θεμέλιο του Εξαρχικού συστήματος και του αντιστοίχου, βεβαίως, επιπέδου κανονικής δικαιοδοσίας[48]. Στη συνέχεια ακολουθεί η ψήφιση του 3ου κα-

---

46. Βλ. το ερμηνευτικό σχόλιο του Θ. Βαλσαμώνος κάτω από τον 6ο κανόνα (Σύνταγμα, ΙΙ, 129), όπου ο ερμηνευτής αναφέρει χαρακτηριστικώς: «Ὁ παρὼν στ΄ κανών, καὶ ὁ ἕβδομος, διορίζονται τοὺς τέσσαρας πατριάρχας, δηλαδὴ τὸν Ῥώμης, τὸν Ἀλεξανδρείας, τὸν Ἀντιοχείας, καὶ τὸν Ἱεροσολύμων, (περὶ γὰρ τοῦ Κωνσταντινουπόλεως ἐν ἑτέροις κανόσι διαληφθήσεται), κατὰ τὰ παλαιὰ ἔθη τιμᾶσθαι». Πρβλ. και Α. Αριστηνό ο οποίος στο σχόλιο του υπό τον ίδιο κανόνα (Σύνταγμα, ΙΙ, 131) εμμέσως συντάσσεται με την άποψη του Θ. Βαλσαμώνος: «Ἕκαστος τῶν Πατριαρχῶν τοῖς ἰδίοις προνομίοις ἀρκέσθαι ὀφείλει...».
47. Βλ. το κείμενο του κανόνα, ό.π. (σημ. 14).
48. Όπως σημειώνει ο Νείλος Δοξαπατρής, ό.π. (σημ. 3), 1092-1093: «Διώκει δὲ ἡ Ῥώμη, καὶ ἡ Ἀλεξάνδρεια, καὶ ἡ Ἀντιόχεια τὰς ὑφ᾽ ἑαυτὰς ἐνορίας οὕτω· μηδενὸς τολμῶντος τῶν τριῶν ἐπεμβαίνειν εἰς τὰς ἀλλήλων ἐνορίας, μήτε χειροτονεῖν, μηθ᾽ ὅλως διοικεῖν ἱερατικόν· διῃρέσαντο καθ᾽ ἕνα τὰς ἐνορίας αὐτῶν εἰς ἐξάρχους, εἰς μητροπόλεις, εἰς ἀρχιεπισκόπους, καὶ εἰς ἐπισκόπους· ἐπεὶ γὰρ ἀδύνατον ἦν αὐτοῖς δι᾽ ἑαυτῶν τὰς πάσας ἐνορίας ἑαυτῶν διοικεῖν, καὶ ψηφίζεσθαι τοὺς ἐπισκόπους, καὶ χειροτονεῖν, καὶ ἐξετάζειν, καὶ δικάζειν, καὶ ἐρευνᾶν διὰ τὸ τῆς ὁδοῦ πολὺ μῆκος· διὰ τοῦτο ἐν μὲν ταῖς προεχούσαις ἐπαρχίαις καὶ χώραις ἐποίησαν ἐξάρχους, ἐν δὲ ταῖς ἄλλαις ἐπαρχίαις ἐν μιᾷ ἑκάστῃ ἕνα μητροπολίτην· ἐπεὶ δὲ ὑπὸ τὴν αὐτὴν ἐπαρχίαν πολλαὶ πόλεις εἰσίν, ἕνα μὲν ἐποίουν μητροπολίτην, ὡς εἴρηται, τὸν ἐν τῇ κρείττονι πόλει τῆς ὅλης ἐπαρχίας, διὰ τὸ μητέρα ταύτην ὡσανεὶ εἶναι τῶν ὑπὸ τὴν αὐτὴν ἐπαρχίαν πόλεων· διὰ τοῦτο καὶ τὸν ἐν αὐτῇ ἀρχιερέα μητροπολίτην ἐκάλουν· ἐν δὲ ταῖς λοιπαῖς ταῖς ἥττοσι πόλεσιν ἐποίουν ἐπισκόπους. Εἰ δέ τινες ἦσαν πόλεις ἐν τῇ αὐτῇ ἐπαρχίᾳ καὶ αὐταὶ μέγισται καὶ μικρὸν ἀποπίπτουσαι τῆς πρώτης, ἐποίουν αὐτὰς ἀρχιεπισκοπάς· αἵτινες οὐκ εἶχον ἐπισκοπὰς ὑφ᾽ ἑαυτάς· δύο γὰρ μητροπόλεις γίνεσθαι ἐν μιᾷ ἐπαρχίᾳ ἀδόκιμον ἐκρίθη, εἰ μή που ὕστερον εἰς βασιλικὴν φιλοτιμίαν ἀποσπασθῇ τις ἐπισκοπὴ ἀπό τινος μητροπόλεως, καὶ τιμηθῇ μητρόπολις παρὰ τοῦ βασιλέως, ἢ ἀρχιεπισκοπὴ διὰ τὴν τοῦ κατὰ τὴν ἡμέραν ἐπισκόπου. Καὶ αὕτη γὰρ καλεῖται μητρόπολις, εἰ καὶ μὴ ἔχει πόλεις ἄλλας ὑφ᾽ ἑαυτὴν καὶ ἐπισκοπάς, ὧν ἔσται μητρόπολις.

νόνα της αυτής Β´ Οικουμενικής συνόδου, ο οποίος αναγνώρισε στον Επίσκοπο Κωνσταντινουπόλεως τα αυτά πρεσβεία με τον Επίσκοπο Ρώμης, με κριτήριο για τη θέσπιση αυτής της κανονικής ρυθμίσεως την ιδιότητα της Εκκλησίας της Κωνσταντινουπόλεως ως Εκκλησίας της πρωτεύουσας της αυτοκρατορίας[49].

Το υπό εκκόλαψιν σύστημα βαίνει προς την ολοκλήρωσή του με την ψήφιση των κανόνων 9[50] και 17[51] της Δ´ Οικουμενικής συνόδου, διά των οποίων ο Προκαθήμενος της Εκκλησίας της Πρωτεύουσας αποκτά ευρύτατη δικαστική δικαιοδοσία προάγγελος της ρυθμίσεως του 28ου κανόνα της αυτής συνόδου. Το επίπεδο αυτό κανονικής δικαιοδοσίας ολοκληρώθηκε τελικώς με τη ρύθμιση του 28ου κανόνα της Δ´ Οικουμενικής συνόδου[52], διά του οποίου επικυρώθηκαν τα πρεσβεία τιμής που απονεμήθηκαν με τον 3ο κανόνα της Β´ Οικουμενικής συνόδου πρεσβεία τιμής (πρώτο εδάφιο), απέκτησε, δε, αυτή επαρχία, εντός των ορίων της οποίας ασκεί την

Οἱ μέν οὖν ἔξαρχοι τῶν ἐπαρχιῶν εἶχον τάχα ὑφ᾽ ἑαυτούς τούς μητροπολίτας, καὶ ἐχειροτόνουν τούτους, ὁμοίως καὶ τούς ἀρχιεπισκόπους, καὶ ἐδίκαζον αὐτούς, οἱ δέ μητροπολῖται τούς ὑπό τάς αὐτῶν ἐπαρχίας ἐπισκόπους. Οἱ δέ ἔξαρχοι ὑπέκειντο ἔκαστος τῇ οἰκείᾳ κεφαλῇ, καὶ τῷ μείζονι θρόνῳ. Πάντες, δέ, οὗτοι, οἵ τε ἔξαρχοι, οἵ τε μητροπολῖται, οἵ τε ἀρχιεπίσκοποι, καὶ οἱ ἐπίσκοποι ὑπέκειντο τῷ μείζονι ἔκαστος θρόνῳ».
49. Όπως ορίζει ο σχετικός κανόνας (Σύνταγμα, ΙΙ, 173): «Τόν μέντοι Κωνσταντινουπόλεως ἐπίσκοπον ἔχειν τά πρεσβεῖα τῆς τιμῆς μετά τόν τῆς Ρώμης ἐπίσκοπον, διά τό εἶναι αὐτήν νέαν Ρώμην». Βλ. σχετ. και τα υπό τον κανόνα ερμηνευτικά σχόλια των Ι. Ζωναρά, Θ. Βαλσαμώνος και Α. Αριστηνού (Σύνταγμα, ΙΙ, 173 – 176). Αναλυτικώς βλ. Μάξιμο (Μητροπολίτη Σάρδεων), ό.π. (σημ. 17), 72επ.
50. Βλ. το κείμενο του κανόνα σε Σύνταγμα, ΙΙ, 237: «...Εἰ δε πρός τόν τῆς αὐτῆς ἐπαρχίας μητροπολίτην ἐπίσκοπος, ἢ κληρικός, ἀμφισβητοίη, καταλαμβανέτω τόν ἔξαρχον τῆς διοικήσεως, ἢ τόν τῆς βασιλευούσης Κωνσταντινουπόλεως, καὶ ἐπ᾽ αὐτῷ δικαζέσθω».
51. Βλ. το κείμενο του κανόνα σε Σύνταγμα, ΙΙ, 258 – 259: «...Εἰ δέ τις ἀδικεῖτω παρά τοῦ ἰδίου μητροπολίτου, παρά τῷ τῆς διοικήσεως, ἢ τῷ Κωνσταντινουπόλεως θρόνῳ δικαζέσθω, καθά προείρηται».
52. Βλ. το κείμενο του κανόνα, ό.π. (σημ. 14). Περί του 28ου κανόνα βλ. αναλυτικότερα Μάξιμος (Μητροπολίτη Σάρδεων), ό.π. (σημ. 17), 211επ., Β. Φειδάς, ό.π. (σημ. 16), 303 επ. Ο ίδιος, Εκκλησιαστική Ιστορία, Εκκλησιαστική Ιστορία, Τ. Α´ (Απ᾽ αρχής μέχρι την Εικονομαχία), εκδ. γ´ Αθήναι 2002, 831 επ.

κανονική της δικαιοδοσία (δεύτερο εδάφιο), δηλαδή τις Διοκήσεις της Ποντικής, της Ασιανής και της Θρακικής⁵³, καθώς και τις περιοχές τις «ἐν τοῖς βαρβαρικοῖς», δηλαδή τις Εκκλησίες, οι οποίες βρίσκονταν εκτός των ορίων της αυτοκρατορίας⁵⁴, σήμερα, δε, αναλογικώς νοούνται όλες οι περιοχές, οι οποίες δεν υπάγονται σε καμμία αυτοκέφαλη Εκκλησία, ήτοι οι ορθόδοξοι της Διασποράς⁵⁵.

Με τη δημιουργία του τρίτου επιπέδου κανονικής δικαιοδοσίας, η εν γένει αρμοδιότητα της Επαρχιακής συνόδου να επιλαμβάνεται των ζητημάτων της ελεγχόμενης από αυτήν γεωγραφικής περιφέρειας δεν περιορίσθηκε καθόσον και στην περίπτωση αυτή επεσυνέβη ότι ακριβώς και στην περίπτωση των αρμοδιοτήτων του επισκόπου μετά την ίδρυση του δευτέρου επιπέδου κανονικής δικαιοδοσίας, του μητροπολιτικού συστήματος. Δηλαδή, κάθε Επαρχιακή σύνοδος, ως το διοικητικό όργανο μιας Μητροπόλεως, διατήρησε και μετά τη δημιουργία του τρίτου επιπέδου κανονικής δικαιοδοσίας το δικαίωμα να επιλαμβάνεται των υποθέσεων που μέχρι τότε είχε την αρμοδιότητα να διαχειρίζεται· η δε Πατριαρχική σύνοδος ή η σύνοδος της Αυτοκέφαλης Εκκλησίας ανέλαβε τη διαχείριση των υποθέσεων γενικοτέρου ενδιαφέροντος⁵⁶, ήτοι αυτών που οι συνέπειες και τα αποτελέσματα υπερέβαιναν τα όρια κανονικής δικαιοδοσίας μιας Μητροπόλεως

---

53. «Καὶ ὥστε τούς τῆς Ποντικῆς, καὶ τῆς Ἀσιανῆς, καὶ τῆς Θρακικῆς διοικήσεως μητροπολίτας μόνους....». Βλ. και τα υπό τον κανόνα ερμηνευτικά σχόλια των Ι. Ζωναρά, Θ. Βαλσαμώνος και Α. Αριστηνού σε Σύνταγμα, ΙΙ, 282, 284 και 286 αντιστοίχως.
54. «...ἔτι δὲ καὶ τούς ἐν τοῖς βαρβαρικοῖς ἐπισκόπους τῶν προειρημένων διοικήσεων χειροτονεῖσθαι ὑπό τοῦ προειρημένου ἁγιωτάτου θρόνου τῆς κατά Κωνσταντινούπολιν ἁγιωτάτης ἐκκλησίας ...».
55. Βλ. αναλυτικώς Μάξιμος (Μητροπολίτης Σάρδεων), ό.π. (σημ. 17), 227επ. Βλ. επίσης Κ. Βαβούσκος, Το Οικουμενικόν Πατριαρχείον και οι ορθόδοξοι της Διασποράς, Ξενία Ιακώβου Αρχιεπισκόπου Βορείου και Νοτίου Αμερικής, Θεσσαλονίκη, 1986, 264-282.
56. Περί της αρμοδιότητας της Επαρχιακής συνόδου βλ. Ν. Μίλας, Το Εκκλησιαστικόν δίκαιον της Ορθοδόξου Ανατολικής Εκκλησίας: συνταγέν κατά τας γενικάς Εκκλησιαστικάς πηγάς και κατά τους εν ταις αυτοκεφάλοις Εκκλησίαις ισχύοντας ειδικούς νόμους, Τύποις Π.Δ. Σακελλαρίου, 1906, 449-450.

τους και καθίσταντο για τον λόγο αυτό ζήτημα μείζονος σημασίας για το Πατριαρχείο ή την Αυτοκέφαλη Εκκλησία, που στα όριά της υπαγόταν η Μητρόπολη[57].

Ούτως, κατ' αναλογία προς όσα έχουν ήδη λεχθεί για την αρμοδιότητα του Επισκόπου και της Επαρχιακής συνόδου, η μείζων σύνοδος των μητροπόλεων μιας ευρύτερης εκκλησιαστικής περιφέρειας ή η σύνοδος του Πατριαρχείου ή της Αυτοκέφαλης Εκκλησίας επιλαμβάνεται ζητημάτων, σε κάθε περίπτωση που το ζήτημα αυτό έχει πλέον εκφύγει της αρμοδιότητας της Επαρχιακής συνόδου.

Τα ζητήματα αυτά, είτε είναι ζητήματα πίστεως είτε ζητήματα κανονικής τάξεως[58], αποδίδονται στους ιερούς κανόνες, και ειδικότερα από τον 95ο κανόνα της Καρθαγένης, με τον όρο «*κοιναί αἰτίαι*»[59]. Αξιοσημείωτη, μάλιστα, είναι στο σημείο αυτό η ερμηνεία του Θ. Βαλσαμώνος, ο οποίος ερμηνεύοντας τον όρο «*κοιναί αἰτίαι*» του 95ου κανόνα της Καρθαγένης, διακρίνει μεταξύ «*κοινῶν αἰτιῶν*» και «*ἰδικῶν αἰτιῶν*», εκ των οποίων οι μεν πρώτες ανήκουν στην αρμοδιότητα της συνόδου του Πατριαρχείου

---

57. Κατά τον Β. Φειδά, ό.π. (σημ. 52), 857-858: «Πράγματι, τὸ (αὐτοκέφαλον) τοῦ μητροπολιτικοῦ συστήματος, τὸ ὁποῖο δὲν τροποποιήθηκε σοβαρῶς μὲ τὶς ἀποφάσεις τῆς Β΄ Οἰκουμενικῆς συνόδου, παρέμεινε ἀκλόνητο σὲ ὅσες διοικήσεις δὲν ὑπῆρχε ἐπισημότατος θρόνος, ἤτοι θρόνος τιμηθεὶς μὲ οἰκουμενικὰ πρεσβεῖα τιμῆς (Ἀσία, Πόντος, Θράκη, Ἀ. Ἰλλυρικό). Ἀντιθέτως, σὲ ὅσες διοικήσεις ὑπῆρχε θρόνος τιμώμενος μὲ οἰκουμενικὰ πρεσβεῖα τιμῆς ἡ διοικητικὴ ἀνεξαρτησία τῶν μητροπολιτῶν εἴτε δὲν διεκδικήθηκε (Αἴγυπτος) ἢ ὑπήχθη στὴν ὑπερμητροπολιτικὴ αὐθεντία ἑνὸς (Δύση) ἢ καὶ δύο ἐπισημοτάτων θρόνων (διοίκηση Ἀνατολῆς)».
58. Δεν αναφέρονται τα ζητήματα ηθικής τάξεως, τα οποία είναι εκ της φύσεώς τους δυσχερές να λάβουν διαστάσεις ευρύτερες, που οι συνέπειές τους να επέρχονται σε περισσότερες της μίας Μητροπόλεις.
59. Βλ. σχετ. τον κανόνα 18 της Καρθαγένης, ό.π. (σημ. 18). Βλ. επίσης και τον 95ο της αυτής συνόδου (Σύνταγμα, III, 535-536), ο οποίος ορίζει: «Ἤρεσεν, ὥστε μὴ εἶναι περαιτέρω ἐνιαυσίαν ἀνάγκην τοῦ συντρίβεσθαι τοὺς ἀδελφούς, ἀλλ' ἂν κοινὴ χρεία καλέσοι, τουτέστι πάσης τῆς Ἀφρικῆς, γραμμάτων διδομένων ὁθενδήποτε πρὸς ταύτην τὴν καθέδραν σύνοδον ὀφείλειν συνάγεσθαι ἐν ταύτῃ τῇ ἐπαρχίᾳ, ἔνθα ἡ χρεία καὶ ἐπιτηδειότης συνωθήσει· αἱ δέ αἰτίαι αἱ μὴ οὖσαι, ἐν ταῖς ἰδίαις ἐπαρχίαις κριθῶσι».

ή της Αυτοκέφαλης Εκκλησίας οι δε δεύτερες στην Επαρχιακή σύνοδο : «Ὥσπερ δέ τινος εἰπόντος, καὶ παρὰ τίνων λυθήσονται αἱ ἀνακύπτουσαι ἐκκλησιαστικαὶ ζητήσεις, φησίν, ὡς εἰ μέν κοιναί εἰσιν αὗται, δογματικαί δηλονότι, διά γραμμάτων κληθήσονται οἱ ἐπίσκοποι, καί, συνόδου γενομένης, λυθήσεται τὸ ἀμφίβολον· εἰ δέ μή τοιαῦται ἀλλ' ἰδικαί, τυχόν μέσον κληρικῶν ἤ καὶ ἐπισκόπων ἀναφυεῖσαι, ἐν ἑκάστῃ ἐπαρχίᾳ ζητηθήσονται...»[60]. Από την άποψη αυτή δεν αφίσταται ούτε ο Ι. Ζωναράς ο οποίος ερμηνεύοντας τον κανόνα[61] γράφει: «Ἔδοξε μή κατ' ἐνιαυτόν γίνεσθαι τῶν ἐπισκόπων σύνοδον ἐν Καρχηδόνι, ἵνα μή συντρίβωνται, φησίν οἱ ἀδελφοί, ἀλλ' ὅτε χρεία κοινή καλέσει, γράμμασι καλουμένων τῶν ἐπισκόπων· τάς δέ μή οὔσας κοινάς αἰτίας, ἐν ἑκάστῃ ζητεῖσθαι», ούτε όμως και ο Α. Αριστηνός ο οποίος επίσης στην ερμηνεία του ως άνω κανόνα[62] συντάσσεται με τους δύο ερμηνευτές: «... Κοινῆς χρείας καλούσης, γράμματα πρός τήν αὐθεντικήν πεμπέσθω καθέδραν, καὶ σύνοδος γινέσθω, ἔνθα εὔθετον· αἱ δέ μή κοιναί αἰτίαι ἐν ταῖς ἰδίαις ἐπαρχίαις κρινέσθωσαν. Τό μέν ἑκάστῃ ἐπαρχίᾳ σύνοδον κατ' ἔτος τῶν ἐπισκόπων γίνεσθαι, καὶ τάς παρεμπιπτούσας ἐν αὐταῖς ἰδικῶς ἐκκλησιαστικάς ἀμφιβολίας κανονικῶς ζητεῖν τε καὶ λύειν, καί ἡ σύνοδος αὕτη προστάττει· τό δέ, πασῶν τῶν ἐπαρχιῶν τῆς Ἀφρικῆς τούς ἐπισκόπους συνέρχεσθαι ἐν τινι τόπῳ, καὶ κοινήν ποιεῖν σύνοδον, εἰ μή κοιναί εἰσιν αἱ αἰτίαι δι' ἅς ὀφείλουσι συνελθεῖν, ἄλλως γίνεσθαι οὐ συγχωρεῖ. Ὁπηνίκα δέ τις κοινή καθέδραν ἔχοντα ἐπίσκοπον ὀφείλουσι παρά τῶν ἐπισκόπων πέμπεσθαι γράμματα, καὶ ἔνθα ἄν ἐκεῖνος ἐπιτήδειον εἶναι κρίνῃ συνελθεῖν, ἐκεῖσε καὶ συναχθήσονται».

Εκεί, όμως, όπου επήλθε σημαντικός περιορισμός, είναι στην αρμοδιότητα της επαρχιακής συνόδου να εκλέγει τη διοικητική κεφαλή της, δηλαδή τον Μητροπολίτη. Η δημιουργία του τρίτου επιπέδου κανονικής δικαιοδοσίας ως υπερκειμένου από απόψεως διοικητικής οργανώσεως, είχε

---

60. Βλ. το ερμηνευτικό σχόλιο του Θ. Βαλσαμώνος υπό τον 95ο της Καρθαγένης σε Σύνταγμα, ΙΙΙ, 536.
61. Βλ. το σχόλιο του υπό τον κανόνα σε Σύνταγμα, ΙΙΙ, 536.
62. Βλ. το σχόλιο του υπό τον κανόνα σε Σύνταγμα, ΙΙΙ, 537.

ως συνέπεια τη μεταβίβαση της αρμοδιότητας αυτής από το μέχρι τότε ανώτατο επίπεδο κανονικής δικαιοδοσίας (το μητροπολιτικό) στο νεοδημιουργηθέν (το υπερμητροπολιτικό), το οποίο εφεξής θα αντικαταστήσει το μητροπολιτικό και θα είναι αυτό πλέον το ανώτατο επίπεδο κανονικής δικαιοδοσίας. Αποτέλεσμα της μεταβιβάσεως της αρμοδιότητας αυτής ήταν και η ταυτόχρονη απώλεια για τις Μητροπόλεις του προνομίου του αυτοκεφάλου καθεστώτος, το οποίο πλέον κατά τους κανόνες θα απολαμβάνουν οι υπερμητροπολιτικές διοικητικές μονάδες εντός των γεωγραφικών ορίων των οποίων αυτές βρίσκονται· τα πέντε, δηλαδή, Πρεσβυγενή Πατριαρχεία και η Εκκλησία της Κύπρου.

Πιστή και ad hoc εφαρμογή του συσχετισμού κανονικής δικαιοδοσίας και εδαφικότητας, και μάλιστα υπό τη δεύτερη μορφή του, δηλαδή αυτή της απαγορεύσεως υπερβάσεως των ορίων αυτών μέσω της αναμείξεως στις υποθέσεις άλλης εκκλησιαστικής περιφέρειας και βασικό άξονα το δίκαιο των χειροτονιών συνιστά η περίπτωση της κατοχυρώσεως του αυτοκεφάλου καθεστώτος της Εκκλησίας της Κύπρου[63].

---

63. Το αυτοκέφαλο της Εκκλησίας της Κύπρου εδράζεται στην ίδρυσή της από τον Απόστολο Βαρνάβα. Όπως χαρακτηριστικώς σημειώνει ο Θεόδωρος Αναγνώστης (βλ. Νικηφόρου Καλλίστου του Ξανθόπουλου, Εκλογαί εκ της Εκκλησιαστικής Ιστορίας του Θεοδώρου Αναγνώστου, σε Ελληνική Πατρολογία 86, 184): «...β΄. Βαρνάβα τοῦ ἀποστόλου τὸ λείψανον εὑρέθη ἐν Κύπρῳ ὑπὸ δένδρον κερατέαν, ἔχων ἐπὶ στήθους τὸ κατὰ Ματθαῖον Εὐαγγέλιον, ἰδιόγραφον τοῦ Βαρνάβα. Ἐξ ἧς προφάσεως καὶ περιγεγόνασι Κύπριοι, τὸ αὐτοκέφαλον τὴν κατὰ αὐτοὺς μητρόπολιν, καὶ μὴ τελεῖν ὑπὸ Ἀντιόχειαν». Βλ. επίσης Λέοντος ΣΤ΄ του Σοφού, Recentiores Orientalium Episcopatuum Notitiae, σε Ελληνική Πατρολογία, Τ. 107, 351: «Δεῖ εἰδέναι, ὅτι αὕτη αὐτοκέφαλός ἐστι (εννοείται η Εκκλησία της Κύπρου), μὴ τελοῦσα ὑπὸ ἀποστολικὸν θρόνον· ἀλλὰ τιμηθεῖσα διὰ τὸ εὑρεθῆναι ἐν αὐτῷ τὸν ἅγιον ἀπόστολον Βαρνάβαν ἔχοντα ἐπὶ στήθους τὸ κατὰ Ματθαῖον Εὐαγγέλιον» και Νείλου Δοξαπατρή, ό.π. (σημ. 3), 1007: «Εἰσὶ δέ ἐπαρχίαι τινὲς αἳ οὐ τελοῦσι ὑπὸ τῶν μεγίστων θρόνων, ὥσπερ καὶ ἡ νῆσος Κύπρος, ἢ ἔμεινεν αὐτοκέφαλος παντελῶς, καὶ μηδενὶ θρόνῳ τῶν μεγίστων ὑποκειμένη, ἀλλ᾽ αὐτεξούσιος οὖσα διὰ τὸ εὑρεθῆναι ἐν αὐτῇ τὸν ἀπόστολον Βαρνάβαν ἔχοντα ἐπιστήθιον τὸ κατὰ Μάρκον ἅγιον Εὐαγγέλιον». Για τη νομοκανονική υπόσταση της Εκκλησίας της Κύπρου βλ. αντί άλλων G. Papathomas, L' église autocéphale de Chypre dans l'Europe unie: approche nomocanonique, Editions Epektasis, Katerini 1998.

Όπως εξιστορείται, από ρωμαϊκής εποχής η νήσος της Κύπρου ανήκε διοικητικώς στην Αντιόχεια και για το λόγο αυτόν ο εκάστοτε Δούκας της Αντιοχείας απέστελνε στην Κύπρο στρατηγό. Η διοικητική αυτή εξάρτηση της Κύπρου από την Αντιόχεια αποτέλεσε το υπόβαθρο στο οποίο θεμελίωσε ο Επίσκοπος Αντιοχείας τον ισχυρισμό του περί εκκλησιαστικής εξαρτήσεως της νήσου από την Εκκλησία της Αντιοχείας και την κατ' αποτέλεσμα νομιμοποίηση της επεκτάσεως των ορίων ασκήσεως της κανονικής δικαιοδοσίας του επ' αυτής, με κορυφαία εκδήλωση την τέλεση των χειροτονιών των Κυπρίων επισκόπων[64].

Το σχετικό ζήτημα, ήτοι της αρμοδιότητας ή μη του Επισκόπου Αντιοχείας να τελεί τις χειροτονίες των επισκόπων της Κύπρου, ήχθη ενώπιον της Γ΄ Οικουμενικής συνόδου, η οποία διατύπωσε τον 8ο κανόνα της[65]:

«*Πρᾶγμα παρὰ τοὺς ἐκκλησιαστικοὺς θεσμοὺς καὶ τοὺς κανόνας τῶν ἁγίων Ἀποστόλων καινοτομούμενον, καὶ τῆς πάντων ἐλευθερίας ἁπτόμενον, προσήγγειλεν ὁ θεοφιλέστατος συνεπίσκοπος Ρηγῖνος, καὶ οἱ σὺν αὐτῷ θεοφιλέστατοι ἐπίσκοποι τῆς Κυπρίων ἐπαρχίας, Ζήνων καὶ Εὐάγριος. Ὅθεν, ἐπειδὴ τὰ κοινὰ πάθη μείζονος δεῖται τῆς θεραπείας, ὡς καὶ μείζονα τὴν βλάβην φέροντα, καὶ μάλιστα εἰ μηδὲ ἔθος ἀρχαῖον παρηκολούθησεν, ὥστε τὸν ἐπίσκοπον τῆς Ἀντιοχέων πόλεως τὰς ἐν Κύπρῳ ποιεῖσθαι χειροτονίας, καθὰ διὰ τῶν λιβέλλων καὶ τῶν οἰκείων φωνῶν ἐδίδαξαν οἱ εὐλαβέστατοι ἄνδρες, οἱ τὴν πρόσοδον τῷ ἁγίᾳ συνόδῳ ποιησάμενοι, ἕξουσι τὸ ἀνεπηρέαστον καὶ ἀβίαστον οἱ τῶν ἁγίων*

---

64. Βλ. τις μαρτυρίες του Ι. Ζωναρά: «Ὁ τῆς Ἀντιοχέων ἐκκλησίας ἀρχιερεὺς ὑφ' ἑαυτὸν εἷλκε τὰς τῶν Κυπρίων ἐπισκόπων χειροτονίας, ὡς τάχα τῆς Κύπρου τὸ παλαιὸν τελούσης ὑπὸ τὸν δοῦκα Ἀντιοχείας· παρὰ γὰρ τοῦ δουκὸς Ἀντιοχείας ἐστέλλετο ἐκεῖ στρατηγός» και Θ. Βαλσαμῶνος: «Πρὸ τοῦ ἀποξενωθῆναι τὴν βασιλείαν τῶν Ῥωμαίων ἐκ τῆς μεγάλης Ἀντιοχείας, δοὺξ ἐν αὐτῇ παρὰ τοῦ Βασιλέως ἐπέμπετο, καὶ οὗτος στρατηγὸν εἰς Κύπρον ἀπέστελλεν, ὡς ὑποκειμένην τῇ Ἀντιοχείᾳ· οἱ δὲ Κύπριοι ἐπίσκοποι καθ' ἑαυτοὺς διῆγον, καὶ ἐχειροτονοῦντο. Τοῦ γοῦν τότε ὄντος ἐπισκόπου Ἀντιοχείας, ἐπιχειροῦντος, ὡς ἔοικε, χειροτονίας ποιεῖν εἰς τὰς ἐκκλησίας τῶν Κυπρίων, προφάσει τοῦ στέλλεσθαι στρατηγὸν ἐν τῇ νήσῳ παρὰ τοῦ δουκὸς Ἀντιοχείας, ἀνηνέχθη τὰ περὶ τούτου τῷ ἐν Ἐφέσῳ συνόδῳ παρὰ Κυπρίων ἐπισκόπων» σε Σύνταγμα, ΙΙ, 204 και 205 αντιστοίχως.
65. Βλ. σχετ. E. Schwartz, Acta Conciliorum oecumenicorum, Tomus 1, 1, 7, 118επ.

ἐκκλησιῶν, τῶν κατά τήν Κύπρον, προεστῶτες, κατά τούς κανόνας τῶν ὁσίων Πατέρων, καί τήν ἀρχαίαν συνήθειαν, δι' ἑαυτῶν τάς χειροτονίας τῶν εὐλαβεστάτων ἐπισκόπων ποιούμενοι· τό δέ αὐτό καί ἐπί τῶν ἄλλων διοικήσεων, καί τῶν ἁπανταχοῦ ἐπαρχιῶν παραφυλαχθήσεται· ὥστε μηδένα τῶν θεοφιλεστάτων ἐπισκόπων ἐπαρχίαν ἑτέραν, οὐκ πρό αὐτοῦ χεῖρα καταλαμβάνειν· ἀλλ' εἰ καί τις κατέλαβε, καί ὑφ' ἑαυτόν πεποίηται, βιασάμενος, ταύτην ἀποδιδόναι· ἵνα μή τῶν Πατέρων οἱ κανόνες παραβαίνωνται, μηδέ ἐν ἱερουργίας προσχήματι, ἐξουσίας τῦφος κοσμικῆς παρεισδύηται, μηδέ λάθωμεν τήν ἐλευθερίαν κατά μικρόν ἀπολέσαντες, ἥν ἡμῖν ἐδωρήσατο τῷ ἰδίῳ αἵματι ὁ Κύριος ἡμῶν Ἰησοῦς Χριστός, ὁ πάντων ἀνθρώπων ἐλευθερωτής. Ἔδοξε τοίνυν τῇ ἁγίᾳ καί οἰκουμενικῷ συνόδῳ, σῴζεσθαι ἑκάστῃ ἐπαρχίᾳ καθαρά καί ἀβίαστα τά αὐτῇ προσόντα δίκαια ἐξ ἀρχῆς καί ἄνωθεν, κατά τό πάλαι κρατῆσαν ἔθος, ἄδειαν ἔχοντος ἑκάστου μητροπολίτου τά ἴσα τῶν πεπραγμένων πρός τό οἰκεῖον ἀσφαλές ἐκλαβεῖν. Εἰ δέ τις μαχόμενον τύπον τοῖς νῦν ὡρισμένοις προκομίσοι, ἄκυρον τοῦτον εἶναι ἔδοξε τῷ ἁγίᾳ πάσῃ καί οἰκουμενικῷ συνόδῳ».

Ο ως άνω κανόνας έχει γίνει δεκτός ως απόφαση συνοδική που κατοχυρώνει το αυτοκέφαλο της Εκκλησίας της Κύπρου. Ταυτοχρόνως όμως ο συγκεκριμένος κανόνας, πέραν της κατοχυρώσεως του δικαιώματος αυτοδιαθέσεως της Κυπριακής Εκκλησίας μέσω της τελέσεως των χειροτονιών των επισκόπων της, και με αφορμή το πρόβλημα της τοπικής αυτής Εκκλησίας, διακηρύσσει για μία ακόμη φορά την ισχύ της αρχής της κανονικής δικαιοδοσίας και το συνεπακόλουθο της εφαρμογής της αρχής αυτής απαραβίαστο των ορίων δικαιοδοσίας. Ειδικότερα:

Η γενεσιουργός αιτία για τη συνοδική αυτή απόφαση ήταν η διαπιστωθείσα επιδίωξη του Επισκόπου Αντιοχείας να χειροτονεί τους επισκόπους της Εκκλησίας της Κύπρου[66]. Η επιδίωξη αυτή τέθηκε υπόψιν της συνόδου από

---

66. Βλ. τα υπό τον κανόνα σχόλια των Ι. Ζωναρά (Σύνταγμα, ΙΙ, 204): «Ὁ τῆς Ἀντιοχέων ἐκκλησίας ἀρχιερεύς ὑφ' ἑαυτόν εἷλκε τάς τῶν Κυπρίων ἐπισκόπων χειροτονίας, ὡς τάχα τῆς Κύπρου τό παλαιόν τελούσης ὑπό τόν Δούκα Ἀντιοχείας·... και Θ. Βαλσαμώνα (Σύνταγμα, ΙΙ, 206): «...Τοῦ γοῦν τότε ὄντος ἐπισκόπου Ἀντιοχείας, ἐπιχειροῦντος, ὡς

τους επισκόπους της Εκκλησίας της Κύπρου Ρηγίνο, Ζήνωνα και Ευάγριο, οι οποίοι δικαιολογώντας τη κίνησή τους να θέσουν το θέμα αυτό, το χαρακτήρισαν ως ένα φαινόμενο νέο, αντίθετο προς τα θέσμια της Εκκλησίας και το οποίο άπτεται του απαραβιάστου των ορίων δικαιοδοσίας όλων[67]. Πράγματι, η συμπεριφορά του Επισκόπου Αντιοχείας, όπως τέθηκε υπόψιν της συνόδου, συνιστά παραβίαση των ορίων κανονικής δικαιοδοσίας και παρέμβαση στις υποθέσεις άλλης Εκκλησίας, και δη της Εκκλησίας της Κύπρου. Με αφορμή, λοιπόν, την περίπτωση της κυπριακής Εκκλησίας, η σύνοδος:

1) Επέλυσε με βάση την αρχή της κανονικής δικαιοδοσίας το ζήτημα που ανεφύη μεταξύ της Εκκλησίας της Αντιοχείας και της Εκκλησίας της Κύπρου υπέρ της δεύτερης, αποφασίζοντας με σαφήνεια ότι η σύνοδος της Εκκλησίας της Κύπρου έχει την απόλυτη και μη επιδεχόμενη αμφισβήτηση ή έξωθεν παρέμβαση εξουσία να χειροτονεί τους επισκόπους των επαρχιών της, συμπεριλαμβανομένου και του Προέδρου της συνόδου της[68]. Επί του θέματος αυτού επανήλθε και η Πενθέκτη Οικουμενική σύνοδος, κατόπιν αιτήματος του τότε επικεφαλής της Κυπριακής Εκκλησίας Αρχιεπισκόπου Ιωάννου, και επιβεβαίωσε με τον 39ο κανόνα της την ισχύ της αποφάσεως της τρίτης Οικουμενικής συνόδου περί του δικαιώματος της Εκκλησίας της Κύπρου να χειροτονεί τους επισκόπους της: «*Τοῦ ἀδελφοῦ καὶ συλλειτουργοῦ ἡμῶν Ἰωάννου, τοῦ τῆς Κυπρίων νήσου προέδρου, ἅμα τῷ οἰκείῳ λαῷ, ἐπί τήν Ἑλλησπόντιον ἐπαρχίαν, διά τε τάς βαρβαρικάς ἐφόδους, διά τε τό τῆς*

ἔοικε, χειροτονίας ποιεῖν εἰς τάς ἐκκλησίας τῶν Κυπρίων, προφάσει τοῦ στέλλεσθαι στρατηγόν ἐν τῇ νήσῳ παρά τοῦ Δουκός Ἀντιοχείας, ἀνηνέχθη τά περί τούτου τῇ ἐν Ἐφέσῳ συνόδῳ παρά Κυπρίων ἐπισκόπων·...».

67. «Πράγμα παρά τούς ἐκκλησιαστικούς θεσμούς καί τούς κανόνας τῶν ἁγίων Ἀποστόλων καινοτομούμενον, καί τῆς πάντων ἐλευθερίας ἁπτόμενον, προσήγγειλεν ὁ θεοφιλέστατος συνεπίσκοπος Ρηγῖνος, καί οἱ σύν αὐτῷ θεοφιλέστατοι ἐπίσκοποι τῆς Κυπρίων ἐπαρχίας, Ζήνων καί Εὐάγριος».

68. «...ἐξουσία ἕξουσι τό ἀνεπηρέαστον καί ἀβίαστον οἱ τῶν ἁγίων ἐκκλησιῶν, τῶν κατά τήν Κύπρον, προεστῶτες, κατά τούς κανόνας τῶν ὁσίων Πατέρων, καί τήν ἀρχαίαν συνήθειαν, δι' ἑαυτῶν τάς χειροτονίας τῶν εὐλαβεστάτων ἐπισκόπων ποιούμενοι·...».

ἐθνικῆς ἐλευθερωθῆναι δουλείας καὶ τοῦ καθαρῶς τοῖς σκήπτροις τοῦ χριστιανικωτάτου κράτους ὑποταγῆναι, τῆς εἰρημένης μεταναστάντος νήσου, προνοίᾳ τοῦ φιλανθρώπου Θεοῦ, καὶ μόχθῳ τοῦ φιλοχρήστου καὶ εὐσεβοῦς ἡμῶν βασιλέως, συνορῶμεν, ὥστε ἀκαινοτόμητα διαφυλαχθῆναι τά παρά τῶν ἐν Ἐφέσῳ τό πρότερον συνελθόντων θεοφόρων Πατέρων τῷ θρόνῳ τοῦ προγεγραμμένου ἀνδρός παρασχεθέντα προνόμια, ὥστε τήν νέαν Ἰουστινιανούπολιν τό δίκαιον ἔχειν τῆς Κωνσταντινουπόλεως, καὶ τον ἐπ' αὐτῷ καθιστάμενον θεοφιλέστατόν ἐπίσκοπον, πάντων προεδρεύειν τῶν τῆς Ἑλλησποντίων ἐπαρχίας, καὶ ὑπό τῶν οἰκείων ἐπισκόπων χειροτονεῖσθαι, κατά τήν ἀρχαίαν συνήθειαν»[69].

2) Αποφάσισε την ex nunc εφαρμογή της ως άνω αποφάσεώς της και επί όλων των άλλων εκκλησιών, επιβάλλοντας την καθολική ισχύ αυτής, προκειμένου να προλάβει για το μέλλον συμπεριφορές παραβιάσεως των ορίων κανονικής δικαιοδοσίας, όπως αυτή του επισκόπου Αντιοχείας[70], κατοχυρώνοντας κατ' αυτόν τον τρόπο το αυτοκέφαλο όλων των Επαρχιών –Μητροπόλεων[71].

3) Αποφάσισε την αναδρομική εφαρμογή της για όσες περιπτώσεις παραβιάσεως των ορίων κανονικής δικαιοδοσίας έχουν ήδη λάβει χώρα, επι-

---

69. Βλ. και τα υπό τον κανόνα ερμηνευτικά σχόλια του Ι. Ζωναρά: «Ἐν τῇ γ' συνόδῳ ἐψήφισται παρά τῶν τῆς συνόδου ἐκείνης θείων Πατέρων, τούς Κυπρίους ἐπισκόπους δι' ἑαυτῶν τάς χειροτονίας τῶν ἐπισκόπων ποιεῖν. Ἐπειρᾶτο γάρ ὁ Ἀντιοχείας τότε, ὑφ' ἑαυτόν καί τήν Κύπρον ἔχειν, καί παρ' ἐκείνου χειροτονεῖσθαι τούς ἐν αὐτῇ ἐπισκόπους. Τοῦτο οὖν τό προνόμιον καί ὁ κανών οὗτος ἀκαινοτόμητον προσεῖναι ψηφίζεται ταῖς ἐκκλησίαις ταῖς ἐν τῇ Κύπρῳ», Θ. Βαλσαμῶνος: «Ἀπό μέν τοῦ ή. κανόνος τῆς γ' συνόδου παρίσταται, ὅτι, ἐκ προσελεύσεως ἐπισκόπου τινός Κυπρίων, Ρηγίνου ἐπιλεγομένου, ὡρίσθη αὐτοκέφαλον εἶναι τήν Ἐκκλησίαν τῆς Κύπρου· καί ἐκωλύθη ὁ Ἀντιοχείας χειροτονίας ἐν αὐτῇ ποιεῖν. ὁ δέ παρών κανών ἐξενεχθείς ἀπό αἰτήσεως ἑτέρου ἀρχιεπισκόπου Κύπρου, Ἰωάννου, ἐπικυροῖ μέν καί τά ἐν Ἐφέσῳ πεπραγμένα...» καί Α. Ἀριστηνοῦ: «Ἡ νέα Ἰουστινιανούπολις τό δίκαιον ἐχέτω Κωνσταντινουπόλεως, καί ὁ ταύτης πρόεδρος, πάντων Ἑλλησποντίων, πρός οὕς μετώκησε, προεδρευέτω, καί ὑπό τῶν οἰκείων ἐπισκόπων χειροτονείσθω· ὡς οἱ ἐν Ἐφέσῳ ἐθέσπισαν».
70. «...τό δέ αὐτό καί ἐπί τῶν ἄλλων διοικήσεων, καί τῶν ἀπανταχοῦ ἐπαρχιῶν παραφυλαχθήσεται· ὥστε μηδένα τῶν θεοφιλεστάτων ἐπισκόπων ἐπαρχίαν ἑτέραν, οὐκ πρό αὐτοῦ χεῖρα καταλαμβάνειν·...».
71. Βλ. Β. Φειδάς, ό.π. (σημ. 25)16.

βάλλοντας στους παραβάτες Επισκόπους την απόδοση των αντικανονικώς κατεχομένων Επαρχιών, δηλαδή των περιοχών επί των οποίων κατά παράβαση της αρχής της κανονικής δικαιοδοσίας τελούσαν χειροτονίες, στους νομίμους επισκόπους αυτών[72].

Με τη δημιουργία και του υπερμητροπολιτικού συστήματος επέρχεται η ολοκλήρωση της βασικής διοικητικής διαρθρώσεως της Εκκλησίας και η διαίρεση του τότε γνωστού κόσμου σε πέντε μεγάλες εκκλησιαστικές περιφέρειες προστιθεμένης και της Εκκλησίας της Κύπρου. Την κανονική θεμελίωση του θεωρητικού υπόβαθρου της Πενταρχίας των Πατριαρχών διεξήλθε ο Θ. Βαλσαμών στο ερμηνευτικό σχόλιό του υπό τον 31ο κανόνα των Αποστόλων με αφορμή τις ενστάσεις αρχιερέων σχετικώς με την κανονικότητα του θεσμού των πατριαρχικών σταυροπηγίων, δηλαδή του δικαιώματος των πέντε Πατριαρχών να ιδρύουν πατριαρχικά σταυροπήγια και να δημιουργούν με αυτόν τον τρόπο θύλακες κανονικής δικαιοδοσίας εκτός της δικής τους επισκοπικής περιφέρειας και εντός των ορίων οποιασδήποτε των επαρχιών της Αυτοκέφαλης Εκκλησίας, της οποίας είναι Προκαθήμενοι, χωρίς την άδεια του επιχωρίου Επισκόπου. Επ' αυτών των ενστάσεων ο Θ. Βαλσαμών – και τασσόμενος σαφώς υπέρ της κανονικότητας του θεσμού δυνάμει των κανόνων 6 και 7 της Α΄ Οικουμενικής συνόδου και 2 και 3 της Β΄ Οικουμενικής συνόδου – αντιτείνει την άποψη περί χωρισμού της οικουμένης σε πέντε μεγάλες περιφέρειες που αντιστοιχούν στα πέντε πρεσβυγενή Πατριαρχεία Ρώμης, Κωνσταντινουπόλεως, Αλεξανδρείας, Αντιοχείας και Ιεροσολύμων. Η ορθότητα δε της απόψεως αυτής αποδεικνύεται κατά τον κανονολόγο από δύο γεγονότα, από τη μνημόνευση του ονόματος ενός εκάστου των Προκαθημένων εντός της περιφέρειάς του και από το δικαίωμα αυτών να χειροτονούν και να κρίνουν τους υπό τη δικαιοδοσία τους επισκόπους: «Μετὰ τὴν τοῦ παρόντος ἑρμηνείαν, εἰς λόγον ἐλθὼν μετά τινων ἀρχιερέων, γογγυζόντων διὰ τὰ πατριαρχικὰ σταυροπήγια, ὡς δῆθεν ἀκανονίστως ἀποστελλόμενα εἰς τὰς ἐνορίας αὐτῶν, κατενόησα δικαίως καὶ κανο-

---

72. «ἀλλ' εἰ καὶ τις κατέλαβε, καὶ ὑφ' ἑαυτὸν πεποίηται, βιασάμενος, ταύτην ἀποδιδόναι».

νικῶς ταῦτα γίνεσθαι, καὶ μάτην τοὺς ἐγχωρίους ἐπισκόπους μέμφεσθαι τὴν τούτων ποίησιν. Ἀπὸ γὰρ τῶν θείων κανόνων οὔτε μητροπολίτῃ, οὔτε ἀρχιεπισκόπῳ, οὔτε ἐπισκόπῳ, ἐνορία ἐδόθη, ἀλλὰ τοῖς πέντε πατριάρχαις ἀπενεμήθησαν αἱ ἐνορίαι τῶν τεσσάρων κλιμάτων τῆς οἰκουμένης καὶ διὰ τοῦτο ἔχουσιν ἐν ταύταις τὴν ἀναφορὰν τῶν ὀνομάτων αὐτῶν ἀπὸ πάντων τῶν ἐν αὐταῖς ἐπισκόπων καὶ τοῦτο δῆλον ἀπὸ τοῦ στ΄. καὶ ζ΄. κανόνος τῆς α΄. συνόδου, καὶ τοῦ β΄. καὶ γ΄. κανόνος τῆς δευτέρας, διοριζομένων τὸν Ἀλεξανδρείας ἔχειν ἐνορίαν πᾶσαν τὴν Αἴγυπτον, τὴν Λιβύην, καὶ τὴν Πεντάπολιν· τὸν Ἀντιοχείας, τὴν Κοίλην Συρίαν, τὴν Μεσοποταμίαν, καὶ τὴν Κιλικίαν, καὶ τοὺς λοιποὺς πατριάρχας, τὰς ἑτέρας διοικήσεις. Ὅθεν καὶ ὡς ἔχοντες δίκαια χειροτονιῶν εἰς τὰς ἀφορισθείσας αὐτοῖς διοικήσεις, κατὰ τὴν τῶν ῥηθέντων κανόνων περίληψιν, καὶ ἀνακρίνοντες τοὺς διέποντας ταύτας ἀρχιερεῖς, καὶ κανονικῶς διορθούμενοι, δικαίως καὶ σταυροπήγια δώσουσιν εἰς πόλεις καὶ παροικίας αὐτῶν ἰδιώσονται δὲ καὶ κληρικοὺς αὐτῶν, ὁσάκις θέλουσιν, ἀποκριματίστως»[73]. Η τεκμηρίωση της θεωρίας της Πενταρχίας των πέντε πρεσβυγενών Πατριαρχείων απασχόλησε και τον Νείλο Δοξαπατρή ο οποίος θεμελίωσε τη διοικητική διαίρεση της Οικουμένης σε πέντε περιφέρειες προσφεύγοντας στην παρομοίωση του ανθρωπίνου σώματος με το σώμα της Εκκλησίας. Και όπως το ανθρώπινο σώμα διοικείται από τις πέντε αισθήσεις κατ' αυτόν τον τρόπο και το σώμα της Εκκλησίας που έχει κεφαλή τον Χριστό διοικείται από τους πέντε μεγίστους Θρόνους: «Ὅτι γὰρ ἔδει τέλειον εἶναι τὸ σῶμα τῆς Ἐκκλησίας, ἧς μία κεφαλὴ ὁ Χριστός, πᾶν δὲ σῶμα ταῖς πέντε διοικεῖται αἰσθήσεσιν, οὐ μὴν τέσσαρσι· διὰ τοῦτο ᾠκονόμησε τὸ ἅγιον Πνεῦμα πέντε γενέσθαι τὰ πατριαρχεῖα, ἅτινά εἰσιν ἓν σῶμα καὶ μία Ἐκκλησία, αἰσθήσεων λόγον ἐπεχόντων τῶν πέντε πατριαρχείων. Ὥσπερ γὰρ πᾶν σῶμα ζῶον ὑπὸ τῶν πέντε διοικεῖται αἰσθήσεων, εἰ δὲ λείπει μία τις τῶν αἰσθήσεων, ἀτελές ἐστι τὸ σῶμα· οὕτω καὶ ἡ Ἐκκλησία τοῦ Χριστοῦ ἓν σῶμα οὖσα ἅπασα καὶ μία, τῷ εἰς Χριστὸν τὸν Υἱὸν τοῦ Θεοῦ πίστει ἐστηριγμένη, ὑπὸ τῶν πέντε πατριαρχῶν διοικεῖται, ὥσπερ ὑπὸ αἰσθήσεων»[74].

---

73. Βλ. Σύνταγμα, ΙΙ, 41-42.
74. Βλ. Νείλος Δοξαπατρής, ό.π. (σημ. 3), 1097.

Μετά την ολοκλήρωση της Πενταρχίας και τη διανομή της οικουμένης σε πέντε μείζονες εκκλησιαστικές περιφέρειες, προστιθεμένης της Εκκλησίας της Κύπρου[75], όλες οι ανά τον τότε γνωστό κόσμο εκκλησιαστικές περιφέρειες υπήγοντο πλέον διοικητικώς σε κάποια από τις πέντε Εκκλησίες. Αποτέλεσμα αυτής της θεσμικής ολοκληρώσεως ήταν να τεθεί επί τάπητος το ζήτημα της διαδικασίας, η οποία θα ηκολουθείτο κάθε φορά που θα ετίθετο ζήτημα δημιουργίας νέας εκκλησιαστικής επαρχίας. Και αφ' ής στιγμής, η Οικουμένη είχε στο σύνολό της γεωγραφικώς διαμοιρασθεί στις πέντε Εκκλησίες και στην Εκκλησία της Κύπρου, η μόνη δυνατότητα ιδρύσεως νέας Εκκλησίας θα περνούσε αναγκαστικώς μέσα από τη διαδικασία της μερικής κατατμήσεως μιας εκ των υφισταμένων πέντε Εκκλησιών και αποσπάσεως εξ αυτής συγκεκριμένης γεωγραφικώς περιφέρειας. Η διαδικασία αυτή καθορίσθηκε από την Δ΄ Οικουμενική σύνοδο, η οποία απαγόρευσε τη διάσπαση εκκλησιαστικών επαρχιών διά της εκδόσεως Πολιτειακής πράξεως και από την Πενθέκτη Οικουμενική σύνοδο, η οποία θεσμοθέτησε τη δυνατότητα μεταβολής ορίων των εκκλησιαστικών επαρχιών, εφόσον υπαγορεύεται από την ανάγκη ταυτίσεως των ορίων αυτών με τα αντίστοιχα γεωγραφικά όρια των διοικητικών περιφερειών με τον 38ο κανόνα, όπως θα δούμε αμέσως παρακάτω.

β) Κατά δεύτερο λόγο, τα καθεστώτα του αυτοκεφάλου και του αυτονόμου βρίσκουν έρεισμα στις διατάξεις των 12ου κανόνα της Δ΄ Οικουμενικής συνόδου και 38ου της Πενθέκτης Οικουμενικής συνόδου.

Ειδικότερα:

Η Δ΄ Οικουμενική σύνοδος αντιμετώπισε με τον 12ο κανόνα της το φαινόμενο της διασπάσεως ή άλλως κατατμήσεως εκλησιαστικών επαρχιών διά πολιτειακών πράξεων, κηρύσσοντας την πρακτική αυτή ως αντικανονική.

---

75. Η Εκκλησία αυτή δεν θα κατατμηθεί μέχρι τις μέρες μας, λόγω της περιορισμένης γεωγραφικής περιφέρειας της, η οποία καθιστά στην πράξη αδύνατη την απόσπαση επαρχιών και τη δημιουργία νέας ή νέων ανεξαρτήτων Εκκλησιών.

Κατά τον ως άνω κανόνα: «Ἦλθεν εἰς ἡμᾶς, ὥς τινες παρά τούς ἐκκλησιαστικούς θεσμούς προσδραμόντες δυναστείαις, διά πραγματικῶν τήν μίαν ἐπαρχίαν εἰς δύο κατέτεμον, ὡς ἐκ τούτου δύο μητροπολίτας εἶναι ἐν τῇ αὐτῇ ἐπαρχίᾳ. Ὥρισε τοίνυν ἡ ἁγία σύνοδος, τοῦ λοιποῦ μηδέν τοιοῦτον τολμᾶσθαι παρά ἐπισκόπου· ἐπεί, τόν τοιοῦτο ἐπιχειροῦντα ἐκπίπτειν τοῦ ἰδίου βαθμοῦ. Ὅσαι δέ ἤδη πόλεις διά γραμμάτων τῷ τῆς μητροπόλεως ἐτιμήθησαν ὀνόματι, μόνης ἀπολαυέτωσαν τῆς τιμῆς, καὶ ὁ τήν ἐκκλησίαν αὐτῆς διοικῶν ἐπίσκοπος, δηλονότι σωζομένων τῇ κατ' ἀλήθειαν μητροπόλει τῶν οἰκείων δικαίων».

Όπως προκύπτει από την ανάγνωση του λεκτικού του κανόνα και κατ' εφαρμογή της ερμηνευτικής αρχής της κανονικής ακριβείας, προ της συγκλήσεως της Δ΄ Οικουμενικής συνόδου είχε λάβει ευρύτατες διαστάσεις, το φαινόμενο της προσφυγής «τινών» στην πολιτειακή εξουσία και την κατόπιν υποβολής σχετικού αιτήματός τους έκδοση βασιλικού διατάγματος[76] διά του οποίου διεσπάτο μια υφιστάμενη Μητρόπολη σε δύο πλέον περιφέρειες με ταυτόχρονη ανύψωση σε Μητρόπολη της προκυπτούσης από τη διάσπαση περιφέρειας, που μέχρι τότε ήταν Επισκοπή. Την αντίθετη προς την κανονική τάξη πρακτική αυτή αποδοκίμασε η Δ΄ Οικουμενική σύνοδος, απαγορεύοντας με τον ως άνω κανόνα στους Επισκόπους επί ποινή καθαιρέσεως να επιδιώκουν τη διάσπαση της Μητροπόλεως, στην οποία ανήκει η Επισκοπή τους με σκοπό την ανύψωση αυτής σε Μητρόπολη και των ιδίων σε Μητροπολίτη. Είναι, μάλιστα, χαρακτηριστικό ότι τόσο ο Ι. Ζωναράς όσο και ο Θ. Βαλσαμών υπάγουν στην κανονική αυτή ρύθμιση όχι μόνο τον επίσκοπο που επιτυγχάνει την ικανοποίηση του αιτήματός του αλλά και τον επίσκοπο που το αίτημά του τελικώς δεν γίνεται δεκτό[77]. Ταυ-

---

76. Έτσι ερμηνεύουν τον όρο «πραγματικά» στα υπό τον κανόνα ερμηνευτικά σχόλιά τους τόσο ο Ι. Ζωναράς «Ἐπίσκοποί τινες, διά φιλαπρωτίαν, καὶ φιλαρχίαν, προσιόντες τοῖς βασιλεῦσι, διά προσταγμάτων ἐγγράφων, (ταῦτα γάρ εἰσι τά πραγματικά)» όσο και ο Θ. Βαλσαμών «Τά βασιλικά προστάγματα, πραγματικοί τύποι λέγονται» (βλ. Σύνταγμα, ΙΙ, 246 και 247 αντιστοίχως).
77. Κατά τον Ι. Ζωναρά (Σύνταγμα, ΙΙ, 247): «Οὐ γάρ τόν εἰς πρᾶξιν ἀγαγόντα τήν ἐπιχείρησιν κολάζει μόνον, ἀλλά καί τόν μόνον ἐπιχειροῦντα, κἄν μή τύχῃ τοῦ ἐφετοῦ»

τοχρόνως, και ορθώς, η αυτή ως άνω σύνοδος εξήρεσε της ρυθμίσεως όσες πόλεις είχαν ήδη τιμηθεί διά πολιτειακής πράξεως.

Εξ όλων των παραπάνω συνάγεται a contrario ότι η δημιουργία νέας εκκλησιαστικής περιφέρειας μέσω της διασπάσεως υφισταμένης τοιαύτης είναι επιτρεπτή και συμβατή με την κανονική τάξη, εφόσον η σχετική διαδικασία καθώς και η έκδοση της πράξεως που αποφαίνεται θετικώς επί της διασπάσεως κινηθεί και ολοκληρωθεί από την ίδια την Εκκλησία, μέσω των θεσμοθετημένων από την κανονική νομοθεσία ιδίων αυτής αρμοδίων οργάνων.

Εντός των πλαισίων του λεκτικού του 12ου κανόνα κινείται η απόφαση της συνόδου της Καρθαγένης, που αποτυπώνεται στον 17ο (23ο) κανόνα της, συμφώνως προς τον οποίο παραχωρείται από τη σύνοδο στην επαρχία της Μαυριτανίας Σιτιφένσης το προνόμιο να έχει κατ' εξαίρεση δικό της «Πρωτεύοντα» Μητροπολίτη, αναβιβαζόμενη επί της ουσίας η επαρχία αυτή σε Μητρόπολη, διότι η επαρχία αυτή ήταν απομεμακρυσμένη και για τον λόγο αυτό ήταν δυσχερής η εκπροσώπησή της στα συνοδικά όργανα της Εκκλησίας της Αφρικής[78]. Η απόφαση αυτή, παρά το γεγονός ότι προηγήθηκε χρονικώς της Δ΄ Οικουμενικής συνόδου αλλά και οι ερμηνευτές τάσσονται ομοφώνως υπέρ του τοπικού χαρακτήρα του κανόνα[79], έχει ιδιαίτερη αξία, διότι η αναγνώριση στην επαρχία αυτή του δικαιώματος να έχει Μητροπολίτη – και η επακόλουθη προαγωγή της σε Μητρόπολη – συνετελέσθη με απόφαση της συνόδου της Εκκλησίας, εντός των γεωγραφικών ορίων της οποίας ανήκε η προβιβασθείσα επαρχία.

κατά δε τον Θ. Βαλσαμώνα (Σύνταγμα, ΙΙ, 247): «...ὀφείλουσι καθαιρεῖσθαι, μή μόνον ὁ πορισόμενος τήν τοιαύτην πρόσταξιν, ἀλλά καὶ ὁ τολμήσων τοιοῦτόν τι ἐπιχειρῆσαι».

78. Κατά τον κανόνα (Σύνταγμα, ΙΙΙ, 351): «Ἤρεσεν, ἵνα ἡ Μαυριτανία Σιτιφένσης, ὡς ᾔτησε, τὸν πρωτεύοντα τῆς Νουμιδικῆς χώρας, ἧς τινος ἐκ τῆς συνόδου κεχώρισται, ἴδιον ἔχῃ πρωτεύοντα. Συναινέσει οὖν πάντων τῶν πρωτευόντων τῶν Ἀφρικανῶν ἐπαρχιῶν, καὶ πάντων τῶν ἐπισκόπων, διὰ τὸ μακροδαπὲς ἔχειν, ἐπετράπη».

79. Κατά μεν τον Ι. Ζωναρά (Σύνταγμα, ΙΙΙ, 351): «Καὶ οὗτος ὁ κανὼν τοπικός ἐστι, περὶ ἐκείνης μόνης τῆς χώρας διαταττόμενος, περὶ ἧς ἐξεφωνήθη, ἀλλαχοῦ δὲ μὴ ἐξακουόμενος», κατά δε τον Θ. Βαλσαμώνα (Σύνταγμα, ΙΙΙ, 351): «Τοπικός ἐστιν ὁ κανών».

Πάντως, ο 12ος κανόνας δεν έτυχε απολύτου εφαρμογής, διαπίστωση που έχει ως βάση τη σημείωση του Ι. Ζωναρά στο ερμηνευτικό σχόλιό του υπό τον κανόνα ότι ο κανόνας αυτός δεν τηρείται, διότι στην εποχή του κάποιοι επίσκοποι επετύγχαναν την αναγωγή τους σε Μητροπολίτες διά Βασιλικών Διαταγμάτων[80]. Πράγματι, η διαπίστωση του Ι. Ζωναρά είναι βάσιμη, καθόσον και μετά την εποχή του παρουσιάσθηκαν φαινόμενα προαγωγής επισκοπών σε Μητροπόλεις με πράξη του αυτοκράτορα, η οποία μάλιστα στη συνέχεια τύγχανε της εγκρίσεως της Εκκλησίας. Έτσι:

α) Η Επισκοπή Ιωαννίνων, η οποία ανήκε στη Μητρόπολη Ναυπάκτου, προήχθη σε Μητρόπολη με αυτοκρατορική πράξη, η οποία πράξη εγκρίθηκε στη συνέχεια από την Εκκλησία: «…τά γάρ Ἰωάννινα πρότερον μέν ἐπισκοπή τῶν ὑπό τήν ἁγιωτάτην μητρόπολιν Ναυπάκτου τελοῦσα, νῦν δ' ὑπό τῷ γνησίῳ δεσπότῃ, τῷ καί ἁγίῳ μου αὐτοκράτορι, καί τῇ καθόλου ἁγιωτάτῃ καί φυλακτικῇ μάνδρᾳ τῇ τοῦ θεοῦ ἐκκλησίᾳ ὡσπερεί πλανηθέν πρόβατον ἐνσηκασθεῖσα καί γενομένη, τῶν ὀρέων, οἷς διέτριβε, καί τῶν ἐρημιῶν ἀποστᾶσα, ὅ τε κράτιστος καί ἅγιός μου αὐτοκράτωρ, ἀποδεξάμενος αὐτήν τῆς ἐπί τό κρεῖττον ἐπιστροφῆς καί προνοίας σεπτῷ προστάγματι αὐτοῦ εἰς μητρόπολιν τό ἀπό τοῦδε καί εἰς τό ἑξῆς εἶναί τε καί ὀνομάζεσθαι προήγαγε καί τετίμηκε καί τόν ἀρχιερατικῶς αὐτῆς προστησόμενον τῆς τοῦ μητροπολίτου καί ὑπερτίμου κλήσεως καί τιμῆς ἀπολαύειν ἀεί. πρός γάρ τοῖς ἄλλοις προνομίοις, ἅπερ ἡ βασιλική περιωπή κέκτηται, καί τοῦτ' ἔχει, ἄς ἄν βούληται δηλονότι τῶν ἐκκλησιῶν τιμᾶν καί ἀπό ἐλάττονος προβιβάζειν εἰς κρεῖττον ἀξίωμα. ἀκολούθως οὖν καί ἡ μετριότης ἡμῶν τῷ τοιούτῳ σεπτῷ προστάγματι τοῦ κρατίστου καί ἁγίου μου αὐτοκράτορος, δῶρον ἅμα οἷον τι καί αὐτή ἐπεισόδιον τῇ δηλωθείσῃ ἁγιωτάτῃ ἐπισκοπῇ τῶν Ἰωαννίνων χαρίσασθαι θέλουσα, τήν παροῦσαν συνοδικήν πρᾶξιν ἐκτίθησι, δι' ἧς τιμᾶσθαι ταύτην τῷ τῆς μητροπόλεως ἀξιώματι συγκαταπράττει καί συνεργάζεται, ὅ καί προσέσται αὐτῇ τό ἀπό

---

80. Βλ. τὸ σχόλιο σε Σύνταγμα, ΙΙ, 247: «Καὶ οὗτος δέ ὁ κανών οὐ φυλάττεται· τινές γάρ ἐπίσκοποι καί ἐφ' ἡμῶν διά βασιλικῶν προσταγμάτων εἰς τιμήν ἀνήχθησαν μητροπολίτου».

τοῦδε εἰς διηνέκειαν. Καὶ τοίνυν καὶ οἱ ἐν αὐτῇ ἐπικηρυχθησόμενοι ἀρχιερεῖς μέχρι παντός ἔσονται συναριθμούμενοι τῷ τῶν μητροπολιτῶν καὶ ὑπερτίμων συντάγματι καὶ τῶν ἴσων αὐτοῖς ἐπαπολαύοντες τιμῶν, ἔν τε συνοδικαῖς συνελεύσεσιν, ἐν ἐκκλησιαστικαῖς ἀθροίσεσι καὶ ταῖς ὁπουδήποτε γενομέναις συναγωγαῖς. εἰς γὰρ διαιωνίζουσαν ἀσφάλειαν ἔσται τῇ τῶν Ἰωαννίνων ἐκκλησίᾳ ἡ παροῦσα συνοδικὴ πρᾶξις ἐπὶ τῷ, ὡς εἴρηται, καὶ εἶναι καὶ ὀνομάζεσθαι ταύτην μητρόπολιν»[81].

β) Η Αρχιεπισκοπή Βρύσεως προήχθη σε Μητρόπολη με βασιλικό διάταγμα: «Ἡ βασιλεία μου διὰ τῆς τοῦ θεοῦ χάριτος ἄνωθεν λαβοῦσα ἄδειαν καὶ ἔνδοσιν ἀπὸ τῆς ἁγίας τοῦ θεοῦ ἐκκλησίας εἰς πλείονα τιμὴν ἐπαίρειν καὶ προβιβάζειν, ὅσας ἂν τῶν ἁγίων ἐκκλησιῶν διακρίνοι ἁρμοζούσας πρὸς τοῦτο, θεσπίζει καὶ νῦν διὰ τοῦ παρόντος προστάγματος, εἶναι καὶ εὑρίσκεσθαι τὴν ἁγιωτάτην ἀρχιεπισκοπὴν Βρύσεως εἰς μητρόπολιν καὶ συναπολαύειν τὸν ἐν αὐτῷ εὑρισκόμενον ἱερώτατον ἀρχιερέα τοῖς λοιποῖς ἱερωτάτοις μητροπολίταις τῆς θείας καὶ ἱερᾶς μεγάλης συνόδου τῆς αὐτῆς κλήσεώς τε καὶ τιμῆς κατὰ πάντα τρόπον, ἧς καὶ οὗτοι μετέχουσιν, ὅθεν καὶ νῦν μὲν ὀφείλει τυγχάνειν τῆς τοιαύτης τάξεώς τε καὶ τιμῆς ὁ ἱερώτατος μητροπολίτης Βρύσεως καὶ ὑπέρτιμος, καθεξῆς δὲ ἔσται τοῦτο κατὰ τὸν ἴσον τρόπον καὶ εἰς τοὺς μετ' αὐτὸν μέλλοντας εὑρίσκεσθαι κατὰ καιροὺς εἰς γνησίους ἀρχιερεῖς τῆς τοιαύτης ἁγιωτάτης μητροπόλεως Βρύσεως, ἅτε δὴ καὶ τὸ ἑδραῖον καὶ ἀμετακίνητον ὀφείλοντος, ἔχειν τοῦ παρὰ τῆς βασιλείας μου γεγονότος ἐπὶ τῇ ἁγιωτάτῃ ἐκκλησίᾳ προβιβασμοῦ. τούτου καὶ χάριν ἐγένετο καὶ ἀπελύθη καὶ τὸ παρὸν τῆς βασιλείας μου πρόσταγμα»[82], το οποίο εγκρίθηκε και από την Εκκλησία: «... τούτοις ἤδη τετίμηται προβιβασμοῖς καὶ σεμνώμασι βασιλικῷ προνομίῳ καὶ ὁ

---

81. Βλ. το πλήρες κείμενο της συνοδικής αποφάσεως σε Fr. Miklosich – I. Muller, Acta et Diplomata Graeca medii aevi sacra et profana, T. 1: Acta Patriarchatus Constantinopolitani (1315-1402), Vindobonae Carolus Gerold 1760, έγγραφο LI (χωρίς έτος), 93-95.
82. Βλ. το κείμενο σε Fr. Miklosich – I. Muller, ό.π. (σημ. 81), έγγραφο LIII (6832-1323), Δεκεμβρίου ινδικτιώνος ζ΄, 96.

ιερώτατος αρχιεπίσκοπος Βρύσεως, εις μητροπολίτην υπέρτιμον και τιμηθείς και προβιβασθείς και εις την λαχούσαν αυτόν ταύτην αγιωτάτην εκκλησίαν της Βρύσεως διαβιβάσας τά της τιμής εις αιώνα τον εξής άπαντα, και μάλα εικότως, αρχιερέα γαρ αύτη πλουτήσασα, παντοίοις αρετών είδεσι τιμήν ταύτην έλαβεν αναφαίρετον. του επί τούτω τοίνυν απολυθέντος σεπτού προστάγματος τη καθ' ημάς ιερά και θεία συνόδω επαναγνωσθέντος εν επηκόω, συνοδικώς και η μετριότης ημών διακελεύεται, συναριθμείσθαι μετά των λοιπών μητροπόλεων απάρτι την αυτήν αγιωτάτην εκκλησίαν Βρύσεως και τον ιερώτατον ταύτης αρχιερέα μητροπολίτην, αλλά δη και υπέρτιμον είναι τε και καλείσθαι, διαβαίνειν δε κατά τον όμοιον τρόπον την τοιαύτην τιμήν, τήν τε δηλαδή του μητροπολίτου, προσέτι δε και την του υπερτίμου και προς τούς μέλλοντας χειροτονείσθαι αρχιερείς εν αυτώ, καθώς ό τε κράτιστος και άγιός μου αυτοκράτωρ διορίζεται, και κατά την κρατήσασαν εν τοις τοιούτοις εκκλησιαστικήν τάξιν και συνήθειαν. Επί τούτω γαρ και το παρόν συνοδικόν γράμμα της ημών μετριότητος απολέλυται»[83].

γ) Η Επισκοπή Κερνίτζης προήχθη σε Μητρόπολη με αυτοκρατορική πράξη, η οποία εγκρίθηκε εκ των υστέρων από την Εκκλησία: «...και γοῦν συνδιασκεψαμένη συνοδικώς τη περί αυτήν αδελφότητι των ιερωτάτων αρχιερέων και υπερτίμων, τω Νικαίας και τον τόπον επέχοντι του Καισαρείας, τω Ηρακλείας, τω Θεσσαλονίκης, τω Ιωαννίνων, τω Αμασείας, τοις δυσίν Ουγγροβλαχίας, τω Σωζοπόλεως, τω Βάρνης, τω Ποντοηρακλείας διά γνώμης, τω Κελτζηνής, τω Δέρκων και τω αρχιεπισκόπω Αγχιάλου, διαγιγνώσκει και αποφαίνεται, ως αν ακολούθως τω σεπτώ προστάγματι του κρατίστου και αγίου μου αυτοκράτορος, έτι γε μην και τη συνοδική πράξει επί του χρηματίσαντος προ ημών πατριάρχου τυγχάνη η της Κερνίτζης αγιωτάτη εκκλησία τετιμημένη τω της μητροπόλεως αξιώματι, ό και προσέσται αυτώ το από τούδε εις διηνέκειαν, και οι εν αυτή επικηρυχθησόμενοι αρχιερείς, διαδε-

---

83. Βλ. το πλήρες κείμενο της συνοδικής αποφάσεως σε Fr. Miklosich – I. Muller, ό.π. (σημ. 81), έγγραφο LIV (6832-1323), Δεκεμβρίου ινδικτιώνος ζ', 97-98.

χόμενοι τόν νῦν ἱερώτατον μητροπολίτην Κερνίτζης, μέχρι τοῦ παντός ἔσονται συναριθμούμενοι τῷ τῶν μητροπολιτῶν ἱερωτάτῳ συντάγματι καὶ τῶν ἴσων αὐτοῖς ἐπαπολαύοντες τιμῶν ἔν τε συνοδικαῖς συνελεύσεσιν, ἐν ἐκκλησιαστικαῖς συναθροίσεσι καὶ ταῖς ὁπουδήποτε γενησομέναις συναγωγαῖς καὶ καθέδραις καὶ στάσεσι, τἆλλα τε πάντα, ὁπόσα τοῖς ἑτέροις μητροπολίταις, ἐξέσται τῷ νῦν τε ἱερωτάτῳ μητροπολίτῃ Κερνίτζης κυρῷ Ματθαίῳ, καὶ δὴ καὶ τοῖς αὐτοῦ διαδόχοις κατά τήν ἄνωθεν ἐπικρατήσασαν ἐν τοῖς τοιούτοις τάξιν τε καὶ παράδοσιν... »[84].

Η ανύψωση επισκοπής σε μητρόπολη μετά από απόφαση της Εκκλησίας δεν αποκλείει κατά τον ίδιο κανόνα την ανάκληση της προαγωγής και την επαναφορά της προαχθείσης επισκοπής στην προτέρα κατάσταση, εφόσον αυτή δικαιολογείται από συγκεκριμένους λόγους, που άπτονται του γενικοτέρου συμφέροντος της Εκκλησίας. Ούτως, η επισκοπή Πυργίου η οποία είχε προαχθεί σε Μητρόπολη με αυτοκρατορική πράξη που επικυρώθηκε από την Εκκλησία[85], επανήλθε μαζί με άλλες μητροπόλεις στην τάξη των επισκοπών: «... πρός ταῦτα συνδιασκεψαμένη ἡ μετριότης ἡμῶν τοῖς συνεδριάζουσιν αὐτῷ ἱερωτάτοις ἀρχιερεῦσι καὶ ὑπερτίμοις, τῷ Θεσσαλονίκης, τῷ Ἡρακλείας, τῷ Νικομηδείας, τῷ Νικαίας, τῷ Μονεμβασίας, τῷ Φιλιππουπόλεως, τῷ Ἀδριανουπόλεως, τῷ Σερρῶν, τῷ Λακεδαιμονίας, τῷ Σουγδαίας, τῷ Γάννου, τῷ Δέρκω, διέγνω καὶ ἀπεφήνατο δικαίαν εἶναι τήν τοῦ Ἐφέσου ζήτησιν, καὶ περί μέν τῶν ἐκκλησιῶν τοῦ Πυργίου καὶ τῆς Περγάμου τῶν τιμηθεισῶν ἀπό ἐπισκοπῶν εἰς μητροπόλεις πρό χρόνων καὶ πάλιν ἐπισκοπάς εἶναι παρακελευόμεθα καὶ ὑποκεῖσθαι τῇ τῆς Ἐφέσου μητροπόλει, οὐ μόνον διότι οὐκ ἔστι νῦν δυνατόν ἐκεῖ μητροπολίτας χειροτονηθῆναι, ἀλλ' ὅτι καὶ σύνηθές ἐστι τοῦτο πολλάκις γεγονός ἐν

---

84. Βλ. το πλήρες κείμενο της συνοδικής αποφάσεως σε Fr. Miklosich – I. Muller, Acta et Diplomata Graeca medii aevi sacra et profana, T. 2: Acta Patriarchatus Constantinopolitani (1315-1402), Vindobonae Carolus Gerold 1762, ἔγγραφο CCCXXXV (6888-1380), Ἰουνίου ἰνδικτιῶνος γ', 9-11.
85. Βλ. το πλήρες κείμενο της συνοδικής αποφάσεως σε Fr. Miklosich – I. Muller, ὁ.π. (σημ. 81), ἔγγραφο CI (6850-1342), Αὐγούστου ἰνδικτιῶνος ι', 228-230.

πολλαῖς ἐκκλησίαις, τιμηθείσαις μέν καιροῦ καλοῦντος ἀπό ἐπισκοπῶν εἰς ἀρχιεπισκοπάς ἤ μητροπόλεις διά τινα χρείαν ἀναγκαίαν, πάλιν δέ τῶν πραγμάτων μεταπεσόντων εἰς ὅ ἦσαν πάλιν γενομέναις ἐπισκοπαῖς, εἰ μή που τινάς ἐκκλησίας καί ὁ χρόνος ἐτίμησε καί τό δύνασθαι διά παντός ἔχειν μητροπολίτην καί τό πολλούς ἐν αὐτῇ χειροτονηθῆναι μητροπολίτας, ἕνα τόν ἕτερον διαδεχόμενον, καί ἀδύνατον εἶναι ταύτην ἐπισκοπήν γενέσθαι...»[86].

Ειδική περίπτωση – αντίθετη προς τον ως άνω κανόνα – συνιστά η Αρχιεπισκοπή Πρώτης Ιουστινιανής, η οποία υπέστη επανειλημμένως μεταβολές τόσο ως προς το όνομά της όσο και ως προς τη θέση της εντός της Ορθόδοξης Εκκλησίας[87].

Το πρώτο όνομά της ήταν Αρχιεπισκοπή της Πρώτης Ιουστινιανής και αναφέρεται στη Νεαρά 11 και μεταγενεστέρως στη Νεαρά 131 του Ιουστινιανού, το δε τελευταίο πριν την επανυπαγωγή της υπό τη δικαιοδοσία του Οικουμενικού Πατριαρχείου ήταν Αρχιεπισκοπή Αχριδών. Το όνομά της, αυτό της Πρώτης Ιουστινιανής, αλλά και τα προνόμιά της τα οφείλει στο γεγονός ότι ήταν η πατρίδα του αυτοκράτορα Ιουστινιανού, ο οποίος και ανέλαβε την ανακαίνισή της δίδοντας της το όνομά του[88].

Η Αρχιεπισκοπή της Πρώτης Ιουστινιανής έγινε αυτοκέφαλη το έτος 536, δυνάμει πολιτειακής πράξεως και ειδικότερα δυνάμει της Νεαράς 11 του αυτοκράτορα Ιουστινιανού «Περί Προνομίων τοῦ Ἀρχιεπισκόπου τῆς Πρώτης Ἰουστινιανῆς», με αιτιολογική βάση την ιδιότητα

---

86. Βλ. το πλήρες κείμενο της συνοδικής αποφάσεως σε Fr. Miklosich – I. Muller, ὁ. π. (σημ. 84), έγγραφο CCCXCVII (6896-1387), Σεπτεμβρίου ινδικτιώνος ια΄, 103-106.
87. Για την κανονικότητα της ιδρύσεως και της καταργήσεως της εκκλησιαστικής αυτής περιφέρειας βλ. Αν. Βαβούσκος, Νομοκανονική θεώρηση του καθεστώτος κανονικής δικαιοδοσίας της Αρχιεπισκοπής Αχρίδος, σε «Μακεδονικά», Τόμος 36ος (2007), 97-109.
88. Βλ. το σχόλιο του Θ. Βαλσαμώνος στο Κεφ. Ε΄ του Τιτλ. Α΄ του Νομοκάνονα του Φωτίου, σε Σύνταγμα, Ι, 44: «Σημείωσαι ἀπό τῆς παρούσης Ἰουστινιανείου νεαρᾶς (εννοείται η νεαρά ΡΛΑ΄) τά προνόμια τοῦ Ἀρχιεπισκόπου Βουλγαρίας, οὗτος γάρ ἐστιν ἀρχιεπίσκοπος τῆς α΄ Ἰουστινιανῆς τῆς πατρίδος τοῦ Βασιλέως Ἰουστινιανοῦ. Καί ἡ μέν Βουλγαρία διά τοῦτο καλεῖται Ἰουστινιανή, διά τό τόν βασιλέα Ἰουστινιανόν ἀποκαταστῆσαι τῷ βασιλείᾳ τῶν Ρωμαίων τήν τοιαύτην χώραν».

της έδρας της εκκλησιαστικής περιφέρειας, ως πατρίδας του νομοθετούντος αυτοκράτορα.

Κατά την ως άνω νομοθετική ρύθμιση[89]: «*Πολλοῖς καὶ διαφόροις τρόποις τὴν ἡμετέραν πατρίδα μεγαλύνειν ἐπιθυμοῦντες, ἐν ᾗ ὁ Θεὸς ἔδωκεν ἡμῖν ἐλθεῖν εἰς τὸν κόσμον τοῦτον τὸν ὑπ' αὐτοῦ κτισθέντα καὶ περὶ τὴν ἱερατικὴν τάξιν βουλόμεθα αὐτὴν μεγίσταις προσαυξήσεσι πλατύνεσθαι, ὅπως ὁ τοῦ Α΄ Ἰουστινιανῆς πατρίδος ἡμῶν, ἱερώτατος κατὰ καιρὸν προϊστάμενος οὐ μόνον Μητροπολίτης, ἀλλὰ καὶ Ἀρχιεπίσκοπος γένηται, καὶ αἱ λοιπαὶ ἐπαρχίαι ὑπὸ τὴν αὐτοῦ ἐξουσίαν ὦσιν, ἤτοι ἥτε Δακία ἡ Μεσογεία καὶ ἡ Παρόχθειος Δακία, πρὸς δὲ ἡ δευτέρα Μυσία καὶ ἡ Δαρδανία καὶ ἡ Πραιβαλιτάνη ἐπαρχία καὶ ἡ δευτέρα Μακεδονία καὶ τὸ μέρος τῆς δευτέρας Παννονίας τὸ ἐν τῇ πόλει Βακένσῃ.*

Διό, ἥ τε σὴ μακαριότης καὶ πάντες οἱ τῆς εἰρημένης πρώτης Ἰουστινιανῆς προϊστάμενοι, τὸ τοῦ Ἀρχιεπισκόπου ἐχέτωσαν προνόμιον, καὶ πᾶσαν ἄδειαν ἐπεκτεῖναι αὐταῖς τὴν ἑαυτῶν ἐξουσίαν, αὐτοὺς χειροτονεῖν, καὶ ἐν πάσαις ταῖς προμνησθείσαις ἐπαρχίαις τὸ πρῶτον ἔχειν ἀξίωμα, τὴν ὑπάτην ἱερωσύνην, τὸ ὕπατον μεγαλεῖον ὑπὸ τῆς σῆς ἕδρας πάντας καθίστασθαι καὶ σὲ μόνον Ἀρχιεπίσκοπον ἔχειν, οὐδεμίας πρὸς αὐτοὺς κοινωνίας, τῷ τῆς Θεσσαλονίκης ἐπισκόπῳ τηρουμένης· ἀλλὰ σὺ αὐτὸς καὶ πάντες οἱ τῆς Α΄ Ἰουστινιανῆς προεστῶτες, ἔστωσαν δικασταὶ καὶ διαγνώμονες πάσης μεταξὺ αὐτῶν ἀναφυείσης διαφορᾶς, καὶ αὐτοὶ ἀπαφασιζέτωσαν καὶ τέλος ἐπιτιθέτωσαν, καὶ αὐτοὺς χειροτονήτωσαν, μηδὲ παρ' ἄλλῳ τινὶ ἀπερχέσθωσαν, ἀλλὰ τῶν ἑαυτῶν γινωσκέτωσαν Ἀρχιεπίσκοπον πᾶσαι οἱ προμνησθεῖσαι ἐπαρχίαι καὶ τὴν αὐτοῦ συνειδέτωσαν ψῆφον, καὶ εἴτε δι' ἑαυτοῦ εἴτε τῇ αὐτοῦ ἐξουσίᾳ κληρικοὺς ἀποστέλλειν ἐχέτω πᾶσαν αὐθεντίαν καὶ πᾶσαν ἱερατικὴν ἐξουσίαν καὶ χειροτονίας ἄδειαν.

Ἵνα τοίνυν ἡ σὴ μακαριότης τὴν τῆς ἡμετέρας θειότητος διάταξιν γινώσκῃ, τούτου ἕνεκα τὸν παρόντα νόμον τῇ σῇ σεβασμίᾳ ἕδρᾳ ἐπέμψαμεν, ἵνα εἰς τὸ διηνεκὲς ἔχῃ τὸ εὐεργέτημα τοῦτο ἡ τῆς ἡμετέρας πατρίδος ἐκκλησία, εἰς δόξαν τοῦ

---

89. Η απόδοση του κειμένου της διατάξεως στα ελληνικά είναι του Αρχιμανδρίτη Κ. Δελικάνη σε Δελικάνη Καλλίνικου (Αρχιμανδρίτη), Πατριαρχικά Έγγραφα, Τ. Γ΄, έγγραφα Αρχιεπισκοπής Αχριδών, εν Κωνσταντινουπόλει 1905, 940-941.

παντοδυνάμου Θεοῦ καὶ τὴν ἡμετέρας θειότητος αἰωνίαν ἀνάμνησιν. Ὁσάκις δὲ τὸν τῆς σῆς ἕδρας ἰθύντορα συμβαίη τοῦ φωτὸς τούτου ἀπέρχεσθαι, θεσπίζομεν τὸν κατὰ καιροὺς Ἀρχιεπίσκοπον αὐτῆς, ὑπὸ τῆς σεβασμίας Συνόδου τῶν ἑαυτοῦ Μητροπολιτῶν χειροτονεῖσθαι, ὥσπερ προσήκει μεγαλύνεσθαι Ἀρχιεπίσκοπον ὑπὸ πασῶν τιμώμενον τῶν Ἐκκλησιῶν, μηδεμιᾶς ὅλως κοινωνίας καὶ ἐν τούτῳ τῷ τῆς Θεσσαλονίκης ἐπισκόπῳ φυλαττομένης.»[90].

Η ρύθμιση αυτή επαναλαμβάνεται – αν και συνοπτικότερη και συντομότερη – αργότερα στη Νεαρά 131 «Περί εκκλησιαστικών κανόνων καί προνομίων», και ειδικότερα στο Κεφάλαιο 3 αυτής, όπου γίνεται ειδική αναφορά στην Αρχιεπισκοπή της Νέας Ιουστινιανής.

Κατά τη νέα ρύθμιση[91]: *«Τὸν δὲ κατὰ καιρὸν μακαριώτατον ἀρχιεπίσκοπον τῆς Πρώτης Ἰουστινιανῆς τῆς ἡμετέρας πατρίδος ἔχειν ἀεὶ ὑπὸ τὴν οἰκείαν δικαιοδοσίαν τοὺς ἐπισκόπους τῶν ἐπαρχιῶν Δακίας Μεσογιακῆς καὶ Δακίας Παρόχθιας, Πρεβελέας καὶ Δαρδανίας καὶ Μυσίας, τῆς ἀνωτέρας καὶ Παννονίας, καὶ παρ' αὐτοῦ τούτους χειροτονεῖσθαι, αὐτὸν δὲ ὑπὸ τῆς οἰκείας συνόδου χειροτονεῖσθαι, καὶ ἐν αὐταῖς ταῖς ὑποκειμέναις αὐτῷ ἐπαρχίαις τὸν τύπον ἐπέχειν αὐτὸν τοῦ ἀποστολικοῦ Ρώμης θρόνου κατὰ τὰ ὁρισθέντα ὑπὸ τοῦ ἁγίου πάπα Βιγιλίου»*[92].

Από τη σύγκριση των δύο ρυθμίσεων προκύπτουν τα εξής:

Πρώτον, υπάρχει σαφής καθορισμός των ορίων της κανονικής δικαιοδοσίας της νέας εκκλησιαστικής περιφέρειας, δηλαδή: α) ορίζονται τα γεωγραφικά όρια αυτής, τα οποία συμπίπτουν με τα γεωγραφικά όρια των διοικητικών περιφερειών της Μεσογειακής Δακίας και της Δακίας της Παρόχθιας, της Πρεβελέας, της Δαρδανίας, της Μυσίας, και της Παννονίας

---

90. Βλ. το πρωτότυπο στη λατινική σε Schoell – Kroll, Corpus Juris Civilis, editio stereotypa, Vol. 3 (Novellae), Βερολίνο 1895, 94.
91. Βλ. το κείμενο της Νεαράς ό.π., 655-656.
92. Βλ. τη διάταξη αυτή και σε Βασιλικά, Βιβλ. 5, Τιτλ. 3, Κεφ. Α΄ (υπό Ι. Ζέπου, Αθήναι 1910). Βλ. επίσης και Νομοκάνονα Φωτίου, Τιτλ. Α΄, Κεφ. Ε΄, σε Σύνταγμα, Ι, 42: «Καὶ ἡ η΄ διάταξη τοῦ α΄ τίτλ. τῶν Νεαρῶν καὶ ἡ γ΄ τοῦ β΄ τιτλ. ποιοῦσι τὸν Πρίμας Ἰουστινιανῆς ἀρχιεπίσκοπον, καὶ ὅτι μείζων ἐστὶ μητροπολίτου, καὶ ὅτι ὑπὸ τῆς συνόδου αὐτοῦ χειροτονεῖται, καὶ ποίας ἐπαρχίας ἔχει».

της ανωτέρας και β) ορίζονται τα πρόσωπα επί των οποίων ασκείται η κανονική δικαιοδοσία της περιφέρειας αυτής.

Δεύτερον, συγκροτείται σύνοδος υπό την προεδρία του Αρχιεπισκόπου της Πρώτης Ιουστινιανής, αποτελούμενη από τους επισκόπους, οι οποίοι υπάγονται υπό υπ' αυτόν, δηλαδή από τους προκαθημένους των υπαγομένων στην Αρχιεπισκοπή διοικητικών περιφερειών της Μεσογειακής Δακίας, της Παρόχθιας Δακίας, της Πρεβελέας, της Δαρδανίας, της Μυσίας, και της Παννονίας της ανωτέρας.

Τρίτον, κατοχυρώνεται νομοθετικώς η διασύνδεση του δικαίου των χειροτονιών με τα όρια της κανονικής δικαιοδοσίας, αφού σαφώς ορίζεται ότι ο μεν Αρχιεπίσκοπος της Νέας Ιουστινιανής και πρόεδρος της συνόδου χειροτονεί τους επισκόπους του, αυτός, δε, χειροτονείται από τη σύνοδό του.

Τα τρία αυτά στοιχεία, δηλαδή ο προσδιορισμός των ορίων κανονικής δικαιοδοσίας, η δημιουργία της διοικούσης συνόδου και η αναγνώριση στον μεν Προκαθήμενο και Πρόεδρο της συνόδου της Εκκλησίας του δικαιώματος να χειροτονεί τους επισκόπους του, στη δε σύνοδο να χειροτονεί τον Πρόεδρό της, συνθέτουν την έννοια του αυτοκεφάλου και προσδίδουν στην Εκκλησία αυτή την ιδιότητα της αυτοκέφαλης[93], αφού συνιστούν τις ελάσσονες προϋποθέσεις για τη σύσταση ανεξάρτητης εκκλησιαστικής περιφέρειας. Ελλείπει, όμως, όπως φαίνεται καταρχήν, η στοιχειώδης μια προϋπόθεση και αυτή είναι η απόφαση της αρμόδιας εκκλησιαστικής αρχής περί παραχωρήσεως του αυτοκεφάλου καθεστώτος.

Όπως είδαμε[94], κατά τους ιερούς κανόνες η δημιουργία νέας εκκλησιαστικής περιφέρειας υπάγεται στην αρμοδιότητα συλλογικού οργάνου της Εκκλησίας, και ειδικότερα συνόδου Επισκόπων. Έτσι, η μεν Α΄ Οικου-

---

93. Βλ. και Μ. Βλάσταρης, Σύνταγμα κατά στοιχείον σε Σύνταγμα, VI, στοιχείο Ε΄, 258: «Αἱ δέ μή ὑποκείμεναι Πατριάρχῃ τινί, ἡ τῆς Βουλγαρίας ἐστίν Ἐκκλησία, ἥν ἐτίμησεν ὁ βασιλεύς Ἰουστινιανός, ὡς ἐκ τῆς ῥηθησομένης νεαρᾶς αὐτοῦ γνώριμον ἔσται».
94. Βλ. τον 12ο κανόνα της Δ΄ Οικουμενικής συνόδου και τον 38ο της Πενθέκτης Οικουμενικής συνόδου, ό.π.

μενική σύνοδος ρύθμισε τις περιπτώσεις των Εκκλησιών της Ρώμης, της Αλεξανδρείας, της Αντιοχείας και των Ιεροσολύμων, η Β΄ Οικουμενική σύνοδος την περίπτωση της Εκκλησίας της Κωνσταντινουπόλεως και η Γ΄ Οικουμενική Σύνοδος την περίπτωση της Εκκλησίας της Κύπρου.

Το ζήτημα, λοιπόν, είναι αν υπήρξε τέτοια απόφαση συνόδου η οποία τυχόν να προηγήθηκε της αποφάσεως του αυτοκράτορα Ιουστινιανού.

Όπως προκύπτει από το κείμενο της Νεαράς 131, αυτή συνετάγη «*κατά τά ὁρισθέντα ὑπό τοῦ ἁγίου Πάπα Βιγιλίου*»[95], διατύπωση η οποία επιτρέπει να επισημανθεί πως στη συγκεκριμένη περίπτωση της Αρχιεπισκοπής της Νέας Ιουστινιανής η πρωτοβουλία του αυτοκράτορα Ιουστινιανού ανελήφθη κατόπιν προηγούμενης σχετικής σύμφωνης γνώμης του τότε Πάπα Ρώμης Βιγιλίου περί της ανακηρύξεως της εκκλησιαστικής αυτής περιφέρειας ως αυτοκέφαλης[96]. Συνεπώς, θα μπορούσε κατ' αρχήν να υποστηριχθεί η κανονικότητα της ανακηρύξεως της Αρχιεπισκοπής της Πρώτης Ιουστινιανής ως αυτοκέφαλης, αφού της πολιτειακής πράξεως είχε προηγηθεί αντίστοιχη πράξη από όργανο της Εκκλησίας.

Στην περίπτωση της Αρχιεπισκοπής της Πρώτης Ιουστινιανής δεν φαίνεται να υπάρχει τέτοια συνοδική απόφαση, αφού σε κανένα κανόνα Οικουμενικής ή Τοπικής Συνόδου γίνεται αναφορά στην επαρχία αυτή, είτε προ είτε μετά την ψήφιση της ως άνω δεύτερης Νεαράς, ακόμη και αν ήθελε θεωρηθεί ότι η φράση «*κατά τά ὁρισθέντα ὑπό τοῦ ἁγίου Πάπα Βιγιλίου*» υποκρύπτει πιθανή προγενέστερη συνοδική απόφαση της Εκκλησίας της Ρώμης, στη δικαιοδοσία της οποίας ανήκε τότε η γεωγραφική περιφέρεια της μετέπειτα Αρχιεπισκοπής της Πρώτης Ιουστινιανής. Άρα, λαμβάνο-

---

95. Βλ. το κείμενο της Νεαράς παραπάνω.
96. Το κείμενο δεν παρέχει τη δυνατότητα να προσδιορισθεί η φύση των απόψεων του Πάπα Ρώμης, αν δηλαδή επρόκειτο για απλή σύμφωνη γνώμη, επίσημη απόφαση ή συναίνεση υπό όρους. Το μόνο σίγουρο είναι ότι η άποψη του Πάπα Ρώμης – όπως και αν εκφράσθηκε – είχε προηγηθεί της ψηφίσεως της Νεαράς ΡΛΑ΄, λόγω της χρήσεως της μετοχής αορίστου «ορισθέντα».

ντας υπόψιν τα παραπάνω, κλίνω προς την άποψη ότι για την ανακήρυξη ως αυτοκέφαλης της Αρχιεπισκοπής της Πρώτης Ιουστινιανής δεν ακολουθήθηκε η κατά τους ιερούς κανόνες διαδικασία και συνεπώς αυτή ιδρύθηκε με πολιτειακή πράξη, χωρίς προηγούμενη απόφαση της Εκκλησίας.

Το αντικανονικώς ανακηρυχθέν αυτοκέφαλο καθεστώς της εκκλησιαστικής αυτής περιφέρειας ήρθη το έτος 1767, οπότε και γίνεται δεκτό το σχετικό αίτημα της Αρχιεπισκοπής Αχριδών πλέον[97]. Το αξιοσημείωτο είναι ότι η αίτηση αυτή υποβλήθηκε από την αιτούσα Εκκλησία όχι στο Οικουμενικό Πατριαρχείο αλλά στη διοικητική αρχή του Οθωμανικού Κράτους, το οποίο αφού έκανε δεκτή την αίτηση προχώρησε στη σχετική νομοθετική ρύθμιση. Σε εφαρμογή, δε, της ρυθμίσεως αυτής το Οικουμενικό Πατριαρχείο απέστειλε στην αιτούσα Εκκλησία το από 15 Μαΐου 1767 Πατριαρχικό και Συνοδικό Γράμμα[98], διά του οποίου της ανακοινώνεται η επανυπαγωγή της υπό τη δικαιοδοσία του Οικουμενικού Πατριαρχείου.

Όπως προκύπτει από το αμέσως παρακάτω παρατιθέμενο Πατριαρχικό και Συνοδικό Γράμμα, η αιτία για την υποβολή του αιτήματος επανυπαγωγής στη δικαιοδοσία του Οικουμενικού Πατριαρχείου οφειλόταν στην άσχημη κατάσταση της αιτούσης Εκκλησίας[99]. Για το λόγο αυτόν – πά-

---

97. Βλ. και Άνθιμος Αλεξούδης, Μητροπολίτης Αμασείας, Σύντομη ιστορική περιγραφή της ιεράς μητροπόλεως Βελεγράδων και της υπό την πνευματικήν αυτής δικαιοδοσίαν υπαγομένας χώρας, εν Κερκύρα 1868, (1888-1889)], 158: «...μέχρι τοῦ 1767 σωτηρίου ἔτους, ὅτε, αἰτήσει τοῦ κλήρου καὶ τοῦ λαοῦ σύμπαντος τοῦ κλίματος ἐκείνου τῆς Ἀρχιεπισκοπῆς Ἀχριδῶν Α΄ Ἰουστινιανῆς καὶ πάσης Βουλγαρίας, ὑπετάγησαν προσαρτηθεῖσαι πᾶσαι αἱ ἐκκλησιαστικαὶ ἐκεῖναι μητροπόλεις καὶ ἐπισκοπαὶ εἰς τὴν κανονικὴν δικαιοδοσίαν τοῦ πατριαρχικοῦ θρόνου τῆς Κωνσταντινουπόλεως ἐπὶ τῆς πατριαρχείας τοῦ ἀοιδίμου πατριάρχου Κωνσταντινουπόλεως Σαμουὴλ τοῦ Χαντζερῆ».
98. Το Γράμμα αφορά στην ανάκληση του αυτοκεφάλου καθεστώτος δύο Αρχιεπισκοπών, της Αχριδών και της Ιπεκίου.
99. Βλ. Δ. Κυριακός, Εκκλησιαστική Ιστορία από της ιδρύσεως της Εκκλησίας μέχρι των καθ' ημάς χρόνων, εκδ. Δευτέρα επηυξημένη, Τ. Γ΄, Αθήναι 1898, 42, ο οποίος σημειώνει χαρακτηριστικώς: «Κατὰ δὲ τὸ 1767 ἐπὶ τοῦ Πατριάρχου τοῦ Α΄ ἕνεκα τῆς ἀθλίας καταστάσεως, ἐν ᾗ διέκειντο τὰ ἐκκλησιαστικὰ πράγματα ἐν Βουλγαρίᾳ, αὐτοὶ οὗτοι οἱ Βούλγαροι ἐπίσκοποι μιμούμενοι τὸ παράδειγμα τῶν Σέρβων ἐπισκόπων μετὰ τῶν ὑπ'

ντοτε κατά το Γράμμα – ο αρχιερατικώς προϊστάμενος της Αρχιεπισκοπής Αχριδών (όπως και ο αντίστοιχος της Αρχιεπισκοπής Ιπεκίου) κατόπιν σύμφωνης γνώμης του ποιμνίου και του οικειοθελώς παραιτηθέντος Αρχιεπισκόπου απευθύνθηκαν προς τον Σουλτάνο και ζήτησαν την υπαγωγή στη δικαιοδοσία του Οικουμενικού Πατριαρχείου.

Το κείμενο του Γράμματος έχει ως εξής[100]:

«*Ἀνδρῶν μὲν ἂν εἴη σοφῶν τὰ ὀνόματα παρεξετάζειν τοῖς πράγμασι καὶ μὴ ὡς ἔτυχε παραδέχεσθαι, νομικῶν δὲ καὶ τὴν ἐν αὐτοῖς ἀπάτην ποιεῖσθαι κατάφωρον, κἀπὶ τὸ βέλτιον ἐπανάγειν τὰ πράγματα· παραχαράττεται γὰρ πολλάκις, οὐχ ὅπως τοῖς ἐν λόγοις σοφιζομένοις, ἀλλ' ἤδη που καὶ ἐν πολιτείαις τοῖς μὴ ὀρθῶς χρωμένοις τοῖς πράγμασι, περικαλύμματα πως τῆς οἰκείας ἀδοξίας τὰ σεμνὰ ποιουμένοις τῶν ὀνομάτων, ὥστε βασιλεῖς μὲν ἔσθ' ὅτε τοὺς ληστάρχας ἀποκαλεῖσθαι, λάφυρα δὲ τὰ σκύλλα, καὶ νόμους τάς γε τῶν τοιούτων βασιλεύσεις. Νεαρὰν μὲν οὖν σημαίνειν οἴδαμεν θέσπισμα καὶ διαταγὴν βασιλέως, ἤτοι τὰ μὴ καλῶς ἔχοντα ἐπανορθοῦσαν ἢ τάττουσαν ἔνθα μηδέποτε νόμος ἔκειτο, ἣν δὴ διάταξιν καὶ νόμον βασιλικὸν κοινότερον ὀνομάζομεν, Ῥωμαϊστὶ δὲ Σάκρα καὶ Τουρκικώτερον Χάτι Σερίφιον. Τὸν δὲ δὴ νομοθετεῖν μέλλοντα, πρῶτον μὲν οὐ τὸ εὔνομον ἔχειν τὴν ἀρχὴν δέον, πολλὰ δ' ἀνδραγαθήσαντα καὶ τῷ κοινῷ γένει συντελέσαντα, οὕτως ἐπανορθοῦν τὰ μὴ καλῶς κεῖσθαι δόξαντα, οὐ μὴν δὲ τὰ καλῶς ἔχοντα περιτρέπειν ἐπιχειρεῖν, ὥς τινες ἐν ἀρχαίοις χρόνοις τῶν ἡμετέρων ἀγενεῖς τε καὶ ἀφανεῖς (δεῖ γὰρ τ' ἀληθῆ λέγειν), διάρπαγμα πεποιημένοι τὰ σκῆπτρα, ἥκιστα μὲν εἰς σύστασιν, ἀνατροπὴν δὲ μᾶλλον τῶν καλῶς τὴν ἀρχὴν τεταγμένων, καὶ ταῦτα ἱερῶν καὶ ἐκκλησιαστικῶν πραγμάτων, οἰκείους ἐξέθε-*

αὐτοὺς κληρικῶν ἐζήτησαν νὰ ὑπαχθῶσιν ὑπὸ τὸ Πατριαρχεῖον Κωνσταντινουπόλεως, ἵνα εὕρωσι προστασίαν παρ' αὐτοῦ κατὰ τῶν διαφόρων δεσπότων». Και συμπληρώνει ο συγγραφέας (βλ. αυτ., 42 σημ. 1): «Μετὰ μικρὸν δέ τὰ αὐτὰ ζηλώσαντες καὶ διαπραξάμενοι οἱ ἀρχιερεῖς τοῦ κλίματος τῶν Ἀχριδῶν ἔτυχον τῶν αὐτῶν».

100. Βλ. το κείμενο σε Γρηγορίου, Ἀρχιγραμματέα τῆς Ἱερᾶς Συνόδου τῆς τοῦ Χριστοῦ Μεγάλης Ἐκκλησίας, Πραγματεία περὶ τῆς κανονικῆς δικαιοδοσίας τοῦ Οἰκουμενικοῦ Πατριαρχικοῦ Θρόνου ἐπὶ τῆς ἐν Βουλγαρίᾳ ὀρθοδόξου Ἐκκλησίας, ἐν Κωνσταντινουπόλει 1860, 92-95.

ντο νόμους καὶ Νεαρὰς ἀπεκάλεσαν. Τῶν γὰρ πάλαι φιλαλλήλως συνεστώτων μερῶν καὶ συναπαρτιζόντων τὸ καθόλου τῆς Ἐκκλησίας σῶμα, τὰς δύο ταύτας Ἐπαρχίας καὶ Ἐκκλησίας, τὴν Ἀχρίδος, φαμέν, καὶ τὴν Ἰπεκίου, βιαίως ἀποσπάσαντες καὶ ἀφελόμενοι, αὐτονόμους, ἢ μᾶλλον ἀπολύτους εἴασαν, κἀπὶ τούτῳ Νεαρὰς ἐξέθεντο, Νεαρὰς δὲ πολλῶν παραιτίους κακῶν. Ἐκεῖθεν γὰρ τὰ δεινὰ ἐναρξάμενα, καὶ προϊόντι συναυξανόμενα τῷ χρόνῳ, μηδενὸς ὄντως τοῦ πιέζοντος καὶ ἀναστέλλοντος, πανωλεθρίαν ἠπείλουν ταῖς Ἐκκλησίαις ἐκείναις. Συχνοὶ γὰρ τῶν ἀφανῶν καὶ ἀσήμων ἔξωθέν ποθὲν προσβάλλοντες, ἀντεξωθοῦντες τε ἀλλήλους καὶ τὸ τῆς Ἀρχιεπισκοπῆς ἁρπάζοντες ὄνομα, δεινῶς κατωρχοῦντο τῶν Ἐκκλησιῶν ἐκείνων, θύοντες καὶ ἀπολύ(ο)ντες καὶ χρέεσιν ἐπάγοντες χρέη, ὥστε τοὺς μὲν ἐν αὐταῖς προϊσταμένους Ἀρχιερεῖς ἀδεῶς καταδιώκεσθαι, ζημίαις τε καὶ ὑπερορίαις ἀδίκοις καθυποβάλλεσθαι· τὰ δὲ λογικὰ ἐκεῖνα τοῦ Χριστοῦ ποίμνια, τοὺς εὐσεβεῖς καὶ Ὀρθοδόξους Χριστιανούς, κατατρύχεσθαι καὶ μονονοὺ κινδυνεύειν ἐξαφανισθῆναι τέλεον τὰς ἐπαρχίας ἐκείνας· εἰς τοιοῦτον μὲν ἀξιοθρήνητον πέρας ἤδη ληγούσης τῆς αὐτονομίας ἀμφοτέρων τῶν Ἐκκλησιῶν ἐκείνων, οἱ ἐν αὐταῖς Ἀρχιερατικῶς προϊστάμενοι, μετὰ τῶν ἐμπεπιστευμένων αὐτοῖς λογικῶν ποιμνίων, ἐν ἀμηχανίᾳ γενόμενοι παντελεῖ, κατέφυγον ὁμοθυμαδὸν ἐνταῦθα εἰς βασιλεύουσαν, καὶ γνώμῃ κοινῇ τῶν ἐκεῖσε χριστιανῶν, συναινούντων καὶ τῶν τέως ἐχόντων τὰς Ἀρχιεπισκοπὰς ἐκείνας καὶ παραιτουμένων οἰκείᾳ βουλῇ, προσέδραμον τῷ βασιλικῷ κράτει διὰ κοινῆς αὐτῶν ἀναφορᾶς, καὶ ἐδεήθησαν θερμῶς ἀποκατασθῆναι τὰς δύο ταύτας Ἀρχιεπισκοπὰς Ἀχριδῶν καὶ Ἰπεκίου μετὰ τῶν ἐν αὐταῖς Μητροπόλεων καὶ παροικιῶν ἁπασῶν, εἰς τὸν καθ' ἡμᾶς ἁγιώτατον Ἀποστολικὸν Πατριαρχικὸν καὶ Οἰκουμενικὸν Θρόνον, καὶ συναρμολογηθῆναι τῷ λοιπῷ τῆς Ἐκκλησίας σώματι. Τοῦ γοῦν κραταιοτάτου ἡμῶν Ἄνακτος, ὃν Κύριος πολυετοίη, ἐπινεύσαντος εὐμενῶς ταῖς θερμαῖς αὐτῶν δεήσεσι, καὶ Νεαρὰν, ἤτοι Χάτι Σερίφιον, ἐκδόντος ὅπως εἰς τὸν ἅπαντα αἰῶνα διατελῶσιν ἀμφότεραι αἱ ἐπαρχίαι ἐκεῖναι Ἀχριδῶν καὶ Πεκίου ὑποκείμεναι τῷ καθ' ἡμᾶς τούτῳ τῆς Κωνσταντινουπόλεως Θρόνῳ καὶ καθὼς καὶ αἱ λοιπαὶ Μητροπόλεις ἐντεῦθεν τὰς χειροτονίας δεχόμεναι καὶ κατὰ πάντα διοικούμεναι καὶ διεξαγόμεναι, δόξαν ἅπαντες τῷ κρείττονι ἀνεπέμψαμεν διὰ τὴν σωτηρίαν τῶν ἁγίων ἐκείνων Ἐκκλησιῶν, ἐμπνεύσαντι τῇ καρδίᾳ τοῦ κραταιοτάτου ἡμῶν Ἄνακτος εἰς ἔκδοσιν τοῦ κραταιοτάτου ἐκείνου θεσπίσματος, ὃ δὴ τῳόντι Νεαρὰν βασιλικὴν καὶ τάξιν καὶ νόμον εὖ ἔχοντα εἰκότως ὀνομάζομεν, ὡς εἰς κοινὴν ἀφορῶντα σύστασιν καὶ ὠφέλειαν τῶν Ἐκκλησιῶν ἐκείνων, καὶ ὡς παρὰ γνησίου βασιλέως καὶ τὰ σκῆπτρα κατὰ διαδοχὴν φέροντος νενομοθετημένον.

Εἰς ἔνδειξιν οὖν διηνεκῆ τοῦ ἐν τοῖς ἐσχάτοις τούτοις χρόνοις γεγονότος ἐλέους, τὰς διαληφθείσας ἁγίας Ἐκκλησίας Ἀχριδῶν καὶ Ἰπεκίου πρὸς τὸ εἶναι συνηνωμένας καὶ ὑποκειμένας πρὸς τὸν καθ' ἡμᾶς ἁγιώτατον Ἀποστολικὸν Πατριαρχικὸν καὶ Οἰκουμενικὸν Θρόνον, ἐξετέθη καὶ τὸ παρὸν ἡμέτερον Πατριαρχικὸν καὶ Συνοδικὸν γράμμα ἐν τῷ ἱερῷ Κώδικι τῆς καθ' ἡμᾶς τοῦ Χριστοῦ Μεγάλης Ἐκκλησίας.

Ἐν ἔτει σωτηρίῳ ᾳψξζ΄. ἐπινεμήσεως ιε΄ Μαΐου.».

Η περιγραφή στο ως άνω Πατριαρχικό και Συνοδικό Γράμμα της όλης διαδικασίας επανυπαγωγής της Αρχιεπισκοπής Αχριδών (και της Αρχιεπισκοπής Ιπεκίου) υπό τη δικαιοδοσία του Οικουμενικού Πατριαρχείου είναι ιδιαιτέρως ακριβής και σαφής. Παραλλήλως, όμως, είναι και ιδιαιτέρως καυστική και αυστηρή, ιδίως στο τμήμα του Γράμματος που γίνεται μια αναδρομή στο διαρρεύσαν διάστημα από την ίδρυση της Αρχιεπισκοπής Αχριδών ως Αρχιεπισκοπή της Πρώτης Ιουστινιανής μέχρι την αποστολή της κρίσιμης επιστολής.

Από την ανάγνωση του Γράμματος προκύπτουν δύο σημαντικά στοιχεία:

Το πρώτο είναι ότι για το Οθωμανικό Κράτος η Αρχιεπισκοπή Αχριδών[101] είναι αυτοκέφαλη εκκλησιαστική περιφέρεια, αφού ως τέτοια δηλώνεται, γι' αυτόν το λόγο προβαίνει στη νομοθετική ρύθμιση της καταργήσεως του επικαλουμένου από αυτήν «αυτοκεφάλου» καθεστώτος και της επανυπαγωγής της υπό τη δικαιοδοσία του Οικουμενικού Πατριαρχείου.

Το δεύτερο είναι ότι για το Οικουμενικό Πατριαρχείο η πάλαι ποτέ Αρχιεπισκοπή της Πρώτης Ιουστινιανής και νυν Αρχιεπισκοπή Αχριδών ου-

---

101. Οι ίδιες διαπιστώσεις ισχύουν και για την Αρχιεπισκοπή Ιπεκίου.

δέποτε έπαυσε να θεωρείται ως αντικανονικώς κηρυχθείσα αυτοκέφαλη Εκκλησία. Και τούτο, διότι η επανυπαγωγή της Αρχιεπισκοπής Αχριδών υπό τη δικαιοδοσία αυτού συντελείται όχι με Πατριαρχικό και Συνοδικό Τόμο ή Πατριαρχική και Συνοδική Πράξη, όπως συμβαίνει όταν πρόκειται για εκκλησιαστική περιφέρεια που αποκτά δική της οντότητα και υπόσταση με την προβλεπόμενη διαδικασία. Συντελείται με Πατριαρχικό και Συνοδικό Γράμμα το οποίο βεβαίως δεν συνιστά επίσημη Πράξη μεταβολής νομοκανονικού καθεστώτος, αλλά ανακοίνωση επαναφοράς στην προτέρα κατάσταση που δεν είναι άλλη από την κανονική τάξη, η οποία εθεωρείτο ότι παραβιάσθηκε από της εποχής των Νεαρών του αυτοκράτορα Ιουστινιανού.

Συμπερασματικώς, τόσον η ανακήρυξη ως αυτοκέφαλης της Αρχιεπισκοπής της Πρώτης Ιουστινιανής[102] όσον και η κατάργηση του αυτοκεφάλου καθεστώτος της διαδόχου αυτής Αρχιεπισκοπής Αχριδών και η επανυπαγωγή της υπό το Οικουμενικό Πατριαρχείο δεν έγιναν δια της «κανονικής» οδού. Έτσι, στη μεν πρώτη περίπτωση, αυτή της κηρύξεως του αυτοκεφάλου καθεστώτος, είχαμε ενέργεια ανωτάτου πολιτειακού οργάνου (του αυτοκράτορα Ιουστινιανού), η οποία συνίστατο στη θέσπιση νομοθετικής διατάξεως χωρίς προηγούμενη ενέργεια – απόφαση εκκλησιαστικού οργάνου· στη δε δεύτερη περίπτωση, αυτή της καταργήσεως του αυτοκεφάλου καθεστώτος, είχαμε επίσης ενέργεια πολιτειακού οργάνου (του Σουλτάνου), η οποία συνίστατο στην έκδοση Χάτι – Σερίφιου, που επέτρεψε την έκδοση του Πατριαρχικού και Συνοδικού Γράμματος και την επικύρωση της επαναφοράς στην κανονική τάξη, χωρίς βεβαίως σε καμία περίπτωση να μπορεί το εν λόγω Γράμμα να θεωρηθεί ως η προβλεπόμενη

---

102. Υπέρ του αντκανονικού χαρακτήρα της ανακηρύξεως της Αρχιεπισκοπής Αχριδών ως αυτοκέφαλης τάσσεται και ο Γρηγόριος, ό.π. (σημ. 100), 7 επ., όπου και ισχυρή επιχειρηματολογία. Η αναφορά του, βεβαίως, στην Αρχιεπισκοπή Αχριδών οφείλεται στο γεγονός ότι κατά τη συγγραφή του βιβλίου του αυτή ήταν η ονομασία της εκκλησιαστικής περιφέρειας. Βλ. επίσης και Α. Αγγελόπουλος, Το εκκλησιαστικόν καθεστώς των Μητροπόλεων της Βορείου Μακεδονίας από το 1913 – μέχρι σήμερον, Θεσσαλονίκη 1976 (ανάτυπο), 41-42.

από την διδασκαλία της Εκκλησίας για την κατάργηση αυτοκεφάλου καθεστώτος Πράξη.

Η Πενθέκτη Οικουμενική σύνοδος ρύθμισε την περίπτωση κατά την οποία η διαδικασία μεταβολής των γεωγραφικών ορίων μίας εκκλησιαστικής περιφέρειας δεν κινείται εξ ιδίας πρωτοβουλίας της Εκκλησίας και επί υφισταμένης περιφέρειας, όπως στην περίπτωση του 12ου κανόνα της Δ΄ Οικουμενικής συνόδου, αλλά υπαγορεύεται από την αναγκαιότητα που δημιούργησε πρωτοβουλία της Πολιτείας για τη δημιουργία εκ νέου πόλεων και αντίστοιχη μεταβολή των γεωγραφικών ορίων. Θέσπισε, λοιπόν, τον 38ο κανόνα, κατά τον οποίο: «*Τὸν ἐκ τῶν Πατέρων ἡμῶν τεθέντα κανόνα καὶ ἡμεῖς παραφυλάττομεν, τὸν οὕτω διαγορεύοντα. Εἴ τις ἐκ βασιλικῆς ἐξουσίας ἐκαινίσθη πόλις, ἢ αὖθις καινισθείη, τοῖς πολιτικοῖς καὶ δημοσίοις τύποις καὶ ἡ τῶν ἐκκλησιαστικῶν πραγμάτων τάξις ἀκολουθείτω*»[103].

Εφαρμόζοντας και στον κανόνα αυτόν την ερμηνευτική αρχή της κανονικής ακρίβειας, γίνεται ευχερώς κατανοητό, ότι η Εκκλησία για μία ακόμη φορά προσαρμόζεται στη δυναμική που αναπτύσσει η Πολιτεία. Ποια είναι αυτή η δυναμική; Η τάση των βυζαντινών αυτοκρατόρων να ανακαινίζουν πόλεις και να απονέμουν σ' αυτές ιδιαίτερα προνόμια πολιτικά αλλά και εκκλησιαστικά[104], μεταβάλλοντας ταυτοχρόνως όχι μόνο την πολιτική κατάσταση αυτών αλλά και τα γεωγραφικά όρια υφισταμένων επαρχιών, προκειμένου να αποκτήσει η νέα πόλη και την απαιτούμενη διοικητική περιφέρεια.

---

103. Βλ. το κείμενο σε Σύνταγμα, II, 392.
104. Βλ. το σχόλιο του Ι. Ζωναρά υπό τον κανόνα: «Καινίζουσι πόλεις οἱ βασιλεῖς, ἀντὶ τοῦ νέας ἀνεγείρουσι, καὶ διδόασι ταύταις προνόμιον πολιτικόν, ἢ καὶ τιμῶσιν αὐτάς εἰς ἐπισκοπάς, ἢ καὶ μητροπόλεις τυχόν, διὰ προσταγμάτων ἐγγράφων, ἃ καὶ δημοσίους τύπους ὠνόμασαν, ἀλλαχοῦ δὲ πραγματικούς αὐτούς καλεῖ, καὶ βασίλεια γράμματα», καθώς και το σχόλιο υπό τον ίδιο κανόνα του Θ. Βαλσαμώνος: «Ἐν μὲν τῷ ιβ΄ κανόνι τῆς ἐν Χαλκηδόνι συνόδου, ἐγράψαμεν ὅσα δὴ καὶ ἐγράψαμεν. Ἐπεὶ δὲ ὁ παρὼν κανὼν διορίζεται τὰς διὰ βασιλικῆς ἐξουσίας ἀνεγερθείσας πόλεις, ἢ βασιλικὴ ὑποτυπώσει πρόταξις, τουτέστιν ἔχειν αὐτάς ἢ ἐπισκοπῆς ἀξίωμα, ἢ μητροπόλεως· (δέον γάρ ἐστιν ἀκολουθεῖν τὴν ἐκκλησιαστικὴν τάξιν τοῖς πολιτικοῖς καὶ δημοσίοις τύποις, ἤτοι τοῖς βασιλικοῖς προστάγμασι)».

Συμπορευόμενη, λοιπόν, με την πραγματική αυτή κατάσταση και η Εκκλησία, αποφάσισε να θεσμοθετήσει την παράλληλη προς τη νέα διοικητική πραγματικότητα, που δημιουργεί η ουσιαστική επανίδρυση μίας πόλεως, προσαρμογή της και την ανάλογη προς αυτήν της Πολιτείας απονομή στη νέα περιφέρεια των προβλεπομένων εκκλησιαστικών προνομίων αλλά και γεωγραφικής περιφέρειας προς ενάσκηση κανονικής δικαιοδοσίας[105]. Σε πιο ριζοσπαστική ερμηνεία του κανόνα προβαίνει ο Θ. Βαλσαμών, ο οποίος έχει την άποψη ότι ο συγκεκριμένος κανόνας αναγνωρίζει στον αυτοκράτορα – την πολιτική δηλαδή εξουσία– τα δικαιώματα να ιδρύει νέες επισκοπές, να αναβιβάζει υφιστάμενες επισκοπές σε Μητροπόλεις και να ρυθμίζει το ζήτημα του προκαθημένου[106].

Ανακεφαλαιώνοντας, ο 12ος κανόνας της Δ΄ Οικουμενικής συνόδου απαγορεύει τη διά πολιτειακής πράξεως απόσπαση εκκλησιαστικής επαρχίας – και ειδικότερα επισκοπής – από την υφιστάμενη μείζονα εκκλησιαστική περιφέρεια (Μητρόπολη) στην οποία υπάγεται και την αναβίβασή της σε μητρόπολη, κατόπιν αιτήματος του διοικούντος την επισκοπή επισκόπου και κατ' αποκλεισμό των αρμοδίων οργάνων της Εκκλησίας. Αντιθέτως, ο 38ος κανόνας της Πενθέκτης Οικουμενικής συνόδου θεσμοθετεί την υποχρέωση της Εκκλησίας, να ακολουθεί τις πρωτοβουλίες της Πολιτείας σε θέματα διοικητικής μεταρρυθμίσεως και ειδικότερα όταν η Πολιτεία δημιουργεί κατ' ουσίαν νέα πόλη, επιβάλλει στην Εκκλησία να προβεί σε ανάλογη πρωτοβουλία απονομής στη νέα πόλη – και στη νέα περιφέρεια αυτής – των αναλογούντων σ' αυτή εκκλησιαστικών προνομίων.

---

105. Βλ. το σχόλιο του Ι. Ζωναρά υπό τον κανόνα (Σύνταγμα, ΙΙ, 392): «Τούτοις οὖν τοῖς πραγματικοῖς, ἢ δημοσίοις τύποις, παρακελεύεται ὁ κανών, καὶ τὴν τῶν ἐκκλησιαστικῶν τάξιν ἀκολουθεῖν· ὡς, εἴτε ἐπισκοπῆς ἔσχε κλῆσιν ἡ καινὴ πόλις, εἴτε εἰς μητροπόλεως ἀνήχθη τιμήν, οὕτω καὶ παρὰ τῇ τάξει τῶν ἐκκλησιαστικῶν δικαίων καταλογίζεσθαι».
106. Βλ. το σχόλιο υπό τον κανόνα: «…τὰ περὶ τῆς ψήφου αὐτῶν, καὶ τῆς ἄλλης οἰκονομίας, κατὰ τὸ δόξαν αὐτῷ».

Με συνδυαστική αντιμετώπιση των δύο ως άνω κανονικών διατάξεων συνάγεται ότι:

Εφόσον πρόκειται για ίδρυση νέας εκκλησιαστικής περιφέρειας μέσω της αναβιβάσεώς της σε ανώτερο επίπεδο κανονικής δικαιοδοσίας (μετατροπή Επισκοπής σε Μητρόπολη), η οποία αναγκαστικώς θα προέλθει διά της αποσπάσεως τμήματος γεωγραφικώς προσδιορισμένου από τη μείζονα εκκλησιαστική περιφέρεια (Μητρόπολη), τότε η αρμοδιότητα για τη λήψη της σχετικής αποφάσεως ανήκει στο αρμόδιο όργανο της Εκκλησίας, δηλαδή στη σύνοδο της Αυτοκέφαλης Εκκλησίας, αποκλειομένης της πολιτειακής παρεμβάσεως.

Εφόσον όμως πρόκειται, για ίδρυση νέας εκκλησιαστικής περιφέρειας, λόγω δημιουργίας διά πολιτικής πράξεως νέας πόλεως – και νέας αυτονοήτως διοικητικής περιφέρειας – τότε η Εκκλησία υποχρεούται «κανονικώς» να κινήσει παραλλήλως προς την Πολιτεία, τις προβλεπόμενες από τη δική της δικαιοταξία διαδικασίες, για την ίδρυση της νέας – αντίστοιχης προς τη διοικητική – εκκλησιαστικής περιφέρειας. Εάν, δε, διευρύνουμε το εννοιολογικό περιεχόμενο του όρου «πόλις», και ως «πόλη» εννοήσουμε ερμηνευτικώς σήμερα την πολιτική περιφέρεια εν γένει, στην έννοια της οποίας περιλαμβάνεται και ο όρος «Κράτος», τότε είναι δυνατή αναλογικώς η εφαρμογή του ως άνω 38ου κανόνα σε κάθε περίπτωση ιδρύσεως νέας πολιτικής οντότητας, δηλαδή Κράτους.

Συνεπώς, από κανονικής απόψεως, είναι δυνατή η διάσπαση μίας εκκλησιαστικής περιφέρειας σε δύο τμήματα εντός των γεωγραφικών ορίων μίας ενιαίας διοικητικής περιφέρειας, εφόσον αυτή αποφασίζεται από τα αρμόδια όργανα της Εκκλησίας και εξ ιδίας πρωτοβουλίας αυτής. Είναι όμως εξίσου δυνατή από κανονικής απόψεως και η δημιουργία νέας εκκλησιαστικής περιφέρειας λόγω δημιουργίας σε προγενέστερο χρόνο αντίστοιχης νέας πολιτικής περιφέρειας – Κράτους, ούτως ώστε να υπάρχει ταύτιση γεωγραφικών ορίων αμφοτέρων των νέων περιφερειών.

Η διάσπαση αυτή, εφόσον επισυμβεί κατόπιν πληρώσεως των προϋποθέσεων, που οι ως άνω κανόνες θέτουν, οδηγεί στη δημιουργία νέας εκκλησιαστικής περιφέρειας, η οποία θα υφίσταται πλέον στο διηνεκές, απολαύοντας τα προνόμια αλλά και εκπληρώνοντας τις υποχρεώσεις, που κάθε κανονικώς ιδρυθείσα εκκλησιαστική περιφέρεια έχει.

iv. Συμπεράσματα

Όπως προκύπτει από τα ήδη εκτεθέντα, η εξέλιξη της διοικητικής οργανώσεως της Εκκλησίας και η εξέλιξη τόσο του αυτοκεφάλου καθεστώτος όσο και του αυτονόμου κινήθηκαν παραλλήλως, με την πρώτη να έχει άμεση και καίρια επιρροή επί των δευτέρων. Κατά τη λειτουργία του πρώτου επιπέδου κανονικής δικαιοδοσίας, κυριαρχεί η αυτονομία και η αυτενέργεια του επισκόπου εντός της επαρχίας του, της οποίας τα γεωγραφικά όρια συνιστούν και τα όρια της εκ των κανόνων δικαιοδοσίας του. Στη συνέχεια, με τη δημιουργία του δευτέρου επιπέδου κανονικής δικαιοδοσίας, το υφιστάμενο αυτόνομο των επισκόπων διατηρείται για έκαστον εξ αυτών, ταυτοχρόνως όμως μέσω της συμμετοχής τους στο νέο συλλογικού χαρακτήρα διοικητικό όργανο (Επαρχιακή σύνοδο), «εισφέρεται» και μεταφέρεται πλέον και στο νέο αυτό όργανο. Το αυτόνομο ενεργείας της Επαρχιακής συνόδου έχει το ίδιο ουσιαστικό περιεχόμενο με το αντίστοιχο του Επισκόπου, δηλαδή παροχή εξουσίας για διαχείριση των υποθέσεων που αναφύονται εντός των ορίων δικαιοδοσίας της, με δύο όμως διαφορές: α) το αυτόνομο της Επαρχιακής συνόδου έχει διευρυμένα γεωγραφικά όρια ασκήσεως και ισχύος του, και αυτά είναι τα όρια δικαιοδοσίας εκάστης Επαρχιακής συνόδου και β) καλύπτει τα ζητήματα που έχουν εκφύγει των ορίων μιας Επισκοπής και που για αυτό το λόγο η επίλυσή τους άπτεται του γενικοτέρου συμφέροντος της Επαρχίας και καθίσταται υποχρεωτική η παρέμβαση της Επαρχιακής συνόδου.

Ταυτοχρόνως, όμως, η Επαρχιακή σύνοδος αποκτά και μια νέα αρμοδιότητα κεφαλαιώδους σημασίας, την εκλογή και χειροτονία του Προέδρου της, του Μητροπολίτη – Επισκόπου. Η αρμοδιότητα αυτή για την εκλογή και τη χειροτονία της διοικητικής κεφαλής της Επαρχίας ολοκληρώνει τον αυτοπροσδιορισμό της νέας διευρυμένης εκκλησιαστικής περιφέρειας, η οποία πλέον δεν διαχειρίζεται μόνον τις υποθέσεις της αλλά επιλέγει δι' ιδίων μέσων και τον Πρόεδρό της, απολαμβάνοντας εφεξής αυτοκεφάλου καθεστώτος.

Η περαιτέρω, όμως, εξέλιξη της διοικητικής διαρθρώσεως της Εκκλησίας, μέσω της δημιουργίας του τρίτου επιπέδου κανονικής δικαιοδοσίας, επιφέρει νέες μεταβολές στη διοικητική πραγματικότητα της Εκκλησίας. Όπως ακριβώς συνέβη και με τη δημιουργία της Επαρχιακής συνόδου, έτσι και στην περίπτωση της Πατριαρχικής συνόδου ή της συνόδου της Αυτοκέφαλης Εκκλησίας, η συμμετοχή των Μητροπολιτών – Προέδρων των Επαρχιακών συνόδων στο νέο όργανο μεταφέρει σ' αυτό την αυτονομία της Επαρχιακής συνόδου στη διαχείριση των υποθέσεων, με ευρύτερα όμως γεωγραφικά όρια ασκήσεως και ισχύος της και για υποθέσεις που έχουν εκφύγει των ορίων κανονικής δικαιοδοσίας μιας Επαρχίας και αφορούν το σύνολο του Πατριαρχείου ή της Αυτοκέφαλης Εκκλησίας.

Η σημαντικότερη, όμως, μεταβολή επέρχεται σε σχέση με το αυτοκέφαλο καθεστώς. Η δημιουργία του νέου επιπέδου κανονικής δικαιοδοσίας αφαιρεί από την Επαρχιακή σύνοδο το προνόμιο να εκλέγει και να χειροτονεί τη διοικητική της κεφαλή, το οποίο πλέον μεταβιβάζεται στην Πατριαρχική σύνοδο ή σύνοδο της Αυτοκέφαλης Εκκλησίας. Η μεταβίβαση αυτή έχει ως αναπόφευκτη συνέπεια την απομείωση του αυτοπροσδιορισμού της εκκλησιαστικής περιφέρειας της Μητροπόλεως, η οποία διατηρεί μόνο την αυτονομία ως προς τη διαχείριση των υποθέσεών της, και τη μεταφορά του καθεστώτος του πλήρους αυτοπροσδιορισμού (αυτοκέφαλο καθεστώς) στην Πατριαρχική σύνοδο ή σύνοδο της Αυτοκέφαλης Εκκλησίας και κατ' επέκταση στο Πατριαρχείο η Αυτοκέφαλη Εκκλησία.

Αναγκαία συνέπεια των ανωτέρω ήταν και η θέσπιση των δύο προαναφερθέντων κανόνων, του 12ου της Δ΄ Οικουμενικής συνόδου και του 38ου της Πενθέκτης Οικουμενικής συνόδου, διά των οποίων θεσμοθετήθηκε και οριοθετήθηκε η διαδικασία δημιουργίας νέων εκκλησιαστικών περιφερειών.

Τόσο οι περί κανονικής δικαιοδοσίας διατάξεις όσο και οι δύο ως άνω κανόνες, δηλαδή ο 12ος της Δ΄ Οικουμενικής συνόδου και ο 38ος της Πενθέκτης Οικουμενικής συνόδου αποτέλεσαν και την κανονική βάση, επί της οποίας θεμελιώθηκαν νομοκανονικώς όλες οι Πράξεις του Οικουμενικού Πατριαρχείου περί παραχωρήσεως αυτοκεφάλου και αυτονόμου καθεστώτος στις Ορθόδοξες Εκκλησίες, οι οποίες υπέβαλαν σχετικό αίτημα[107] είτε η διαδικασία αυτή της παραχωρήσεως αυτοκεφάλου καθεστώτος κινήθηκε και ολοκληρώθηκε εξ ολοκλήρου κατά τους ιερούς κανόνες[108] είτε προηγήθηκε περίοδος αντικανονικότητας ως προς την ίδρυση και λειτουργία της «ανεξάρτητης» εκκλησίας, που αποκαταστάθηκε στη συνέχεια με την έκδοση της σχετικής Πράξεως από την Ιερά σύνοδο του Οικουμενικού Πατριαρχείου[109].

Η διαπίστωση αυτή προκύπτει αβιάστως από τα κείμενα των σχετικών Συνοδικών και Πατριαρχικών Τόμων και Πράξεων, των οποίων τα κείμενα ακολουθούν, όπου παρατηρείται η πάγια αναφορά και παραπομπή στους δύο ως άνω κανόνες.

---

107. Περί των όρων και της διαδικασίας παραχωρήσεως εκκλησιαστικής αυτοδιοικήσεως αυτοκεφάλου βλ. Σ. Τρωϊάνος – Γ. Πουλής, Εκκλησιαστικό Δίκαιο, εκδ. β΄, Εκδόσεις Α. Σάκκουλα, Αθήνα-Κομοτηνή 2003, 193 επ.
108. Βλ. ενδ. τις περιπτώσεις του Πατριαρχείου Σερβίας, Πατριαρχείου Γεωργίας, Αρχιεπισκοπής Πολωνίας, Αρχιεπισκοπής Φιλλανδίας, Μητροπόλεως Ταλλίνης και πάσης Εσθονίας.
109. Βλ. ενδ. τις περιπτώσεις του Πατριαρχείου Ρουμανίας, Εκκλησίας Ελλάδος, Αρχιεπισκοπής Αλβανίας, Πατριαρχείου Βουλγαρίας.

Γρηγόριος Λιάντας

Το Αυτοκέφαλο και το Αυτόνομο υπό το πρίσμα των Διορθοδόξων Σχέσεων

«Την ορθόδοξη Εκκλησία αποτελούν σήμερα τα πατριαρχεία, οι αυτοκέφαλες και οι αυτόνομες Εκκλησίες, οι οποίες ενωμένες με την ίδια πίστη, βρίσκονται σε κοινωνία με το Οικουμενικό Πατριαρχείο. Κάθε ορθόδοξη Εκκλησία, τιμώμενη ως πατριαρχείο ή αυτοκέφαλη, αποκτά εκκλησιαστική δικαιοδοσία εντός των γεωγραφικών της ορίων και καμία άλλη ορθόδοξη Εκκλησία δεν μπορεί να επεμβαίνει στα εκκλησιαστικά ζητήματα μιας άλλης Εκκλησίας.

Ο Οικουμενικός Πατριάρχης έχει πρωτείο τιμής μεταξύ των άλλων ορθοδόξων Εκκλησιών, θεωρούμενος πρώτος μεταξύ ίσων. Στην πράξη, το πρωτείο αυτό συνεπάγεται καθήκοντα και δικαιώματα, αναγνωριζόμενα σε αυτόν από τις οικουμενικές συνόδους και την παράδοση της Εκκλησίας. Γενικά, το δικαίωμα της πρωτοβουλίας αναγνωρίζεται σ' αυτόν από τους αρχηγούς όλων των ορθόδοξων Εκκλησιών. Έτσι, έχει το δικαίωμα του εκκλήτου, της ενάρξεως μιας αλληλογραφίας πάνω σε ένα ή πολλά ζητήματα, της συγκλήσεως και προεδρίας των πανορθοδόξων συνόδων, της παροχής του αυτοκεφάλου και του αυτόνομου, της ευλογίας του αγίου μύρου και της αποστολής του στις αδελφές ορθόδοξες Εκκλησίες κτλ.».[1]

---

1. Β. Σταυρίδης – Ευ. Βαρέλλα 1996, 282-283.

Η ορθόδοξη Εκκλησία, λοιπόν, είναι μία κοινωνία τοπικών Εκκλησιών, αυτοκέφαλων ή αυτόνομων, οι σχέσεις των οποίων προσδιορίζονται από την κανονική παράδοση και από την μακραίωνη εκκλησιαστική πράξη[2]. Τόσο η κανονική παράδοση, όσο και η εκκλησιαστική πράξη υπήρξαν πάντοτε και παραμένουν συνεχώς τα σταθερά και αμετάβλητα κριτήρια για την εύρυθμη λειτουργία των διορθόδοξων σχέσεων, πάντοτε όμως μέσα στα πλαίσια της διοικητικής οργάνωσης της ορθοδόξου Εκκλησίας και την αντικειμενικών συνθηκών κάθε εποχής[3].

Στα πλαίσια αυτά υποστηρίζεται,[4] πολύ σωστά, ότι «η κανονική τάξη και οι ιστορικές συγκυρίες ανέδειξαν τον ιδιαίτερο ρόλο του Οικουμενικού Πατριαρχείου στην εύρυθμη λειτουργία των σχέσεων των τοπικών Εκκλησιών τόσο κατά την πρώτη, όσο και κατά τη δεύτερη χιλιετία του ιστορικού βίου της Εκκλησίας. (...) Η συμφωνία των ορθοδόξων Πατριαρχών, πάντοτε, υπό την αιγίδα του Οικουμενικού Πατριάρχη, εξέφραζε σε όλη τη δεύτερη χιλιετία την ενότητα της Ορθοδοξίας στην κοινή πίστη και κανονική τάξη».

Βέβαια, το θέμα της ανεξαρτησίας και της αυτοτελείας προς τις διατάξεις που αφορούν στην άσκηση της εκκλησιαστικής διοικητικής εξουσίας αποτέλεσε ήδη από τους πρώτους χριστιανικούς αιώνες αληθινό πρόβλημα εκκλησιαστικής πολιτικής και όχι ζήτημα απλά διοικητικής τεχνικής[5].

Σύμφωνα με τον καθηγητή Τρωϊάνο[6] «την απόλυτη ανεξαρτησία των τοπικών Εκκλησιών που επικρατούσε στην αρχαία Εκκλησία διαδέχθηκε, όπως είναι γνωστό, μετά την εισαγωγή του μητροπολιτικού συστήματος η διοικητική αυτονομία των εκκλησιαστικών επαρχιών, η οποία ήρθη διά της διαπλάσεως υπερμητροπολιτικής οργανώσεως της εκκλησιαστικής διοικήσεως. Η οργάνωση αυτή οδήγησε βαθμιαία στη διαμόρφωση του θεσμού

---

2. Δαμασκηνός, Μητρ. Ελβετίας (μετέπειτα Αδριανουπόλεως) 2001, 471.
3. Στο ίδιο.
4. Ό. π., 471, 472.
5. Σπ. Τρωϊάνος 1980, 337.
6. Στο ίδιο.

της πενταρχίας των Πατριαρχών[7], η οποία κατέστησε δυνατή την επίλυση των προβλημάτων, των σχετικών με το αυτοκέφαλο. Η ισορροπία που επιτεύχθηκε με αυτόν τον τρόπο παρέμεινε, εντός του πλαισίου της πολιτικής ιδεολογίας του ενιαίου κράτους [βυζαντινή Αυτοκρατορία], για αιώνες αδιατάρακτη».

Τα πολιτικά, όμως, γεγονότα και οι διοικητικές ανακατατάξεις που πραγματοποιήθηκαν στον ευρωπαϊκό χώρο και ειδικότερα στη βαλκανική χερσόνησο κατά τον 19ο αιώνα και στις αρχές του 20ού αιώνα επέδρασαν σημαντικά στη διάρθρωση της εκκλησιαστικής διοίκησης[8].

Η κανονική παράδοση για τον καθοριστικό ρόλο του Οικουμενικού Πατριαρχείου και των άλλων Πατριαρχείων της Ανατολής στη λειτουργία των διορθόδοξων σχέσεων κλονίσθηκε κατά τον 19ο αιώνα από τη σύνδεση των απελευθερωτικών αγώνων των ορθοδόξων λαών με τη διεκδίκηση της εκκλησιαστικής αυτοκεφαλίας από το Οικουμενικό Πατριαρχείο[9].

Ο θεσμός της εκκλησιαστικής αυτοκεφαλίας, ο οποίος καθιερώθηκε για τη διασφάλιση και τη διευκόλυνση της συνεχούς κοινωνίας των κατά τόπους Εκκλησιών, αλλοτριώθηκε από τις ιδεολογικές και εθνοφυλετικές φορτίσεις του νεώτερου κρατισμού και τροφοδότησε όχι μόνο την απομονωτική εσωστρέφεια των τοπικών Εκκλησιών, αλλά και τις σπασμωδικές εντάσεις στις διορθόδοξες σχέσεις[10].

Κάτω από αυτές τις συνθήκες είναι προφανές ότι οι διορθόδοξες σχέσεις επηρεάσθηκαν αρνητικά από τις αρχές του 19ου αιώνα μέχρι τα μέσα του 20ού αιώνα, τόσο από τις αλλεπάλληλες αυθαίρετες διεκδικήσεις της εκκλησιαστικής αυτοκεφαλίας των ορθοδόξων λαών της Βαλκανικής, όσο

---

7. Για το θέμα βλέπε την εξαιρετική και διαχρονική μελέτη του «Πρυτάνεως της Εκκλησιαστικής Ιστορίας» καθηγητή Βλάσ. Φειδά, *Ο θεσμός της Πενταρχίας των Πατριαρχών. Προϋποθέσεις διαμορφώσεως του θεσμού*, Αθήνα 1977.
8. Σπ. Τρωϊάνος 1980, 344.
9. Δαμασκηνός, Μητρ. Ελβετίας 2001, 473-474.
10. Στο ίδιο.

και από την επιβολή των αθεϊστικών κομμουνιστικών καθεστώτων στη Ρωσία και στη Γεωργία μετά τον Α' Παγκόσμιο Πόλεμο (1918), όπως επίσης και στις άλλες ορθόδοξες χώρες των Βαλκανίων μετά τον Β' Παγκόσμιο Πόλεμο (1945)[11].

Μάλιστα, σύμφωνα με τον καθηγητή Φειδά[12] «ο πλήρης και αντικειμενικός καθορισμός της εννοίας των όρων «αυτοκέφαλον» και «αυτόνομον» στο διοικητικό δίκαιο της ορθοδόξου Εκκλησίας είναι δυσχερέστατος, διότι αφενός μεν το θέμα καθαυτό είναι πολυδιάστατο, αφετέρου δε, καλλιεργούνται σήμερα μονομερείς τάσεις σχετικά με την ερμηνεία των όρων αυτών. Κατ' αυτόν τον τρόπο υποστηρίζονται ως κανονικώς αιτιολογημένες ορισμένες μονομερείς πρωτοβουλίες σχετικά με την ανακήρυξη του αυτοκεφάλου στην ορθόδοξη Εκκλησία, οι οποίες, όχι μόνο δημιούργησαν πλήθος κανονικών προβλημάτων αλλά και χαλάρωσαν την ενότητα των ορθοδόξων Εκκλησιών στον σύνδεσμο της αγάπης».

Με τον όρο «Αυτοκεφαλία»[13] νοείται η πλήρης διοικητική ανεξαρτησία μιας Εκκλησίας, χορηγούμενη από το Οικουμενικό Πατριαρχείο με αναφορά στη βούληση της όλης Ορθοδοξίας.

Με τον όρο «Αυτονομία»[14] νοείται η μερική χειραφέτηση μιας Εκκλησίας υπό την αιγίδα του Οικουμενικού Θρόνου, ο οποίος και παρέχει την αυτοδιοίκηση επ' ονόματι της όλης Ορθοδοξίας.

Με τα δύο προαναφερθέντα θέματα (αυτοκέφαλο και αυτόνομο) ασχολήθηκε διεξοδικά η ορθόδοξη Εκκλησία στα πλαίσια της προετοιμασίας της Αγίας και Μεγάλης Συνόδου της Ορθοδοξίας κατά τη διάρκεια του 20ου αιώνα και μέχρι τις μέρες μας.

---

11. Ό.π., 476.
12. Πρβλ. Βλάσ. Φειδάς 1979, 7. Για τα «κανονικά κριτήρια της ανακηρύξεως του Αυτοκεφάλου» βλέπε ό.π., 21-27.
13. Ευ. Βαρέλλα – Γρ. Παπαθωμάς (Αρχιμ.) 2001, 50. Επίσης, βλέπε Μεθόδιος Φούγιας (Αρχιμ.) 1958, 13-28. Ακόμη, Ευ. Βαρέλλα 1994, 94-97.
14. Ευ. Βαρέλλα – Γρ. Παπαθωμάς (Αρχιμ.) 2001, 50. Επίσης, βλέπε Ευ. Βαρέλλα 1994, 15-22.

Εξάλλου, όπως πληροφορούμαστε[15] «(…) από τη μελέτη των κανόνων και των πρακτικών των Οικουμενικών Συνόδων συνάγεται, ότι όλα τα θέματα, τα αναφερόμενα στο αυτοκέφαλο των εκκλησιών, η ανακήρυξή τους, η τάξη τους, τα όρια δικαιοδοσίας τους κτλ., ρυθμίζονταν με αποφάσεις που λαμβάνονταν σ' αυτές τις συνόδους. (…) Από τον 9ο αι., που σταμάτησαν να συγκαλούνται Οικουμενικές Σύνοδοι, τη θέση τους ως ανωτάτων οργάνων ασκήσεως της εν ευρεία εννοία διοικητικής εξουσίας στην Εκκλησία, κατέλαβε η Ενδημούσα Σύνοδος Κωνσταντινουπόλεως, η οποία περιέλαβε στον κύκλο των αρμοδιοτήτων της πλείστα θέματα, τα οποία μέχρι τότε ανήκαν στην αποκλειστική αρμοδιότητα των Οικουμενικών Συνόδων. (…) Έτσι οι, κατά τη διάρκεια της υστεροβυζαντινής ή μεταβυζαντινής περιόδου και μετέπειτα, συντελεσθείσες ανακηρύξεις αυτοκέφαλων Εκκλησιών έγιναν από την Ενδημούσα Σύνοδο κατ' οικονομίαν. Η εφαρμογή του θεσμού της οικονομίας εκδηλώνεται και σε όλες τις ανακηρύξεις αυτοκεφάλων Εκκλησιών του 19ου και 20ού αιώνα, παρόλο που δεν έγιναν από την Ενδημούσα Σύνοδο, αλλά από την Πατριαρχική Σύνοδο που τη διαδέχθηκε».

Στη συνεδρίαση της προκαταρκτικής επιτροπής των Αγίων Ορθοδόξων Εκκλησιών, (Ιερά Μονή Βατοπεδίου, Άγιον Όρος 1930) η Εκκλησία της Σερβίας, μεταξύ άλλων, θέτει τα ζητήματα[16] του αριθμού των αυτοκέφαλων Εκκλησιών και του τρόπου ανακήρυξης της αυτοκεφαλίας και αυτονομίας, τα οποία και συμπεριλαμβάνονται στον οριστικό κατάλογο θεμάτων της σχεδιαζόμενης Μεγάλης Συνόδου[17].

Τη δεκαετία του 1960, η αναληφθείσα από το Οικουμενικό Πατριαρχείο πρωτοβουλία συγκλήσεως των Πανορθοδόξων Διασκέψεων εγκαινίασε μια νέα εποχή στις διορθόδοξες σχέσεις.

---

15. Σπ. Τρωϊάνος 1980, 345-347.
16. Βλέπε *Πρακτικά της Προκαταρκτικής Επιτροπής των Αγίων Ορθοδόξων Εκκλησιών της συνελθούσης εν τη εν Αγίω Όρει Ιερά Μεγίστη Μονή του Βατοπεδίου (8-23 Ιουνίου 1930)*, Κωνσταντινούπολη 1930, 72-73.
17. Πρακτικά 1930, 147 και 149.

Οι εργασίες της Α' Πανορθοδόξου Διασκέψεως (Ρόδος 1961) επιβεβαίωσαν και ενίσχυσαν τις αδελφικές σχέσεις των Ορθοδόξων Εκκλησιών, κινήθηκαν δε στην ίδια περίπου προοπτική με τη Διορθόδοξη Προκαταρκτική Επιτροπή του Αγίου Όρους (1930). Εγκρίνεται ανανεωμένο θεματολόγιο[18], στο τέταρτο κεφάλαιο του οποίου αναφέρονται[19]: «IV. Σχέσεις Ορθοδόξων Εκκλησιών προς Αλλήλας. (...) Β. Το Αυτοκέφαλον και το Αυτόνομον εν τη Ορθοδόξω Εκκλησία.

α) Ανακήρυξις Αυτοκεφάλου

1. Τις ο ανακηρύσσων

2. Προϋποθέσεις και όροι

3. Τρόπος ανακηρύξεως Αυτοκεφάλου

4. Τίνες αι σήμερον αναγνωρισμέναι Αυτοκέφαλαι Εκκλησίαι

β) Καθορισμός των όρων της αναγνωρίσεως Εκκλησίας τινός ως Αυτονόμου».

Η Α' Προσυνοδική Πανορθόδοξη Διάσκεψη[20], η οποία συγκλήθηκε από το Οικουμενικό Πατριαρχείο στο Σαμπεζύ της Γενεύης το 1976, αξιολόγησε τη μέχρι τότε πορεία της προπαρασκευής της Συνόδου και αποφάσισε ομόφωνα την αναθεώρηση των θεμάτων με την προοπτική της επίσπευσης της σύγκλησής της. Από τον κατάλογο των θεμάτων επέλεξε με ψηφοφορία μόνο δέκα, δηλαδή τα αναφερόμενα:

α) στις σχέσεις των κατά τόπους ορθοδόξων Εκκλησιών προς αλλήλας και προς το Οικουμενικό Πατριαρχείο (Ορθόδοξη Διασπορά, Αυτοκέφαλο, Αυτόνομο, Δίπτυχα),

---

18. Βλέπε Ευ. Βαρέλλα – Γρ. Παπαθωμάς (Αρχιμ.) 2001, 95-96.
19. Οικουμενικόν Πατριαρχείον 1961, 4-5 και *Πρακτικά* 1961, 21-23, *Έκθεση Επιτροπής Γ'* (28/9/1961), όπου αναφέρεται η οριστική διατύπωση των θεμάτων του 4ου κεφαλαίου του σχετικού Σχεδίου-Καταλόγου.
20. Δαμασκηνός, Μητρ. Ελβετίας 2001, 487 και «Το Κείμενον των αποφάσεων της Α΄ Προσυνοδικής Πανορθοδόξου Διασκέψεως επί των θεμάτων της Ημερησίας Διατάξεως αυτής», *Επίσκεψις*, 159 (1976) 11.

β) στις σχέσεις της Ορθοδόξου Εκκλησίας προς τον λοιπό χριστιανικό κόσμο,

γ) σε πρακτικής φύσεως εκκλησιαστικά ζητήματα και

δ) στη μαρτυρία της Ορθοδοξίας στον σύγχρονο κόσμο.

Οι Β' και Γ' Προσυνοδικές Πανορθόδοξες Διασκέψεις[21] (Σαμπεζύ 1982 και 1986) εξάντλησαν τις τρεις ενότητες θεμάτων (β', γ', δ'), ενώ τα θέματα Ορθόδοξη Διασπορά, Αυτοκέφαλο, Αυτόνομο και Δίπτυχα παραπέμφθηκαν στην επόμενη Δ' Προσυνοδική Πανορθόδοξη Διάσκεψη. Ειδικότερα, αποφασίσθηκε[22] ότι «τα τέσσερα αυτά θέματα παρουσιάζουν βαθιά εσωτερική συνάφεια και αλληλεξάρτηση γιατί θεμελιώνονται στην ίδια μακραίωνα κανονική παράδοση και εκκλησιαστική πράξη της ορθοδόξου Εκκλησίας και παρουσιάζουν ανάλογη άμεση ή έμμεση αναφορά σε σύγχρονα προβλήματά της. Το τελευταίο αυτό χαρακτηριστικό εξηγεί την ιδιάζουσα ευαισθησία για την κατάλληλη προπαρασκευή και την αναζήτηση της ενιαίας στάσης όλων των κατά τόπους Ορθοδόξων Εκκλησιών πάνω σε κάθε ένα [από τα τέσσερα θέματα]».

Πρέπει να σημειωθεί ότι η Διορθόδοξη Προπαρασκευαστική Επιτροπή, σε δύο συνελεύσεις (Σαμπεζύ 1990 και 1993) ολοκλήρωσε την επεξεργασία των θεμάτων για την ορθόδοξη Διασπορά και για την ανακήρυξη του Αυτοκεφάλου, με εξαίρεση το ζήτημα της υπογραφής του σχετικού Πατριαρχικού Τόμου[23].

Όπως, μάλιστα, αναφέρει το επίσημο ανακοινωθέν (13/11/1993)[24] «η Επιτροπή συζήτησε διεξοδικά τα δύο πρώτα θέματα (Διασπορά και Αυτοκέ-

---

21. Δαμασκηνός, Μητρ. Ελβετίας 2001, 488 και «Τελικά κείμενα-αποφάσεις της Γ' Προσυνοδικής Πανορθοδόξου Διασκέψεως (1986)» *Επίσκεψις*, 369 (1986) 27-28. Επίσης, για τον Κανονισμό λειτουργίας των Προσυνοδικών Πανορθοδόξων Διασκέψεων, βλέπε ό. π., 4-5.
22. Ό.π., 27-28.
23. Δαμασκηνός, Μητρ. Ελβετίας 2001, 488.
24. Διορθόδοξος Προπαρασκευαστική Επιτροπή, *Ανακοινωθέν* (13-11-1993), Σαμπεζύ, 7-13 Νοεμβρίου 1993.

φαλο) και παρέπεμψε το θέμα του Αυτόνομου και του τρόπου ανακηρύξεώς του, ελλείψει χρόνου, στην επόμενη Διορθόδοξη Προπαρασκευαστική Επιτροπή. Η Διορθόδοξος Επιτροπή διά της μελέτης της ενιαίας θέσεως των Ορθοδόξων Εκκλησιών: (...) γ) κατέγραψε σε ευσύνοπτο και περιεκτικό κείμενο (βλέπε Παράρτημα β΄) την ενιαία θέση των Ορθοδόξων Εκκλησιών επί του θέματος του Αυτοκεφάλου και του τρόπου ανακηρύξεως αυτού, και αφού περιέγραψε και την ακολουθητέα εν προκειμένω διαδικασία, παρέπεμψε δε προς περαιτέρω συμπληρωματική μελέτη, από την επόμενη Διορθόδοξη Προπαρασκευαστική Επιτροπή, ορισμένα σημεία της διαδικασίας αυτής».

Σχολιάζοντας ο καθηγητής Φειδάς τα αποτελέσματα της Διορθοδόξου Προπαρασκευαστικής Επιτροπής του έτους 1993 υποστηρίζει τα εξής[25]: «η ορθότητα των επιλογών και των αποφάσεων του Οικουμενικού Πατριαρχείου για τη σύγχρονη κανονική οργάνωση της συνοδικής λειτουργίας της Ορθοδόξου Εκκλησίας επιβεβαιώθηκε διά της ομοφώνου αποδοχής από τη Διορθόδοξη Προπαρασκευαστική Επιτροπή (1993) του σχεδίου κειμένου ως προς τις απαραίτητες εκκλησιολογικές προϋποθέσεις και τα καθιερωμένα κανονικά κριτήρια της όλης διαδικασίας για την ανακήρυξη της αυτοκεφαλίας ή και της πατριαρχικής τιμής οιασδήποτε τοπικής Εκκλησίας, παρά τις άκριτες ή σκόπιμες επιφυλάξεις των εκπροσώπων της Εκκλησίας της Ρωσίας για μόνο τον τρόπο υπογραφής (παράγραφος 3γ΄ του κειμένου) του σχετικού Πατριαρχικού Τόμου».

Η σύγκληση της Δ΄ Προσυνοδικής Πανορθοδόξου Διάσκεψης[26] πραγματοποιήθηκε μετά από είκοσι τρία ολόκληρα χρόνια, τον Ιούνιο του 2009 στο Σαμπεζύ της Γενεύης. Αυτή ασχολήθηκε με το θέμα της Διασποράς. Στο τέλος δε, της Διασκέψεως αποφασίσθηκε ότι τα θέματα του τρόπου ανακηρύξεως του Αυτοκεφάλου και του Αυτονόμου, θα εξετασθούν από τις επόμενες Συνελεύσεις των Διορθόδοξων Προπαρασκευαστικών Επιτρο-

---

25. Βλάσ. Φειδάς 2012, 388-389.
26. Βλέπε Γρηγόριος, Χωρεπίσκοπος Μεσαορίας 2009, 561.

πών και θα υποβληθούν στις επόμενες Προσυνοδικές Πανορθόδοξες Διασκέψεις προς έγκριση.

Σε υλοποίηση της απόφασης της Δ' Προσυνοδικής Πανορθοδόξου Διασκέψεως, σε σύντομο χρονικό διάστημα, τον Δεκέμβριο του ίδιου έτους 2009 συγκλήθηκε η Διορθόδοξος Προπαρασκευαστική Επιτροπή[27] και είχε ως έργο αφενός μεν την ολοκλήρωση της ενιαίας θέσης των κατά τόπους Ορθοδόξων Εκκλησιών επί του θέματος του Αυτοκεφάλου και του τρόπου ανακηρύξεως αυτού, αφετέρου δε την αναζήτηση της ενιαίας τους θέσης για τα θέματα του Αυτονόμου και του τρόπου ανακηρύξεώς του, όπως και των Διπτύχων.

Η Επιτροπή μελέτησε το περιεχόμενο της παραπεμφθείσης σ' αυτή παραγράφου του εγκριθέντος κειμένου (1993) περί του Αυτοκεφάλου και του τρόπου ανακηρύξεως αυτού. Η παράγραφος αυτή αφορά στην ανακήρυξη δια Τόμου του Αυτοκεφάλου και τον τρόπο υπογραφής του. Έτσι η Επιτροπή ομόφωνα συμφώνησε ότι «Εκφράζων την συγκατάθεση της Εκκλησίας-μητρός και την πανορθόδοξη συναίνεση ο Οικουμενικός Πατριάρχης ανακηρύσσει επίσημα το αυτοκέφαλο της αιτησαμένης Εκκλησίας διά της εκδόσεως του Τόμου της Αυτοκεφαλίας. Ο Τόμος αυτός υπογράφεται από τον Οικουμενικό Πατριάρχη, συμμαρτυρούντων σ' αυτό δια της υπογραφής τους των Μακαριωτάτων Προκαθημένων των αγιωτάτων Ορθοδόξων Εκκλησιών, προς τούτο προσκαλουμένων υπό του Οικουμενικού Πατριάρχου».

Επίσης, η Επιτροπή παρέπεμψε στην επόμενη Διορθόδοξη Προπαρασκευαστική Επιτροπή τη μελέτη του τρόπου εφαρμογής της επιτευχθείσης συμφωνίας. Τέλος, κατέγραψε σε ευσύνοπτο και περιεκτικό κείμενο την ενιαία θέση των Ορθοδόξων Εκκλησιών επί του θέματος του Αυτονόμου και του τρόπου ανακηρύξεως αυτού, αφού περιέγραψε την έννοια και το πε-

---

27. «Συνήλθεν εις το εν Σαμπεζύ της Γενεύης Ορθόδοξον Κέντρον του Οικουμενικού Πατριαρχείου η Διορθόδοξος Προπαρασκευαστική Επιτροπή» Επίσκεψις, 707 (2009) 9.

ριεχόμενο του Αυτονόμου, την ακολουθητέα διαδικασία ανακηρύξεώς του και τις συνέπειές της.

Με την εξέταση του θέματος της υπογραφής του Τόμου της Αυτοκεφαλίας ασχολήθηκε η Διορθόδοξος Προπαρασκευαστική Επιτροπή της Αγίας και Μεγάλης Συνόδου της Ορθοδόξου Εκκλησίας, η οποία συνήλθε το Φεβρουάριο του 2011 στη Γενεύη[28]. Για την άρση του αδιεξόδου έγιναν οι εξής νέες προτάσεις[29]:

«α) Ο Τόμος να υπογράφεται από τον Οικουμενικό Πατριάρχη διά της προσθήκης ιδιοχείρως υπ' Αυτού της λέξεως «αποφαίνεται», και εν συνεχεία υπό των Προκαθημένων των Ορθοδόξων Εκκλησιών διά της προσθήκης της λέξεως «συναποφαίνεται».

β) Ο Τόμος να υπογράφεται ως ανωτέρω με την προσθήκη ταυτοσήμου, προς το συναποφαίνεσθαι, όρου ή άνευ οιασδήτινος προσθήκης.

γ) Ο Τόμος να υπογράφεται ως ανωτέρω, αλλά δια της συμπεριλήψεως εντός του κειμένου αυτού δηλώσεως περί ισοτιμίας πάντων των Προκαθημένων.

δ) Ο Τόμος να υπογράφεται υπό του Οικουμενικού Πατριάρχου δια της ιδιοχείρου προσθήκης των λέξεων «αποφαίνεται μετά πάντων των Προκαθημένων των αγιωτάτων Ορθοδόξων Εκκλησιών».

Όπως, μάλιστα, πληροφορούμαστε[30] σε όλες τις προτάσεις προέβαλε αντίρρηση η Εκκλησία της Ρωσίας, η οποία επέμενε στην πρότασή της,

---

28. Διορθόδοξος Προπαρασκευαστική Επιτροπή, «Ανακοινωθέν», *Εκκλησία* ΠΗ΄: 3 (2011) 149-150.
29. Γεώργιος, Μητρ. Πάφου 2011, 311-312.
30. Στο ίδιο. Σύμφωνα με τον Αθ. Μπασδέκη «Θα μπορούσε να πει κανείς απερίφραστα, ότι η εν λόγω συνεδρίαση της Διορθόδοξου Προπαρασκευαστικής Επιτροπής απέτυχε, διότι οι αντιπρόσωποι των Αυτοκεφάλων Ορθοδόξων Εκκλησιών δεν μπόρεσαν να συμφωνήσουν στο θέμα, ποιός και σε ποιά θέση και σειρά θα υπογράψει την Πράξη και τον Τόμο της Αυτοκεφαλίας μιας ορθόδοξης Εκκλησίας. Ενώ, δηλαδή, οι ορθόδοξες Εκκλησίες είχαν επιτέλους συμφωνήσει στην Δ΄ Προσυνοδική Πανορθόδοξη Διάσκεψη, τον Ιούνιο του 2009, στο θέμα ότι ο Οικουμενικός Πατριάρχης θα ανακηρύττει μια Εκκλησία ως Αυτοκέφαλη μετά από πρόταση μιας ήδη υπάρχουσας Αυτοκέφαλης Ορθοδόξου Εκ-

όπως ο Τόμος της Αυτοκεφαλίας υπογράφεται κατά την σειρά των Διπτύχων από όλους του Προκαθημένους, χωρίς οποιανδήποτε προσθήκη στις υπογραφές τους. Και επειδή όλες οι αποφάσεις κατά τον ισχύοντα κανονισμό, λαμβάνονται με ομοφωνία, δεν επιτεύχθηκε συμφωνία και το θέμα βρίσκεται σε εκκρεμότητα.

Είναι πλέον πανθομολογούμενο ότι στην πορεία προς την Αγία και Μεγάλη Σύνοδο της Ορθοδοξίας, για την οποία γίνεται λόγος εδώ και αρκετές δεκαετίες, δημιουργούνται αδιέξοδα.

Η Σύναξη των Προκαθημένων των Ορθοδόξων Εκκλησιών, η οποία συγκλήθηκε από τον Οικουμενικό Πατριάρχη Βαρθολομαίο στην Κωνσταντινούπολη και τη Νίκαια της Βιθυνίας τα Χριστούγεννα του 2000, «υπογράμμιζε με έμφαση την ανάγκη πανορθοδόξου συντονισμού και συνεργασίας ενόψει της τρίτης χιλιετίας[31]».

Ως προς το θέμα της Αυτοκεφαλίας, οι Ορθόδοξοι Προκαθήμενοι τόνιζαν «ότι επ' ουδενί θα έδει το εκ της ιστορίας κληροδοτηθέν ημίν σύστημα των Αυτοκέφαλων Ορθοδόξων Εκκλησιών να αποτελέσει αφορμήν ή βάσιν αναπτύξεως ανεξαρτησίας ασκουμένης εις βάρος της ενότητος ημών[32]».

Η κατάσταση, όμως, που σήμερα επικρατεί σε διορθόδοξο επίπεδο είναι τελείως διαφορετική από τα λεχθέντα των Ορθοδόξων Προκαθημένων.

Ειδικότερα[33], παρατηρείται μια απροθυμία κάποιων κατά τόπους Εκκλησιών να μην εφαρμόζουν τα πανορθοδόξως συμφωνηθέντα. Υπάρχουν διενέξεις μεταξύ Ορθοδόξων Εκκλησιών λόγω εδαφικών διεκδικήσεων. Παρεμβάσεων παραγόντων μιας Εκκλησίας στα εσωτερικά της άλλης, καταστρατήγηση ιερών κανόνων και βασικών εκκλησιολογικών

κλησίας και μετά από συναίνεση και σύμφωνη γνώμη όλων των Αυτοκεφάλων Ορθοδόξων Εκκλησιών, στο θέμα όμως ποιος θα υπογράφει δεύτερος μετά τον Οικουμενικό Πατριάρχη δεν μπόρεσαν να βρουν λύση οι αντιπρόσωποι των ορθοδόξων Εκκλησιών το Φεβρουάριο του 2011». Βλέπε Αθ. Μπασδέκης 2012, 54-55.

31. Γ. Τσέτσης (Μ. Πρωτ/ρος) 2012, 14.
32. Στο ίδιο.
33. Ό. π., 15-16.

αρχών κλπ.. Όλα αυτά βλάπτουν το ενιαίο σώμα της Ορθόδοξης Εκκλησίας και όχι μόνο.

Συμπερασματικά, «τα κανονικά κριτήρια για την ανακήρυξη του «αυτοκεφάλου», τα οποία ισχύουν κατ' αναλογίαν και για την ανακήρυξη του «αυτονόμου» τοπικής Εκκλησίας, απετέλεσαν πάντοτε τα ασφαλή κανονικά πλαίσια, (...) τα οποία εξασφαλίζουν την άρρηκτη λειτουργική σχέση των διοικητικών εκκλησιαστικών δομών με την ενότητα της Ορθοδόξου Εκκλησίας όχι μόνο στην ορθή πίστη αλλά και στην αγάπη[34]».

Βιβλιογραφία

Βαρέλλα Ευ., *Διορθόδοξοι και Οικουμενικαί σχέσεις του Πατριαρχείου Κωνσταντινουπόλεως κατά τον Κ' αιώνα*. ΑΒ 58. ΠΙΠΜ, Θεσσαλονίκη 1994.

Βαρέλλα Ευ. – Παπαθωμάς Γρηγ. (Αρχιμ.), *Η Ορθοδοξία στον 20ό αιώνα, Τόμος Β: Η Ορθόδοξη Εκκλησία και η Οικουμενική Κίνηση*, ΕΑΠ, Πάτρα 2001.

Γεώργιος, Μητρ. Πάφου, «Η Διορθόδοξος Προπαρασκευαστική Επιτροπή της Αγίας και Μεγάλης Συνόδου της Ορθοδόξου Εκκλησίας», *Απόστολος Βαρνάβας* 7-8 (2011) 311-316.

Γρηγόριος, Χωρεπίσκοπος Μεσαορίας, «Δ' Προσυνοδική Πανορθόδοξος Διάσκεψη (Γενεύη, 6-12 Ιουνίου 2009)», *Απόστολος Βαρνάβας* 9-10 (2009) 545-561.

Δαμασκηνός, Μητρ. Ελβετίας (μετέπειτα Αδριανουπόλεως), «Το Οικουμενικό Πατριαρχείο και οι διορθόδοξες πρωτοβουλίες», στον τόμο: *Φανάρι 400 χρόνια, Οικουμενικό Πατριαρχείο*, Κωνσταντινούπολη 2001, 471-496.

---

34. Βλάσ. Φειδάς 1979, 29.

Διορθόδοξος Προπαρασκευαστική Επιτροπή, «Ανακοινωθέν», Σαμπεζύ 13/11/1993.

Διορθόδοξος Προπαρασκευαστική Επιτροπή, «Ανακοινωθέν», *Εκκλησία* ΠΗ': 3 (2011) 149-150.

Διορθόδοξος Προπαρασκευαστική Επιτροπή, *Το Αυτοκέφαλον και ο τρόπος ανακηρύξεως αυτού. Εγκριθέν κείμενον.* Σαμπεζύ, 7-13 Νοεμβρίου 1993.

Μπασδέκης Αθαν., *Εμείς και οι άλλοι*, Κ. Σφακιανάκη, Θεσσαλονίκη 2012.

Οικουμενικόν Πατριαρχείον, *Πρακτικά της Προκαταρκτικής Επιτροπής των Αγίων Ορθοδόξων Εκκλησιών της συνελθούσης εν τη εν Αγίω Όρει Ιερά Μεγίστη Μονή του Βατοπεδίου (8-23 Ιουνίου 1930)*, Κωνσταντινούπολη 1930.

Οικουμενικόν Πατριαρχείον, *Πανορθόδοξος Διάσκεψις Ρόδου. Κατάλογος Θεμάτων Μελλούσης Προσυνόδου.* Πατριαρχικό Τυπογραφείο, αρ. 83, Ιστανμπούλ 1961.

Πρακτικά της εν Ρόδω Πανορθοδόξου Διασκέψεως (24 Σεπτεμβρίου-1 Οκτωβρίου 1961). Αποστολική Διακονία της Εκκλησίας της Ελλάδος, α.χ..

Σταυρίδης Βασ. – Βαρέλλα Ευ., *Ιστορία της Οικουμενικής Κινήσεως.* ΑΒ 47, ΠΙΠΜ, Θεσσαλονίκη 1996.

Συμβολή του Οικουμενικού Πατριαρχείου, *Το Αυτοκέφαλον και το Αυτόνομον εν τη Ορθοδόξω Εκκλησία και τρόπος ανακηρύξεως αυτών.* 1990.

«Συνήλθεν εις το εν Σαμπεζύ της Γενεύης Ορθόδοξον Κέντρον του Οικουμενικού Πατριαρχείου η Διορθόδοξος Προπαρασκευαστική Επιτροπή», *Επίσκεψις*, 707 (2009) 8-20.

«Τελικά κείμενα- αποφάσεις της Γ' Προσυνοδικής Πανορθοδόξου Διασκέψεως (28 Οκτωβρίου- 6 Νοεμβρίου 1986)», *Επίσκεψις* 369 (1986) 2-28.

«Το κείμενον των αποφάσεων της Α' Προσυνοδικής Πανορθοδόξου Διασκέψεως επί των θεμάτων της Ημερησίας Διατάξεως αυτής», *Επίσκεψις* 159 (1976) 11-15.

Τρωϊάνος Σπυρ., «Παρατηρήσεις επί των τυπικών και ουσιαστικών προϋποθέσεων της ανακηρύξεως του Αυτοκεφάλου και Αυτονόμου εν τη Ορθοδόξω Εκκλησία», *Τιμητικό αφιέρωμα εις τον μητροπολίτην Κίτρους Βαρνάβα*, Αθήνα 1980, 337-348.

Τσέτσης Γ. (Μ. Πρωτ/ρος), «Το μετέωρο βήμα της Ορθοδοξίας», *Απόστολος Βαρνάβας* ΟΓ: 1-2 (2012) 8-25.

Φειδάς Βλάσ., *Ο θεσμός της Πενταρχίας των Πατριαρχών. Προϋποθέσεις διαμορφώσεως του θεσμού*, Αθήνα 1977.

Φειδάς Βλάσ., *Το «Αυτοκέφαλον» και το «Αυτόνομον» εν τη Ορθοδόξω Εκκλησία*, Ιεροσόλυμα 1979.

Φειδάς Βλάσ., *Ο θεσμός της Πενταρχίας των Πατριαρχών. Από την Ε' Οικουμενική Σύνοδο μέχρι σήμερον (553-2012)*, Αθήναι 2012.

Φούγιας Μεθ. (Αρχιμ.), *Η οδός προς το Αυτοκέφαλο εν τη Ορθοδόξω Εκκλησία*, Αθήνα 1958.

Παράρτημα Κειμένων

Συμβολή του Οικουμενικού Πατριαρχείου (1990) στο θέμα:

α) ΤΟ ΑΥΤΟΚΕΦΑΛΟΝ ΚΑΙ ΤΟ ΑΥΤΟΝΟΜΟΝ ΕΝ ΤΗ ΟΡΘΟ-ΔΟΞΩ ΕΚΚΛΗΣΙΑ ΚΑΙ ΤΡΟΠΟΣ ΑΝΑΚΗΡΥΞΕΩΣ ΑΥΤΩΝ *

Α'. Οὐσία τῆς Ἐκκλησίας καὶ ἀρχαὶ τῆς ὀργανώσεως αὐτῆς.

1. Ἡ ὑπὸ τοῦ Κυρίου ἱδρυθεῖσα Ἐκκλησία εἶναι μία, ἁγία, καθολικὴ καὶ ἀποστολική. Ὡς μία κέκτηται αὕτη ὀντολογικὴν ἑνότητα, ἡ ὁποία ἐκδηλοῦται σὺν ἄλλοις καὶ ἐν τῇ διοικήσει.

Ἄλλωστε, αὐτὸς οὗτος ὁ ἑλληνικὸς ὅρος "ἐκκλησία" σημαίνει, κατὰ τὸν ὁρισμὸν τοῦ ἁγίου Κυρίλλου τοῦ Ἱεροσολύμων, "σύναξιν πάντων ὁμοῦ ἐν ἑνότητι". Καὶ τὸ γεγονὸς ὅτι εὐθὺς ἐξ ἀρχῆς πρὸς δήλωσιν τῆς Χριστιανικῆς Ἐκκλησίας ἐλήφθη ὁ ὅρος οὗτος, ὁ ἔχων στενὴν σχέσιν πρὸς τὴν ὁρολογίαν τῆς Παλαιᾶς Διαθήκης, ὁμιλεῖ περὶ τῆς συνειδήσεως τῆς ἑνότητος, ἥτις ἐνυπῆρχεν εἰς τὴν ἀρχέγονον Ἐκκλησίαν.

Ἡ ἑνότης ὅμως αὕτη δὲν εἶναι ἁπλῶς ἔνδειξις ἐλλείψεως διχογνωμιῶν, ἀλλ' εἶναι αὐτὸ τοῦτο τὸ περιεχόμενον τῆς ἐκκλησιαστικῆς ζωῆς. Εἶναι ἡ ἑνότης τῶν ἀνθρώπων μετὰ τοῦ θεοῦ ἐν Χριστῷ, καὶ ἡ ἑνότης τῶν ἀνθρώπων ἐν Χριστῷ μετ' ἀλλήλων, κατὰ τοὺς λόγους τοῦ Κυρίου "ἐγὼ ἐν αὐτοῖς καὶ οὐ ἐν ἐμοί, ἵνα ὦσι τετελειωμένοι εἰς ἕν".

2. Ἡ Ἐκκλησία εἶναι ἑνότης ὄχι μόνον ἐν τῇ ἐννοίᾳ, ὅτι αὕτη εἶναι μία καὶ ἑνιαία, ἀλλ' εἶναι κυρίως ἑνότης διότι αὐτὴ αὕτη ἡ οὐσία αὐτῆς περικλείεται ἐν τῇ ἐκ νέου συνενώσει τοῦ διῃρημένου καὶ διαμεμελισμένου ἀνθρωπίνου γένους.

Ἡ Ἐκκλησία εἶναι τελεία, κοινή, ἀσυνήθης καὶ μοναδικὴ εἰς τὸ εἶδος αὐτῆς ὕπαρξις ἐπὶ τῆς γῆς, τοῦτ' αὐτὸ "Unicum", ὅπερ δὲν δύναται νὰ εἶναι κεχωρισμένον καθ' οἱονδήποτε ἔννοιαν ἐκ τῆς ζωῆς τοῦ κόσμου. Ἡ Ἐκκλησία εἶναι ὁμοίωσις τῆς οὐσίας τῆς Ἁγίας Τριάδος, ὁμοίωσις, ἐν τῇ ὁποίᾳ τὰ πολλὰ καθίστανται ἕν.

---

* Διατηρήθηκε η ορθογραφία και σύνταξη του πρωτοτύπου.

3. Ἡ δογματικὴ αὕτη ὑπόστασις τῆς Ἐκκλησίας εἶναι ἀκριβῶς καὶ τὸ μέτρον τῆς ὀργανώσεως αὐτῆς, ἢ μᾶλλον αὕτη ἐνσαρκοῦται ἕν τε τῇ ἔσω καὶ τῇ ἔξω ὀργανώσει τῆς ἐπιγείου ἱστορίας αὐτῆς.

Διὰ τοῦτο καὶ αἱ ἱστορικαὶ μορφαὶ τῆς ἐκκλησιαστικῆς ὀργανώσεως, ἄν καὶ μεταβάλλονται ἐν ἐξαρτήσει ἐκ τῶν ἐξωτερικῶν ἱστορικῶν περιστάσεων, μεταβάλλονται ὅμως ἀποκλειστικῶς καὶ μόνον διὰ νὰ ἐνσαρκώνουν ἀναλλοιώτως, καὶ εἰς τὰς νέας ταύτας περιστάσεις, τὴν αἰωνίαν ὑπόστασιν τῆς Ἐκκλησίας. Τοιουτοτρόπως, ὑπὸ τὴν ποικιλίαν καὶ διαφοροποίησιν ὅλων τούτων τῶν μορφῶν, εὑρίσκεται καὶ παραμένει πάντοτε βασικός τις πυρήν, μόνιμός τις ἀρχή, ἡ ἀλλαγὴ ἢ ἀθέτησις τῆς ὁποίας θὰ ἐσήμαινεν ἀλλαγὴν αὐτῆς ταύτης τῆς φύσεως τῆς Ἐκκλησίας. Ἡ ἀρχὴ αὕτη εἶναι ἡ τοπικότης.

4. Ἡ "τοπικότης" τῆς Ἐκκλησίας περιέχεται ἐν τούτῳ, ὅτι εἰς ἕνα "τόπον", εἰς μίαν δηλαδὴ περιοχήν, εἶναι δυνατὸν νὰ ὑπάρχῃ μία μόνον Ἐκκλησία, ἄλλαις λέξεσι, μία ἐκκλησιαστικὴ ὀργάνωσις, ἐκφραζομένη ἐν τῇ ἑνότητι τῆς ἱεραρχίας. "Ἡ Ἐκκλησία τοῦ Θεοῦ ἡ οὖσα ἐν Κορίνθῳ", κ.τ.ὅ.. Ἀπὸ τῶν τοιούτων δὲ ἐκκλησιαστικῶν μονάδων, ἐγκατεσπαρμένων εἰς ὅλον τὸν κόσμον, λαμβάνει τὴν ἀρχὴν αὐτῆς ἡ ἱστορία τῆς Ἐκκλησίας. Καὶ ἐὰν ἐφεξῆς ἡ μονὰς αὕτη καὶ ἡ περιφέρεια αὐτῆς ἀναπτύσσωνται ἐκ τῆς μικρᾶς ἐκκλησίας μιᾶς πόλεως εἰς Ἐπαρχίαν, ἐκ τῆς ἐπαρχίας εἰς μεγαλυτέραν περιφέρειαν τὴν Διοίκησιν, καὶ ἐξ αὐτῆς εἰς τὰ τεράστια Πατριαρχεῖα, θὰ παραμείνῃ ὅμως ἀναλλοίωτος ἡ ἰδία ἀρχὴ καὶ ἐν τῇ βάσει αὐτῆς θὰ παραμείνῃ τὸ αὐτὸ ἀδιάφθορον κύτταρον: εἷς ἐπίσκοπος, συνιστῶν μίαν ἐκκλησίαν, ἐν ἑνὶ τόπῳ.

5. Πρόδηλον ὅτι ἑκάστη Ἐκκλησία, ἡνωμένη μετὰ τοῦ ἐπισκόπου αὐτῆς, ἐν τῇ θείᾳ Εὐχαριστίᾳ καὶ τῇ ὀρθῇ πίστει, ἦτο πλήρης Ἐκκλησία, ταυτιζομένη πρὸς τὸ ὅλον σῶμα τοῦ Χριστοῦ. Διὰ τοῦτο ὁ ὅρος "καθολικὴ Ἐκκλησία" ἐχρησιμοποιεῖτο, κατὰ τοὺς τρεῖς πρώτους αἰῶνας, πρωταρχικῶς καὶ κυρίως διὰ μίαν ἑκάστην τοιαύτην Ἐκκλησίαν.

Ἡ τοιαύτη καθολικότης ἑκάστης τοπικῆς ἐπισκοπικῆς Ἐκκλησίας δὲν καθιστᾷ αὐτὴν ἐκκλησιολογικῶς καὶ ἱστορικῶς ἀνεξάρτητον τῶν λοιπῶν ἀνά τόν κόσμον Ἐκκλησίαν. Ἡ ἐνωρίς ἐμφανισθεῖσα συνείδησις περί τῆς "κατά τήν οἰκουμένην καθολικῆς Ἐκκλησίας" -κατά τό κείμενον τοῦ Μαρτυρίου τοῦ Πολυκάρπου- ἐσήμαινεν, ὅτι καίτοι ἀνά τόν κόσμον ὑπῆρχον ἐκκλησίαι, ἐν τούτοις κατ' οὐσίαν δέν ὑπῆρχεν εἰ μή μία Ἐκκλησία.

6. Ἀλλά ἐάν ἡ ἀρχή τῆς τοπικότητος ὑπῆρξεν ὁ πρώτιστος καί θεμελιώδης κανών τῆς ἐκκλησιαστικῆς ὀργανώσεως, ἀπορρέων ἐξ αὐτῆς ταύτης τῆς φύσεως τῆς Ἐκκλησίας, ἡ ἐνσάρκωσις τῆς ἀρχῆς ταύτης ἐν τῇ ἱστορίᾳ ὑπῆρξε διάφορος καί ἀνάλογος πρός τούς ἐναλλασσομένους ὅρους τῆς ζωῆς τῆς Ἐκκλησίας.

Πρῶτος σταθμός ἐν τῇ ἀναπτύξει ταύτῃ ὑπῆρξεν ἡ συνένωσις τῶν τοπικῶν Ἐκκλησιῶν εἰς τάς κατά τό μᾶλλον ἤ ἧττον εὐρυτέρας περιφερείας, ὡς καί ἡ καθιέρωσις, παραλλήλως πρός αὐτάς, τῆς ἱεραρχήσεως τῶν Ἐκκλησιῶν εἰς πρεσβυτέρας καί νεωτέρας. Ἀρχικῶς ὁ Χριστιανισμός ἡδραιώθη εἰς τάς μεγαλυτέρας πόλεις τῆς Ρωμαϊκῆς Αὐτοκρατορίας. Ἀκολούθως εἰς τά πρῶτα ταῦτα κέντρα προσετέθησαν βαθμηδόν νέαι κοινότητες μετά τῶν ἐπισκόπων αὐτῶν, διατηροῦσαι, ὡς εἰκός, τόν δεσμόν αὐτῶν μετά τῆς ἐξ ἧς ἀπεσπάσθησαν Ἐκκλησίας-μητρός, ἐκ τῆς ὁποίας αὗται ἔλαβον τήν ἱεραρχίαν, τόν "κανόνα πίστεως" καί τήν λειτουργικῆς παράδοσιν. Τοιουτοτρόπως, ἐσχηματίσθησαν, ἤδη ἀπό τῶν διωγμῶν, φυσικαί ὁμάδες Ἐκκλησιῶν, αἱ ἄλλως καλούμεναι Ἐπαρχίαι, παρ' αἷς ὁ ἐπίσκοπος τῆς πρεσβυτέρας Ἐκκλησίας ὠνομάσθη μητροπολίτης.

7. Κατά ταῦτα μητροπολῖται, ἐν τῇ ἀρχαίᾳ οἰκουμενικῇ Ἐκκλησίᾳ, ἦσαν οἱ ἐπίσκοποι ἐκεῖνοι οἱ ὁποῖοι, μή διακρινόμενοι τῶν λοιπῶν κατά τήν ἐπισκοπικήν ἀξίαν, ἐπλεονέκτουν ἔναντι τῶν ἄλλων κατά τά δικαιώματα τῆς διοικητικῆς αὐτῶν ἐξουσίας καί τῆς εἰς ἔκτασιν εὐρύτητος ἐν τῇ ἀσκήσει τῆς ἐξουσίας ταύτης. Ἐπί τῇ βάσει τῆς διευρυνθείσης ἐξωτερικῆς ἐξουσίας ταύτης οἱ μητροπολῖται, μεριμνῶντες διά τήν εὐρυτέραν τοπικῶς ἐκκλησιαστικήν ἐπαρχίαν αὐτῶν, περικλείουσαν πλείονα ἀριθμόν ἐπισκοπικῶν ἑδρῶν, προΐσταντο μεταξύ τῶν τακτικῶν ἐπισκόπων, οἵτινες καί ἀνεγνώρι-

ζον αὐτούς ὡς πνευματικούς αὐτῶν ἀρχηγούς, ἀπευθυνόμενοι πρός αὐτούς εἰς πᾶσαν σπουδαίαν ὑπόθεσιν. Εἰς ἔνδειξιν τῆς ἐκκλησιαστικῆς ὑπαγωγῆς αὐτῶν ὑπό τόν μητροπολίτην, οἱ ἐπαρχιακοί ἐπίσκοποι ἐμνημόνευον τοῦ ὀνόματος αὐτοῦ ἐν τῇ θείᾳ Λειτουργίᾳ, ὁ δέ μητροπολίτης, ὡς πρῶτος ἐν τῇ διοικήσει τῆς Μητροπόλεως, ἐχειροτόνει τούς ἐκλεγομένους ἐπισκόπους τῆς Ἐπαρχίας αὐτοῦ, προήδρευε δίς τοῦ ἔτους τῶν ἐπαρχιακῶν συνόδων καί προέβαλλεν ὡς κριτής εἰς τάς μεταξύ τῶν ἐπισκόπων διαφοράς ἤ εἰς τά κατά τῶν ἐπισκόπων διατυπούμενα παράπονα. Τά πρεσβεῖα, ἐπομένως, τῶν μητροπολιτῶν δέν ἦσαν ἔκφρασις ἁπλῆς τιμῆς, ἤ ἁπλῶς "προεδρείας", δημοκρατικοῦ ἤ κοινοβουλευτικοῦ τύπου, ἀλλ' ἐξειλίχθησαν, εἰς τρόπον ὥστε νά ἐκφράζουν καί πραγματικήν ἐξουσίαν.

8. Οἱ μητροπολῖται, μετά τῶν συνερχομένων ὑπό τήν προεδρείαν αὐτῶν ἐπαρχιακῶν συνόδων, ἦσαν, ἐπομένως, τά κανονικά ὄργανα καί οἱ πραγματικοί φορεῖς τῆς ἐκκλησιαστικῆς διοικήσεως, ἡ πρώτη μορφή τοῦ αὐτοκεφάλου ἐν τῇ ἀρχαίᾳ οἰκουμενικῇ Ἐκκλησίᾳ, ἡ ὁποία, σοφῶς οἰκονομοῦσα τά πράγματα, ἀνεγνώριζε ἀμοιβαιότητα δικαιωμάτων καί ὑποχρεώσεων εἰς τάς σχέσεις Πρώτου καί Συνόδου, καί ἁρμονικῶς συνδυάσασα συλλογικότητα καί αὐθεντίαν ἐν τῷ προσώπῳ τοῦ Πρώτου, ὥρισεν ἵνα "τούς ἐπισκόπους ἑκάστου ἔθνους, εἰδέναι χρή τόν ἐν αὐτοῖς πρῶτον, καί ἡγεῖσθαι αὐτόν ὡς κεφαλήν, καί μηδέν τι πράττειν περιττόν ἄνευ τῆς ἐκείνου γνώμης· ἐκεῖνα δέ μόνον πράττειν ἕκαστον, ὅσα τῇ αὐτοῦ παροικίᾳ ἐπιβάλλει, καί ταῖς ὑπ' αὐτόν χώραις. Ἀλλά μηδέ ἐκεῖνος ἄνευ τῆς πάντων γνώμης ποιείτω τι. Οὕτω γάρ ὁμόνοια ἔσται, καί δοξασθήσεται ὁ Θεός διά Κυρίου, ἐν Ἁγίῳ Πνεύματι, ὁ Πατήρ, καί ὁ Υἱός, καί τό Ἅγιον Πνεῦμα". (34ος Ἀποστολ. Κανών).

9. Εἶναι ἄξιον παρατηρήσεως καί ἰδιαιτέρας σημασίας τό γεγονός, ὅτι οἱ καθορίζοντες τά μητροπολιτικά δίκαια κανόνες (4 Α' Οἰκουμενικῆς Συνόδου, 19 Ἀντιοχείας καί 8 Γ' Οἰκουμενικῆς Συνόδου) δίδουν ἰδιαιτέραν ἔμφασιν εἰς τήν ἐξουσίαν τοῦ χειροτονεῖν τούς ἐπισκόπους τῆς Ἐπαρχίας, τοῦθ' ὅπερ καί χαρακτηρίζεται ὡς ὁ "πυρήν" τῆς ἐκκλησιαστικῆς διοικητικῆς αὐτονομίας.

10. Ποῖον ὅμως ἦτο τό κριτήριον, βάσει τοῦ ὁποίου καθωρίζετο ἡ ἕδρα τοῦ Πρώτου; Ἐν τῷ θέματι τούτῳ παρατηρεῖται διαφορά ἀπόψεων.

Εἰς τήν Δύσιν ἐπεκράτησε τό κριτήριον τῆς ἀποστολικότητος, ἧς ἐξαίρεται ἰδιαζόντως ἡ σημασία, ἐφ' ὅσον ἐν τῇ Δύσει ἡ Ρώμη ἦτο ἡ μόνη ἀποστολική ἕδρα καί ἡ κυρίως ἀφετηρία τοῦ εὐαγγελικοῦ κηρύγματος.

Εἰς τήν Ἀνατολήν ὅμως, ἔνθα ἡ ἀποστολικότης ἦτό τι τό σύνηθες καί δέν ἦτο δυνατόν νά ἔχῃ τήν αὐτήν σημασίαν, ἥν εἶχεν ἐν τῇ Δύσει, ἐφ' ὅσον ὑπῆρχον Ἐκκλησίαι τῆς Ἀνατολῆς, αἱ ὁποῖαι θά ἠδύνατο νά ἐπικαλεσθοῦν ὑπέρ ἑαυτῶν τόν τίτλον σπουδαιοτέρας καί δή ἀπό τῆς Καινῆς Διαθήκης πιστοποιουμένης ἀποστολικότητος, ἐκυριάρχησεν ἡ ἰδέα τῆς πόλεως ὡς μεγάλης, ὡς ἕδρας πολιτικῆς διοικήσεως καί ὡς κέντρου γενικωτέρου ἠθικοῦ καί ἐκκλησιαστικοῦ κύρους.

11. Τό κριτήριον τῆς ἀποστολικότητος, ἑπομένως, μεμονωμένως ἐκλαμβανόμενον, δέν εἶχεν ἀπόλυτον ἰσχύν, διότι ὑπῆρχον ἀποστολικαί Ἐκκλησίαι, ἐξαρτώμεναι ἐκ μή ἀπ' εὐθείας ἀποστολικῶν, ὅπως ὑπῆρχον, ἀντιστρόφως, ἐν τῇ Δύσει καί τῇ Βορείῳ Ἀφρικῇ ἐκκλησιαστικά κέντρα, αὐτοκέφαλα θά ἐλέγομεν σήμερον, ὡς τά Μεδιόλανα, τό Λούγδουνον, ἡ Καρθαγένη κ.ἄ., τά ὁποῖα οὐδεμία εἶχον ἄμεσον σχέσιν πρός τούς Ἀποστόλους καί διά τά ὁποῖα ἴσχυσε τό κρατῆσαν ἐν τῇ Ἀνατολῇ κριτήριον τῆς μεγάλης πόλεως.

12. Κατά τόν ἴδιον τρόπον, βραδύτερον, αἱ μητροπόλεις συνεκεντρώθησαν πέριξ καί ἡνώθησαν μετά τῶν ἀρχαιοτέρων ἤ τῶν ἐν ταῖς πρωτευούσαις πολιτικῶν διοικήσεων ἑδρῶν (ἤτοι τῆς Ρώμης, τῆς Ἀλεξανδρείας, τῆς Ἀντιοχείας κ.τ.λ.), ὧν οἱ ἐπίσκοποι ὠνομάσθησαν τό πρῶτον ἔξαρχοι καί ἀργότερον πατριάρχαι, ἔχοντες ἐπί τῶν μητροπολιτῶν τά αὐτά ἰδιαίτερα δικαιώματα καί προνόμια, ὅσα εἶχον καί οἱ μητροπολῖται ἐπί τῶν ἐπισκόπων.

13. Ἡ ὀργάνωσις αὕτη ὡδήγησε βαθμιαίως εἰς τήν διαμόρφωσιν τοῦ θεσμοῦ τῆς πενταρχίας. Οἱ πέντε πατριάρχαι, Ρώμης, Κωνσταντινουπόλεως, Ἀλεξανδρείας, Ἀντιοχείας καί Ἱεροσολύμων, ἀπέκτησαν, μέ ἀποφά-

σεις Οἰκουμενικῶν Συνόδων, ὑπερδιοικητικά πρεσβεῖα τιμῆς, ἅτινα ἦσαν προνόμια καὶ δικαιώματα, τά ὁποῖα δέν εἶχον οἱ ἄλλοι μητροπολῖται τῶν ἀντιστοίχων διοικήσεων, καὶ κατέστησαν αἱ πέντε αὐτοκέφαλοι διοικητικαί κεφαλαί τῆς Ἐκκλησίας. Ἐπὶ τῶν ἀποκτηθέντων πρεσβείων τούτων θεμελιοῦται τό ἐξ ἐκκλησιαστικοῦ καὶ οὐχί ἐκ θείου δικαίου πατριαρχικόν πρωτεῖον, διό καὶ εἶναι τοῦτο μείζονος κύρους καὶ αὐθεντίας ἀπό τά ἁπλᾶ διοικητικά πρωτεῖα. Εἰς τόν κανονικόν θεσμόν τῆς πενταρχίας τῶν πατριαρχῶν οἱ πέντε πατριάρχαι συγκροτοῦν καὶ ἐκφράζουν τήν ἀνωτάτην ἐν τῇ Ἐκκλησίᾳ διοικητικήν ἀρχήν, τό "πεντακόρυφον κράτος" τῆς Ἐκκλησίας.

14. Ἐκ τῶν πέντε πάλιν πατριαρχῶν, οἱ προκαθήμενοι τῶν θρόνων τῆς Ῥώμης καὶ τῆς Νέας Ῥώμης ἐξυψώθησαν ὑπέρ τούς λοιπούς πατριάρχας κατά τήν θέσιν καὶ τήν ἐπιρροήν αὐτῶν εἰς τάς ὑποθέσεις τῆς καθόλου Χριστιανικῆς Ἐκκλησίας, ἀνυψωθέντες εἰς τήν τελευταίαν ἐκ τῶν τριῶν βαθμίδων πρεσβείων, τῶν γνωστῶν ἐν τῇ ἱστορίᾳ τῆς Ἐκκλησίας καὶ τῇ κανονικῇ παραδόσει α) ὡς πρεσβείων τῶν μητροπολιτῶν, β) ὡς πρεσβείων τῶν πατριαρχῶν ἤ τῶν πρώτων (ἀρχηγῶν) τῶν αὐτοκεφάλων Ἐκκλησιῶν, καί γ) ὡς οἰκουμενικῶν πρεσβείων τῆς Ῥώμης καὶ τῆς Νέας Ῥώμης.

Αὐτονόητον, ὅτι μετά τό Σχίσμα Δύσεως καὶ Ἀνατολῆς ὁ Πατριάρχης Κωνσταντινουπόλεως ἀνεδείχθη, ἐν τῇ τότε καὶ ἔκτοτε Ἀνατολικῇ Ὀρθοδόξῳ Καθολικῇ Ἐκκλησίᾳ, πρῶτος αὐτῆς ἐπίσκοπος.

Β'. Οἱ κανόνες 3 Β' Οἰκουμενικῆς Συνόδου καὶ 28 Δ' Οἰκουμενικῆς Συνόδου καὶ τό Πατριαρχεῖον Κωνσταντινουπόλεως.

15. Ἡ ἱστορική αὕτη ἀνέλιξις τῶν πραγμάτων, ἡ ὁδηγήσασα εἰς τήν ἀνάδειξιν τοῦ Ἐπισκόπου Κωνσταντινουπόλεως, πρωτευούσης οὔσης τοῦ Βυζαντινοῦ κράτους, εἰς ἐπίσκοπον κεκτημένον συγκεκριμένας διοικητικάς ὑπέρ τούς λοιπούς μητροπολίτας καὶ ἐξάρχους προνομίας, παρουσιάζεται τό πρῶτον θεσμοθετούμενη εἰς τόν κανόνα 3 τῆς Β' Οἰκουμενικῆς Συνόδου, ὅστις τοποθετεῖ ὡς

πρῶτον ἐπίσκοπον τῆς τότε Χριστιανικῆς Ἐκκλησίας τόν Ῥώμης, καί ἀμέσως μετ' αὐτόν, ὡς ἰσότιμον, τόν Κωνσταντινουπόλεως, "διά τό εἶναι αὐτήν Νέαν Ῥώμην". Τήν τάξιν ταύτην τῶν "πρεσβείων τιμῆς" ἐπαναλαμβάνουν, ὡς γνωστόν, καί κατοχυρώνουν ἀργότερον καί οἱ κανόνες 28 τῆς Δ' ἐν Χαλκηδόνι καί 36 τῆς ἐν Τρούλλῳ Πενθέκτης Οἰκουμενικῆς Συνόδου.

16. Κατά ταῦτα, τά "πρεσβεῖα τιμῆς" τοῦ Πατριαρχείου Κωνσταντινουπόλεως, βιωθέντα ἐν τῇ ἐκκλησιαστικῇ ζωῇ καί πράξει καί ἀναγνωρισθέντα καί θεσμοτηθέντα ἀργότερον δι' ἀποφάσεων Οἰκουμενικῶν Συνόδων, δέν εἶναι δυνατόν, καί παρά τήν συσχέτισιν τῆς Νέας πρός τήν Παλιάν Ῥώμην, νά θεωρηθοῦν ὡς καθεστώς ἤ σχῆμα οἱασδήτινος πολιτειακῆς ἀνάγκης ἤ ἀπαιτήσεως καί μόνον, ἀλλ' εἶναι τάξις τιμῆς καί καθεστώς, κυρίως ἐξ ἐκκλησιαστικῶν ἀναγκῶν καί λόγων ἀπορρέον καί φέρον τήν σφραγίδα καί τό κῦρος ἀποφάσεων Οἰκουμενικῶν Συνόδων, ἐν αἷς καί δι' ὧν ἡ Ἐκκλησία, κατά τήν ἐποχήν ἐκείνην, ἤσκει τήν ἥν εἶχεν ἀνέκαθεν ἰδίαν αὐτῆς νομοθετικήν ἐξουσίαν. Τοῦτο, ἄλλωστε, μαρτυρεῖται καί ἐκ τοῦ γεγονότος ὅτι ἡ πρός τάς Οἰκουμενικάς Συνόδους σχέσις τοῦ αὐτοκράτορος ἦτο σχέσις ἐξωτερική ἰδιότυπος, δίδουσα ἰσχύν νομικήν εἰς τάς ἀποφάσεις αὐτῶν ἐν τῇ σφαίρᾳ τῆς κρατικῆς καί διοικητικῆς ζωῆς, καί οὐδόλως πηγή νομικῆς ἰσχύος τῶν ἀποφάσεων τούτων ἐν τῷ πεδίῳ τῆς ἐκκλησιαστικῆς ζωῆς.

17. Περί δέ τῆς ἐν Χαλκηδόνι Δ' Οἰκουμενικῆς Συνόδου προκειμένου, ὁ κανών 28 αὐτῆς ἁπλῶς ἐβεβαίωσε τήν ἥν ὁ Κωνσταντινουπόλεως εἶχεν, ἐξ ἀρχαίου ἔθους, α) ἐξουσίαν τοῦ χειροτονεῖν τούς μητροπολίτας-ἐξάρχους τῆς Ποντικῆς, τῆς Ἀσιανῆς καί τῆς Θρακικῆς Διοικήσεως, ὡς ἐπίσης καί β) τό δικαίωμα προσκλήσεως τῶν μητροπολιτῶν τούτων εἰς Σύνοδον, τό δικαίωμα τῆς κρίσεως κ.λ.π., καθ' ἅ λέγεται ὑπό τῆς Συνόδου ἐν τῇ πρός τόν Ῥώμης Λέοντα ἐπιστολῇ αὐτῆς.

Κατά ταῦτα, ὁ κανών 3 τῆς Β' Οἰκουμενικῆς Συνόδου δέν παρέσχεν ἁπλῶς ψιλήν τιμήν εἰς τόν Κωνσταντινουπόλεως, ἐφ' ὅσον, εἰς τά ἀμέσως μετά τήν Σύνοδον ἐκείνην ἔτη, τά πρωτεῖα τιμῆς τοῦ Κωνσταντινουπόλεως δέν παρέμειναν ἁπλαί λέξεις, ἀλλ' ὥδευσαν πρός μίαν παράλληλον, ὅλως δέ φυσικήν ἐξέλιξιν καί τῆς διοικητικῆς αὐτοῦ ἐξουσίας, ἐξέλιξιν ἥτις δέν ἐγένετο διά βιαίων ἐνεργειῶν, ἀλλά κατά τρόπον ὁμαλόν καί κανονικόν καί συμφώνως πρός τάς ἱστορικάς ἀνάγκας τῶν καιρῶν καί τάς ποιμαντικάς ἀπαιτήσεις τῶν περί τόν θρόνον διοικήσεων καί χριστιανικῶν λαῶν.

Οὕτω νοοῦνται καί ἑρμηνεύονται ὅλαι αἱ ἐφεξῆς ἐνέργειαι καί αἱ ἐν τῇ πράξει ἐφαρμογαί τῶν πρεσβείων τιμῆς τοῦ Κωνσταντινουπόλεως, ἅτινα καί ἐξελίχθησαν εἰς κρατοῦντα ἔκτοτε δίκαια εὐρυτέρας δικαιοδοσίας.

Ἐν προκειμένῳ εἶναι χαρακτηριστικόν τό γεγονός, ὅτι ἡ Δ' Οἰκουμενική Σύνοδος, πρίν ἤ θεσπίσῃ τόν κανόνα 28 αὐτῆς, ὡς μαρτυροῦν τά Πρακτικά τῆς Συνόδου, νά πληροφορηθῇ περί τῆς ἐξ ἔθους δικαιοδοσίας τοῦ θρόνου τῆς Κωνσταντινουπόλεως ἐπί τῶν διοικήσεων Πόντου, Ἀσίας καί Θράκης, καί μόνον ὅταν ἐπείσθη περί ταύτης ἐθεσμοθέτησε τό κρατῆσαν τοῦτο ἔθος.

18. Ἀλλ' ὁ κανών 28 οὗτος τῆς Δ' Οἰκουμενικῆς, πλήν τῶν τριῶν διοικήσεων, ὑπήγαγεν ὑπό τόν Κωνσταντινουπόλεως καί τούς πέραν τῶν ὁρίων τῆς Βυζαντινῆς Αὐτοκρατορίας, καί ἔξω τῶν διοικήσεων αὐτῶν, μή ἔχοντας δέ ἰδίους μητροπολίτας, ἐν τῇ αὐστηρᾷ ἐννοίᾳ τῶν πραγμάτων, ἐπισκόπους.

Ἡ ὑπαγωγή αὕτη, εὑρισκομένη ἐν εὐθείᾳ συναρτήσει πρός ὅσα ὁ 2ος κανών τῆς Β' Οἰκουμενικῆς Συνόδου λέγει, ὁρίζων ὅτι "τάς δέ ἐν τοῖς βαρβαρικοῖς ἔθνεσι τοῦ Θεοῦ ἐκκλησίας, οἰκονομεῖσθαι χρή κατά τήν κρατήσασαν συνήθειαν τῶν πατέρων", κατοχυροῦται ἐν συνεχείᾳ καί ὑπό τοῦ 28 κανόνος τῆς Δ' ἐν Χαλκηδόνι Οἰκουμενικῆς Συνόδου, ὁ ὁποῖος θεσμοθετεῖ, βελτιῶν, εὐρύνων καί καθιερῶν ὁριστικῶς, τήν κρατήσασαν ἔκτοτε συνήθειαν καί πρᾶξιν ὑπέρ τοῦ θρόνου Κωνσταντινουπόλεως.

19. Ἐπί δέ τούτοις καί μόνον τό γεγονός, ὅτι ἡ ἐν Τρούλλῳ Πενθέκτη Οἰκουμενική Σύνοδος ἐπανέλαβε, σχεδόν αὐτολεξεί, καί ἐπεκύρωσεν ὅσα μετά τήν Β' Οἰκουμενικήν Σύνοδον ἐθέσπισε σχετικῶς καί ἡ Δ', εἶναι ἀρκετόν διά νά ἄρῃ πᾶσαν ἀμφιβολίαν περί τοῦ οἰκουμενικοῦ κύρους τῶν προνομίων τούτων τοῦ θρόνου τῆς Κωνσταντινουπόλεως-ἵνα μή ἀναφέρωμεν

ἐνταῦθα καὶ τὴν μακραίωνα ἐκκλησιαστικὴν πρᾶξιν, ἥτις εἶναι ἡ αὐθεντικὴ ἔκφρασις τῆς συνειδήσεως τῆς Ἐκκλησίας καὶ ἡ ἀναμφισβήτητος ἑρμηνεία τῆς σχετικῆς κανονικῆς παραδόσεως.

Γ'. *Τὸ αὐτοκέφαλον, ὄργανον τῆς ἑνότητος τῆς Ἐκκλησίας.*

20. Ἡ διὰ βραχέων περιγραφεῖσα ἀνωτέρω ἐξέλιξις τῆς ἐκκλησιαστικῆς διοικητικῆς ὀργανώσεως εἶχεν ὡς κύριον σκοπὸν τὴν μεγαλυτέραν κατοχύρωσιν τῆς ἑνότητος τῆς Ἐκκλησίας, ἐν τῇ ἀληθεῖ πίστει καὶ τῇ ἀγάπῃ, τυγχάνει δὲ γνωστὸν ὅτι μεταξὺ τῶν δύο, ἤτοι τῶν διοικητικῶν ἐκκλησιαστικῶν δομῶν καὶ τῆς ἑνότητος τῆς Ὀρθοδόξου Ἐκκλησίας, ὑπάρχει ἄμεσος σχέσις λειτουργική. Ἐν τῇ ἐννοίᾳ ταύτῃ καὶ αὐτὸς ἔτι ὁ ἁπλοῦς καθορισμὸς τῶν ἐδαφικῶν ὁρίων ἐν τῇ διοικήσει ἀποκτᾷ ἔννοιαν ἐκκλησιαστικήν, καθόσον ἡ ἑνότης τῆς Ἐκκλησίας οἰκοδομεῖται εὐχερέστερον, ἀλλὰ καὶ μονιμώτερον διὰ τοῦ σαφοῦς καθορισμοῦ τῶν τοιούτων ὁρίων, ἐντὸς τῶν ὁποίων τοποθετεῖται ὁ συνοδικὸς θεσμός, θεσμὸς ἀπαραίτητος πρὸς ἀντιμετώπισιν τῶν κεφαλαιωδῶν προβλημάτων πίστεως καὶ κανονικῆς καὶ ἐκκλησιαστικῆς τάξεως καὶ πράξεως τῶν ἑκασταχοῦ Ἐκκλησιῶν.

21. Καὶ ἀπὸ τῆς ἀπόψεως ταύτης θεωρούμενον καὶ κρινόμενον καὶ τὸ διοικητικὸν αὐτοκέφαλον μιᾶς ἑκάστης τοπικῆς Ἐκκλησίας ὑπηρετεῖ καὶ τοῦτο τὴν ἑνότητα τῆς Ἐκκλησίας, ἐφ' ὅσον τοῦτο, ἐν ἑκάστῃ περιπτώσει, ἐκδηλοῦται μὲν α) ἐν τῇ ἀλλαγῇ τῶν ὁρίων δεδομένης τοπικῆς Ἐκκλησίας, β) ἐν τῇ ἀλλαγῇ τῆς σχέσεως τῶν ἐπὶ μέρους συνθετικῶν τμημάτων τοῦ ἐκκλησιαστικοῦ ὀργανισμοῦ πρὸς τὴν διόρθωσιν τῆς καθόλου Ἐκκλησίας, γ) ἐν τῇ ἀλλαγῇ τῆς ἱεραρχικῆς θέσεως ἐπισκόπων πρὸς ἄλλους, ἐν τῇ δημιουργίᾳ νέων διοικητικῶν ὀργάνων καὶ ἐν τῇ ἐμφανίσει νέων νομοθετικῶν παραγόντων ἐν τῇ καθόλου Ἐκκλησίᾳ, ὑπὸ τὴν βασικὴν καὶ ἀπαραίτητον ὅμως προϋπόθεσιν ὅτι πάντα ταῦτα, ὑφαίνοντα τὴν κανονικὴν δομὴν τοῦ αὐτοκεφάλου ἐν τῇ ζωῇ μιᾶς ἐπὶ μέρους τοπικῆς Ἐκκλησίας, ἐν οὐδεμιᾷ πε-

ριπτώσει πρόκειται ἵνα ἐπιφέρουν νεοφανεῖς θεσμικάς ἀλλαγάς εἰς τό σῶμα τῆς ὅλης Ἐκκλησίας, δυνάμενας νά φθείρουν τήν ἀρχήν τῆς ἑνότητος τῆς Ἐκκλησίας ἐν τῇ πολλαπλότητι αὐτῆς.

22. Ἡ ἀνακήρυξις τοῦ αὐτοκεφάλου πρέπει να διασφαλίζῃ τήν ἐσωτερικήν ἑνότητα τῆς ἀνακηρυσσομένης εἰς αὐτοκέφαλον τοπικῆς Ἐκκλησίας, καί δη α) ὄχι μόνον καθ' ἑαυτήν, ἀλλά β) καί πρός τάς ἄλλας αὐτοκεφάλους ἀδελφάς Ἐκκλησίας, οἰκοδομοῦσα οὕτω τήν οἰκουμενικήν ἑνότητα τῆς ὅλης Ὀρθοδόξου Ἐκκλησίας. Ἡ διακονία αὕτη τῶν μεταξύ τῶν Ἐκκλησιῶν ἀδελφικῶν σχέσεων καί τῆς ἑνότητος εἶναι ὁ ἀποκλειστικός στόχος τοῦ αὐτοκεφάλου. Ἄλλως, διεκδικούμενον δι' ἑτέρους λόγους, ὡς π.χ. ἐξ ἐθνοφυλετικῶν τάσεων ἤ πολιτικῶν φιλοδοξιῶν, τοῦτο γίνεται αὐτοσκοπός καί ξένον πρός τόν σκοπόν τῆς ὅλης ἐκκλησιαστικῆς διοικήσεως. Διό καί θεωρεῖτο ἀπόβλητον ὑπό τῆς εὐρυτέρας κανονικῆς συνειδήσεως τῆς Ἐκκλησίας. Παράδειγμα ἔστω τό ὑπό τοῦ αὐτοκράτορος Ἰουστινιανοῦ τοῦ Α', ἐν ἔτει 545, μονοπλεύρως ἀνακηρυχθέν αὐτοκέφαλον τῆς Ἀρχιεπισκοπῆς Πρώτης Ἰουστινιανῆς, ὅπερ ὅμως δέν ὑπερέβη τήν διάρκειαν ἐπί γῆς ζωῆς αὐτοῦ.

Δ'. *Τό σύμφωνον τῆς γνώμης τῶν Ὀρθοδόξων Ἐκκλησιῶν.*

23. Ἐκ τῶν προλεχθέντων περί τῆς ὀργανώσεως τῆς ἀρχαίας Ἐκκλησίας, καί δή περί τῆς εἰσαγωγῆς τῶν συστημάτων μητροπολιτικοῦ καί πατριαρχικοῦ, καταφαίνεται ὅτι διά τήν ἐπικράτησιν καί παγίωσιν τῶν θεσμικῶν περί τήν διοίκησιν τῆς Ἐκκλησίας δομῶν, τῶν ὁποίων οὐσιώδης ἔκφρασις εἶναι καί τό αὐτοκέφαλον, ἐκινήθη εὐρύτερός τις μηχανισμός ἀποφάσεων καί θεσπίσεων, κυρίως εἰς τόν χῶρον τῶν ἑκάστοτε συγκληθεισῶν Συνόδων, καί δή τῶν Οἰκουμενικῶν, μέ κύριον πάντοτε γνώρισμα τό σύμφωνον τῆς γνώμης τοῦ συνόλου τῶν κατά τόπους Ἐκκλησιῶν.

Ἐάν, ἐπί παραδείγματι, διά τήν συγκρότησιν Οἰκουμενικῆς Συνόδου πρός θέσπισιν, παραλλήλως πρός τά πιστευτέα, καί ὡρισμένων θεσμικῶν διοἰκητικῶν μεταβολῶν, ἀπαραίτητος ἐτύγχανεν ἡ αὐτοπρόσωπος ἢ δι' ἀντιπροσώπου παρουσία τῶν πατριαρχῶν τῆς πενταρχίας, τοῦτο σημαίνει ὅτι αἱ ἐν προκειμένῳ ἀνήγοντο εἰς τήν ἁρμοδιότητα τούτων καὶ τῶν σύν αὐτοῖς ἐπισκόπων, ἐκπροσωπούντων καὶ ἐκφραζόντων τήν σύμφωνον γνώμην τῶν ὧν προΐσταντο τοπικῶν Ἐκκλησιῶν.

Τό αὐτοκέφαλον ἐντάσσεται εἰς ταύτην ἀκριβῶς τήν ἐντός τῆς Ἐκκλησίας διαδικασιακήν λειτουργίαν. Σήμερον, mutatis mutandi, τήν ἀπαραίτητον ταύτην σύμφωνον γνώμην ἐν τῷ θέματι ἐκφράζει ἡ πανορθόδοξος διαγνώμη καὶ συναίνεσις.

24. Εὔγλωττον ἐν προκειμένῳ παράδειγμα εἶναι τό τῆς Ρωσσικῆς Ἐκκλησίας, τήν ὁποίαν ὁ Κωνσταντινουπόλεως Ἱερεμίας ὁ Β', εὑρισκόμενος ἐν Μόσχᾳ, ἀνύψωσεν εἰς Πατριαρχεῖον τό ἔτος 1589. Τοῦτο προὐκάλεσε τάς διαμαρτυρίας τοῦ μετ' ὀλίγον ἐκλεγέντος Πατριάρχου Ἀλεξανδρείας Μελετίου Πηγᾶ. Τό ἑπόμενον ἔτος συνῆλθεν ἐν Κωνσταντινουπόλει σύνοδος ἐνδημοῦσα, τῇ συμμετοχῇ καὶ τῶν Πατριαρχῶν Ἀντιοχείας καὶ Ἱεροσολύμων, ἥτις ἐπεκύρωσε τήν Πρᾶξιν τοῦ Ἱερεμίου καὶ προσέθεσεν ὅτι ὁ Πατριάρχης Μοσχοβίας θά ἔχῃ κεφαλήν αὐτοῦ καὶ θά νομίζῃ πρῶτον, ὡς καὶ οἱ λοιποί Πατριάρχαι, τόν Ἀποστολικόν θρόνον Κωνσταντινουπόλεως. Ἀλλ' ἡ ἀπουσία ἐκ τῆς Συνόδου ταύτης τοῦ Ἀλεξανδρείας Μελετίου Πηγᾶ προὐκάλεσε τήν σύγκλησιν μετά τριετίαν νέας Συνόδου, εἰς τήν ὁποίαν παρέστησαν ὁ Κωνσταντινουπόλεως, ὁ Ἀλεξανδρείας, ἐκπροσωπῶν καὶ τόν Ἀντιοχείας, καί ὁ Ἱεροσολύμων. Ἡ Σύνοδος αὕτη ὁμοφώνως ἀπεδέχθη τήν ἀνύψωσιν τῆς Ἐκκλησίας Μόσχας εἰς πατριαρχεῖον. Εἶναι ἀξιοσημείωτον, ὅτι ὁ Πατριάρχης Ἱερεμίας πρός δικαιολόγησιν τῆς πράξεως αὐτοῦ ὑπέρ τῆς Ἐκκλησίας τῆς Ρωσσίας ἐστηρίχθη καί εἰς τόν κανόνα 28 τῆς Δ' Οἰκουμενικῆς Συνόδου.

25. Ἀνάλογον παράδειγμα συμπράξεως τῶν πατριαρχικῶν θρόνων τῆς Ἀνατολῆς ἔχομεν καί ἐν τῇ καταργήσει τοῦ Πατριαρχείου Μόσχας ὑπό τοῦ Τσάρου Πέτρου τοῦ Μεγάλου, ὅστις, ἀπευθυνθείς εἰς τόν Οἰκουμενικόν

Πατριάρχην Ἱερεμίαν τόν Γ', ἐζήτησε πρῶτον τήν ὑπ' αὐτοῦ ἔγκρισιν τῶν γενομένων καί ἔπειτα τήν ἐνημέρωσιν τῶν τριῶν ἑτέρων πατριαρχῶν τῆς Ἀνατολῆς, οἵτινες, ὡς καί ὁ Κωνσταντινουπόλεως, ἐδέχθησαν τήν κατάργησιν τοῦ Πατριαρχείου καί ἀνεγνώρισαν τήν Ἱεράν Σύνοδον ὡς τήν κεφαλήν τῆς Ρωσσικῆς Ἐκκλησίας.

26. Ἡ σύμπραξις, λοιπόν, τῶν πατριαρχῶν τῆς Ἀνατολῆς πρός λῆψιν διοικητικῶν ἀποφάσεων γενικωτέρου ἐνδιαφέροντος ἐγίνετο εἴτε δι' ἀλληλογραφίας, εἴτε διά τῆς ἀποφάσεως αὐτῶν ἐν Συνόδοις Οἰκουμενικαῖς, τοπικαῖς, μείζοσιν ἤ γενικαῖς τῶν ὑπ' αὐτούς Ἐκκλησιῶν, ἤ καί ἐν τῇ Ἐνδημούσῃ Συνόδῳ, τῆς Ἐκκλησίας Κωνσταντινουπόλεως, ἡ ὁποία κατέστη ἡ συνηθεστέρα μορφή τοῦ συνοδικοῦ θεσμοῦ, ἀντικαταστήσασα οἱονεί ἐν τῇ ἐκκλησιαστικῇ πράξει τῆς Ἀνατολικῆς τάς μείζονας αὐθεντίας καί ἀντιπροσωπευτικότητος συνόδους. Ἐν ταύτῃ καί διά ταύτης τό Πατριαρχεῖον Κωνσταντινουπόλεως ἀπέκτησεν, ὡς τά πράγματα ἀποδεικνύουν, ἰδιαίτερον χαρακτῆρα, μή συναντώμενον εἰς τήν διοργάνωσιν τῶν ἄλλων ἀνατολικῶν πατριαρχείων, γεγονός ὅπερ συνέτεινεν εἰς τήν κανονικήν διαφοροποίησιν τοῦ Πατριαρχείου τούτου ἐκ τῶν λοιπῶν. Διό καί πάσης Ἐνδημούσης Συνόδου προήδρευεν ὁ Οἰκουμενικός Πατριάρχης, παρόντων πολλάκις καί τῶν ἐνδημούντων, εἴτε καί τῶν ἐπί τούτῳ καλουμένων εἰς Κωνσταντινούπολιν, ἄλλων πατριαρχῶν καί ἱεραρχῶν τῶν Ἐκκλησιῶν τῆς Ἀνατολῆς, ὡς ἐκ τούτου δέ ἐξέφραζεν αὕτη ἐν πολλοῖς τήν γνώμην καί τῶν πατριαρχικῶν θρόνων τῆς Ἀνατολῆς. Ὅθεν εἶχε καί αὕτη, εἰ καί κατ' οἰκονομίαν, τήν ἁρμοδιότητα νά ἀνακηρύσσῃ μίαν Ἐκκλησίαν αὐτοκέφαλον, ὡς συνέβη π.χ., κατά τόν ΙΓ' αἰῶνα, εἰς τήν περίπτωσιν τῆς Ἐκκλησίας τῆς Σερβίας.

27. Ἐκ τῶν ἀνωτέρω καταφαίνεται, ὅτι ἐν τῇ συνειδήσει τῶν Ἐκκλησιῶν τό πρόβλημα τοῦ αὐτοκεφάλου ἀνῆκεν εἰς τήν ἁρμοδιότητα τῆς καθόλου Ἐκκλησίας. Διότι πρός τήν ἔννοιαν τῆς αὐτοκεφάλου Ἐκκλησίας συνδέεται ἡ ἔννοια ἀνεξαρτήτου τοπικῆς Ἐκκλησίας, ὡς ἀνεγνωρισμένης αὐθυ-

πάρκτου μονάδος ἐν τῇ Οἰκουμενικῇ Ἐκκλησίᾳ, συνδεδεμένης μετά τῶν λοιπῶν τμημάτων τῆς Ἐκκλησίας διά τῆς ἑνότητος τῆς πίστεως καὶ τῶν κανονικῶν ἀρχῶν.

Ε'. *Ὁ Κωνσταντινουπόλεως φορεύς τῆς συμφώνου γνώμης τῶν ἀδελφῶν Ἐκκλησιῶν.*

28. Τοῦ συντονισμοῦ τῶν ἐνεργειῶν τῶν ἀδελφῶν Ὀρθοδόξων Ἐκκλησιῶν πρός διατήρησιν τῆς ἑνότητος τῆς Ἐκκλησίας ἀνήκοντος, κατά τά ἀνωτέρω, ὡς κανονικοῦ δικαιώματος ἅμα καὶ καθήκοντος, εἰς τήν Ἐκκλησίαν Κωνσταντινουπόλεως, ἐν τῷ ἱστορικῷ βίῳ τῆς καθόλου Ὀρθοδόξου Ἐκκλησίας πᾶσα πρωτοβουλία διά τήν ἀνακήρυξιν ἤ τήν κατάργησιν τοῦ αὐτοκεφάλου μιᾶς Ἐκκλησίας ὑπῆρξε πάντοτε συνδεδεμένη πρός τήν ἐκ τῶν κανονικῶν πρεσβείων τιμῆς ἀπορρέουσαν ἰδιαιτέραν εὐθύνην τῆς πρωτοθρόνου ἐν τῇ Ἀνατολῇ Ἐκκλησίας ταύτης.

29. Κατά ταῦτα, καί σήμερον ἡ ἔναρξις τῆς κανονικῆς διαδικασίας διά τήν ὁμαλήν ἀνακήρυξιν τοῦ αὐτοκεφάλου μιᾶς Ἐκκλησίας ἀνήκει εἰς τόν Οἰκουμενικόν Πατριάρχην, τόν κατέχοντα, ἀποφάσει Οἰκουμενικῶν Συνόδων, τήν πρώτην θέσιν ἐν τῇ κανονικῇ τάξει τῶν πρεσβείων τιμῆς, ὁ θεσμός τῶν ὁποίων, ὡς καὶ ὁ θεσμός τοῦ αὐτοκεφάλου, εὕρηνται εἰς τήν διακονίαν τῆς περιφρουρήσεως τῆς ἑνότητος τῆς Ἐκκλησίας ἐν τῇ ἀληθεῖ πίστει καὶ τῇ ἀγάπῃ, ὡς καὶ ἀνωτέρω ἐλέχθη.

Ἐνταῦθα ἔχει ἀσφαλῶς τήν θέσιν αὐτῆς ἡ ἐπανάληψις τῶν ὅσων ἔγραφε τό 1869 πρός τόν Οἰκουμενικόν Πατριάρχην ὁ Βελιγραδίου Μιχαήλ: "ἡ ἑνότης τῶν δογμάτων θέλει ἑνώνει πάντοτε πάντας τούς ὀρθοδόξους ἀρχιερεῖς πρός τήν Μεγάλην Ἐκκλησίαν, τοῦθ' ὅπερ θέλει διατηρῇ τόν Οἰκουμενικόν Πατριάρχην εἰς τό ὕψος τῆς θέσεως αὐτοῦ, ἵνα ἐπαγρυπνῇ ἐφ' ὅλης τῆς Ἐκκλησίας κατά τούς κανόνας τῶν συνόδων, αἵτινες προσδιώρισαν τά ὅρια τῆς ἀρχῆς τοῦ Πατριάρχου Κωνσταντινουπόλεως".

ΣΤ'. *Όροι ανακηρύξεως τοῦ αὐτοκεφάλου.*

30. Καί ταῦτα μέν προκειμένου περί τοῦ ἁρμοδίου νῦν ὀργάνου πρός ἀνακήρυξιν μιᾶς Ἐκκλησίας εἰς αὐτοκέφαλον. Αὐτονόητον ὅμως ὅτι διά τήν παροχήν καί παγίωσιν τοῦ αὐτοκεφάλου πρέπει νά τηρῶνται καί ὡρισμένοι ἐξ ἀντικειμένου ἰσχύοντες ὅροι, καί δή οἱ ἑξῆς:

α) Ὁ γεωγραφικός παράγων.

31. Εἶναι ἀπαραίτητον νά ὑπάρχη γεωγραφικῶς καθωρισμένη διοικητική περιοχή, τῆς ὁποίας αἱ ἐπί μέρους Ἐκκλησίαι συνθέτουν ἓν μόνον διοικητικόν σῶμα. Ὅ,τι ἐνομοθέτει ἡ Α' Οἰκουμενική Σύνοδος διά τοῦ 8 κανόνος αὐτῆς, ὁρίζουσα "ἵνα μή ἐν τῇ αὐτῇ πόλει δύο ἐπίσκοποι ὦσιν", ὑπῆρξεν ἀναμφιβόλως ἡ βάσις τῆς ἀρχῆς περί γεωγραφικῶν ὁρίων ἑκάστης Ἐκκλησίας. Ἐάν κατέστη ἀδιανόητος ἡ ὕπαρξις Ἐκκλησίας ἄνευ σαφῶς καθωρισμένων γεωγραφικῶν ὁρίων, ἐάν ἑκάστου ἐπισκόπου τό ὄνομα, ἐνωρίτερα καί ἀναποσπάστως, συνεδέετο μετά τοῦ ὀνόματος γεωγραφικῆς τινος περιοχῆς, τοῦτο δέν ἦτο ἁπλῶς θέμα καλῆς διοργανώσεως, ἀλλ' ἐκκλησιολογικῆς ἀρχῆς. Αἱ κατά τόπους Ἐκκλησίαι διαιροῦνται ἀπό ἀπόψεως πολιτικῆς καί οὐχί ἐθνοφυλετικῆς. Ἄλλως, ἔχομεν τόν ὑπό τῆς πανορθοδόξου συνειδήσεως ἐν Συνόδῳ (1872) καταδικασθέντα φυλετισμόν.

32. Ἐπί αὐτοκράτορος Ἰουστινιανοῦ τοῦ Β' (α'. 685-695, β'. 705-711), ὁ Ἀρχιεπίσκοπος Κύπρου Ἰωάννης μετά τοῦ ποιμνίου αὐτοῦ ("ἄμα τῷ οἰκείῳ λαῷ"), δι' ἐξωτερικούς λόγους ἀνάγκης, ἦλθον καί ἐγκατεστάθησαν εἰς τήν ἐπαρχίαν τῆς Ἑλλησπόντου, ἥτος παρεχωρήθη αὐτοῖς ἐκκλησιαστικῶς ὑπό τοῦ θρόνου τῆς Κωνσταντινουπόλεως. Τηρηθείσης τῆς κανονικῆς, κατά τά ἀνωτέρω, ἀπαιτήσεως τῶν καθορισμένων ἐδαφικῶν ὁρίων, ὁ κανών 39 τῆς ἐν Τρούλλῳ Πενθέκτης Οἰκουμενικῆς Συνόδου κατωχύρωσε τά δικαιώματα τοῦ αὐτοκεφάλου τοῦ Ἀρχιεπισκόπου Κύπρου, ὅπερ θά ἦτο ἀδύνατον νά εἶχε συμβῆ ἐάν οἱ ἐκ τῆς πατρίδος αὐτῶν μεταναστεύσαντες κύπριοι διεσκορπίζοντο εἰς διάφορα μέρη τῆς Αὐτοκρατορίας, διότι τότε, ἐν ἀντιθέσει

πρός τούς κανόνας, δύο αὐτοκέφαλοι δικαιοδοσίαι θά ἠσκοῦντο ἐπί ἑνός καί τοῦ αὐτοῦ ἐδάφους.

33. Εἶναι λίαν σημαντικόν, ὅτι οὕτω διευθετηθέντων τῶν πραγμάτων ὅ τε Μητροπολίτης Κυζίκου καί οἱ ὑπ' αὐτόν ἐπίσκοποι τῆς Ἐπαρχίας Ἑλλησπόντου ὑπήχθησαν ὑπό τόν Κύπρου καί συνεκρότησαν μετ' αὐτοῦ καί τῶν περί αὐτόν μεταναστῶν ἐπισκόπων καί τοῦ ποιμνίου αὐτῶν ἑνιαῖον αὐτοκέφαλον διοικητικόν ἐκκλησιαστικόν σῶμα. Καί τοῦτο διότι ἡ εἰς αὐτοκέφαλον ἀνακηρυσσομένη ἐκκλησιαστική γεωγραφική περιφέρεια δέν πρέπει νά συγχέηται μετ' ἄλλης ὑφισταμένης ἐν τῇ περιφερείᾳ ταύτῃ Ἐκκλησίας ἀλλά νά ἑνώνῃ πάντας τούς ἐντός τῶν ὁρίων αὐτῆς εὑρισκομένους ὀρθοδόξους χριστιανούς. Ὅταν λέγομεν, ὅτι ἡ ἀπονομή τοῦ αὐτοκεφάλου γίνεται πρός ὠφέλειαν τῆς αὐτοκεφαλοποιουμένης Ἐκκλησίας, ἐννοοῦμεν τοῦτο ἀκριβῶς, ὅτι ἡ Ἐκκλησία αὕτη ὁλόκληρος κέκτηται τάς ἀπαιτουμένας προϋποθέσεις καί ἔχει καταστῆ ὥριμος ἵνα αὐτοκυβερνηθῇ ὡς ἕν σῶμα.

34. Κατά τήν κανονικήν ταύτην ἀκρίβειαν, δέν εἶναι δυνατόν σήμερον νά ὑπάρχουν ποίμνια καί ἐπίσκοποι, ὁπουδήποτε τῆς γῆς, ἐξαρτώμενοι ἐκ τῶν αὐτοκεφάλων Ἐκκλησιῶν τῶν χωρῶν ἐξ ὧν μετηνάστευσαν ἤ ἐξ ὧν ἕλκουν ἀμεσώτερον ἤ ἐμμεσώτερον τήν προέλευσιν, ἀλλ' οὗτοι πάντες ὑπάγονται, κατά τήν κανονικήν, ἐπαναλαμβάνομεν, ἀπαίτησιν, εἰς τόν Οἰκουμενικόν Πατριάρχην, τόν μόνον ἔχοντα δικαιοδοσίαν ἔξω τῶν ὁρίων τῶν αὐτοκεφάλων Ἐκκλησιῶν.

β) Ὁ παράγων τοῦ κυριάρχου κράτους.

35. Ἐάν τά καθωρισμένα γεωγραφικά διοικητικά ὅρια εἶναι ἀπαραίτητος διά τήν αὐτοδιοίκησιν ὅρος, τοῦτο δέν σημαίνει πάντοτε καί κατ' ἀνάγκην, ὅτι ἡ Ἐκκλησία μιᾶς περιοχῆς, ἐχούσης τυχόν τοιαῦτα ὅρια, πρέπει ἀπαραιτήτως νά τύχῃ καί τοῦ δικαιώματος τῆς αὐτοδιοικήσεως ἤ ὅτι ἡ υἱοθέτησις ἐν προκειμένῳ πολιτειακῶν προτύπων ἀποτελεῖ ἀδήριτον κανονικήν ὑποχρέωσιν δι' αὐτοκεφαλοποίησιν.

Ἡ ἀποδιδομένη εἰς τόν Ἱερόν Φώτιον ἀρχή, καθ' ἥν ἡ διάρθρωσις τῆς ἐκκλησιαστικῆς διοικήσεως πρέπει νά ἀκολουθῇ τήν κοσμικήν, "... τά ἐκκλησιαστικά καί μάλιστα γε τά περί τῶν ἐνοριῶν δίκαια ταῖς πολιτικαῖς ἐπικρατείαις συμμεταβάλλεσθαι εἴωθε", δέν ἔχει ἀπόλυτον κῦρος, ὡς καταφαίνεται καί ἐκ τῆς τελευταίας λέξεως "εἴωθε".

36. Καί εἶναι μέν ἀληθές ὅτι οἱ προσαγόμενοι πρός στήριξιν τῆς ἀρχῆς ταύτης τοῦ Φωτίου κανόνες 17 τῆς Χαλκηδόνος καί 38 τῆς ἐν Τρούλλῳ Πενθέκτης ὁμιλοῦν περί τῆς ἀνάγκης συμπορείας τῆς τάξεως τῶν ἐκκλησιαστικῶν πραγμάτων πρός τούς πολτικούς καί δημοσίους τύπους, πλήν ἡ φράσις καί ἀπαίτησις αὕτη οὐδόλως συνδέεται πρός θέματα αὐτοκεφαλίας ἤ αὐτονομίας περί ὧν πρόκειται ἐνταῦθα, ἤ ἀκόμη πρός τήν ὑποδιαίρεσιν ἐκκλησιαστικῶν διοικητικῶν περιφερειῶν, ἀλλά πρόκειται ἁπλῶς καί μόνον περί τῆς ἀπονομῆς τιμητικῶν τίτλων ἄνευ ταυτοχρόνου καθιερώσεως προνομίων εἰς τόν χῶρον τῆς ἐκκλησιαστικῆς διοικήσεως, ὡς περιφανῶς μαρτυρεῖ ὁ κανών 12 τῆς Χαλκηδόνος, ὁ καθορίζων ὅτι ἐν περιπτώσει καθ' ἥν ἐπισκοπή τις ἤθελε προβιβασθῇ διά βασιλικῶν γραμμάτων τιμητικῶς, τά δικαιώματα τοῦ παλαιοῦ, τοῦ "κατ' ἀλήθειαν", μητροπολίτου, παραμένουν ἄθικτα καί ἀκέραια.

37. Καί ἄν μέν ἔτι τό "συμμεταβάλλεσθαι" τῶν ἐκκλησιαστικῶν πρός τά πολιτικά δέν εἶναι, ὡς ἐλέχθη, ἀπόλυτον, ἐν τούτοις εἰς ἐκείνας τῶν περιπτώσεων, καθ' ἅς ἡ ἐκκλησιαστική βούλησις περί αὐτοκεφάλου συμπίπτει, ἤ τουλάχιστον δέν ἀφίσταται, ἀπό τήν τῆς οἰκείας πολιτείας, ἐντός τῶν κυριαρχικῶν ὁρίων τῆς ὁποίας ὑπάρχει καί δραστηριοποιεῖται ἡ τοῦ αὐτοκεφάλου ἐφιεμένη Ἐκκλησία, ipso facto προσαπαιτεῖται καί ἡ παράλληλος νομότυπος ἔκφρασις τῆς ἀναλόγου βουλήσεως τῆς ἀνθρωπίνῳ δικαίῳ ὑφισταμένης συνταγματικῆς πολιτείας καί τῶν ἀρμοδίων φορέων αὐτῆς.

Τοῦ παράγοντος τούτου ἀπουσιάζοντος ἤ ὅταν πρόκειται περί μή χριστιανικῶν κρατῶν, προσαπαιτεῖται ἡ τήρησις τῆς ἑτέρας διαδικασίας, καθ' ἥν αἱ Ἐκκλησίαι κανονίζουν, αὐταί μόναι, δι' ἀπ' εὐθείας συνεννοήσεως μεταξύ αὐτῶν, τά ἐν προκειμένῳ τηρητέα. Τοιοῦτον παράδειγμα εἶναι ἡ ἀναγνώρισις ὑπό τῆς Ἐκκλησίας καί μόνον τῆς πρό ἕξ καί πλέον δεκαετηρίδων ἀνασυστάσεως τοῦ Πατριαρχείου Ρωσσίας, ἀναγνωρισθείσης ἐκ τῶν πραγμάτων καί κατόπιν καθαρῶς ἐκκλησιαστικῆς δικαιοδοσίας καί ὑπό πασῶν τῶν ἀδελφῶν Ὀρθοδόξων Ἐκκλησιῶν.

γ) Ὁ παράγων τῶν ἐκκλησιαστικῶν καί ποιμαντικῶν ἀναγκῶν.

38. Ὅταν μελετᾶται ἡ παροχή τοῦ αὐτοκεφάλου εἰς μίαν τοπικήν Ἐκκλησίαν, ἐπιβάλλεται νά ληφθοῦν κυρίως ὑπ' ὄψιν αἱ καθαρῶς ἐκκλησιαστικαί ἀνάγκαι, καί δή οὐχί αἱ δευτερεύουσαι τοιαῦται, ἀλλ' αἱ οὐσιαστικαί, αἱ ὁποῖαι δέν εἶναι δυνατόν νά ἐξυπηρετηθοῦν διά τῆς ὑφισταμένης μέχρι τότε κανονικῆς διοικητικῆς ὀργανώσεως. Εἰς τάς περιπτώσεις, ἐπί παραδείγματι, καθ' ἅς ἡ Ἐκκλησία ἀπεδέχθη καί ἠκολούθησε πολιτειακάς δομάς, δέν ἔπραξεν ἀσφαλῶς τοῦτο ἀσχέτως πρός τάς ἐκκλησιαστικάς ἀνάγκας, ἀλλ' ἀκριβῶς χάριν αὐτῶν καί ἐπί ἐξυπηρετήσει τῶν μελῶν αὐτῆς. Ἐκ τῆς ἱστορίας τῶν συνόδων γνωρίζομεν ὅτι αὗται, κανονίζουσαι τά τῆς διοικήσεως τῶν Ἐκκλησιῶν, δέν ἐνήργουν ἁπλῶς χάριν τῆς διοικήσεως καθ' ἑαυτήν, ἀλλ' ἀπεσκόπουν εἰς τό πνευματικόν ἀγαθόν, τήν προκοπήν καί τήν οἰκοδομήν τοῦ πληρώματος καί τήν διασφάλισιν τῆς ἑνότητος τῆς Ἐκκλησίας.

Τοῦτο σημαίνει, ὅτι αἱ περί ὧν ὁ λόγος ἐνταῦθα ἐκκλησιαστικαί ἀνάγκαι συμπίπτουν πρός τάς ποιμαντικάς εὐθύνας ἑκάστης Ἐκκλησίας, ἀποτελεῖ δέ καθῆκον δι' αὐτήν, ἐφιεμένην τοῦ αὐτοκεφάλου, νά καταστήση καταληπτάς καί σεβαστάς τάς ὑπαρχούσας παρ' αὐτῇ ἐκκλησιαστικάς ταύτας ἀνάγκας, καί εἶναι ὑποχρέωσις τῶν λοιπῶν ἀδελφῶν Ἐκκλησιῶν νά κατανοήσουν ἐπακριβῶς ταύτας καί νά κρίνουν τήν περίπτωσιν ἐντός τῶν πλαισίων τῆς ἐξ ἀντικειμένου ἰσχυούσης κανονικῆς παραδόσεως καί ἐκκλησιαστικῆς τάξεως.

δ) Ὁ παράγων τῆς ἐσωτερικῆς αὐταρκείας.

39. Ἡ Ἐκκλησία, ἥτις πρόκειται νά ἀνακηρυχθῇ αὐτοκέφαλος, πρέπει νά ἔχῃ ἐσωτερικήν αὐτάρκειαν, τόσον διά τήν ἐφαρμογήν καί ἄσκησιν τοῦ

δικαίου τῆς χειροτονίας καὶ κρίσεως τῶν ἐπισκόπων διὰ τῶν ἰδίων αὐτῆς μέσων (συμφώνως πρὸς τὸ πνεῦμα τοῦ κανόνος 4 τῆς Α' Οἰκουμενικῆς Συνόδου ἀπαιτεῖται ἡ ὕπαρξις τοὐλάχιστον τριῶν ἐπισκόπων), ὅσον καὶ διὰ τὴν ὀρθὴν ὀργάνωσιν τοῦ συνόλου τοῦ ἐκκλησιαστικοῦ αὐτῆς βίου. Εἰς ἀμφότερα ταῦτα ἐκδηλοῦται τὸ αὐτοδύναμον καὶ ἡ ἀνεξαρτησία τῶν τοπικῶν Ἐκκλησιῶν, ὡς ἐκδηλοῦται ταῦτα καὶ εἰς τὴν ἰδίαν νομοθεσίαν ἑκάστης ἐξ αὐτῶν καὶ εἰς τὴν διατήρησιν τῶν τοπικῶν ἐθῶν καὶ ἐκκλησιαστικῶν τελετῶν, ἅτινα διαφέρουν ἐν διαφόροις τόποις καὶ Ἐκκλησίαις, ἐν ἀντιθέσει πρὸς τὴν ἑνότητα τῆς πίστεως καὶ τὴν εὐρυτέραν σύμπτωσιν εἰς τὰ πιστευτέα καὶ τὰ πρακτέα.

ε) Ὁ παράγων τῆς βουλήσεως τοῦ ποιμνίου.

40. Ἕτερος ὅρος πρὸς ἀπονομὴν τοῦ αὐτοκεφάλου εἰς μίαν ὡρισμένην ἐκκλησιαστικὴν περιοχὴν εἶναι ἡ δήλωσις τῆς ἐλευθέρας βουλήσεως τοῦ ὀρθοδόξου λαοῦ αὐτῆς, ἔχοντας ἀπαραιτήτως ἐπὶ κεφαλῆς αὐτοῦ καὶ τὸν ἴδιον κλῆρον.

Ὁ ὅρος οὗτος ἀπαντᾷ τόσον εἰς τὰς ἀρχαίας πηγὰς τῆς ἐκκλησιαστικῆς ἱστορίας ὅσον καὶ εἰς τὰς περιπτώσεις χορηγήσεως αὐτοκεφάλου τῶν δύο τελευταίων αἰώνων. Οὕτω, κληθεὶς ὁ Ἱερὸς Χρυσόστομος ὑπὸ τῶν πιστῶν τῶν διοικήσεων τῆς Θράκης, τοῦ Πόντου καὶ τῆς Ἀσίας, ἐπὶ τῇ βάσει τοῦ κανόνος 2 τῆς Β' Οἰκουμενικῆς Συνόδου, ἐπενέβη εἰς τὰ ἐκκλησιαστικὰ αὐτῶν πράγματα, χειροτονήσας νέους ἐν αὐταῖς ἐπισκόπους τῶν καθαιρεθέντων. Τοῦτο ἐπιβεβαιοῦται καὶ ὑπὸ τοῦ κανόνος 28 τῆς Χαλκηδόνος, ὅστις ἀποτελεῖ "πρᾶξιν" ὑποβληθεῖσαν τῇ Συνόδῳ κατὰ τὴν 15ην συνεδρίαν αὐτῆς καὶ φέρουσα τὰς ὑπογραφὰς τῶν ἐξάρχων καὶ πλείστων ἐπισκόπων τῶν τριῶν ὡς ἄνω διοικήσεων, αἰτουμένων ὅπως ὑπαχθοῦν εἰς τὸν θρόνον τῆς Κωνσταντινουπόλεως. Ὅταν, λοιπόν, οὗτοι ἠρωτήθησαν ὑπὸ τῶν ἀρχόντων "εἴ γε οἰκείᾳ γνώμῃ ἢ ἀνάγκης τινὸς ἐπενεχθείσης ὑπέγραψεν", ἀπήντησαν ὅτι αὐτοὶ καὶ τὰ ποίμνια αὐτῶν ἐλευθέρως ἀνηνέχθησαν εἰς τὸν Κωνσταντινουπόλεως καὶ παρ' αὐτοῦ οἱ ἴδιοι ἐχειροτονήθησαν, εἰς τινας δέ περιπτώσεις καὶ σειρά προκατόχων αὐτῶν ἔλαβον παρά τοῦ ἰδίου Ἀρχιεπισκόπου Κωνσταντινουπόλεως τήν χειροτονίαν, ὡς ἦτο ἡ περίπτωσις τῶν ἐπισκόπων Ἀμασείας, Γαγγρῶν καὶ Συνάδων. Σημειωτέον δέ ὅτι αἱ χειροτονίαι ἐγίνοντο βάσει ψηφισμάτων κομιζομένων ὑπό τῶν κατά τόπους ποιμνίων καὶ ζητούντων τήν ἐπικύρωσιν τῆς ἐκλογῆς καὶ τήν χειροτονίαν τῶν νέων ἐπισκόπων αὐτῶν.

Τήν μεταβολήν, λοιπόν, ἐν τῇ δικαιοδοσίᾳ καὶ τοῖς ὁρίοις τοῦ θρόνου τῆς Κωνσταντινουπόλεως, τήν ὑπό τοῦ κανόνος 28 τῆς Χαλκηδόνος κυρωθεῖσαν, εἶχεν ἐπενέγκει ἤδη πρό πολλοῦ, καὶ δή καὶ ἐμπραγμάτως, ὁ ἐκδηλώσας ἐλευθέρως τήν σχετικήν βούλησιν αὐτοῦ πιστός τοῦ Κυρίου λαός.

ς) Ὁ παράγων τῆς αἰτήσεως τῆς τοπικῆς Ἐκκλησίας.

41. Οὐχὶ ἥττονος σημασίας εἶναι καὶ ἡ ἔκφρασις τῆς βουλήσεως καὶ ἡ αἴτησις τοῦ αὐτοκεφάλου ὑπό τοῦ συνόλου τῶν ἐπισκόπων τῆς περιοχῆς, ἥτις ἐπιθυμεῖ τήν ἀπόκτησιν ἐκκλησιαστικῆς αὐτοδιοικήσεως. Αὕτη τυγχάνει ἀπαραίτητος καὶ μάλιστα θεωρεῖται ὡς ἐχέγγυον τοῦ ὅτι ἡ αὐτοδιοίκησις ἐπιδιώκεται διά καθαρῶς ἐκκλησιαστικούς καὶ οὐχὶ ἀλλοτρίους λόγους. Ἄνευ τῆς συγκαταθέσεως τοῦ παράγοντος τῆς τοπικῆς Ἱεραρχίας ἤ ἄλλως προκαλουμένη κίνησις τοῦ λαϊκοῦ ἤ τοῦ ἐκπροσωποῦντος αὐτόν πολιτειακοῦ παράγοντος μόνον πραξικοπήματα, καί δή αὐτά τά ὅρια τοῦ σχίσματος ἐγγίζοντα, δύναται νά δημιουργήσῃ.

ζ) Ὁ παράγων τῆς συγκαταθέσεως τῆς "Ἐκκλησίας-μητρός".

42. Πρός ὁλοκλήρωσιν τῆς σειρᾶς τῶν ὅρων περὶ ἀποκτήσεως αὐτοκεφάλου δέον ὅπως προστεθῇ καὶ ἡ συγκατάθεσις τῆς Ἐκκλησίας ἐκείνης ἐξ ἧς ἀποσπᾶται ἡ πρός τό αὐτοκέφαλον ὁδεύουσα τοπική Ἐκκλησία. Τοῦτο ἰσχύει κατά μείζονα λόγον ἐάν ὑπάρχῃ καθ' οἱονδήποτε τρόπον δεδημιουργημένη ἡ ἐντύπωσις, ὅτι τό ἐπιζητούμενον αὐτοκέφαλον δέν συμπίπτει πρός τά ἀληθῆ συμφέροντα τῆς καθόλου Ἐκκλησίας, ἀλλ' ἀντιθέτως καὶ παραβλάπτει ταῦτα. Ὡς εἰς πᾶσαν περίπτωσιν χορηγήσεως αὐτοκεφάλου τόν μέν μηχανισμόν τῆς σχετικῆς διαδικασίας κινεῖ, καθ' ὑπόδειξιν διορθό-

δοξον ἤ καὶ αὐτεπαγγέλτως, ἡ πρώτη τῶν Ὀρθοδόξων Ἐκκλησιῶν, ἡ δὲ κρίσις ἐπ' αὐτοῦ ἐπιφυλάσσεται εἰς τὸ σύνολον τῶν ἀδελφῶν Ἐκκλησιῶν, οὕτω καὶ ἡ ὡς Ἐκκλησία-μήτηρ θεωρουμένη Ἐκκλησία δικαιοῦται, ἵνα παράσχῃ τὴν ἑαυτῆς συγκατάθεσιν, ἥτις καὶ ἰσοδυναμεῖ πρὸς ἀναγνώρισιν τῶν συντρεχόντων, καλῶς δὲ νοούμενον, ἐκκλησιαστικῶν συμφερόντων, καὶ δὴ εἰς κλίμακα τοπικὴν μὲν διὰ τὴν ὁδεύουσαν πρὸς τὸ αὐτοκέφαλον μερίδα, γενικωτέραν δὲ ὡς πρὸς τὴν εὐρυτέραν δομὴν τῆς Ὀρθοδοξίας.

η) Ὁ παράγων τῆς πανορθοδόξου ἀναγνωρίσεως.

43. Ἐκ τῶν ἀνωτέρω, ἐν κατακλεῖδι, καταφαίνεται ὅτι διὰ τὴν ὁλοκλήρωσιν παντὸς αὐτοκεφάλου προσαπαιτοῦνται πλείονες ἐκκλησιαστικαὶ διεργασίαι, καὶ δή, πρὸς ταῖς ἀνωτέρω ἀπαριθμηθείσαις, τελικῶς, καὶ ἡ ἔγκυρος, εἴτε διαρκούσης τῆς διαδικασίας τῆς ἀνακηρύξεως τοῦ αὐτοκεφάλου, εἴτε καὶ ἐκ τῶν ὑστέρων, ἔκφρασις τῆς κανονικῆς ἀναγνωρίσεως ὑπὸ πασῶν τῶν Ὀρθοδόξων Ἐκκλησιῶν τοῦ νέου αὐτοκεφάλου.

Τὸ αὐτοκέφαλον πηγὴν ἔχει τὰς θείας πληρεξουσιότητας τοῦ ἐπισκοπάτου τῆς Οἰκουμενικῆς Ἐκκλησίας ὡς ὅλου, εἰς τὸ ὁποῖον καὶ ἀνήκει ἡ ἀνωτάτη ἐξουσία ἐν τῇ ἐκκλησιαστικῇ διοικήσει. Ἡ ὀργάνωσις ἑκάστης αὐτοκεφάλου τοπικῆς Ἐκκλησίας ἀπαιτεῖ τὴν ἀναγνώρισιν τῆς Οἰκουμενικῆς Ἐκκλησίας πρὸς ὁριστικὴν καὶ ἀκατάλυπτον αὐτοκέφαλον ὕπαρξιν. Οὕτω, π.χ., τὸ Οἰκουμενικὸν Πατριαρχεῖον ἐχορήγησε τὸ αὐτοκέφαλον εἰς τὴν Ἐκκλησίαν Ρουμανίας ὑπὸ τὸν ὅρον νὰ ἐγκριθῇ τοῦτο ὁριστικῶς ὑφ' ὅλων τῶν Ὀρθοδόξων Ἐκκλησιῶν, συνερχομένων ἐν Οἰκουμενικῇ ἢ καὶ Μεγάλῃ Συνόδῳ, ὡς, ἄλλωστε, ἐχορήγησε τοῦτο, συναινουσῶν καὶ τῶν ἄλλων Ὀρθοδόξων Ἐκκλησιῶν, εἰς τὰς λόγῳ τῶν καιρικῶν περιστάσεων ἀνακηρυχθείσας ὑπ' αὐτοῦ ἀπὸ τῶν μέσων τοῦ Ιθ' αἰῶνος καὶ ἑξῆς εἰς αὐτοκεφάλους, Ἐκκλησίας, ἐνεργοῦν ἐν προκειμένῳ δυνάμει τῆς ἰδιότητος αὐτοῦ ὡς πρώτης τῶν ἐπὶ μέρους Ὀρθοδόξων Ἐκκλησιῶν, ἅμα δὲ καὶ κέντρου τῆς ἐσωτερικῆς τούτων ἑνότητος καὶ συνατιλήπτορος ταῖς ἐπὶ μέρους Ἐκκλησίαις ἐν ταῖς ἀνάγκαις αὐτῶν.

Ζ'. Τελικαί συμπερασματικαί σκέψεις περί τοῦ τρόπου ἀνακηρύξεως τοῦ αὐτοκεφάλου.

44. Ἐκ τῶν ἄχρι τοῦδε ἐκτεθέντων καταφαίνεται ὅτι, κατὰ τὴν θεμελιώδη κανονικὴν ἀρχὴν καὶ ἀντίληψιν τῆς Ἐκκλησίας, τὸ αὐτοκέφαλον χορηγεῖται ὑπὸ τῆς κανονικῆς ἀρχῆς καὶ ἐξουσίας.

Βεβαίως, εἰδικοὶ κανόνες, καθορίζοντες ἐπακριβῶς τίς ἡ κανονικὴ αὕτη ἀρχὴ καὶ ἐξουσία, ἐλλείπουν, ὡς γνωστόν, ἐν τῇ ὑπαρχούσῃ ἐκκλησιαστικῇ νομοθεσίᾳ. Ἐκ τῶν βασικῶν ὅμως ἀρχῶν τῆς νομοθεσίας ταύτης συνάγονται σχετικαὶ γενικαὶ διατάξεις, αἵτινες καὶ εὕρηνται πολλαχῶς ἀποτετυπωμέναι ἐν τῇ κανονικῇ συνειδήσει τῆς Ἐκκλησίας καὶ ἐν τῇ βιωματικῇ ἐμπειρίᾳ, ἐκ πλείστων συναφῶν περιπτώσεων. Αὗται ἔχουν ἐν τῇ πράξει καὶ τῇ ἱστορίᾳ τῆς Ἐκκλησίας κατ' ἐπανάληψιν ἐκφρασθῆ, ἔχουν δὲ καὶ σαφῶς διατυπωθῆ ἐν τοῖς Τόμοις, οἵτινες ἐξεδόθησαν ἐξ ἀφορμῆς τῆς συστάσεως τῶν νεωτέρων κατὰ τόπους Αὐτοκεφάλων Ἐκκλησιῶν, ἐν τοῖς κάτω τούτοις ἰδίως χρόνοις.

45. Ἐκ τῶν βασικῶν καὶ ἐγκύρων πηγῶν, ἀλλὰ καὶ ἐξ αὐτῆς ταύτης τῆς ἐννοίας τοῦ αὐτοκεφάλου, ὡς ἐκκλησιαστικῆς πράξεως συνεπαγομένης, ὡς ἐλέχθη, ἀλλαγὴν καθωρισμένων ἐκκλησιαστικῶν ὁρίων καὶ ἐμφάνισιν νέας δικαιοδοσιακῆς καὶ διοικητικῆς ἀρχῆς, προκαλούσης δὲ νέαν ὁπωσδήποτε κατάστασιν ἐν τῇ καθόλου δομῇ τῆς Ὀρθοδόξου Ἐκκλησίας, συνάγεται ὅτι ἡ χορήγησις αὐτοῦ ἀνάγεται εἰς τὴν ἁρμοδιότητα τῆς καθόλου Ἐκκλησίας, ἥτις ἐπιφυλάσσει εἰς ἑαυτὴν τὴν τελικὴν κρίσιν ἐπὶ τοῦ χορηγουμένου αὐτοκεφάλου, κυρίως ἐν Οἰκουμενικῇ Συνόδῳ ἤ, ταύτης μὴ συνερχομένης, ἐν μείζονι ἢ γενικῇ τῶν Ὀρθοδόξων Ἐκκλησιῶν Συνόδῳ, τοῦθ' ὅπερ σημαίνει ὅτι ἡ τοιαύτη κρίσις ἀποτελεῖ ἀντικείμενον τῆς ἁρμοδιότητος τῆς γενικωτέρας, ὁπωσδήποτε δὲ τὸ σύνολον τῶν κατὰ τόπους Ὀρθοδόξων Ἐκκλησιῶν ἐκπροσωπούσης Συνόδου, καὶ οὐχὶ πάντως μιᾶς ἑκάστης τῶν κατὰ τόπους Ὀρθοδόξων Ἐκκλησιῶν μεμονωμένως.

46. Ἡ Ἐκκλησία Κωνσταντινουπόλεως, μετά τῶν παρ' αὐτῇ διοικητικῶν ὀργάνων, συνῳδά δέ πάντοτε τῷ γράμματι καί τῷ πνεύματι τῶν ἱερῶν κανόνων, καθ' ἅ ἀναλελυμένως ἐν τοῖς ἀνωτέρω ἐξετέθη, καί συμφώνως πρός τήν μακραίωνα ἐκκλησιαστικήν πρᾶξιν, ἀπό τῆς μετά τάς Οἰκουμενικάς Συνόδου ἐποχῆς καί ἐντεῦθεν, ἐν διαγνώμῃ καί συναινέσει καί τῶν λοιπῶν ἀδελφῶν Ὀρθοδόξων Ἐκκλησιῶν, ἤσκησε τό δικαίωμα καί τήν διακονίαν τοῦ ἀνταποκρίνεσθαι ταῖς χρείαις αὐτῶν καί τοῦ οἰκονομεῖν τά ἑκάστοτε καί ἑκασταχοῦ πρέποντα, ἐπ' ἀγαθῷ τῆς ἑνότητος τῆς μιᾶς καί ἀδιαιρέτου ἁγίας ἡμῶν Ὀρθοδόξου Ἐκκλησίας, διά γε τό ἀδύνατον τῆς συγκλήσεως συνόδου ἤ συνόδων ἀναλόγων πρός τάς ἀνωτέρω περιγραφομένας.

47. Τό αὐτοκέφαλον τῶν τοπικῶν Ἐκκλησιῶν, κρινόμενον ἀείποτε ὡς θέμα οὐχί ἁπλῶς ἀναγόμενον εἰς τόν χῶρον τῆς διοικητικῆς διοργανώσεως τῆς Ὀρθοδόξου Ἐκκλησίας, ἀλλά καί ὡς ἀποτελοῦν θεμελιῶδες γνώρισμα τῆς ἐν τῇ πολλαπλότητι διασωζομένης ἑνότητος τῆς Ὀρθοδοξίας καί ἀντικατοπτρίζον τήν ἐν τῇ διοικήσει αὐτοτέλειαν καί αὐτοανάπτυξιν τοῦ ὀρθοδόξου πληρώματος, ἀνήκει καί τοῦτο, ἐπί ἐξοικονομήσει τῶν πραγμάτων, εἰς τήν οὑτωσί ἐπί αἰῶνας ἀσκήσασαν τήν δικαιοδοσίαν ταύτην πρώτην ἐν τῷ συστήματι τῶν Ὀρθοδόξων Ἐκκλησιῶν Ἐκκλησίαν, ὡς τοιοῦτο δέ καί ἀντιμετωπίζεται νῦν καί ἐφεξῆς, ἄχρι τῆς συγκλήσεως τῆς Ἁγίας καί Μεγάλης Συνόδου τῶν Ὀρθοδόξων Ἐκκλησιῶν.

Αὕτη, ἑπομένως, ἤτοι ἡ Ἁγία καί Μεγάλη Σύνοδος, κατά τά προειρημένα, μέλλει τοῦτο μέν καί τά ὑπό τῆς Ἐκκλησίας Κωνσταντινουπόλεως οὑτωσί ἐκχωρηθέντα αὐτοκέφαλα κρῖναι, ἐπευλογῆσαι καί τελειῶσαι, τοῦτο δέκα τήν τηρηθεῖσαν ἄχρι τοῦ νῦν σχετικήν πρᾶξιν καί τό ἐκ τῆς χρήσεως δημιουργηθέν ἐθιμικόν δίκαιον ἀναγνωρίσαι καί ἐπισφραγῖσαι διά πᾶσαν καί ἐφεξῆς ἀνάλογον περίπτωσιν, ἵνα μή δημιουργῶνται παρόμοιαι ἐν τῷ μέλλοντι ἐμπλοκαί.

48. Τά ἄχρι τοῦδε διά τήν παροχήν αὐτοκεφάλου τηρηθέντα καί ἱστορικοκανονικῶς καθιερωθέντα καί τῆς συναινέσεως τοῦ συνόλου τῶν ἀδελφῶν

Ὀρθοδόξων Ἐκκλησιῶν καὶ τῆς κοινῆς ὑπ' αὐτῶν ἀποδοχῆς τυχόντα, δέν ἀποτελοῦν ὑπέρβασιν δικαιωμάτων ἤ κατάχρησιν δικαιοδοσιῶν, ἀλλ' οὐδέ καὶ δύνανται ταῦτα νά ἀγνοηθοῦν ἐν τοῖς ἐφεξῆς, ἐπί ἀναζητήσει οἱονεί νέων τρόπων ἀνακηρύξεως αὐτοκεφάλου εἰς τυχόν παρουσιαζομένας σήμερον νέας περιπτώσεις.

Ὑπέρ τῆς θέσεως ταύτης ὑπάρχουν συμμαρτυροῦσαι καί ἄλλαι ἀνάλογοι καθιερωθεῖσαι ἐκκλησιαστικαί πράξεις, ὡς εἶναι τό κατά τόν κανόνα 9 τῆς Χαλκηδόνος περί ἐκκλήτου διαμορφωθέν ὑπέρ τοῦ θρόνου τῆς Κωνσταντινουπόλεως καθεστώς, δι' ὅπερ ὁ σχολιαστής τοῦ κανόνος λέγει ἐπί λέξει τά ἑξῆς: "Ἤδη δέ ἐπειδή ἡ Σύνοδος καί ὁ ἔξαρχος τῆς διοικήσεως δέν ἐνεργεῖ, ὁ Κωνσταντινουπόλεώς ἐστι κριτής πρῶτος καί μόνος καί ἔσχατος τῶν ὑποκειμένων αὐτῷ μητροπολιτῶν, οὐ μήν δέ καί τῶν ὑποκειμένων τοῖς λοιποῖς πατριάρχαις. Μόνη γάρ ἡ Οἰκουμενική Σύνοδος εἶναι ὁ ἔσχατος καί κοινότατος κριτής πάντων τῶν πατριαρχῶν καί ἄλλος οὐδείς".

49. Κατά συνέπειαν, ὡς μόνος ἐμπραγμάτως θετικός καί ἐφαρμόσιμος τρόπος ἀνακηρύξεως Ἐκκλησίας τινός εἰς αὐτοκέφαλον εἶναι ἡ ἄχρι τοῦδε τηρηθεῖσα διαδικασία, ἥτις καί τό ἐκκλησιολογικῶς ἀναφαίρετον δικαίωμα τοῦ συνόλου τῶν Ὀρθοδόξων Ἐκκλησιῶν εἰς τό συναινεῖν καί συναποφαίνεσθαι δέν αἴρει, ἀλλά καί τόν ὁμαλόν ροῦν τῶν πραγμάτων εἰς τά τῆς διοικητικῆς ὀργανώσεως καί ἀνελίξεως ἐν τῇ Ὀρθοδόξῳ Ἐκκλησίᾳ διασφαλίζει.

50. Αὐτονόητον, ὅτι ἡ κατά τήν ὡς ἄνω ἀποκλειστικῶς διαδικασίαν ἀνακηρυσσομένη σήμερον αὐτοκέφαλος Ἐκκλησία ὀφείλει, μετά τήν τοιαύτην ἀνακήρυξιν αὐτῆς, ἀπό τῆς ἑαυτῆς πλευρᾶς, κατ' ἀναφοράν δέ πάντοτε πρός τήν ἐν Συνόδῳ κρίσιν καί ἀπόφανσιν τῆς Ἐκκλησίας περί τοῦ αὐτοκεφάλου αὐτῆς, νά προέλθῃ εἰς τήν διενέργειαν τῶν δεόντων πρός σύναψιν τοῦ συνδέσμου τῆς εἰρήνης μετά πασῶν τῶν λοιπῶν κατά τόπους Ὀρθοδόξων Ἐκκλησιῶν, ἐν κανονικῇ ἑνότητι καί κοινωνίᾳ μετ' αὐτῶν.

Ἡ σύναψις τοῦ τοιούτου συνδέσμου, ἀναλαμβανομένου διά σχετικῆς ἀλληλογραφίας, ἐπί ἐξαγγελίᾳ μέν τῆς γενομένης πράξεως ὑπό τοῦ Ἐπισκόπου τῆς Κωνσταντινουπόλεως πρός τούς ἀρχηγούς τῶν λοιπῶν κατά τόπους Ὀρθοδόξων Ἐκκλησιῶν, ἐπί αἰτήσει δέ τῆς ἀδελφικῆς κοινωνίας ὑπό τοῦ Πρώτου τῆς εἰς αὐτοκέφαλον ἀνακηρυχθείσης Ἐκκλησίας πρός πάσας τάς ἀδελφάς Ἐκκλησίας, ἀποτελεῖ στοιχεῖον ἀπαραίτητον διά τήν κανονικότητα καί νομιμότητα τῶν γενομένων.

51. Ἡ σύναψις τοῦ τοιούτου συνδέσμου ἀποτελεῖ τήν sine qua non προϋπόθεσιν τῆς κατ' ἀκριβείαν καί ἀλήθειαν ἐνσωματώσεως τῆς νέας αὐτοκεφάλου Ἐκκλησίας πρός τό ἕν καί ἀδιαίρετον σῶμα τῆς Ὀρθοδόξου Ἐκκλησίας.

Ἡ ἀπουσία τοῦ στοιχείου τούτου ἐκμηδενίζει πᾶσαν μορφήν πράξεως, γενομένης ὑπό οἱασδήτινος ἄλλης Ἐκκλησίας ἐπί ἀνακηρύξει αὐτοκεφάλου Ἐκκλησίας, ὁ δέ διά τοιαύτης ἀντικανονικῆς πράξεως διασπασθείς σύνδεσμος, προκειμένου ἵνα ἀποκατασταθῇ ὀφείλει ἡ διά τῆς αὐτοβούλου ταύτης πράξεως ἀποσπασθεῖσα ἐκ τοῦ σώματος τῆς Ἐκκλησίας μερίς νά ἐπανέλθῃ εἰς τούς κόλπους αὐτῆς ὑπό τό πρότερον κανονικόν σχῆμα αὐτῆς, διά νά ἀποβῇ καί αὖθις ὀργανικόν τμῆμα τῆς ὅλης Ὀρθοδόξου Ἐκκλησίας.

Η'. Τό αὐτόνομον καί ὁ τρόπος ἀνακηρύξεως αὐτοῦ.

52. Ἡ ἐκκλησιαστική αὐτονομία εἶναι ἡ πρός τήν πλήρη ἀνεξαρτησίαν (αὐτοκεφαλίαν) περισσότερον πλησιάζουσα μορφή αὐτοδιοικήσεως.

Ἐκκλησία τις καθίσταται συνήθως αὐτόνομος ὅταν εὑρίσκεται εἰς περιοχήν ἤ κράτη ἀλλόθρησκα ἤ ἑτερόδοξα, τά δέ μέλη αὐτῆς ἀποτελοῦν ἐν αὐτοῖς μειονότητα. Τό χορηγούμενον αὐτόνομον ἐν τῇ περιπτώσει ταύτῃ ἀφ' ἑνός μέν προσδίδει εἰς τήν αὐτονομουμένην Ἐκκλησίαν τήν δυνατότητα τῆς ἀπαλλαγῆς αὐτῆς ἐκ τοῦ παρεξηγησίμου καθ' ἑαυτόν ἐξαρτηματικοῦ ἐξ ἄλλης Ἐκκλησίας χαρακτῆρος, ἀφ' ἑτέρου δέ ὑπάρχει εἰς αὐτήν τήν δυνατότητα αὐτοτελοῦς καί ἐλευθερωτέρας ἀναπτύξεως.

53. Αἱ αὐτοκέφαλαι Ἐκκλησίαι ὡς πρός τήν πηγήν τῶν πνευματικῶν ἐξουσιῶν καί δικαιοδοσιῶν αὐτῶν καί ὡς πρός τήν νομοθετικήν αὐτῶν δρα-

στηριότητα εἶναι ἀνεξάρτητοι ἀπό τῆς ἱεραρχικῆς ἐπιδράσεως οἱασδήτινος ἄλλης τοπικῆς Ἐκκλησίας.

Τοῦτο δέν συμβαίνει εἰς τάς περιπτώσεις τῶν αὐτονόμων Ἐκκλησιῶν. Αἱ αὐτόνομοι Ἐκκλησίαι, καίτοι ἔχουν ἐσωτερικήν αὐτοτέλειαν, περιγραπτήν εἰς τά ἐπί μέρους αὐτῆς, εὑρίσκονται ἐν τούτοις ὑπό συγκεκριμένην τινά μορφήν ἐξαρτήσεως ἐξ ἄλλης τοπικῆς Ἐκκλησίας, τῆς ὁποίας τόν Πρῶτον ὑποχρεοῦνται νά μνημονεύουν καί τῆς ὁποίας τήν ἀναγνώρισιν ὑποχρεοῦνται νά ζητοῦν διά τόν ἑκάστοτε ἐκλεγόμενον Πρῶτον αὐτῶν.

54. Κατά τά περί δικαιοδοσιῶν τῆς πρώτης Ἐκκλησίας ἐν τῷ συστήματι τῶν Ὀρθοδόξων Ἐκκλησιῶν ἀνωτέρω λεχθέντα, αὐτή μόνη, ἤτοι ἡ Ἐκκλησία Κωνσταντινουπόλεως, ἐνεργοῦσα ἐξ ὀνόματος τοῦ συνόλου τῶν Ὀρθοδόξων Ἐκκλησιῶν καί κατ' ἀναφοράν πρός τήν ἐν καιρῷ ἀπόφασιν καί ἐπευλογίαν τῶν οὕτω ὑπ' αὐτῆς διενεργουμένων ἀπό μέρους τῆς συγκληθησομένης Ἁγίας καί Μεγάλης Συνόδου τῆς Ὀρθοδόξου Ἐκκλησίας, εἶναι ἡ κατά τήν τάξιν κινοῦσα τόν μηχανισμόν καί προερχομένη εἰς τήν διενέργειαν τῶν δεόντων διά τήν ἀνακήρυξιν Ἐκκλησίας τινός εἰς αὐτόνομον.

55. Εἰς τήν τοπικήν Ἐκκλησίαν, ἐξ ἧς τμῆμα τι ἀποσπώμενον μέλλει ἵνα ἀχθῇ εἰς αὐτονομίαν, ἐπέχουσα θέσιν μητρός Ἐκκλησίας, προσιδιάζει μόνον τό δικαίωμα τοῦ δέξασθαι τάς πρώτας πρός χειραφέτησιν αἰτήσεις τῆς τό αὐτόνομον αἰτουμένης ἐκκλησιαστικῆς περιοχῆς καί ἀποφανθῆναι ἐάν οἱ πρός τοῦτο προβαλλόμενοι λόγοι εἶναι ἄξιοι δικαιώσεως.

56. Βεβαίως, καί ἐν τῇ περιπτώσει τῆς χορηγήσεως αὐτονομίας προσαπαιτεῖται ἡ τήρησις ὡρισμένων ἀναλόγων, ἀλλ' ὁπωσδήποτε ἥττονος σημασίας, ὅρων, μεταξύ τῶν ὁποίων ὁ σημαντικώτερος εἶναι ἡ συγκατάθεσις τῆς Ἐκκλησίας ἐξ ἧς ἀποσπᾶται τό πρός αὐτονομίαν ὁδεῦον τμῆμα, ὅτε καί ἡ Ἐκκλησία αὕτη εἶναι ἡ οἱονεί ἀναδεχομένη τήν προώθησιν καί τελείωσιν τῆς δικαιοδοσίας τῆς αὐτονομίας.

57. Ὑπό τάς προϋποθέσεις ταύτας τήν αὐτόνομον Ἐκκλησίαν κρίνει ἡ ἐξ ἧς ἐχορηγήθη, ἐν ὀνόματι τοῦ συνόλου τῆς Ὀρθοδοξίας, τό αὐτόνομον

Ἐκκλησία. Αὕτη ἐν τῷ Τόμῳ τῆς ἀνακηρύξεως τοῦ αὐτονόμου περιγράφει τά δικαιώματα καί καθήκοντα ἐξαρτήσεως καί ἀναφορᾶς τῆς κηρυττομένης εἰς αὐτόνομον Ἐκκλησίας, ἄτινα καί δέν δύναται νά ὑπερβαίνουν τά ὅρια τῶν συνήθων δικαιοδοσιῶν ἐσωτερικῆς αὐτοδιοικήσεως καί ἀναπτύξεως ταύτης. Ἀντιθέτως, ἡ αὐτόνομος Ἐκκλησία παραλαμβάνει καί προσαρμόζει τήν ἑαυτῆς νομοθεσίαν πρός τῆς ἐξ ἧς παρέλαβε τήν αὐτονομίαν, ἐπί τῇ βάσει τῆς ὁποίας καί διοικεῖται.

58. Γνώρισμα τοῦ αὐτονόμου εἶναι καί τό ἐν ἑκάστῃ ἀναλόγῳ περιπτώσει δυνάμει ὑπάρχον ἐνδεχόμενον ἀνυψώσεως τούτου εἰς αὐτοκέφαλον, τῶν πρός τοῦτο ὅρων ποτέ πληρουμένων.

β). ΤΟ ΑΥΤΟΚΕΦΑΛΟ ΚΑΙ Ο ΤΡΟΠΟΣ ΑΝΑΚΗΡΥΞΕΩΣ ΑΥΤΟΥ

Εγκριθέν κείμενον

Η Διορθόδοξος Προπαρασκευαστική Επιτροπή, εργασθείσα επί τη βάσει των συμβόλων των αγιωτάτων Ορθοδόξων Εκκλησιών και της καθιερωμένης Εισηγήσεως του Γραμματέως επί της προπαρασκευής της Αγίας και Μεγάλης Συνόδου της Ορθοδόξου Εκκλησίας επί του θέματος του Αυτοκεφάλου και του τρόπου ανακηρύξεως αυτού, εξήτασε τας έκκλησιολογικάς, κανονικάς, ποιμαντικάς και πρακτικάς διαστάσεις του θεσμού του Αυτοκέφαλου εν τη Ορθοδόξω Εκκλησία, κατέληξε δε εις τα ακόλουθα συμπεράσματα:

1. Ο θεσμός της Αυτοκεφαλίας εκφράζει κατ' αυθεντικόν τρόπον μίαν εκ των ουσιαστικών όψεων της ορθοδόξου εκκλησιολογικής παραδόσεως περί της σχέσεως της τοπικής προς την ανά την Οικουμένην Εκκλησίαν του Θεού. Η βαθεία αύτη σχέσις του κανονικού θεσμού της εκκλησιαστικής αυτοκεφαλίας προς την ορθόδοξον εκκλησιολογικήν διδασκαλίαν περί της τοπικής Εκκλησίας εξηγεί τόσον την ευαισθησίαν των κατά τόπους αυτοκεφάλων Ορθοδόξων Εκκλησιών διά την αντιμετώπισιν των υφισταμένων προβλημάτων περί την εύρυθμον λειτουργίαν του θεσμού, όπως και την προθυμίαν αυτών όπως συμβάλουν δι' εκτενών εισηγήσεων εις την αξιολόγησίν του υπέρ της ενότητος της Ορθοδόξου Εκκλησίας.

2. Η συνεπής προς την ορθόδοξον εκκλησιολογίαν αλληλοπεριχώρησις τοπικότητος και οικουμενικότητος προσδιορίζει την λειτουργικήν σχέσιν μεταξύ της διοικητικής οργανώσεως και της ενότητος της Εκκλησίας, διό και διεπιστώθη πλήρης συμφωνία ως προς την θέσιν του θεσμού της Αυτοκεφαλίας εις την ζωήν της Ορθοδόξου Εκκλησίας.

3. Διεπιστώθη πλήρης συμφωνία ως προς τους αναγκαίους κανονικούς όρους διά την ανακήρυξιν του Αυτοκέφαλου τοπικής τινός Εκκλησίας, ήτοι ως προς την συγκατάθεσιν και τας ενεργείας της Εκκλησίας-μητρός, ως προς την εξασφάλισιν πανορθοδόξου συναινέσεως και ως προς τον ρόλον του Οικουμενι-

κού Πατριαρχείου και των λοιπών αυτοκεφάλων Ορθοδόξων Εκκλησιών κατά την ανακήρυξιν του αυτοκεφάλου. Συμφώνως προς την συμφωνίαν ταύτην:

α. Η Εκκλησία-μήτηρ, δεχόμενη το αίτημα υπαγόμενης εις αυτήν εκκλησιαστικής περιοχής αξιολογεί τας υφισταμένας, κανονικάς και ποιμαντικάς προϋποθέσεις, προς παροχήν του αυτοκεφάλου. Εις περίπτωσιν καθ' ην η τοπική σύνοδος, ως ανώτατον εκκλησιαστικόν όργανον, παράσχει την συγκατάθεσιν αυτής, υποβάλλει σχετικήν πρότασιν προς το Οικουμενικόν Πατριαρχείον διά την αναζήτησιν της πανορθοδόξου συναινέσεως, ενημερώνει δε σχετικώς τας λοιπάς κατά τόπους αυτοκεφάλους Εκκλησίας.

β. Το Οικουμενικόν Πατριαρχείον, κατά τα πανορθοδόξως καθιερωμένα, ανακοινοί διά Πατριαρχικού Γράμματος πάντα τα σχετικά προς το συγκεκριμένον αίτημα και αναζητεί την έκφρασιν της πανορθοδόξου συναινέσεως. Η πανορθόδοξος συναίνεσις εκφράζεται διά της ομοφωνίας των συνόδων των αυτοκεφάλων Εκκλησιών.

γ. Εκφράζων την συγκατάθεσιν της Εκκλησίας-μητρός και την πανορθόδοξον συναίνεσιν ο Οικουμενικός Πατριάρχης ανακηρύσσει επισήμως το αυτοκέφαλον της αιτησαμένης Εκκλησίας διά της εκδόσεως Πατριαρχικού Τόμου. Ο Τόμος ούτος υπογράφεται υπό του Οικουμενικού Πατριάρχου. Είναι επιθυμητόν να προσυπογράφεται και υπό των Προκαθημένων των αυτοκέφαλων Εκκλησιών, οπωσδήποτε όμως υπό του Προκαθημένου της Εκκλησίας-μητρός.

4. Η ανακηρυχθείσα Αυτοκέφαλος τοπική Εκκλησία εντάσσεται ως ισότιμος εις την κοινωνίαν των αυτοκεφάλων Ορθοδόξων Εκκλησιών και απολαύει πάντων των πανορθοδόξως καθιερωμένων κανονικών προνομίων (Δίπτυχα, Μνημόσυνον, Διορθόδοξοι σχέσεις κ.λπ).

<u>Σημείωσις:</u>

Το περιεχόμενον της παραγράφου 3γ παρεπέμφθη προς πληρεστέραν επεξεργασίαν εις την επομένην Διορθόδοξον Προπαρασκευαστικήν Επιτροπήν, ήτις και θα αναζητήση την επ' αυτής ενιαίαν θέσιν των κατά τόπους Ορθοδόξων Εκκλησιών, ολοκληρούσα ούτως το έργον αυτής επί του θέματος τούτου.

ΔΙΟΡΘΟΟΞΟΣ ΠΡΟΠΑΡΑΣΚΕΥΑΣΤΙΚΗ ΕΠΙΤΡΟΠΗ
Ὀρθόδοξον Κέντρον τοῦ Οἰκουμενικοῦ Πατριαρχείου
Σαμπεζύ, 7 - 13 Νοεμβρίου 1993

ΤΟ ΑΥΤΟΚΕΦΑΛΟΝ

ΚΑΙ Ο ΤΡΟΠΟΣ ΑΝΑΚΗΡΥΞΕΩΣ ΑΥΤΟΥ

Ἐγκριθέν κείμενον

Ἡ Διορθόδοξος Προπαρασκευαστική Ἐπιτροπή, ἐργασθεῖσα ἐπί τῇ βάσει τῶν συμβολῶν τῶν ἁγιωτάτων Ὀρθοδόξων Ἐκκλησιῶν καί τῆς καθιερωμένης Εἰσηγήσεως τοῦ Γραμματέως ἐπί τῆς προπαρασκευῆς τῆς Ἁγίας καί Μεγάλης Συνόδου τῆς Ὀρθοδόξου Ἐκκλησίας ἐπί τοῦ θέματος **τοῦ Αὐτοκεφάλου καί τοῦ τρόπου ἀνακηρύξεως αὐτοῦ**, ἐξήτασε τάς ἐκκλησιολογικάς, κανονικάς, ποιμαντικάς καί πρακτικάς διαστάσεις τοῦ θεσμοῦ τοῦ Αὐτοκεφάλου ἐν τῇ Ὀρθοδόξῳ Ἐκκλησίᾳ, κατέληξε δέ εἰς τά ἀκόλουθα συμπεράσματα:

1. Ὁ θεσμός τῆς Αὐτοκεφαλίας ἐκφράζει κατ'αὐθεντικόν τρόπον μίαν ἐκ τῶν οὐσιαστικῶν ὄψεων τῆς ὀρθοδόξου ἐκκλησιολογικῆς παραδόσεως περί τῆς σχέσεως τῆς τοπικῆς πρός τήν ἀνά τήν Οἰκουμένην Ἐκκλησίαν τοῦ Θεοῦ. Ἡ βαθεῖα αὕτη σχέσις τοῦ κανονικοῦ θεσμοῦ τῆς ἐκκλησιαστικῆς αὐτοκεφαλίας πρός τήν ὀρθόδοξον ἐκκλησιολογικήν διδασκαλίαν περί τῆς τοπικῆς Ἐκκλησίας ἐξηγεῖ τόσον τήν εὐαισθησίαν τῶν κατά τόπους αὐτοκεφάλων Ὀρθοδόξων Ἐκκλησιῶν διά τήν ἀντιμετώπισιν τῶν ὑφισταμένων προβλημάτων περί τήν εὔρυθμον λειτουργίαν τοῦ θεσμοῦ, ὅσον καί τήν προθυμίαν αὐτῶν ὅπως συμβάλουν δι'ἐκτενῶν εἰσηγήσεων εἰς τήν ἀξιοποίησίν του ὑπέρ τῆς ἑνότητος τῆς Ὀρθοδόξου Ἐκκλησίας.

2. Ἡ συνεπής πρός τήν ὀρθόδοξον ἐκκλησιολογίαν ἀλληλοπεριχώρησις **τοπικότητος** καί **οἰκουμενικότητος** προσδιορίζει τήν λειτουργικήν σχέσιν μεταξύ τῆς διοικητικῆς ὀργανώσεως καί τῆς ἑνότητος τῆς Ἐκκλησίας, διό καί διεπιστώθη πλήρης συμφωνία ὡς πρός τήν θέσιν τοῦ θεσμοῦ τῆς Αὐτοκεφαλίας εἰς τήν ζωήν τῆς Ὀρθοδόξου Ἐκκλησίας.

3. Διεπιστώθη πλήρης συμφωνία ὡς πρός τούς ἀναγκαίους κανονικούς ὅρους διά τήν ἀνακήρυξιν τοῦ Αὐτοκεφάλου τοπικῆς τινος Ἐκκλησίας, ἤτοι ὡς πρός τήν **συγκατάθεσιν** καί τάς ἐνεργείας τῆς **Ἐκκλησίας-μητρός**, ὡς πρός τήν **ἐξασφάλισιν πανορθοδόξου** συναινέσεως καί ὡς πρός τόν **ρόλον τοῦ Οἰκουμενικοῦ Πατριαρχείου** καί τῶν λοιπῶν αὐτοκεφάλων Ὀρθοδόξων Ἐκκλησιῶν κατά τήν ἀνακήρυξιν τοῦ αὐτοκεφάλου. Συμφώνως πρός τήν συμφωνίαν ταύτην:

α. Ἡ Ἐκκλησία-μήτηρ, δεχομένη τό αἴτημα ὑπαγομένης εἰς αὐτήν ἐκκλησιαστικῆς περιοχῆς ἀξιολογεῖ τάς ὑφισταμένας ἐκκλησιολογικάς, κανονικάς καί ποιμαντικάς προϋποθέσεις, πρός παροχήν τοῦ αὐτοκεφάλου. Εἰς περίπτωσιν καθ' ἥν ἡ τοπική σύνοδος, ὡς ἀνώτατον ἐκκλησιαστικόν ὄργανον, παράσχει τήν συγκατάθεσιν αὐτῆς, ὑποβάλλει σχετικήν πρότασιν πρός τό Οἰκουμενικόν Πατριαρχεῖον διά τήν ἀναζήτησιν τῆς πανορθοδόξου συναινέσεως, ἐνημερώνει δέ σχετικῶς τάς λοιπάς κατά τόπους αὐτοκεφάλους Ἐκκλησίας.

β. Τό Οἰκουμενικόν Πατριαρχεῖον, κατά τά πανορθοδόξως καθιερωμένα, ἀνακοινοῖ διά Πατριαρχικοῦ Γράμματος πάντα τά σχετικά πρός τό συγκεκριμένον αἴτημα καί ἀναζητεῖ τήν ἔκφρασιν τῆς πανορθοδόξου συναινέσεως. Ἡ πανορθόδοξος συναίνεσις ἐκφράζεται διά τῆς ὁμοφωνίας τῶν συνόδων τῶν αὐτοκεφάλων Ἐκκλησιῶν.

γ. Ἐκφράζων τήν συγκατάθεσιν τῆς Ἐκκλησίας-μητρός καί τήν πανορθόδοξον συναίνεσιν ὁ Οἰκουμενικός Πατριάρχης ἀνακηρύσσει ἐπισήμως τό αὐτοκέφαλον τῆς αἰτησαμένης Ἐκκλησίας διά τῆς ἐκδόσεως Πατριαρχικοῦ Τόμου. Ὁ Τόμος οὗτος ὑπογράφεται ὑπό τοῦ Οἰκουμενικοῦ Πατριάρχου. Εἶναι ἐπιθυμητόν νά προσυπογράφεται καί ὑπό τῶν Προκαθημένων τῶν αὐτοκεφάλων Ἐκκλησιῶν, ὁπωσδήποτε ὅμως ὑπό τοῦ Προκαθημένου τῆς Ἐκκλησίας-μητρός.

4. Ἡ ἀνακηρυχθεῖσα Αὐτοκέφαλος τοπική Ἐκκλησία ἐντάσσεται ὡς ἰσότιμος εἰς τήν κοινωνίαν τῶν αὐτοκεφάλων Ὀρθοδόξων Ἐκκλησιῶν καί ἀπολαύει πάντων τῶν πανορθοδόξως καθιερωμένων κανονικῶν προνομίων (Δίπτυχα, Μνημόσυνον, Διορθόδοξοι σχέσεις κ.λπ.).

Σημείωσις:

Τό περιεχόμενον τῆς **παραγράφου** 3γ παρεπέμφθη πρός πληρεστέραν ἐπεξεργασίαν εἰς τήν ἑπομένην Διορθόδοξον Προπαρασκευαστικήν Ἐπιτροπήν, ἥτις καί θά ἀναζητήσῃ τήν ἐπ' αὐτῆς ἑνιαίαν θέσιν τῶν κατά τόπους Ὀρθοδόξων Ἐκκλησιῶν, ὁλοκληροῦσα οὕτως τό ἔργον αὐτῆς ἐπί τοῦ θέματος τούτου.

Πηγές

I. Αυτοκέφαλες Εκκλησίες

1. Πατριαρχείο Ρωσίας

α) Συνοδικό Χρυσόβουλλο ή Τόμος περί ανυψώσεως του Μητροπολίτη Μόσχας σε Πατριάρχη[1]

Ὅτε ὁ εὐσεβέστατος καὶ Γαληνότατος Μονάρχης Τσάρος πάσης Ρωσίας, Μόσχας, Καζάνης, Ἀστραχανίου, Νοβογορόδου καὶ ἄλλων Ὀρθοδόξων Χριστιανῶν κύριος Θεόδωρος Ἰωαννίδης ἐδέχθη τὴν σαρκικὴν ἡμῶν μετριότητα καὶ ἔδειξε πρὸς ἡμᾶς φιλίαν, ὅσην εἶχε πρὸς τὸν Θεὸν εὐλάβειαν καὶ ἀγάπην πρὸς τὴν τοῦ Χριστοῦ Ἐκκλησίαν, τότε ἐζήτησε παρ' ἡμῶν τὴν ἀξίαν τοῦ Πατριάρχου κατὰ Συνοδικὴν ἐκλογὴν καὶ κατὰ τοὺς Κανόνας καὶ ἵνα ἐγκαθιδρύσωμεν καὶ καλέσωμεν τὸν τῆς Μόσχας Ἀρχιεπίσκοπον Πατριάρχην ὡς ἀναγορεύονται καὶ οἱ λοιποί. Πρῶτος ὁ Κωνσταντινουπόλεως Οἰκουμενικός Πατριάρχης ἐκ τῆς ἁγίας Οἰκουμενικῆς πρώτης Συνόδου ἐτιμήθη διὰ τοῦ ἀξιώματος Ὀρθοδόξου Πατριάρχου ὑπὸ τοῦ μακαρίου καὶ ἰσαποστόλου Αὐτοκράτορος Κωνσταντίνου τοῦ Μεγάλου, ἔπειτα δὲ ὁ Ἀλεξανδρείας, ὁ Ἀντιοχείας καὶ ὁ Ἱεροσολύμων.

---

[1] Βλ. το κείμενο σε Αρχιμ. Καλλίνικου Δελικάνη, Πατριαρχικά έγγραφα, Τόμος Γ΄, εκ του Πατριαρχικού Τυπογραφείου, εν Κωνσταντινουπόλει 1905, 24-26.

Καὶ ἡ μετριότης ἡμῶν, ἰδίοις ὀφθαλμοῖς εἴδομεν καὶ ἐχάρημεν διὰ τὴν χάριν, τὸ μεγαλεῖον καὶ τὴν ἔκτασιν τὴν δοθεῖσαν παρὰ τοῦ Θεοῦ εἰς τὸ βασίλειον τοῦτο· διότι εἷς μόνος εἶναι σήμερον ἐπὶ τῆς γῆς βασιλεὺς μέγας καὶ Ὀρθόδοξος, καὶ ἤθελεν εἶναι ἄτοπον τὸ νὰ μὴ ἐκτελεσθῇ ἡ θέλησις αὐτοῦ. Ἡμεῖς δὲ ἀποδεχθέντες κατὰ τὸ πνεῦμα τοῦτο ἐγκαθιδρύσαμεν ἐν Μόσχᾳ Πατριάρχην τὸν κύριον Ἰὼβ, καὶ διὰ τῆς θείας χάριτος ἐδώκαμεν αὐτῷ Χρυσόβουλλον Πατριαρχικὸν, καὶ ἐγκρίνομεν ἵνα αὐτὸς ὁ ἀρχιεπίσκοπος Μόσχας ἐξουσιάζῃ ὡς πέμπτος Πατριάρχης καὶ διὰ τῆς ἀξίας καὶ τῶν τιμῶν τιμᾶται μετὰ τῶν ἄλλων Πατριαρχῶν εἰς αἰῶνας. Οὕτως ἀπεφασίσαμεν ἐπιτοπίως. Ὅτε δὲ ἡ μετριότης ἡμῶν ἐπανήλθομεν πρὸς τὸν Θρόνον ἐν τῇ τοῦ Κωνσταντίνου πόλει, καὶ ἐδηλώσαμεν τὸ προκείμενον, τὸν σκοπὸν καὶ τὴν αἴτησιν τοῦ εὐσεβεστάτου Ἄνακτος πρὸς τοὺς λοιποὺς ἀξιοσεβεστάτους καὶ ἁγιωτάτους Πατριάρχας, ἐφάνη τοῦτο αὐτοῖς εὐάρεστόν τε καὶ ηὐλογημένον.

Καὶ αὖθις ἡ μετριότης ἡμῶν μετ' αὐτῶν τῶν Πατριαρχῶν καὶ μεθ' ὅλης τῆς Οἰκουμενικῆς Συνόδου ὁμογνωμόνως καὶ ἑνούμενοι ἐν ἁγίῳ Πνεύματι γράφομεν καὶ διαδηλοῦμεν διὰ τοῦ παρόντος Συνοδικοῦ Γράμματος, ὅτι, πρῶτον, ὁμολογοῦμεν καὶ τελοῦμεν ἐν τῇ βασιλευούσῃ πόλει Μόσχᾳ τὴν ἐγκαθίδρυσιν καὶ τὸν διορισμὸν τοῦ κυρίου Ἰὼβ Πατριάρχου, ἵνα καὶ εἰς τὸ μέλλον τιμᾶται καὶ ὀνομάζηται μεθ' ἡμῶν τῶν Πατριαρχῶν καὶ ἔχῃ τὴν τάξιν εἰς τὰς εὐχὰς μετὰ τὸν τῶν Ἱεροσολύμων, καὶ ἵνα ὡς κεφαλὴν καὶ ἀρχὴν ἔχῃ αὐτὸς τὸν Ἀποστολικὸν Θρόνον τῆς τοῦ Κωνσταντίνου πόλεως ὡς καὶ οἱ ἄλλοι Πατριάρχαι. Δεύτερον, τὸ σήμερον δοθὲν ὄνομα καὶ ἡ Πατριαρχικὴ τιμὴ ἐδόθησαν καὶ ἐπεκυρώθησαν σταθερῶς οὐ μόνον εἰς τὸν κύριον Ἰὼβ, ἀλλὰ καὶ εἰς τοὺς μετ' αὐτὸν ἵνα ἐγκαθιδρύωνται ὑπὸ τῆς Μοσχοβικῆς Συνόδου Πατριάρχαι οἱ τὰς πρώτας τοῦ κλήρου ἀρχὰς κατέχοντες, κατὰ τοὺς Κανόνας, ὡς ἤρχισεν ἀπ' αὐτοῦ τοῦ συλλειτουργοῦ τῆς ἡμῶν μετριότητος τοῦ ἐν ἁγίῳ Πνεύματι ἀγαπητοῦ ἡμῶν ἀδελφοῦ Ἰὼβ, καὶ διὰ τοῦτο τὸ κανονισθὲν τοῦτο Γράμμα ἐπεκυρώθη εἰς μνήμην αἰώνιον τῷ ζῃη΄. ἔτει (7098=Μ. Χ. 1590) μηνός Μαΐου.

β) Πράξη Συνοδική της Αγίας Μεγάλης Συνόδου της Κωνσταντινουπόλεως περί κυρώσεως της ανυψώσεως του Μητροπολίτη Μόσχας σε Πατριάρχη και αλλαγής της κατά τάξη θέσεως του Πατριαρχείου Μόσχας²

Τῆς ἁγίας καὶ ἱερᾶς μεγάλης συνόδου ἐν ὀνόματι τοῦ Κυρίου καὶ Θεοῦ καὶ Σωτῆρος ἡμῶν Ἰησοῦ Χριστοῦ συναχθείσης ἐν τῷ ναῷ τῆς ὑπεραγίας δεσποίνης ἡμῶν Θεοτόκου καὶ ἀειπαρθένου Μαρίας, τῆς Παμμακαρίστου, τῆς καὶ Παραμυθίας ἐπωνομασμένης, ἐν Κωνσταντινουπόλει, ἐν ἡμέραις τοῦ εὐσεβεστάτου καὶ θεοστέπτου βασιλέως Μοσχόβου καὶ αὐτοκράτορος πάσης Ρωσίας Θεοδώρου Ἰωάννου, προκαθεζομένων τῶν ἁγιωτάτων ὀρθοδόξων πατριαρχῶν, τοῦ τε παναγιωτάτου Ἱερεμίου ἀρχιεπισκόπου Κωνσταντινουπόλεως, Νέας Ρώμης, καὶ οἰκουμενικοῦ πατριάρχου, τοῦ τε μακαριωτάτου Μελετίου, πάπα, καὶ πατριάρχου τῆς μεγάλης πόλεως Ἀλεξανδρείας, καὶ κριτοῦ τῆς οἰκουμένης, καὶ τὸν τόπον ἐπέχοντος τοῦ μακαριωτάτου Ἰωακεὶμ Θεουπόλεως τῆς μεγάλης Ἀντιοχείας καὶ πάσης Ἀνατολῆς, καὶ τοῦ μακαριωτάτου Σωφρονίου πατριάρχου τῆς ἁγίας πόλεως Ἱερουσαλήμ, καὶ πάσης Παλαιστίνης, ἐνδημοῦντος τοῦ λαμπροτάτου Γρηγορίου Ἀθανασίου, πρέσβεως τοῦ προρρηθέντος θεοσεβεστάτου βασιλέως· συνεδρευόντων καὶ τῶν πανιερωτάτων ἀρχιερέων ἐκ πάσης ἐπαρχίας τῆς Ἀνατολικῆς Ἐκκλησίας τῶν Ὀρθοδόξων· Μελέτιος ὁ μακαριώτατος Ἀλεξανδρείας εἶπεν· Οἴδατε, ἀδελφοί, ὅτι χαρακτηριστικὸν τῆς πρὸς τὸν Σωτῆρα καὶ Θεὸν ἡμῶν ἀγάπης ἡ ποιμαντικὴ ἐστιν ἐπιμέλεια. Πέτρε, γάρ φησι, φιλεῖς με; ποίμαινε τὰ πρόβατά μου· δι' ἣν αἰτίαν καὶ ἡμεῖς πολλοὺς πολλάκις ἀγῶνάς τε καὶ πόνους καὶ κινδύνους ὑπεμείναμέν τε καὶ ὑπομένομεν, ὡς οἴδατε. Καὶ νῦν δέ, ἐπειδὴ πρὸς ἡμᾶς γράμματα ἀπεστάλη παρὰ τοῦ παναγιωτάτου οἰκουμενικοῦ, τοῦ ἀδελφοῦ καὶ συλλειτουργοῦ ἡμῶν, καὶ τῶν λοιπῶν ἀρχιερέων,

---

2. Βλ. το κείμενο σε Αρχιμ. Καλλίνικου Δελικάνη, ό.π. 10-17.

ἀξιοῦντα παραγενέσθαι ἡμᾶς εἰς Κωνσταντινούπολιν, τῆς Ἐκκλησίας τῶν ἀναγκῶν χάριν, ἐγὼ δὲ καὶ τοῖς γράμμασι τοῖς ἀπὸ Μοσχοβίας τῆς ὀρθοδοξοτάτης παρὰ τοῦ εὐσεβεστάτου Θεοδώρου ἐντυχών, καὶ ἑκατέρων τῶν πραγμάτων ὑπερφροντίζων, τῆς τε ἀνάγκης τῆς Ἐκκλησίας καὶ τῆς βασιλικῆς ἀξιώσεως, παρακαλῶ τὴν ὑμετέραν εὐλάβειαν, ἀκριβῶς τὰ λεγόμενα παρ' ἡμῶν σκεψαμένην συμψηφίσασθαι ἡμῖν περὶ τῶν λεχθησομένων, ὅπερ ἂν δίκαιον εἶναι φανῇ. Πρῶτον τοιγαροῦν, ἐπειδὴ Θεοῦ χάριτι ἡ Ἐκκλησία τοῦ Χριστοῦ κατηρτισμένη ὑπάρχουσα καὶ κατὰ τὰ τῆς εὐσεβείας δόγματα, τελείαν εἴληφε κατάστασιν ἐν τοῖς ὁρισθεῖσι καὶ τρανωθεῖσιν ἀπ' αὐτοῦ τοῦ Σωτῆρος διὰ τῶν Ἀποστόλων καὶ Πατέρων ἁγίων διαπρεψάντων ἐνταῦθα, ἔν τε τῇ ἁγίᾳ συνόδῳ τῶν τριακοσίων δέκα καὶ ὀκτὼ θεοφόρων Πατέρων τῶν ἐν Νικαίᾳ, καὶ ταῖς καθεξῆς οἰκουμενικαῖς ἓξ συνόδοις, μέχρι τῆς Ζ΄, τῆς τὸ δεύτερον ἐν Νικαίᾳ συναθροισθείσης, ὡσαύτως καὶ ταῖς μεταξὺ τῶν ἑπτὰ οἰκουμενικῶν κατὰ διαφόρους καιροὺς συναχθείσαις τοπικαῖς τῶν Ὀρθοδόξων συνόδοις ἐπειδὴ τοίνυν τὸ τέλειον εἴληφεν ἡ τῶν Ὀρθοδόξων Ἐκκλησία, οὐ μόνον κατὰ τὰ τῆς θεογνωσίας καὶ εὐσεβείας δόγματα, ἀλλὰ καὶ κατὰ τὴν ἱερὰν τῶν ἐκκλησιαστικῶν πραγμάτων κατάστασιν, δίκαιόν ἐστι καὶ ἡμᾶς πάντα νεωτερισμὸν τῶν τῆς Ἐκκλησίας περιβόλων περιορίζειν, εἰδότας ὑπαιτίους γεγονέναι ἀεὶ τοὺς νεωτερισμοὺς τῆς τῶν Ἐκκλησιῶν συγχύσεώς τε καὶ διαστάσεως, ἀλλὰ τοῖς ὅροις ἕπεσθαι τῶν ἁγίων Πατέρων, τὰ παρ' αὐτῶν δογματισθέντα ἀπαράτρεπτα, δίχα προσθήκης ἡστινοσοῦν, καὶ χωρὶς ἀφαιρέσεως ἐνστερνιζομένους κατὰ τὸν α΄ τῆς οἰκουμενικῆς Ζ΄ συνόδου κανόνα, οὕτως ἔχοντα. Τοῖς τὴν ἱερατικὴν λαχοῦσιν ἀξίαν, μαρτύριά τε καὶ κατορθώματα αἱ τῶν κανονικῶν διατάξεών εἰσιν ὑποτυπώσεις· ἃς ἀσμένως δεχόμενοι, μετὰ τοῦ θεοφάντορος Δαυῒδ ᾄδομεν πρὸς τὸν Δεσπότην Θεόν, λέγοντες. Ἐν τῇ ὁδῷ τῶν μαρτυρίων σου ἐτέρφθην, ὡς ἐπὶ παντὶ πλούτῳ καί, Ἐνετείλω δικαιοσύνην, τὰ μαρτύριά σου εἰς τὸν αἰῶνα· συνέτισόν με καὶ ζήσομαι. Καί, εἰς τὸν αἰῶνα ἡ προφητικὴ φωνὴ ἐντέλλεται ἡμῖν φυλάττειν τὰ μαρτύρια τοῦ Θεοῦ, καὶ ζῆν ἐν αὐτοῖς, δηλονότι ἀκράδαντα καὶ ἀσάλευτα διαμένοντα, ὅτι καὶ ὁ θεόπτης Μωυσῆς οὕτω φησίν. Ἐν αὐτοῖς οὐκ ἔστι προσθεῖναι, καὶ ἀπ' αὐτῶν οὐκ ἔστιν ἀφελεῖν. Καὶ ὁ θεῖος Ἀπόστολος Πέτρος ἐν αὐτοῖς ἐγκαυχώμενος βοᾷ. Εἰς ἃ ἐπιθυμοῦσιν Ἄγγελοι παρακύψαι. Καὶ ὁ Παῦλος φησι. Κἂν ἡμεῖς, ἢ Ἄγγελος ἐξ οὐρανοῦ εὐαγγελίζηται ὑμῖν, παρ' ὃ εὐηγγελισάμεθα ὑμῖν, ἀνάθεμα ἔστω. Τούτων οὖν οὕτως ὄντων, καὶ διαμαρτυρουμένων ἡμῖν, ἀγαλλιώμενοι ἐπ' αὐτοῖς, ὡς εἴ τις εὕροι σκῦλα πολλά, ἀσπασίως τοὺς θείους κανόνας ἐνστερνιζόμεθα, καὶ ὁλόκληρον τὴν αὐτῶν διαταγὴν καὶ ἀσάλευτον κρατύνομεν, τῶν ἐκτεθέντων ὑπὸ τῶν ἁγίων σαλπίγγων τοῦ Πνεύματος, τῶν πανευφήμων Ἀποστόλων, τῶν τε ἓξ ἁγίων οἰκουμενικῶν συνόδων, καὶ τῶν τοπικῶς συναθροισθεισῶν ἐπὶ ἐκδόσει τοιούτων διαταγμάτων, καὶ τῶν ἁγίων Πατέρων ἡμῶν· ἐξ ἑνὸς γὰρ ἅπαντες καὶ τοῦ αὐτοῦ Πνεύματος αὐγασθέντες ὥρισαν τὰ συμφέροντα. Καὶ οὓς μὲν τῷ ἀναθέματι παραπέμπουσι, καὶ ἡμεῖς ἀναθεματίζομεν· οὓς δὲ τῇ καθαιρέσει, καὶ ἡμεῖς καθαιροῦμεν· οὓς δὲ τῷ ἀφορισμῷ, καὶ ἡμεῖς ἀφορίζομεν· οὓς δὲ ἐπιτιμίῳ παραδιδόασι, καὶ ἡμεῖς ὡσαύτως ὑποβάλλομεν. Ἀφιλάργυρος γὰρ ὁ τρόπος, ἀρκούμενοι τοῖς παροῦσιν, ὁ ἀναβεβηκὼς εἰς τρίτον οὐρανόν, καὶ ἀκούσας ἄρρητα ῥήματα, Παῦλος ὁ θεῖος Ἀπόστολος διαρρήδην βοᾷ ἀνακηρύττοντες καὶ τὸ ἅγιον σύμβολον τῶν Ὀρθοδόξων Πατέρων, καθὼς διὰ τοσούτων καὶ τηλικούτων συνόδων διεφυλάχθη, ἔχει δὲ οὕτω. Πιστεύω εἰς ἕνα Θεὸν κτλ. Τούτων οὕτω ῥηθέντων παρὰ τοῦ μακαριωτάτου Ἀλεξανδρείας, Ἱερεμίας ὁ παναγιώτατος πατριάρχης ὁ οἰκουμενικὸς εἶπε. Ταῦτα μὲν ἅπαντες καὶ ὡμολογήσαμεν, εὐθὺς τοῦ βαθμοῦ τῆς ἀρχιερωσύνης, μάλιστα δὲ καὶ αὐτοῦ τοῦ θείου βαπτίσματος ἀξιωθέντες, καὶ ὁμολογοῦμεν, καὶ παρὰ πάντων ταῦτα φυλάττεσθαι διακελευόμεθα, τοῖς Πατράσιν ἡμῶν κατὰ πάντα ἑπόμενοι, καὶ οὓς ἀσπάζονται ἐκεῖνοι, ἀσπαζόμεθα καὶ ἡμεῖς, οὓς δὲ ἀποδοκιμάζουσι καὶ ἡμεῖς ἀποδοκιμάζομεν, καθὼς καὶ ὁ α' κανὼν τῆς ἁγίας οἰκουμενικῆς συνόδου, τῆς ἐν Χαλκηδόνι, προεσήμανε, καὶ ὁ α' τῆς Ζ' ἐτράνωσε. Μελέτιος ὁ μακαριώτατος Ἀλεξανδρείας εἶπεν. Ἐπειδὴ ἡ τῶν πατριαρχικῶν θρόνων κατάστασις ἦν μὲν καὶ παλαιᾷ τινι συνηθείᾳ τῆς Καθολικῆς Ἐκκλησίας προχαραχθεῖσα, τρανώτερον δ' ἐτυπώθη κατὰ τὴν ἁγίαν οἰκουμενικὴν Α' σύνοδον, ὡς ὁ ταύτης στ' δείκνυσι κανών, ἔχει δὲ οὕτω· Τὰ ἀρχαῖα ἔθη κρατείτω, τὰ ἐν Αἰγύπτῳ, καὶ Λιβύῃ, καὶ Πενταπόλει, ὥστε τὸν ἐν Ἀλεξανδρείᾳ ἐπίσκοπον πάντων τούτων ἔχειν τὴν ἐξουσίαν ἐπειδὴ καὶ τῷ ἐν Ῥώμῃ ἐπισκόπῳ τοῦτο σύνηθές ἐστιν· ὁμοίως δὲ καὶ κατὰ τὴν Ἀντιόχειαν, καὶ ἐν ταῖς ἄλλαις ἐπαρχίαις, τὰ πρεσβεῖα σώζεσθαι ταῖς Ἐκκλησίαις· καθόλου δὲ πρόδηλον ἐκεῖνο ὅτι, εἴ τις χωρὶς γνώμης τοῦ μητροπολίτου γένοιτο ἐπίσκοπος, τὸν τοιοῦτον ἡ μεγάλη σύνοδος ὥρισε μὴ δεῖν εἶναι ἐπίσκοπον ἐὰν μέντοι τῇ κοινῇ πάντων ψήφῳ, εὐλόγῳ οὔσῃ, καὶ κατὰ κανόνα ἐκκλησιαστικόν, δύο, ἢ τρεῖς δι' οἰκείαν φιλονεικίαν ἀντιλέγωσι, κρατείτω ἡ τῶν πλειόνων ψῆφος· καὶ ὁ ζ', ἐν ᾧ τὸν Αἰλίας ἐτίμησε θρόνον, τῇ τοῦ Σωτῆρος ἡμῶν διὰ σαρκὸς οἰκονομίᾳ κατ' ἐκείνην τὴν χώραν γεγενημένῃ νέμοντες προσῆκον σέβας, εἰ καὶ ἔσχατα τῶν ἄλλων πατριαρχικῶν θρόνων, ἵνα μὴ φαντασίαν τινὰ παράσχοιεν (τῶν ἄλλων προτιμήσαντες) τὴν τοῦ Χριστοῦ βασιλείαν δοξάζειν ἐπίγειον· δεῖ δὲ μὲ τοῖς εὐσεβεστάτοις γράμμασι τοῦ θεοστέπτου βασιλέως ἀποκριθῆναι· παρακαλῶ καὶ τὴν ὑμετέραν εὐλάβειαν, εἰ δίκαια δόξω λέγειν, καὶ τῶν Πατρικῶν ὅρων ἐχόμενα, δοκιμάσαι καὶ συμψηφίσαι συνοδικῶς. Κρίνω τοίνυν δίκαιον εἶναι τὴν Θεοῦ φιλανθρωπίᾳ καὶ χάριτι κοσμηθεῖσαν βασιλείᾳ πόλιν ὀρθοδοξοτάτην Μοσχοβίας, καὶ ἐν τοῖς ἐκκλησιαστικοῖς μεγαλύνεσθαι πράγμασι κατὰ τὸν κη' κανόνα τῆς Δ' Οἰκουμενικῆς συνόδου τῶν ΧΛ' ἁγίων Πατέρων τῶν ἐν Χαλκηδόνι, λέγοντα οὕτω. Πανταχοῦ τοῖς τῶν ἁγίων Πατέρων ὅροις ἑπόμενοι, καὶ τὸν ἀρτίως ἀναγνωσθέντα κανόνα τῶν ἑκατὸν πεντήκοντα θεοφιλεστάτων ἐπισκόπων, τῶν συναχθέντων ἐπὶ τοῦ τῆς εὐσεβοῦς μνήμης μεγάλου Θεοδοσίου, τοῦ γενομένου βασιλέως, ἐν τῇ βασιλίδι Κωνσταντίνου πόλει Νέᾳ Ῥώμῃ, γνωρίζοντες, τὰ αὐτὰ καὶ ἡμεῖς ὁρίζομέν τε καὶ ψηφιζόμεθα περὶ τῶν πρεσβειῶν τῆς ἁγιωτάτης Ἐκκλησίας τῆς αὐτῆς Κωνσταντινουπόλεως Νέας Ῥώμης καὶ γὰρ τῷ θρόνῳ τῆς πρεσβυτέρας Ῥώμης, διὰ τὸ βασιλεύειν τὴν πόλιν ἐκείνην, οἱ Πατέρες εἰκότως ἀποδεδώκασι τὰ πρεσβεῖα. Καὶ τῷ αὐτῷ σκοπῷ κινούμενοι οἱ ἑκατὸν πεντήκοντα θεοφιλέστατοι ἐπίσκοποι, τὰ ἴσα πρεσβεῖα ἀπένειμαν τῷ τῆς Νέας Ρώμης ἁγιωτάτῳ θρόνῳ, εὐλόγως κρίναντες, τὴν βασιλείαν καὶ συγκλήτῳ τιμηθεῖσαν πόλιν, καὶ τῶν ἴσων ἀπολαύουσαν πρεσβείων τῇ πρεσβυτέρᾳ βασιλίδι Ῥώμῃ, καὶ ἐν τοῖς ἐκκλησιαστικοῖς ὡς ἐκείνην μεγαλύνεσθαι πράγμασι, δευτέραν μετ' ἐκείνην ὑπάρχουσαν. Καὶ ὥστε τοὺς τῆς Ποντικῆς, καὶ τῆς Ἀσιανῆς, καὶ τῆς Θρακικῆς διοικήσεως μητροπολίτας μόνους, ἔτι δὲ καὶ τοὺς ἐν τοῖς βαρβαρικοῖς ἐπισκόπους τῶν προειρημένων διοικήσεων χειροτονεῖσθαι ὑπὸ τοῦ προειρημένου ἁγιωτάτου θρόνου τῆς κατὰ τὴν Κωνσταντινούπολιν ἁγιωτάτης Ἐκκλησίας δηλαδὴ ἑκάστου μητροπολίτου τῶν προειρημένων διοικήσεων μετὰ τῶν τῆς ἐπαρχίας ἐπισκόπων χειροτονοῦντος τοὺς τῆς ἐπαρχίας ἐπισκόπους, καθὼς τοῖς θείοις κανόσι διηγόρευται· χειροτονεῖσθαι δέ, καθὼς εἴρηται, τοὺς μητροπολίτας τῶν προειρημένων διοικήσεων παρὰ τοῦ Κωνσταντινουπόλεως ἀρχιεπισκόπου, ψηφισμάτων συμφώνων κατὰ τὸ ἔθος γινομένων, καὶ ἐπ' αὐτὸν ἀναφερομένων καὶ κατὰ τὸν γ' κανόνα τῆς ἐν Κωνσταντινουπόλει δευτέρας οἰκουμενικῆς συνόδου, ἔχοντα οὕτω· «Τὸν μὲν τοι Κωνσταντινουπόλεως ἐπίσκοπον ἔχειν τὰ πρεσβεῖα τῆς τιμῆς μετὰ τὸν τῆς Ῥώμης ἐπίσκοπον, διὰ τὸ εἶναι αὐτὴν νέαν Ῥώμην». Ἀλλ' οὐδὲ ἡ ἁγία καὶ μεγάλη σύνοδος τῶν ΤΙΗ' θεοφόρων Πατέρων φαίνεται δι' ἄλλον τινὰ λόγον διανείμασα τάξεις τε καὶ ἐπαρχίας τοῖς πατριαρχικοῖς θρόνοις, οὓς ἐτυπώσατο, εἰμὴ πρὸς τὰ τῶν βασιλείων ἀξιώματα, Ἀλεξάνδρειαν προκαθιδρύσασα Αἰγύπτου, Λιβύης, καὶ τῶν λοιπῶν, Ἀντιόχειαν δὲ, Ἀσσυρίων καὶ πάσης Ἀνατολῆς ὡς δὲ Εὐρώπης τὴν Ῥώμην, οὕτως Ἀσίας Κωνσταντινούπολιν, ἣ καὶ μετέπειτα τῶν ἴσων πρεσβείων ἠξιώθη τῆς πρεσβυτέρας διὰ τὸ μετατεθῆναι ἐκεῖθεν ἐνθάδε τὸ βασίλειον, ὥσπερ διορίζεται ὁ λστ' τῆς ἐν τῷ Τρούλλῳ ἁγίας Συνόδου κανών, ἔχων οὕτως· «Ἀνανεούμενοι τὰ παρὰ τῶν ἑκατὸν πεντήκοντα ἁγίων Πατέρων, τῶν ἐν τῇ θεοφυλάκτῳ ταύτῃ καὶ βασιλίδι πόλει συνελθόντων, καὶ τῶν ἑξακοσίων τριάκοντα, τῶν ἐν Χαλκηδόνι συναθροισθέντων, νομοθετηθέντα, ὁρίζομεν, ὥστε τὸν Κωνσταντινουπόλεως θρόνον, τῶν ἴσων ἀπολαύειν πρεσβείων, τοῦ τῆς πρεσβυτέρας Ῥώμης θρόνου, καὶ ἐν τοῖς ἐκκλησιαστικοῖς, ὡς ἐκεῖνον, μεγαλύνεσθαι πράγμασι, δεύτερον μετ' ἐκεῖνον ὑπάρχοντα, μεθ' ὃν ὁ τῆς Ἀλεξανδρέων μεγαλοπόλεως, ἀριθμείσθω θρόνος, εἶτα ὁ Ἀντιοχείας, καὶ μετὰ τοῦτον ὁ τῆς Ἱεροσολυμιτῶν πόλεως». Δίκαιον οὖν κρίνω, καὶ τὴν ἁγίαν ταύτην καὶ μεγάλην σύνοδον κρίνειν ἀξιῶ τὸν θρόνον τῆς εὐσεβεστάτης καὶ ὀρθοδόξου πόλεως Μοσχόβου εἶναί τε καὶ λέγεσθαι Πατριαρχεῖον διὰ τὸ βασιλείας ἀξιωθῆναι παρὰ Θεοῦ τὴν χώραν ταύτην, πᾶσάν τε Ῥωσίαν καὶ τὰ ὑπερβόρεια μέρη ὑποτάττεσθαι τῷ πατριαρχικῷ θρόνῳ Μοσχόβου καὶ πάσης Ῥωσίας, καὶ τῶν ὑπερβορείων μερῶν, ἔχειν τὸν τόπον αὐτοῦ μετὰ τὸν μακαριώτατον Ἱεροσολύμων ἔν τε τοῖς ἱεροῖς διπτύχοις, καὶ ἐν ταῖς ἐκκλησιαστικαῖς συνελεύσεσιν, ἵνα τοὺς προρρηθέντας τῶν ἁγίων Πατέρων κανόνας ἀπαρασαλεύτως τηρήσωμεν, ὑπερέχειν τε ἐπισκόπων, μητροπολιτῶν, ἀρχιεπισκόπων ἐν ὅλῃ τῇ Καθολικῇ τῶν Ὀρθοδόξων τοῦ Χριστοῦ Ἐκκλησίᾳ τῆς δὲ παροικίας ἐκείνης Μοσχόβου καὶ πάσης Ῥωσίας καὶ τῶν ὑπερβορείων μερῶν κεφαλὴν εἶναι καὶ ἐπιγινώσκεσθαι κατὰ τὸν λδ' κανόνα τῶν ἁγίων καὶ πανευφήμων Ἀποστόλων, οὕτω διαγορεύοντα· «Τοὺς ἐπισκόπους ἑκάστου ἔθνους εἰδέναι χρὴ τὸν ἐν αὐτοῖς πρῶτον, καὶ ἡγεῖσθαι αὐτὸν ὡς κεφαλήν, καὶ μηδέν τι πράττειν περιττὸν ἄνευ τῆς ἐκείνου γνώμης, ἐκεῖνα δὲ μόνα πράττειν ἕκαστον, ὅσα τῇ αὐτοῦ παροικίᾳ ἐπιβάλλει, καὶ ταῖς ὑπ' αὐτὴν χώραις· ἀλλὰ μηδὲ ἐκεῖνος ἄνευ τῆς πάντων γνώμης ποιείτω τι οὕτω γὰρ ὁμόνοια ἔσται καὶ δοξασθήσεται ὁ Θεὸς διὰ Κυρίου ἐν ἁγίῳ Πνεύματι, ὁ Πατήρ, καὶ ὁ Υἱός, καὶ τὸ ἅγιον Πνεῦμα· ἀδελφόν τε εἶναι καὶ λέγεσθαι τῶν Ὀρθοδόξων πατριαρχῶν μετὰ ταύτης τῆς ἐπωνυμίας ὁμοταγῆ καὶ σύνθρονον, ἴσον τε τῇ τάξει καὶ τῇ ἀξίᾳ, ἐπιγράφεσθαί τε καὶ ὑπογράφεσθαι κατὰ τὴν συνήθειαν τῶν Ὀρθοδόξων πατριαρχῶν, πατριάρχης Μοσχόβου καὶ πάσης Ῥωσίας καὶ τῶν ὑπερβορείων μερῶν· ἐν δὲ τῇ χειροτονίᾳ φυλάττεσθαι τὴν τάξιν τῆς Ἐκκλησίας, τοῦ πρωτοθρόνου τῶν ἀρχιερέων, ἐκφωνοῦντος τὴν εὐχήν. Ἐγὼ μὲν οὖν οὕτω κρίνω· ἡ δὲ ἁγία σύνοδος ἀποφηνάτω τὸ δόξαν. Ἱερεμίας, ὁ παναγιώτατος οἰκουμενικός, εἶπε. Τοῦτο καὶ ἡμεῖς πρότερον καὶ ἐπράξαμεν, καὶ ἐγγράφως ἐδηλώσαμεν τῷ εὐσεβεστάτῳ βασιλεῖ. Σωφρόνιος ὁ Ἱεροσολύμων μακαριώτατος πατριάρχης ἔφη. Καὶ αὐτὸς ἀπαραλλάκτως τὰ αὐτὰ ἀποφαίνομαι. Ἡ ἁγία σύνοδος ὁμοθυμαδὸν εἶπε. Τοῦτο, ἐπειδὴ κατὰ τοὺς ἱεροὺς νόμους κέκριται, ἅπαντες στέργομεν, καὶ τοῦτο δὲ περὶ τῆς βασιλείας ἐκείνης κρίνομεν, ἵνα ὁ εὐσεβέστατος βασιλεὺς Μοσχόβου καὶ αὐτοκράτωρ πάσης Ρωσίας καὶ τῶν ὑπερβορείων μερῶν, καθὼς μέχρι σήμερον ἐν ταῖς ἱεραῖς τελεταῖς τῆς Ἀνατολικῆς Ἐκκλησίας ἔχει τὸ μνημόσυνον αὐτοῦ, καὶ ἐν ταῖς ἁγίαις προθέσεσι καὶ ἱεροῖς διπτύχοις οὕτω καὶ ἐν τῇ ἀρχῇ τοῦ Ἑξαψάλμου, μετὰ τὴν συμπλήρωσιν τῶν δύο ψαλμῶν, ὑπὲρ τοῦ βασιλέως λεγομένων, ἐκφωνῆται κατὰ τὴν ἐκφώνησιν ἐκείνην κατ' ὄνομα, ὡς ὀρθοδοξότατος βασιλεύς. Πάντες εἶπον. Καὶ τοῦτο εὔλογον. Κρίνομεν δὲ καὶ τοῦτο, δεῖν πεμφθῆναι τὴν πρᾶξιν ταύτην δι' ὑπογραφῶν ἡμετέρων ἠσφαλισμένην εὐσεβεστάτῳ τῷ βασιλεῖ Μοσχόβου, καὶ τῷ μακαριωτάτῳ Ἰώβ, πατριάρχῃ πάσης Ρωσίας καὶ τῶν ὑπερβορείων μερῶν. Πάντες εἶπον· Ἀρέσκει.

ζρά. (7101 Μ.Χ. 1593) Φεβρουαρίῳ ιβ΄ Ἰνδικτιῶνος ΣΤ΄.

γ) Επιστολή του Ρώσου Αυτοκράτορα Πέτρου του Α΄ προς τον Οικουμενικό Πατριάρχη Ιερεμία περί αποδόσεως ίσης τιμής στην Ιερά Σύνοδο της Εκκλησίας της Ρωσίας[3]

Τῷ Παναγιωτάτῳ, σοφωτάτῳ τε καὶ λογιωτάτῳ Οἰκουμενικῷ Πατριάρχῃ Νέας Ῥώμης, Κυρίῳ, Κυρίῳ Ἱερεμίᾳ, τῷ ἐν Χριστῷ Ἡμῶν Πατρί, τὸ ἀνῆκον σέβας· χαίρειν ἀδελφικῶς προσαγορεύομεν».

Ὡς εὐπειθὴς υἱὸς τῆς περιποθήτου ἡμῶν Μητρός, Ὀρθοδόξου, Καθολικῆς Ἐκκλησίας, διατηρῶν πάντοτε τὴν εὐλάβειαν πρὸς τὴν Ὑμετέραν Παναγιότητα, ὡς πρῶτον αὐτῆς τῆς Ὀρθοδόξου Καθολικῆς Ἐκκλησίας Ἀρχιποίμενα, καὶ κατὰ πνεῦμα Ἡμῶν Πατέρα, ἐκρίναμεν ἀναγκαῖον γνωστοποιῆσαι ταῦτα. Ἐπειδὴ μεταξὺ τῶν πολλῶν, κατὰ τὸ χρέος τῆς παρὰ Θεοῦ δοθείσης Ἡμῖν ἐξουσίας, φροντίδων περὶ τῆς βελτιώσεως τῆς παρὰ Θεοῦ ἐγχειρισθείσης Ἡμῖν Βασιλείας καὶ τῶν ὑποκειμένων λαῶν, ἐστρέψαμεν τοὺς ὀφθαλμοὺς καὶ τὴν προσοχὴν Ἡμῶν καὶ εἰς τὴν Ἐκκλησιαστικὴν Διοίκησιν, καὶ εἰς τὸ Ἱερατεῖον, καὶ ἰδόντες ἐν αὐτῷ οὐκ ὀλίγας ἀκαταστασίας, καὶ τὰς ὑποθέσεις αὐτοῦ οὐκ ἐν ὀφειλομένῃ εὐταξίᾳ, οὐ μάταιον ἀνελάβομεν ἐν τῷ Ἡμῶν συνειδότι φόβον, ἵνα μήπως φανῶμεν ἀγνώμονες τῇ πανσόφῳ Θείᾳ Προνοίᾳ, εἴπερ τοσούτων ἀξιωθέντες παρ' αὐτῆς εὐοδώσεων εἰς τὴν βελτίωσιν, ὅσον τοῦ στρατιωτικοῦ, τόσον καὶ τοῦ πολιτικοῦ τάγματος, ἀμελήσωμεν τὴν διόρθωσιν τῆς τε Ἐκκλησιαστικῆς Διοικήσεως καὶ τοῦ Ἱερατείου, καὶ ἵνα μὴ εὑρεθῶμεν ἀναπολόγητοι, ὅτε ὁ ἀπροσωπόληπτος Κριτὴς μέλλει ζητεῖν παρ' Ἡμῶν λόγον περὶ τῆς τοσαύτης παρ' Αὐτοῦ ἐγχειρισθείσης Ἡμῖν ἐπιστασίας. Ὅθεν κατὰ τὸ παράδειγμα τῶν πρώτων ἔν τε τῇ Παλαιᾷ καὶ ἐν τῇ Νέᾳ Διαθήκῃ εὐσεβῶν Βασιλέων, ἀναλαβόντες φροντίδα καὶ ζῆλον ἕνεκα τῆς τε Ἐκκλησιαστικῆς διορθώσεως καὶ τοῦ Ἱερατείου, καὶ μὴ ἔχοντες εἰς τοῦτο ἁρμοδιώτερον μέσον, παρὰ τὴν Συνοδικὴν Διοίκησιν,

---

3. Βλ. το κείμενο της Επιστολής σε Αγνώστου, Ιστορία της Ρωσικής Εκκλησίας (μτφρ. Θ. Βαλλιάνου), Αθήναι 1841, 309-312.

διὰ τοῦτο μετὰ πολλὴν ὀρθὴν κρίσιν καὶ βουλὴν μετά τε τοῦ Ἱερατείου καὶ τοῦ τῶν λαϊκῶν τάγματος τοῦ Ἡμετέρου Βασιλείου, ἐνεκρίναμεν συστῆσαι Πνευματικὴν Σύνοδον, ἰσοδυναμοῦσαν τοῖς Πατριάρχαις, ὅ ἐστι, μίαν ἀνωτάτην πνευματικὴν Διοικητικὴν Ὁμήγυριν, πρὸς Κυβέρνησιν τῆς Ῥωσσικῆς Ἐκκλησίας τοῦ Ἡμετέρου Βασιλείου Κράτους, ἀπὸ ἄξια ἱερωμένα ὑποκείμενα Ἀρχιερέων τε καὶ Κοινοβιαρχῶν, ἀποχρῶντα τὸν ἀριθμόν, καὶ διετάξαμεν Ἡμετέρῳ θεσπίσματι πᾶσι τοῖς ὑπηκόοις Ἡμῶν, κληρικοῖς τε καὶ λαϊκοῖς λογίζεσθαι ταύτην σεβασμίαν καὶ ἱκανὴν Διοίκησιν, καὶ ὑπείκειν αὐτῇ τῇ Συνόδῳ ἐν πᾶσι τοῖς Ἐκκλησιαστικοῖς πράγμασι, καθὼς ὑπετάσσοντο τοῖς πρότερον Πατριάρχαις πάσης Ῥωσσίας. Ταύτῃ τε τῇ Ἱερᾷ καὶ Ἁγιωτάτῃ Συνόδῳ διωρίσαμεν, διὰ τῆς γενομένης διατάξεως, ὅπως διοικῶσι τὴν Ἁγίαν Ἐκκλησίαν ἐν πᾶσιν ἀπαραλλάκτως κατὰ τὰ δόγματα τῆς Ἁγίας Ὀρθοδόξου, Καθολικῆς Ἐκκλησίας τοῦ Ἀνατολικοῦ δόγματος, καὶ κατέχωσι ταῦτα τὰ δόγματα ὡς κανόνα ἀλάνθαστον τῆς Ἐκκλησιαστικῆς διοικήσεως, ἐφ' ᾧ δι' ὁρκωμοσίας ἔνδον τῆς Ἁγίας Καθολικῆς Ἐκκλησίας, ἀσπασθέντες τὸν τίμιον Σταυρόν, καὶ ἰδιοχείρως ὑπογραφέντες, ὑπεχρέωσαν ἑαυτοὺς εἰς τοῦτο. Πεποίθαμεν οὖν ὅτι καὶ ἡ Ὑμετέρα Παναγιότης, ὡς πρῶτος Ἀρχιερεὺς τῆς Ὀρθοδόξου, Καθολικῆς καὶ Ἀνατολικῆς Ἐκκλησίας, τὸ Ἡμέτερον τοῦτο διάταγμα καὶ τὴν συστηθεῖσαν Πνευματικὴν Σύνοδον, εὐδοκήσαντες ὁμολογήσετε δίκαιον, καὶ περὶ τούτου διακοινώσετε τοῖς λοιποῖς Μακαριωτάτοις Πατριάρχαις, τῷ τε Ἀλεξανδρείας, Ἀντιοχείας καὶ Ἱεροσολύμων.

Ἐπειδὴ δὲ Ἡμεῖς πανευμενῶς προσετάξαμεν ταύτῃ τῇ Ἁγιωτάτῃ Πνευματικῇ Συνόδῳ ἔχειν μετὰ τῆς Ὑμετέρας Παναγιότητος ἀναφορὰν καὶ ἀλληλογραφίαν ἐν πάσαις ταῖς Ἐκκλησιαστικαῖς ὑποθέσεσιν, ἀξιοῦμεν καὶ τὴν Ὑμετέραν Παναγιότητα, ὅπως εὐδοκήσαντες διατηρῆτε μετὰ τῆς Συνόδου ταύτης ἀλληλογραφίαν καὶ ἀναφορὰν περὶ τὰς πνευματικὰς ὑποθέσεις, ὅσαι συντελοῦσιν εἰς τὸ συμφέρον τῆς Ἐκκλησίας, ὥσπερ καὶ πρότερον τοῦτο διετηρεῖτο μετὰ τῶν Πατριαρχῶν πάσης Ῥωσσίας. Εἰ δέ ποτε ἐξαιτήσωνται παρὰ τῆς Ὑμετέρας Παναγιότητος ὁποίαν δή τινα καλὴν συμβουλὴν πρὸς ὄφελος καὶ κρείττονα οἰκονομίαν τῆς Ἐκκλησίας, παρακαλοῦμεν ἐν τοιαύτῃ περιστάσει μὴ ἀπαξιῶσαι αὐτοὺς τούτου, διὰ τὸ κοινὸν συμφέρον τῶν ὀρθοδόξων, ἐφ' ᾧ Ἡμεῖς μετ' ἰδιαζούσης πρὸς τὴν Ὑμετέραν Παναγιότητα εὐμενείας Ἡμῶν ὑποσχόμεθα ἐνδεικνύειν πᾶσαν συγκατάβασιν πρὸς τὰ Ὑμέτερα ζητήματα.

Ἐν τοσούτῳ κοινοποιοῦμεν πρὸς τὴν Ὑμετέραν Παναγιότητα καὶ περὶ τοῦ, ὅτι ἀφάτοις κρίμασιν ὁ ὕψιστος Θεός, κατὰ τὴν πρὸς Ἡμᾶς ὑπερβάλλουσαν Αὐτοῦ εὐσπλαγχνίαν, ηὐδόκησε χαρίσασθαι Ἡμῖν τὸ Θεῖον Αὐτοῦ ἔλεος, εὐλογήσας καὶ χαροποιήσας Ἡμᾶς τε καὶ τὸν Ἡμέτερον λαόν· ἐπειδὴ κατὰ τὸ ἐνεστὼς ἔτος, τῇ 30 Αὐγούστου, ὁ διαρκέσας μεταξὺ Ἡμῶν καὶ τῆς Σβεκίας πολυχρόνιος καὶ σκληρὸς πόλεμος ὑπὲρ τὴν εἰκοσαετίαν, διὰ τῶν εὐτυχῶν καὶ τροπαιοφόρων Ἡμετέρων ὅπλων ἔλαβεν αἴσιον τέλος ἐν τῇ συνελεύσει, τῇ γενομένῃ ἐν τῇ πόλει Νεϊστάτ. Διὰ γὰρ τῶν πληρεξουσίων ὑποκειμένων ἀμφοτέρων τῶν μερῶν, συνεφωνήθη μεταξὺ Ἡμῶν καὶ τῆς Σβεκίας αἰώνιος εἰρήνη, καὶ τοιουτοτρόπως ἡ Σβεκία παρεχώρησεν Ἡμῖν, ἵνα διὰ παντὸς κυριεύωμεν τὰς διὰ τῶν ὅπλων Ἡμῶν πολεμηθείσας τοπαρχίας κατὰ τὸν αἰγιαλὸν τῆς Βαλτικῆς Θαλάσσης, Λιβωνίαν, Αἰστλανδίαν, Ἰνγερμανλανδίαν, καὶ μέρος τι τῆς Καρελίας καὶ τοῦ Πριγκιπάτου τῆς Φινλανδίας σὺν πάσαις ταῖς πόλεσι, καὶ χώραις καὶ λιμέσι, τουτέστι τὰς ἐπισημοτέρας ἐν ταύταις ταῖς τοπαρχίαις πόλεις καὶ φρούρια, Ρίγα, Διναμὲνδ, Περνὸφ, Ρεβέλι, Δέρπτ, Νάρβα, Βίποργ, Κεκσγόλμ. Οὐκ ἀμφιβάλλομεν δέ, ὅτι αὕτη ἡ συμφωνία Ἡμῶν τῆς παντοτινῆς εἰρήνης, καὶ ἡ ἐπακολουθήσασα τῷ Ἡμετέρῳ Βασιλείῳ αὔξησις ἔσται εὐχάριστον καὶ χαρᾶς πρόξενον Ὑμῖν, ὡς εὐχέτῃ Ἡμῶν καὶ Ἀνωτάτῳ Ἀρχιποιμάντορι. Ἐλπίζομεν δὲ μετὰ παρακλήσεως, ὅτι ἡ Ὑμετέρα Παναγιότης οὐ διαλείψετε μεθ' ὅλου τοῦ Ἱερατείου ἀναπέμπειν τῷ Πανυψίστῳ Θεῷ ὕμνον καὶ εὐχαριστίαν, ἕνεκα τοῦ ἐκχυθέντος ἐφ' Ἡμᾶς τοσούτου Θείου ἐλέους, καὶ τοῦ λοιποῦ ἱκετεύειν τὴν ἄπειρον Αὐτοῦ ἀγαθότητα ὑπὲρ τοῦ δωρηθῆναι τῷ Ἡμετέρῳ Κράτει εὐστάθειαν, εἰρήνην καὶ γαλήνην. Τούτου ἕνεκα Ἡμεῖς ὑποχρεούμεθα ἀποδοῦναι τῇ Ὑμετέρᾳ Παναγιότητι τὴν ὀφειλομένην εὐγνωμοσύνην, ἐπαξίως ἀμείβοντες Ὑμᾶς.

Οὕτω τοίνυν διατελοῦμεν πάντοτε τῆς Ὑμετέρας Παναγιότητος, τοῦ κατὰ πνεῦμα Πατρὸς καὶ Ἀνωτάτου Οἰκουμενικοῦ Ἀρχιποίμενος ὁ κατὰ πνεῦμα υἱὸς καὶ πρόθυμος.

Ἐξεδόθη ἐν Πετρουπόλει, τῇ 30 Σεπτεμβρίου 1721

δ) Απαντητική επιστολή του Οικουμενικού Πατριάρχη Ιερεμία προς τον Ρώσο Αυτοκράτορα Πέτρο τον Α΄ περί κηρύξεως της Ιεράς Συνόδου της Εκκλησίας της Ρωσίας ως ισότιμης προς τις συνόδους των άλλων Ορθοδόξων Αυτοκεφάλων Εκκλησιών[4]

Πρὸς τὴν Ἁγιωτάτην Σύνοδον

Ἰερεμίας, ἐλέῳ Θεοῦ, Ἀρχιεπίσκοπος Κωνσταντινουπόλεως καὶ Οἰκουμενικὸς Πατριάρχης.

Ἡ μετριότης Ἡμῶν, διὰ τῆς χάριτος καὶ ἐξουσίας τοῦ Παναγίου, Ζωοποιοῦ καὶ Τελεταρχικοῦ Πνεύματος, ἐπικυροῖ, βεβαιοῖ καὶ ἀποφαίνει τὴν, παρὰ τοῦ Εὐσεβεστάτου καὶ Γαληνοτάτου Αὐτοκράτορος, ἁγίου Βασιλέως πάσης Μοσχοβίας, μικρᾶς καὶ λευκῆς Ῥωσσίας καὶ πάντων τῶν Βορείων, Ἀνατολικῶν, Δυτικῶν καὶ ἄλλων πολλῶν μερῶν Κατεξουσιαστοῦ Κυρίου, Κυρίου Πέτρου Ἀλεξιάδου Ἰμπεράτορος, τοῦ κατὰ Πνεῦμα τὸ Ἅγιον ἀγαπητοῦ καὶ περιποθήτου αὐτῆς, διορισθεῖσαν Σύνοδον ἐν τῇ Ῥωσσικῇ ἁγίᾳ μεγάλῃ Βασιλείᾳ εἶναι καὶ λέγεσθαι Ἡμετέρα ἐν Χριστῷ Ἀδελφή, Ἁγία καὶ Ἱερὰ Σύνοδος παρὰ πάντων τῶν εὐσεβῶν καὶ ὀρθοδόξων Χριστιανῶν, ἱερωμένων τε καὶ λαϊκῶν, ἀρχόντων καὶ ἀρχομένων, καὶ ἀπὸ παντὸς προσώπου ἀξιωματικοῦ. Καὶ ἔχει ἄδειαν τελεῖν καὶ ἐπιτελεῖν ὅσα οἱ τέσσαρες Ἀποστολικοὶ Ἁγιώτατοι Πατριαρχικοὶ Θρόνοι· νουθετεῖ, παραινεῖ καὶ ἐπιτάττει αὐτήν, ἵνα διαφυλάττῃ καὶ κρατῇ ἀπαρασάλευτα ἔθη καὶ κανόνας τῶν Ἱερῶν Οἰκουμενικῶν Ἁγίων ἑπτὰ Συνόδων, καὶ ἄλλα ὅσα ἡ Ἀνατολικὴ Ἁγία Ἐκκλησία διακρατεῖ, — καὶ διαμένῃ εἰς αἰῶνα τὸν ἅπαντα ἀπαρασάλευτος. Ἡ δὲ τοῦ Θεοῦ χάρις καὶ εὐχὴ καὶ εὐλογία τῆς Ἡμῶν μετριότητος εἴη μετ' αὐτῆς. ͵αψκγ΄· Σεπτεμβρίου κγ΄.

Ἰερεμίας, ἐλέῳ Θεοῦ, Ἀρχιεπίσκοπος Κωνσταντινουπόλεως καὶ ἐν Χριστῷ Ἀδελφὸς Ὑμῶν.

---

4. Βλ. το κείμενο της Επιστολής σε Αγνώστου, Ιστορία της Ρωσικής Εκκλησίας (μτφρ. Θ. Βαλλιάνου), Αθήναι 1841, 315.

2. Πατριαρχείο Σερβίας

α) Πατριαρχικός και Συνοδικός Τόμος περί εσωτερικής διοικητικής αυτονομίας της Σερβικής Εκκλησίας με διατήρηση δικαιώματος εποπτείας από το Οικουμενικό Πατριαρχείο[1]

† Κωνστάντιος ἐλέῳ Θεοῦ Ἀρχιεπίσκοπος Νέας Ῥώμης καὶ Οἰκουμενικὸς Πατριάρχης

Δεῖγμα προνοίας ὀφειλομένης παρὰ τῶν κατὰ καιροὺς διευθύνειν λαχόντων τὰ πνευματικὰ τοῦ παγκοίνου σκάφους πηδάλια πρὸ τῶν ἄλλων καθέστηκε, γράμμασιν ἐπικυρωτικοῖς καὶ βεβαιωτηρίοις ἀσφαλίζειν τὰ καλῶς δεδογμένα, καὶ τούτων μάλιστα ὅσα ὑπὸ ζήλου θεοφιλοῦς ἐνεργούμενα πραγματεύονται τὴν ψυχικὴν ὠφέλειαν χριστωνύμου λαοῦ, διὰ προσφόρου ἀρχιερατικῶν προσώπων ἀποκαταστάσεως καὶ θεαρέστου πνευματικῆς ποιμαντορίας, οὐδὲν γὰρ οὕτω τῶν ἀγαθῶν καὶ γνησίων καὶ ταῖς χριστιανικαῖς πολιτείαις καταλλήλων ποιμένων λυσιτελέστερον, οὓς καὶ φῶς καὶ ἅλας ὁ κύριος ἡμῶν ἐν εὐαγγελίοις κατονομάζει. Τοιαύτης τοίνυν οὔσης τῆς ἐκκλησιαστικῆς περὶ ταῦτα προνοίας, ἐπειδὴ ἤδη θεοφιλῆ πρόθεσιν ποιησά-

---

1. Α.Ο.Π., Κώδικας Α΄/17, 120-121.

μενοι ὅ τε ὑψηλότατος καὶ περηφανέστατος αὐθέντης καὶ ἐθνάρχης πάσης σερβίας κύριος κύριος μιλὸς ὁπρένοβικ, ὁ εὐαγὴς κλῆρος καὶ τὰ λοιπὰ τοῦ ἐκεῖ ὀρθοδόξου γένους πρόκριτα μέλη, πρὸς διαρρύθμησιν τῆς ἐκκλησιαστικῆς ἐν αὐτοῖς καταστάσεως, συνῳδὰ τῇ πολιτικῇ τῶν θεοφυλάκτων αὐτῶν μερῶν διοικήσει ἐνέκριναν ἀναγκαῖον διατάξαι ὅρους τινὰς περὶ καὶ τῆς ἐκλογῆς τοῦ λοιποῦ καὶ ἀποκαταστάσεως τῶν ἐν αὐτοῖς ἀρχιερέων καὶ περὶ τῶν ἀναφερομένων δι' αὐτῶν σχετικῶς πρὸς καὶ τὴν καθ' ἡμᾶς τοῦ Χριστοῦ μεγάλην ἐκκλησίαν καὶ πρὸς τὸ ἐκεῖ χριστεπώνυμον πλήρωμα καὶ ἤδη ἐκθέμενοι ταῦτα πάντα ἐν κεφαλαίοις ἑπτά, προσήνεγκον τῇ ἡμῶν μετριότητι, προκαθημένῃ συνοδικῶς, διὰ τῶν ἐνταῦθα ἐν βασιλευούσῃ διατριβόντων εὐγενεστάτων δεπουτάτων αὐτῶν, ἐξαιτησάμενοι κοινῶς τυχεῖν τῆς ἐκκλησιαστικῆς ἀποδοχῆς καὶ ἐπικυρώσεως, καὶ διενεργεῖσθαι τοὐντεῦθεν ἀπαραλλάκτως πρὸς κοινὴν ὠφέλειαν τοῦ ἐκεῖ ὀρθοδόξου πληρώματος, καὶ πνευματικὴν θεάρεστον διεξαγωγήν. Ἀναγνωσθέντα τοίνυν ἐπὶ κοινῇ συνοδικῇ ἀκροάσει τὰ διαληφθέντα κεφάλαια, ὑπετάγησαν τῇ ἐκκλησιαστικῇ ἡμῶν ἐπικρίσει καὶ πολλαχῶς διαβασανισθέντα, ἀνεφάνησαν ἐχόμενα τοῦ νομίμου, καὶ οἰκεῖα τῇ ἐκκλησιαστικῇ κατ' ὀφειλὴν ἀπαραιτήτῳ μερίμνῃ ὑπὲρ τῆς ψυχικῆς σωτηρίας τῶν ἐν ἐκείνοις τοῖς μέρεσιν εὐσεβῶν χριστιανῶν. Ὅθεν καὶ τῆς ἀπαρατρέπτου φυλακῆς αὐτῶν καὶ διατηρήσεως ἐκ μέρους τῶν διαληφθέντων πρωτίστων καὶ λοιπῶν ὀρθοδόξων χριστιανῶν τοῦ σερβικοῦ ἔθνους βεβαιωθείσης, καὶ ἀσφαλισθείσης τῇ ἐκκλησίᾳ διὰ κοινοῦ ἐνυπογράφου ὑποσχετικοῦ αὐτῶν γράμματος, εὐμενοῦς τῆς ἐπινεύσεως τοῦ ὑψηλοῦ καὶ κραταιοῦ δεβλετίου ἐπὶ τούτῳ γενομένης, γράφομεν διὰ τοῦ παρόντος πατριαρχικοῦ καὶ συνοδικοῦ ἡμῶν γράμματος, καὶ ἀποφηνόμεθα συνοδικῶς μετὰ τῶν περὶ ἡμᾶς ἱερωτάτων ἀρχιερέων καὶ ὑπερτίμων, τῶν ἐν ἁγίῳ πνεύματι ἀγαπητῶν ἡμῶν ἀδελφῶν καὶ συλλειτουργῶν, ὁριζόμεθά τε καὶ διατάττομεν, ἵνα πρῶτον οἱ μητροπολῖται καὶ ἐπίσκοποι τῶν ἐπαρχιῶν τῆς σερβίας ἐκλέγονται ἀπὸ τοῦ νῦν καὶ εἰς τὸ ἑξῆς ἐκ τοῦ σερβικοῦ ἱερατείου, παρὰ καὶ τοῦ ἐκλαμπροτάτου αὐθέντου καὶ τοῦ σερβικοῦ ὀρθοδόξου λαοῦ, καὶ ὁ ἐκλεγόμενος τοιούτῳ τρόπῳ ὑποψήφιος ἔχῃ συνίστασθαι εἰς ἐπικύρωσιν τῷ κατὰ καιροὺς οἰκουμενικῷ πατριάρχῃ, ὃς δὲ συνευδοκῶν εἰς τὴν πρᾶξιν ὀφείλῃ διευθύνειν ἀπαρεμποδίστως μετὰ τῶν ἐκκλησιαστικῶν εὐχῶν, καὶ τὴν κανονικὴν ἔκδοσιν ἵνα ἐκτελῆται ἡ χειροτονία, καὶ ἀρχιε/τικὴ ἀποκατάστασις τοῦ ἐκλεχθησομένου, ὡς εἴρηται προσώπου· συμβὰν δὲ μὴ ἔχειν ἐκ τοῦ ἔθνους αὐτῶν ὑποκείμενον ἄξιον τοῦ ὑψηλοῦ τῆς ἀρχιερωσύνης ἀξιώματος, τότε ὁ ἐκλαμπρότατος αὐθέντης πάσης σερβίας μετὰ παντὸς τοῦ σερβικοῦ ἔθνους ἔχουσι ζητεῖν παρὰ τοῦ οἰκουμενικοῦ πατριάρχου ἐκ τοῦ γραικικοῦ ἱερατείου ὑποκείμενον σεμνοπρεπὲς καὶ ἄξιον πρὸς τὴν ἀρχιερατικὴν ἐκείνην ἀποκατάστασιν· ὁ δὲ κατὰ καιροὺς ἀρχιερεὺς πελιγραδίου, ὅστις καὶ μητροπολίτης ἔσται πάσης σερβίας, γνωριζόμενος οὕτω καὶ φημιζόμενος, ἀπαιτεῖται διὰ παντὸς ὑπάρχειν αὐτόχθων καὶ κατάγεσθαι ἐκ τοῦ σερβικοῦ γένους. Β΄ον. Μετὰ τὴν ἕνωσιν καὶ ἄλλων ἐπαρχιῶν τῇ σερβίᾳ, ἐπειδὴ σχηματισθήσονται, ὡς εἰκός, καὶ ἀποδειχθήσονται καὶ ἄλλαι ἔτι ἐπαρχίαι, μία ἢ δύο, χρείας τότε γενομένης προσαυξηθῆναι καὶ τὸν ἀριθμὸν τῶν ἀρχιερέων, ὁ τηνικαῦτα τὸν οἰκουμενικὸν θρόνον διέπων, ἀποδεξάμενος τὴν πρᾶξιν τῆς ἐκλογῆς ταύτης τῆς ἐκ νέου ἀρχιερατικῆς ἀποκαταστάσεως, ἔχῃ ἀποκαταστῆσαι ἐκεῖ νέους ἀρχιερεῖς, ἐκλεχθησομένους ὡσαύτως παρὰ τοῦ ἐκλαμπροτάτου αὐθέντου, καὶ τοῦ σερβικοῦ γένους, κατὰ τὴν περίληψιν. Γ΄ον. Ἐν ἑκάστῃ κανονικῇ ἐκλογῇ ἀποκαταστάσεως ἑνὸς μητροπολίτου σερβίας, ὁριζόμεθα, ὅπως προσφέρωνται τῷ κατὰ καιροὺς οἰκουμενικῷ πατριάρχῃ ἑκατὸν πεντήκοντα φλωρία βασιλικά, καὶ πάλιν ἐν ἑκάστῃ ἐκλογῇ ἀποκαταστάσεως ἑνὸς ἐπισκόπου σερβίας προσφέρωνται τῷ οἰκουμενικῷ πατριάρχῃ ἑκατὸν φλωρία βασιλικά. Ταῦτα δὲ ἐννοοῦνται ἐκτὸς τῆς συνήθους χρυσικῆς ποσότητος, ἣν τὸ σερβικὸν ἔθνος ὀφείλει πληροῦν εἰς τὸν κοινὸν τῆς τοῦ Χριστοῦ μεγάλης ἐκκλησίας, ἤδη μὲν διὰ τὰς δύο ἐπαρχίας πελιγραδίου καὶ οὐζίτζης ἀνὰ τρεῖς χιλιάδας γρόσια κατ' ἔτος, γενομένης δὲ τῆς ἑνώσεως δι' ὅλας τὰς σερβικὰς ἐπαρχίας. Δ΄ον. Ἐπειδὰν γένηται ἡ ἕνωσις τῶν ζητουμένων, ὡς εἴρηται, καὶ ἄλλων ἐπαρχιῶν τῇ σερβικῇ γῇ, ἐπειδὴ τὸ αὐλικὸν χρέος τῶν οἰωνδήποτε ἐκείνων ἐπαρχιῶν, ἀφορᾷ κατὰ λόγον εἰς βάρος τοῦ σερβικοῦ ἔθνους ὑπισχνεῖται ὁ ἐκλαμπρότατος αὐθέντης, καὶ τὸ ἔθνος τὸ σερβικὸν ποιῆσαι τὴν ἐξόφλησιν, καὶ βίᾳ μέρους ἑκάστης ἐπαρχίας, πληρωθέντων δὲ τούτων τῶν κανονικῶν χρεῶν, τό τε ἱερατεῖον, καὶ τὸ ἔθνος τὸ σερβικὸν ἔχωσι μένειν ἀνώτερα πάσης καὶ παντοίας χρηματικῆς ἄλλης ἀπαιτήσεως, μηδὲν ὀφείλοντες διδόναι μήτε τῷ κατὰ καιροὺς οἰκουμενικῷ πατριάρχῃ, μήτε πρὸς τὸ κοινὸν τῆς ἐκκλησίας ἐπ' οὐδενὶ λόγῳ, καὶ αἰτίᾳ. Πρὸς δὲ τούτοις μὴ δύναται τὸ σύνολον μήτε ὁ κατὰ καιρὸν πατριαρχεύων, μήτε τὸ τῆς μεγάλης ἐκκλησίας κοινὸν ἔχειν μετοχὴν τινὰ κληρονομίας ἐκ τῶν περιουσιῶν τῶν ἀποθνησκόντων μητροπολιτῶν καὶ ἐπισκόπων καὶ μήτε δ' αὖ οἱ μητροπολῖται τῆς σερβίας δύνωνται ἔχειν μετοχὴν κληρονομίας εἰς τὰς τῶν ἀποθνησκόντων ἐπισκόπων περιουσίας. Τούτων γὰρ τὰ πράγματα, καὶ αἱ περιουσίαι ἔχωσι μεταβαίνειν εἰς τὴν κάσταν τοῦ σερβικοῦ γένους, χρησιμεύονται εἰς ἔργα κοινωφελῆ, καὶ θεάρεστα. Ε'ον. Οἱ μητροπολῖται, καὶ ἐπίσκοποι τῆς σερβίας οὐδόλως ἔχουσι δικαίωμα χρέεσι καθυποβάλλειν ἑαυτούς, εἰς βάρος τοῦ ἔθνους ἀφορῶσιν. Στ'ον. Μὴ ἐκπίπτωσι δὲ τοῦ ἀρχιερατικοῦ ἀξιώματος οἱ τῶν ἐπαρχιῶν τῆς σερβίας ἀρχιερεῖς, δίχα τῆς κανονικῆς θελήσεως τοῦ κατὰ καιροὺς οἰκουμενικοῦ πατριάρχου, καὶ δίχα τῆς συναινέσεως τοῦ ἐκλαμπροτάτου αὐθέντου, καὶ τοῦ σερβικοῦ γένους. Ζ'ον. Καὶ τελευταῖον ὁριζόμεθα ὅπως, ὡς τὸ ἀπ' ἀρχῆς, οὕτω καὶ τοῦ λοιποῦ μνημονεύηται ἐν ταῖς ἱεραῖς ἀκολουθίαις τὸ ὄνομα τοῦ οἰκουμενικοῦ πατριάρχου ἐν πάσαις ταῖς ἱεραῖς ἐκκλησίαις τῆς σερβίας. Ταῦτα γοῦν τὰ ἐν ἑπτὰ κεφαλαίοις διειλημμένα, ὡς διὰ κοινῆς ὁμοφώνου παρακλήσεως τῶν εἰρημένων ὀρθοδόξων χριστιανῶν κατοίκων τῆς σερβίας ἐξαιτηθέντα, ἢ πρὸς ψυχικὴν αὐτῶν ὠφέλειαν συντείνοντα, ἢ πρὸς εὐστάθειαν καὶ θεοφιλῆ διεξαγωγὴν ἀφορῶντα, ἀποδεχόμενοι κοινῶς καὶ συνοδικῶς διὰ τοῦδε τοῦ ἐκκλησιαστικοῦ ἡμῶν γράμματος ὁριζόμεθα ἔχειν τὸ κῦρος καὶ τὴν εὐλογίαν διὰ παντὸς ἀπαράλλακτον, καὶ ὥσπερ παρ' αὐτῶν διὰ κοινῆς ἐγγράφου ὑποσχέσεως, οὕτω καὶ παρὰ τῆς καθ' ἡμᾶς τοῦ Χριστοῦ Μεγάλης Ἐκκλησίας διατηρεῖσθαι ἀπαρατρέπτως ἐνδεικνυμένης ἀδιαλείπτως τῆς ἐκκλησιαστικῆς προνοίας ὑπὲρ τῆς θεαρέστου καὶ ἀσκανδαλίστου διεξαγωγῆς καὶ κυβερνήσεως τῶν ὀρθοδόξων ἐκείνων χριστιανῶν καὶ πνευματικῶν αὐτῆς τέκνων· Ὅθεν εἰς ἔνδειξιν καὶ διηνεκῆ τὴν ἀσφάλειαν ἐπεδόθη αὐτοῖς καὶ τὸ παρὸν ἡμέτερον πατριαρχικὸν καὶ συνοδικὸν ἐπικυρωτικὸν καὶ βεβαιωτικὸν γράμμα. ͵αωλα' (1831) κατὰ μῆνα Αὔγουστον ἐν μηνὶ Αὐγούστῳ Ἰνδικτιῶνος ε' ης (5ης)

† Ὁ Κυζίκου Ἄνθιμος
† Ὁ Νικομηδείας Πανάρετος
† Ὁ Δέρκων Νικηφόρος
† Ὁ Ῥόδου Μεθόδιος
† Ὁ Βεροίας Διονύσιος

μετεποιήθη τὸ παρὸν ἀλλαγέν, ὡς [...]* ἐν τῷ τοῦ κοινοῦ κώδικι

---

*Δυσανάγνωστη λέξη

β) Πατριαρχικός και Συνοδικός Τόμος περί παραχωρήσεως αυτοκεφάλου καθεστώτος στη Σερβική Εκκλησία[2]

Εἰς τὸ ὄνομα τοῦ Πατρὸς καὶ τοῦ Υἱοῦ καὶ τοῦ Ἁγίου Πνεύματος, Ἀμήν. «Εἷς θεὸς καὶ πατὴρ πάντων ὁ ἐπὶ πάντων καὶ διὰ πάντων καὶ ἐν πᾶσιν ὑμῖν» ὁ μακάριός φησιν Ἀπόστολος Παῦλος, ἔνθεν μὲν τὸ ἑνιαῖον τῆς ὑπερουσίου θεότητος ἀνομολογῶν καὶ στεντορείως ἀνακηρύττων, ἔνθεν δὲ τὴν ἄναρχον ὑποδεικνὺς αἰτίαν τῆς ἀδιαρρήκτου συναφείας τῶν πολλῶν καὶ ποικίλων δημιουργημάτων τῆς θείας δυνάμεως καὶ σοφίας, δι᾽ ὧν τὰ πάντα αἰωνίοις νόμοις ἀπαρασαλεύτως καὶ ἀδιασπάστως συνάπτων ἑαυτῷ τε καὶ ἀλλήλοις συνέχει καὶ συγκρατεῖ ὁ τῶν ὅλων πατὴρ καὶ πάνσοφος Κυβερνήτης. Ἀνατείνοντες γὰρ τὸ ὄμμα εἰς οὐρανὸν τὰ πολλὰ ὁρῶμεν καὶ μεγάλα καὶ πολυειδῆ τῶν οὐρανίων σωμάτων συστήματα χωρὶς μὲν καθέκαστα περὶ τὸ ἴδιον κέντρον κινούμενα καὶ τὰς ὡρισμένας αὐτοῖς λειτουργίας εὐτάκτως ἐπιτελοῦντα διὰ τῆς εὐλαβικῆς δή, ὥς φασι, δυνάμεως συγκρατούμενα καὶ ἕν ὅλον πάγκαλον καὶ θαυμαστοῦ εἰρήνης καὶ ἁρμονίας σύστημα ἀποτελοῦντα, τῇ αἰωνίᾳ τοῦ παναγάθου Δημιουργοῦ βουλήσει ὑπακούοντα αἵ τε ἐπὶ γῆς τῶν ἀνθρώπων πολιτεῖαι καὶ καταστάσεις καὶ ἁπλῶς εἰπεῖν πᾶσα πόλις καὶ χώρα, τοῖς αὐτοῖς καθάπαξ νόμοις τῆς ἑνότητος καὶ ἁρμονίας ἀγόμενα, τὰ μεγάλα τῶν ἐθνῶν τοῦ κόσμου πληρώματα σπουδάζει συναποτελεῖν, ὥστε καθάπερ τις ἑλκτικὴ καὶ συνεκτικὴ δύναμις καὶ φῶς ἀνέσπερον εἰς τὸ τὰ πάντα κατακοσμεῖν καὶ τῆς σκοτεινῆς ἀταξίας καὶ συγχύσεως ἀπαλλάσσειν· ἅμα δὲ καὶ πρὸς ἄλληλα τὰ ἔθνη συναρμολογεῖν καὶ ἕν ὅλον ἐναρμόνιον καὶ ὑπερφυὲς τὴν λογικὴν φύσιν ἐναποφῆναι αὐτὸς πάλιν ὁ τῆς ἑνότητος καὶ ἁρμονίας αἰώνιος νόμος συντρέχων ἂν εἴη. Ὅ,τι δὲ ἀτελῶς ἐν τοῖς πολιτεύμασιν ἀριθ. πρωτ. τοῦ κόσμου τούτου καθορᾶται, τοῦτο ἐν τῇ μιᾷ, ἁγίᾳ, καθολικῇ καὶ ἀποστολικῇ Ἐκκλησίᾳ τέλειον ἐμπολιτεύεται καὶ κρατεῖ· αὐτὴν γὰρ ὁ ταύτης

---

2. Α.Ο.Π, Κώδικας Α΄/51, 261-263.

ἀρχηγὸς καὶ θεμελιωτὴς μίαν ποίμνην ἀποκαλεῖ τοὺς ἀνὰ τὴν οἰκουμένην λαούς, τὰ ἔθνη καὶ τὰς ψυχὰς τῆς γῆς, ὅσοι ἔμελλον πιστεύειν εἰς αὐτὸν καὶ τοῦ οὐρανίου αὐτοῦ πατρὸς δέεται ἵνα πάντες ἓν ὦσιν ἐν τῇ πρὸς ἀλλήλους ἀγάπῃ καὶ τῇ τῆς πίστεως ἑνότητι. Πρὸς οἰκοδομὴν δὲ πάλιν θεοῦ τὴν Ἐκκλησίαν καὶ πρὸς Ναὸν ἅγιον καὶ σῶμα Χριστοῦ οἱ θεῖοι αὐτοῦ μαθηταὶ καὶ ἀπόστολοι ἐξομοιοῦσι καὶ πλήρωμα τοῦ πάντα ἐν πᾶσι πληρουμένου ταύτην ἐξονομάζουσιν· «ἐν γὰρ Χριστῷ Ἰησοῦ, γράφει ὁ μέγας τῶν ἐθνῶν ἀπόστολος πρὸς ἐφεσίους ἐπιστέλλων, πᾶσα ἡ οἰκοδομὴ συναρμολογουμένη αὔξει εἰς ναὸν ἅγιον ἐν Κυρίῳ». Καὶ «ἀληθεύοντες δὲ ἐν ἀγάπῃ αὐξήσωμεν εἰς αὐτὸν τὰ πάντα, ὅς ἐστι κεφαλὴ ὁ Χριστός, ἐξ οὗ πᾶν τὸ σῶμα συναρμολογούμενον καὶ συμβιβαζόμενον διὰ πάσης ἁφῆς τῆς ἐπιχορηγίας κατ' ἐνέργειαν ἐν μέτρῳ ἑνὸς ἑκάστου μέρους, τὴν αὔξησιν τοῦ σώματος ποιεῖται εἰς οἰκοδομὴν ἑαυτοῦ ἐν ἀγάπῃ»· καὶ πάλιν ὁ αὐτὸς «σπουδάζοντες τηρεῖν τὴν ἑνότητα τοῦ πνεύματος ἐν τῷ συνδέσμῳ τῆς εἰρήνης ἓν σῶμα καὶ ἓν πνεῦμα καθὼς καὶ ἐκλήθητε ἐν μιᾷ ἐλπίδι τῆς κλήσεως ὑμῶν. Εἷς Κύριος, μία πίστις, ἓν βάπτισμα, εἷς θεὸς καὶ πατὴρ πάντων ὁ ἐπὶ πάντων καὶ διὰ πάντων καὶ ἐν πᾶσιν ἡμῖν». Κἂν δὲ μία ποίμνη καὶ ἓν σῶμα Χριστοῦ καὶ ἔστι καὶ λέγεται ἡ τοῦ θεοῦ ἐπὶ γῆς Ἐκκλησία διὰ τὸν τῆς πνευματικῆς ἑνότητος λόγον, οὐδαμῶς μέντοι ἐκώλυσε τοῦτο κατά τε τοὺς πρώτους καὶ τοὺς μετέπειτα χρόνους τὴν σύστασιν μερικῶν κατὰ τόπους καὶ χώρας ἐκκλησιῶν, ἀπ' ἀλλήλων ἀνεξαρτήτων καὶ ἐσωτερικῶς αὐτοδιοικουμένων ὑπὸ ἰδίους ποιμένας καὶ διδασκάλους καὶ διακόνους τοῦ εὐαγγελίου τοῦ Χριστοῦ, ἤτοι τοὺς ἐπισκόπους ἢ Ἀρχιεπισκόπους καὶ Πατριάρχας, κατὰ λόγον οὐ μόνον τῆς ἱστορικῆς ἐν τῷ χριστιανισμῷ σημασίας τῶν πόλεων καὶ χωρῶν, ἀλλὰ καὶ τῶν πολιτικῶν περιστάσεων τῶν ἐν αὐτοῖς λαῶν καὶ ἐθνῶν. «Καὶ γὰρ τῷ θρόνῳ τῆς πρεσβυτέρας Ῥώμης, φησὶν ἡ τετάρτη ἁγιωτάτη οἰκουμενικὴ ἐν Χαλκηδόνι Σύνοδος, διὰ τὸ βασιλεύειν τὴν πόλιν ἐκείνην οἱ πατέρες εἰκότως ἀποδεδώκασι τὰ πρεσβεῖα· καὶ τῷ αὐτῷ σκοπῷ κινούμενοι οἱ ἑκατὸν πεντήκοντα θεοφιλέστατοι ἐπίσκοποι τὰ ἴσα πρεσβεῖα ἀπένειμαν τῷ τῆς νέας Ῥώμης ἁγιωτάτῳ θρόνῳ, εὐλόγως κρίνοντες τὴν βασιλείᾳ καὶ συγκλήτῳ τιμηθεῖσαν πόλιν καὶ τῶν ἴσων ἀπολαύουσαν πρεσβείων τῇ πρεσβυτέρᾳ βασιλίδι Ῥώμῃ καὶ ἐν τοῖς ἐκκλησιαστικοῖς ὡς ἐκείνην μεγαλύνεσθαι πράγμασι, δευτέραν μὲν ἐκείνην ὑπάρχουσαν». Συνῳδὰ δὲ τούτοις ὕστερον καὶ ὁ ἱερώτατος Φώτιος «τὰ ἐκκλησιαστικά, ἔγραφε, καὶ μάλιστά γε τὰ τῶν ἐνοριῶν δίκαια ταῖς πολιτικαῖς ἐπικρατείαις τε καὶ διοικήσεσι συμμεταβάλλεσθαι εἴωθε». Τοιγαροῦν τῆς εὐσεβεστάτης καὶ θεοφρουρήτου ἡγεμονίας τῆς Σερβίας τῇ ἄνωθεν προνοίᾳ κρατυνθείσης καὶ μεγαλυνθείσης ἔναγχος, καὶ τὴν ὁλοσχερῆ πολιτικὴν αὐτῆς ἀνεξαρτησίαν ἀπολαβούσης, τοῦ δὲ εὐσεβεστάτου, θεοστηρίκτου καὶ Γαληνοτάτου ἡγεμόνος αὐτῆς Μιλάνου τοῦ Δ΄ Ὀβράνοβιτζ καὶ τοῦ πανιερωτάτου Ἀρχιεπισκόπου Βελιγραδίου καὶ Μητροπολίτου Σερβίας κυρίου Μιχαήλ, ἐν ὀνόματι τοῦ τ' εὐαγοῦς κλήρου καὶ τοῦ εὐσεβοῦς λαοῦ διὰ γραμμάτων πρὸς ἡμᾶς ἀνενεχθέντων καὶ ἀνάλογον τῇ πολιτικῇ ἐκκλησιαστικὴν ἀνεξαρτησίαν καὶ αὐτοδιοίκησιν ἐξαιτησαμένων, ὁ Μητροπολίτης ἡμῶν μετὰ τῆς περὶ ἡμᾶς ἁγίας Συνόδου τῶν ἱερωτάτων Μητροπολιτῶν, τῶν ἐν ἁγίῳ πνεύματι ἀγαπητῶν ἡμῶν ἀδελφῶν καὶ συλλειτουργῶν συνελθόντες ἐπὶ τούτῳ ἐν τῷ Συνοδικῷ τοῦ ἁγίου μεγαλομάρτυρος Γεωργίου καὶ συνδιασκεψάμενοι ἐν ἁγίῳ πνεύματι καὶ τὴν αἴτησιν αὐτῶν εὔλογον καὶ πρὸς τὸ πνεῦμα τῶν ἱερῶν Κανόνων καὶ τὰς κατὰ καιροὺς ἐκκλησιαστικὰς πράξεις κατὰ πάντα συνᾴδουσαν εὑρόντες, ἀπεφηνάμεθα ἵνα ἡ ὀρθόδοξος Ἐκκλησία τῆς Σερβικῆς Ἡγεμονίας ἡ τέως διὰ τοῦ Ἀρχιεπισκόπου Βελιγραδίου καὶ Μητροπολίτου Σερβίας ἔχουσα τὴν κανονικὴν ἐξάρτησιν καὶ ἀναφορὰν εἰς τὸν καθ' ἡμᾶς ἁγιώτατον ἀποστολικὸν καὶ Πατριαρχικὸν θρόνον Κωνσταντινουπόλεως μετὰ τῶν ἀρτίως προσαρτηθεισῶν αὐτῇ ἐπαρχιῶν καὶ διαμερισμάτων, ἤτοι σύμπασα ἡ ἐν τοῖς ὁρίοις τῆς πολιτικῶς καὶ χωρογραφικῶς μεγαλυνθείσης καὶ τέλειον ἀνεξαρτηθείσης Ἡγεμονίας τῆς Σερβίας ἐμπεριλαμβανομένη ὀρθοδόξως Ἐκκλησία, κεφαλὴν ἔχουσα ὡς καὶ ἅπασα ἡ ὀρθόδοξος καθολικὴ καὶ ἀποστολικὴ Ἐκκλησία τὸν θεάνθρωπον Κύριον καὶ Σωτῆρα ἡμῶν Ἰησοῦν Χριστόν, ὑπάρχει τοῦ λοιποῦ κανονικῶς αὐτοκέφαλος, ἀνεξάρτητος καὶ αὐτοδιοίκητος, πρῶτον ἐν τοῖς ἐκκλησιαστικοῖς πράγμασι καὶ Πρόεδρον αὐτῆς ἔχουσα καὶ ἐπιγινώσκουσα τὸν ἀρχιεπίσκοπον Βελιγραδίου καὶ Μητροπολίτην Σερβίας, ἔχοντα περὶ ἑαυτὸν Σύνοδον κατὰ τοὺς ἱεροὺς Κανόνας συγκροτουμένην ἐκ τῶν ἀρχιερέων τῆς ἐκκλησιαστικῆς αὐτῆς περιφερείας καὶ μετ' αὐτοῦ κυβερνῶσαν τὰ τῆς ἐκκλησίας τῆς ἡγεμονίας ὡς οἱ θεῖοι καὶ ἱεροὶ διακηρύττονται κανόνες, ἐλευθέρως τε καὶ ἐν ἁγίῳ πνεύματι καὶ ἀκωλύτως ἀπὸ πάσης ἄλλης ἐπεμβάσεως, οὕτω δεῖ καὶ ἐπὶ τούτοις καθισταμένην διὰ τοῦδε τοῦ Συνοδικοῦ Τόμου τοῦ ἁγίου ἐν τῇ ἡγεμονίᾳ τῆς Σερβίας ἐκκλησίαν, ἐπιγινώσκομεν καὶ ἀνακηρύττομεν πνευματικὴν ἡμῶν ἀδελφὴν καὶ πάσαις ταῖς ἀνὰ τὴν οἰκουμένην ὀρθοδόξοις ἐκκλησίαις ἐπισυνιστῶμεν τοιαύτην ἀναγνωρίζεσθαι καὶ μνημονεύεσθαι τῷ ὀνόματι «ἡ ἁγία αὐτοκέφαλος Ἐκκλησία τῆς Σερβικῆς ἡγεμονίας». Καὶ δὴ καὶ πάσας τὰς προνομίας καὶ πάντα τὰ κυριαρχικὰ δικαιώματα τὰ τῇ αὐτοκεφάλῳ ἐκκλησιαστικῇ ἀρχῇ παρομαρτοῦντα παρέχομεν αὐτῇ, ὥστε τοῦ λοιποῦ τὸν μὲν Ἀρχιεπίσκοπον Βελιγραδίου καὶ Μητροπολίτην Σερβίας ἱερουργοῦντα μνημονεύειν «πάσης Ἐπισκοπῆς Ὀρθοδόξων» τὴν δὲ περὶ αὐτὸν χορείαν τῶν σεβασμίων Ἀρχιερέων τοῦ ὀνόματος αὐτοῦ καὶ τὰ πρὸς τὴν ἐσωτερικὴν ἐκκλησιαστικὴν διοίκησιν ἀφορῶντα ἀνακρίνεσθαι καὶ [...]* καὶ καθορίζεσθαι ἀπολύτως ὑπ' αὐτοῦ τε καὶ τῆς περὶ αὐτὸν ἁγίας Συνόδου ἀκολούθως τῇ εὐαγγελικῇ καὶ τῇ λοιπῇ κατὰ τὴν ἱερὰν παράδοσιν καὶ τὰς σεβασμίας διατάξεις τῆς ἁγίας ὀρθοδόξου ἡμῶν Ἐκκλησίας διδασκαλίᾳ· ἵνα δὲ καὶ ἡ ἀμοιβαία πνευματικὴ ἑνότης πρός τε τὴν ἐν Κωνσταντινουπόλει μεγάλην τοῦ Χριστοῦ Ἐκκλησίαν καὶ πρὸς τὰς λοιπὰς αὐτοκεφά-

*Δυσανάγνωστη λέξη

λους ὀρθοδόξους τοῦ Χριστοῦ Ἐκκλησίας ζῶσά τε καὶ ἀκμαία καὶ ἐν πᾶσιν ἀπαραμείωτος διατηρεῖται ὀφείλει ὁ Ἀρχιεπίσκοπος Βελιγραδίου καὶ Μητροπολίτης Σερβίας κατὰ τὸν ἀνέκαθεν παρὰ ταῖς αὐτοδιοικουμέναις Ἐκκλησίαις κρατήσαντα πατροπαράδοτον καὶ κανονικὸν τῆς ἀμοιβαίας ἀδελφικῆς σχέσεως καὶ συναφείας θεσμὸν μνημονεύειν τὸ ἐν τοῖς ἱεροῖς Διπτύχοις τῶν ἁγιωτάτων Πατριαρχῶν, λαμβάνων καὶ τὸ ἅγιον Μύρον παρὰ τῆς ἐν Κωνσταντινουπόλει Μητρὸς Μεγάλης τοῦ Χριστοῦ Ἐκκλησίας καί, ὡς αὐτοδικαίως Πρόεδρος τῆς περὶ αὐτὸν ἱερᾶς Συνόδου ἀναγορευόμενος ἐπιστέλλειν τὰ νενομισμένα ἐνθρονιστικὰ Γράμματα πρὸς πάσας τὰς ὀρθοδόξους Πατριαρχικὰς καὶ λοιπὰς αὐτοκεφάλους Ἐκκλησίας καὶ πρὸς αὐτὰς ταύτας διὰ Γραμμάτων Συνοδικῶν ἀναφέρεσθαι ἐν τοῖς συμπίπτουσι γενικοῖς ἐκκλησιαστικοῖς ζητήμασι τοῖς καθολικωτέρας ψήφου καὶ δοκιμασίας ἐπιδεομένοις, ὡς καὶ τἀνάπαλιν, ... τῶν ὁρισμένων πατριαρχικῶν καὶ αὐτοκεφάλων Ἐκκλησιῶν πρὸς αὐτὴν ταῦτα ποιήσῃ κατὰ τὴν ἀρχῆθεν, ὡς ἔφημεν, ἐπικρατήσασαν ἐν τῇ ὀρθοδόξῳ Ἐκκλησίᾳ κανονικὴν τάξιν τε καὶ συνήθειαν. Ἐπειδὴ δὲ ἐν ταῖς ἄρτι πολιτικῶς προσαρτηθείσαις τῇ Σερβικῇ Ἡγεμονίᾳ ἐπαρχίαις εὕρηνται καὶ πολλοὶ σχισματικοὶ κληρικοί τε καὶ λαϊκοὶ ὀπαδοὶ τῆς λεγομένης βουλγαρικῆς ἐξαρχίας περὶ ὧν καὶ ἐν τῷ τοῦ Μητροπολίτου τῆς Σερβίας γράμματι δεδήλωται ὡς [εὐ... πόθον]* ἐπιστροφῆς τὰ περὶ τῆς παραδοχῆς αὐτῶν ἐν τοῖς κόλποις τῆς ὀρθοδόξου Καθολικῆς καὶ ἀποστολικῆς Ἐκκλησίας ἐπιλυθήσονται καὶ καθορισθήσονται συνῳδὰ τοῖς ἱεροῖς Κανόσι καὶ ταῖς ἐκκλησιαστικαῖς διατάξεσιν. Ἐπ' αὐτοῖς οὖν τοῖς ὅροις ἡ ἐν Κωνσταντινουπόλει Μεγάλη τοῦ Χριστοῦ Ἐκκλησία ἐν ἁγίῳ Πνεύματι Συνοδικῶς ἀποφαινομένη ἀνακηρύσσει τὴν ἐν Σερβίᾳ ἁγίαν Ἐκκλησίαν αὐτοκέφαλον καὶ αὐτοδιοίκητον καὶ ταύτην ἐγκαρδίως ἐπευλογοῦσα ἐν πάσῃ ἀδελφικῇ ἀγάπῃ ἐπεύχεται ἐστηριγμένην καὶ ἀκράδαντον αὐτὴν διὰ παντὸς ἐμμένειν ἐν τῇ πίστει

---
*Δυσανάγνωστη λέξη

καὶ τῇ ἑνότητι τοῦ πνεύματος τῆς μιᾶς ἁγίας Καθολικῆς καὶ ἀποστολικῆς Ἐκκλησίας πρὸς οἰκοδομὴν τοῦ σώματος τοῦ Χριστοῦ, ᾧ πρέπει πᾶσα δόξα τιμὴ καὶ προσκύνησις σὺν τῷ ἀνάρχῳ αὐτοῦ Πατρὶ καὶ τῷ παναγίῳ καὶ ἀγαθῷ καὶ ζωοποιῷ αὐτοῦ Πνεύματι νῦν τε καὶ εἰς τοὺς αἰῶνας. Ἀμήν.

<ἐν ἔτει σωτηρίῳ χιλιοστῷ ὀκτακοσιοστῷ ἑβδομηκοστῷ ἐννάτῳ κατὰ μῆνα Ὀκτώβριον Ἐπινεμήσεως η΄ης (8ης)>

Ἰωακεὶμ ἐλέῳ Θεοῦ Ἀρχιεπίσκοπος Κωνστ(αντινουπό)λεως νέας Ῥώμης καὶ Οἰκουμ(ενικὸς) Πατριάρχης ἐν Χ(ριστ)ῷ τῷ Θεῷ ἀποφαίνεται

† Ὁ Ἐφέσου Ἀγαθάγγελος
† Ὁ Νικομηδείας Φιλόθεος
† Ὁ Χαλκηδόνος Καλλίνικος
† Ὁ Δέρκων Ἰωακεὶμ
† Ὁ Νεοκαισαρείας Ἱερόθεος
† Ὁ Σμύρνης Μελέτιος
† Ὁ Μηθύμνης Πατάπιος
† Ὁ Ἴμβρου Νικηφόρος
† Ὁ Φαναριοφερσάλων Κωνστάντιος
† Ὁ Κώου Μελέτιος

γ) Πατριαρχικός και Συνοδικός Τόμος περί ιδρύσεως της «Αυτοκεφάλου Ηνωμένης Ορθοδόξου Σερβικής Εκκλησίας του Βασιλείου των Σέρβων, Κροατών και Σλοβένων[3]

† Μελέτιος ἐλέῳ Θεοῦ Ἀρχιεπίσκοπος Κωνσταντινουπόλεως, Νέας Ῥώμης καὶ Οἰκουμενικὸς Πατριάρχης.

Κατὰ τὸ χρεὼν καὶ πρὸς οἰκοδομὴν ἡ τοῦ Θεοῦ Ἐκκλησία οἰκονομοῦσα πάντα καὶ διεξάγουσα, τῆς καλῆς οἰκονομίας καὶ κανονικῆς τάξεως ἴδιον καὶ τοῦτο οἶδε καὶ ἐνάριθμιον λογίζεται, τὸ πρὸς τὰς συμβαινούσας πολιτικὰς μεταβολὰς καὶ τὰ τῆς ἐκκλησιαστικῆς διοικήσεως προσαρμόζειν καὶ διευθετεῖν ὅρια, ἐφ' ὅσον τοῦτο ὑπὸ τῶν ἱερῶν τῆς Ἐκκλησίας νόμων ἐπιτέτραπται, ἵνα ἀπρόσκοπτος μὲν καὶ λυσιτελὴς ἡ τῶν ἐκκλησιαστικῶν πραγμάτων γίγνηται διακυβέρνησις, μείζων δὲ καὶ τῷ Χριστωνύμῳ λαῷ ἡ ὠφέλεια. Ὅθεν καὶ περὶ τοῦ θεοσώστου Βασιλείου τῆς Σερβίας προκειμένου, ἐπειδὴ τοῦτο μετὰ τοὺς γενομένους κατὰ τὰ ἔτη ‚αϡιβ΄ (1912) καὶ ‚αϡιγ΄ (1913) Βαλκανικοὺς πολέμους καὶ τὸν λήξαντα μέγαν Γενικὸν πόλεμον ἐδαφικῶς ἐπεκταθὲν καὶ ἐπαυξηθὲν καὶ εἰς ἓν Ἡνωμένον Βασίλειον τῶν Σέρβων, Κροατῶν καὶ Σλοβένων ἐλέῳ καὶ εὐλογίᾳ Θεοῦ μεγαλυνθὲν συμπεριέλαβεν ἐν τῇ περιοχῇ αὐτοῦ καὶ τὰς ἑξῆς ὑπὸ τὸν καθ' ἡμᾶς Πατριαρχικὸν Οἰκουμενικὸν Θρόνον τέως τελούσας κανονικῶς ἐπαρχίας, ἤτοι τὰς Μητροπόλεις Σκοπείων, Ρασκοπρεσρένης, Δεβρῶν καὶ Βελισσοῦ, Πελαγονίας, Πρεσπῶν καὶ Ἀχριδῶν, μέρος τῆς Μητροπόλεως Βοδενῶν, τὴν Ἐπισκοπὴν Πολυανῆς, δυνάμει τῆς Συνθήκης τοῦ Βουκουρεστίου τῆς 10ης Αὐγούστου 1913, τὴν Μητρόπολιν Στρωμνίτσης, δυνάμει τῆς Συνθήκης τοῦ Νεγὺ τῆς 27ης Νοεμβρίου 1919, καὶ τὰς ἐν Βοσνίᾳ καὶ Ἐρζεγοβίνῃ Μητροπόλεις Βόσνης, Ἐρσεκίου, Σβορνικίου καὶ Βανιαλούκας καὶ Βιχάτσης, δυνάμει τῆς Συνθήκης μετὰ τῆς Αὐστρίας, τῆς ὑπογραφείσης ἐν Ἁγίῳ Γερμανῷ ἐν Λαΐ τῇ 10ῃ Σεπτεμβρίου 1919, καὶ ἐπειδὴ ἐν τοῖς ὁρίοις τοῦ ἐνιαίου τούτου Βασιλείου τῶν Σέρβων, Κροατῶν καὶ

---

3. Α.Ο.Π., Κώδικας Ab΄|4, 185-187.

Σλοβένων συμπεριελήφθησαν μὲν καὶ αἱ Αὐτοκέφαλοι Ὀρθόδοξοι Ἐκκλησίαι τοῦ Καρλοβιτσίου καὶ τοῦ Μαυροβουνίου, καθὼς καὶ αἱ δύο ἐν Δαλματίᾳ ἐπαρχίαι τῆς Ζάρας καὶ τοῦ Καττάρου, ἀπὸ κοινῆς δὲ γνώμης τῶν 186 προεστώτων τῶν Ἐκκλησιῶν τούτων ἐν Συνόδῳ συνελθόντων ἐκηρύχθη ἡ διοικητικὴ αὐτῶν ἕνωσις μετὰ τῆς Ἐκκλησίας τῆς Σερβίας εἰς μίαν Αὐτοκέφαλον Ἐκκλησίαν ὑπὸ τὸ ὄνομα «Αὐτοκέφαλος Ἡνωμένη Ὀρθόδοξος Σερβικὴ Ἐκκλησία τοῦ Βασιλείου τῶν Σέρβων, Κροατῶν καὶ Σλοβένων», διὰ ταῦτα ἡ καθ' ἡμᾶς Μεγάλη τοῦ Χριστοῦ Ἐκκλησία, ἐπὶ τῇ αἰτήσει τῆς Ἐκκλησίας καὶ τῆς Κυβερνήσεως τοῦ Βασιλείου τῶν Σέρβων, Κροατῶν καὶ Σλοβένων, ὑπ' ὄψει ἔχουσα τὸ κανονικὸν καὶ εὔλογον τῆς εἰς ἓν ὅλον καὶ ἐκκλησιαστικῶς ἑνώσεως τῶν πολιτικῶς ἤδη ἑνωθεισῶν ἐκκλησιαστικῶν περιοχῶν, χάριν τε τῆς κανονικῆς ἑνότητος καὶ ἁρμονίας ἐν τῇ διοικήσει, κατὰ τὸν κανόνα τῶν Πατέρων τὸν λέγοντα «τοὺς Ἐπισκόπους ἑκάστου Ἔθνους εἰδέναι χρὴ τῶν ἐν αὐτοῖς πρῶτον καὶ τοῦτον ἡγεῖσθαι, ὡς κεφαλήν», καὶ πρὸς μείζονα καὶ κοινὴν τῶν ἑνουμένων περιφερειῶν διὰ τῆς ἑνότητος ὠφέλειαν, δι' ὁμοφώνου ἀποφάσεως ληφθείσης ἐν συνεδρίᾳ τῆς Ἁγίας καὶ Ἱερᾶς Συνόδου ὑπὸ τὴν προεδρίαν τῆς Μετριότητος ἡμῶν ἀποφαίνεται καὶ ὁρίζει τὰ ἀκόλουθα: Ἐπευλογεῖ τὴν ἐκκλησιαστικὴν ἀπὸ τοῦ Πατριαρχικοῦ Οἰκουμενικοῦ Θρόνου Κωνσταντινουπόλεως χειραφέτησιν καὶ τὴν προσάρτησιν εἰς τὴν Αὐτοκέφαλον Ἡνωμένην Ὀρθόδοξον Σερβικὴν Ἐκκλησίαν τῶν τέως ὑπ' αὐτὸ(ν) τελουσῶν καὶ ἀνωτέρω μνημονευθεισῶν ἐπαρχιῶν· ἀναγνωρίζουσα δὲ καὶ τὴν ἀνακηρυχθεῖσαν ἕνωσιν τῶν Αὐτοκεφάλων Ἐκκλησιῶν τῆς Σερβίας, τοῦ Μαυροβουνίου καὶ τοῦ Καρλοβιτσίου καὶ τῶν δύο Δαλματικῶν ἐπαρχιῶν, ἀποδέχεται τὴν σχηματισθεῖσαν ἐξ αὐτῶν Ἁγίαν Αὐτοκέφαλον Ἡνωμένην Ὀρθόδοξον Σερβικὴν Ἐκκλησίαν ὡς ἀδελφὴν ἐν Χριστῷ, ἔχουσαν καὶ ἀπολαύουσαν πάντα τὰ τοῦ αὐτοκεφάλου δικαιώματα, κατὰ τὰ θέσμια καὶ τὴν τάξιν τῆς Ἁγίας Ὀρθοδόξου Ἐκκλησίας. Εἰς δὲ ἔνδειξιν καὶ μόνιμον εἰς τὸ διηνεκὲς παράστασιν καὶ ἀσφάλειαν τῶν οὕτω κανονικῶς ἐγκριθέντων καὶ ὁρισθέντων περὶ τῶν εἰς τὸ θεόσωστον Βασίλειον τῶν Σέρβων, Κροατῶν καὶ

Σλοβένων περιελθουσῶν τέως ἐπαρχιῶν καὶ μερῶν τοῦ καθ' ἡμᾶς Ἁγιωτάτου Πατριαρχικοῦ Οἰκουμενικοῦ Θρόνου καὶ περὶ τῆς ἐν τῷ Βασιλείῳ τούτῳ σχηματισθείσης μιᾶς Ἡνωμένης Αὐτοκεφάλου Ὀρθοδόξου Σερβικῆς Ἐκκλησίας ἀπολύοντες μετὰ τῶν περὶ ἡμᾶς Ἱερωτάτων Μητροπολιτῶν 187 καὶ ὑπερτίμων τῶν ἐν Ἁγίῳ Πνεύματι ἀγαπητῶν ἡμῖν ἀδελφῶν καὶ συλλειτουργῶν τὸν παρόντα ἡμέτερον Πατριαρχικὸν καὶ Συνοδικὸν Τόμον, οὗ ἴσον καὶ ἀπαράλλακτον κατέστρωται καὶ ἐν τῷ ἱερῷ Κώδικι τῆς καθ' ἡμᾶς Μεγάλης τοῦ Χριστοῦ Ἐκκλησίας, εὐχόμεθα ὅπως ὁ Θεὸς πάσης χάριτος ὁ καλέσας ἡμᾶς εἰς τὴν αἰώνιον αὐτοῦ δόξαν ἐν Χριστῷ Ἰησοῦ, αὐτὸς χαρίζοιτο πάντοτε πᾶσαν εὐλογίαν καὶ πᾶσαν καρποφορίαν ἀγαθὴν ταῖς τε οὕτως ἀφ' ἡμῶν χειραφετηθείσαις ἐπαρχίαις καὶ ἁπάσῃ τῇ Ἁγιωτάτῃ ἀδελφῇ Αὐτοκεφάλῳ Ἡνωμένῃ Ὀρθοδόξῳ Σερβικῇ Ἐκκλησίᾳ τοῦ Βασιλείου τῶν Σέρβων, Κροατῶν καὶ Σλοβένων. Αὐτῷ ἡ δόξα καὶ τὸ κράτος εἰς τοὺς αἰῶνας τῶν αἰώνων. Ἀμήν. Ἐν ἔτει σωτηρίῳ ͵αϡκβ' (1922) μηνὸς Φεβρουαρίου ιθ' Ἐπινεμήσεως Ε'.

† Ὁ Πατριάρχης Κωνσταντινουπόλεως Μελέτιος ἀποφαίνεται
† Ὁ Καισαρείας Νικόλαος
† Ὁ Νικαίας Βασίλειος
† Ὁ Χαλκηδόνος Γρηγόριος
† Ὁ Ἀμασείας Γερμανός
† Ὁ Ῥόδου Ἀπόστολος
† Ὁ Νεοκαισαρείας καὶ Κοτυώρων Πολύκαρπος
† Ὁ Ἀγκύρας Γερβάσιος
† Ὁ Βάρνης Νικόλαος
† Ὁ Χαλδίας Κερασοῦντος
† Ὁ Ἀξιουπόλεως Σμάραγδος
† Ὁ Μετρῶν Ἰωακείμ
† Ὁ Σάρδεων Ἀγαθάγγελος

3. Πατριαρχείο Ρουμανίας

α) Πατριαρχικός και Συνοδικός Τόμος περί παραχωρήσεως αυτοκεφάλου καθεστώτος στη Ρουμανική Εκκλησία[1]

«Θεμέλιον ἄλλον οὐδείς δύναται θεῖναι», φησίν ὁ μέγας τῶν ἐθνῶν Ἀπόστολος «παρά τόν κείμενον, ὅς ἐστιν Ἰησοῦς ὁ Χριστός». Ἐπί τούτῳ οὖν τῷ ἑνί καί μόνῳ στερρῷ καί ἀδιασείστῳ θεμελίῳ ἀείποτε ἐπικοδομούμενη ἡ μία, ἁγία, καθολική καί ἀποστολική τοῦ Χριστοῦ Ἐκκλησία, τηρῆ ἀδιάσπαστον τήν ἑνότητα τῆς πίστεως ἐν τῷ συνδέσμῳ τῆς ἀγάπης. Οὕτω τοίνυν τῆς ἑνότητος ταύτης ἀπαραμειώτου καί ἀπαρασαλεύτου εἰς τόν ἅπαντα παραμενούσης αἰῶνα ἔξεστι δοκιμασίᾳ ἐκκλησιαστική τά περί τήν τῶν Ἐκκλησιῶν διοίκησιν πράγματα κατά τε τά τῶν θεμάτων διαρρύθμισιν εἰς τήν τάξιν τοῦ ἀξιώματος μεταβάλλεσθαι. Ἐφ' ᾧ καί ἡ Ἁγιωτάτη Μεγάλη τοῦ Χριστοῦ Ἐκκλησία προθύμως πάνυ καί ἐν πνεύματι εἰρήνης καί ἀγάπης τάς ἀναγκαίας κρινομένας ἐν τῇ πνευματικῇ διοικήσει τῶν κατά τόπων

---

1 Α.Ο.Π., Κώδικας Α'/54,176-178. Από το χειρόγραφο πρωτότυπο ελλείπουν η αναφορά στο όνομα του τότε Οικουμενικού Πατριάρχη Ιωακείμ του Δ' και η παράθεση στο τέλος του κειμένου των υπογραφών των Ιεραρχών-μελών της Συνόδου και γι' αυτόν το λόγο ελλείπουν και από το δημοσιευμένο κείμενο.

ἁγίων ἐκκλησιῶν μεταβολὰς εὐπελογοῦσα καθορίζει ὡς κρείττονα τοῦ πληρώματος τῶν πιστῶν οἰκοδομήν. Ἐπειδὴ τοίνυν ὁ Πανιερώτατος καὶ Σεβασμιώτατος Μητροπολίτης Οὐγγροβλαχίας κὺρ Καλλίνικος, ἐξ ὀνόματος τῆς ἱερᾶς τῶν ἐν Ρουμανίᾳ ἁγίων Ἀρχιερέων ὁμηγύρεως καὶ συνενέσεως τῆς τε Αὐτοῦ Μεγαλειότητος τοῦ Βασιλέως τῆς Ρουμανίας καὶ τῆς Βασιλικῆς Αὐτοῦ Κυβερνήσεως, ἐξητήσατο δι' ἐπιστολῆς, διαβιβαζομένης καὶ συνοδευομένης ὑπὸ τοῦ ἐξοχωτάτου ὑπουργοῦ τῶν Ἐκκλησιαστικῶν καὶ τῆς δημοσίας ἐκπαιδεύσεως τῆς Ρουμανίας κυρίου Δημητρίου Στούρτζα παρὰ τῆς καθ' ἡμᾶς Ἐκκλησίας τὴν εὐλογίαν καὶ τὴν ἀναγνώρισιν τῆς Ἐκκλησίας τοῦ Βασιλείου τῆς Ρουμανίας ὡς αὐτοκεφάλου, ἡ Μετριότης ἡμῶν τὴν αἴτησιν καὶ ἀξίωσιν ταύτην ὡς δικαίαν καὶ τοῖς ἐκκλησιαστικοῖς θεσμίοις συνᾴδουσαν προσήκατο· καὶ δὴ μετὰ τῆς περὶ ἡμᾶς Ἱερᾶς Συνόδου τῶν Ἱερωτάτων Μητροπολιτῶν, τῶν ἐν ἁγίῳ Πνεύματι ἀγαπητῶν ἡμῶν ἀδελφῶν καὶ συλλειτουργῶν συνδιασκεψαμένη, ἀποφαίνεται, ἵνα ἡ ἐν Ρουμανίᾳ Ὀρθόδοξος Ἐκκλησία ὑπάρχῃ καὶ λέγηται καὶ παρὰ πάντων γνωρίζηται ἀνεξάρτητος καὶ αὐτοκέφαλος, ὑπὸ ἰδίας διοικουμένη Ἱερᾶς Συνόδου, Πρόεδρον ἐχούσης τὸν κατὰ καιροὺς Πανιερώτατον καὶ Σεβασμιώτατον Μητροπολίτην Οὐγγροβλαχίας καὶ Ἔξαρχον πάσης Ρουμανίας, μηδεμίαν ἄλλην ἀναγνωρίζουσα ἐκκλησιαστικὴν ἀρχὴν ἐν τῇ ἰδίᾳ αὐτῆς ἐσωτερικῇ διοικήσει εἰμὴ αὐτὴν τὴν τῆς μιᾶς, ἁγίας, καθολικῆς καὶ ἀποστολικῆς ὀρθοδόξου Ἐκκλησίας κεφαλήν, τὸν θεάνθρωπον λυτρωτήν, ὃς μόνος ὑπάρχῃ θεμέλιος καὶ ἀκρογωνιαῖος καὶ πρῶτος καὶ ἄκρος καὶ αἰώνιος ἀρχιερεὺς καὶ ἀρχιποιμήν. Οὕτω τοίνυν ἐπὶ τῷ ἀκρογωνιαίῳ λίθῳ τῆς πίστεως ἡμῶν ἐρειδομένην καὶ τῆς ἀκραιφνοῦς διδασκαλίας, ἣν ἀλώβητον καὶ ἀκαινοτόμητον οἱ Πατέρες ἡμῶν παρέδοσαν, στερρῶς ἀντεχομένην τὴν τοῦ Βασιλείου τῆς Ρουμανίας Ὀρθόδοξον Ἐκκλησίαν, διὰ τοῦδε τοῦ ἱεροῦ Πατριαρχικοῦ καὶ Συνοδικοῦ Τόμου, αὐτοκέφαλον καὶ κατὰ πάντα αὐτοδιοίκητον ἀναγράφοντες, ἀνακηρύττομεν τὴν Ἱερὰν αὐτῆς Σύνοδον ἀγαπητὴν ἐν Χριστῷ ἀδελφήν, ἀπολαύουσαν πασῶν τῶν τῇ αὐτοκεφάλῳ Ἐκκλησίᾳ παρομαρτουσῶν προνομίων καὶ πάντων τῶν κυριαρχικῶν δικαιωμάτων, ὥστε πᾶσαν τὴν ἐκκλησιαστικὴν εὐκοσμίαν καὶ τάξιν καὶ πάσας τὰς ἄλλας ἐκκλησιαστικὰς οἰκονομίας δι' αὐτῆς ἀκωλύτως καὶ ἐν πάσῃ ἐλευθερίᾳ διοικεῖσθαι καὶ ρυθμίζεσθαι, συνῳδὰ τῇ διηνεκεῖ καὶ ἀδιαλείπτῳ παραδόσει τῆς καθόλου Ὀρθοδόξου Ἐκκλησίας, καὶ ὡς τοιαύτην παρὰ τῶν λοιπῶν ἀνὰ τὴν Οἰκουμένην Ὀρθοδόξων Ἐκκλησιῶν γνωρίζεσθαι καὶ ὀνομάζεσθαι τῷ ὀνόματι τῆς Ἱερᾶς Συνόδου τῆς Ἐκκλησίας τῆς Ρουμανίας. Ἀλλ' ἵνα ὁ τῆς πνευματικῆς ἑνότητος καὶ συναφείας τῶν ἁγίων τοῦ Θεοῦ Ἐκκλησιῶν ἀπαραμείωτος ἐν ἅπασι παραμένῃ σύνδεσμος, καὶ γὰρ ἐδιδάχθημεν τηρεῖν τὴν ἑνότητα τοῦ πνεύματος ἐν τῷ συνδέσμῳ τῆς εἰρήνης, ἡ ἁγία Σύνοδος τῆς Ἐκκλησίας τῆς Ρουμανίας, ὀφείλει μνημονεύειν ἐν τοῖς ἱεροῖς διπτύχοις, κατὰ τὰ παλαιόθεν ὑπὸ τῶν ἁγίων καὶ θεοφόρων πατέρων παραδεδομένα τοῦ τε Οἰκουμενικοῦ καὶ τῶν λοιπῶν ἁγιωτάτων Πατριαρχῶν καὶ πασῶν τῶν Ὀρθοδόξων ἁγίων τοῦ Θεοῦ Ἐκκλησιῶν καὶ συνενοεῖσθαι ἀμέσως μετὰ τοῦ Οἰκουμενικοῦ καὶ τῶν λοιπῶν ἁγιωτάτων Πατριαρχῶν καὶ πασῶν τῶν Ὀρθοδόξων ἁγίων τοῦ Θεοῦ Ἐκκλησιῶν καὶ πᾶσι τῆς κρινοτέρας καὶ γενικωτέρας διασκέψεως χρήζουσι σπουδαίοις κανονικοῖς καὶ δογματικοῖς ζητήμασι, κατὰ τὴν ὑπ' ἀρχῆς κρατήσασαν ἱερὰν τῶν Πατέρων συνήθειαν. Ὡσαύτως δὲ δικαιοῦται αἰτεῖν καὶ λαμβάνειν παρὰ τῆς καθ' ἡμᾶς Μεγάλης τοῦ Χριστοῦ Ἐκκλησίας πανθ' ὅσα καὶ αἱ λοιπαὶ αὐτοκέφαλοι Ἐκκλησίαι δικαιοῦνται αἰτεῖν καὶ λαμβάνειν παρ' αὐτῆς δὲ Πρόεδρος τῆς Ἱερᾶς Συνόδου τῆς Ἐκκλησίας τῆς Ρουμανίας ὀφείλει ἐγκαθιστάμενος ἀποστέλλειν τὰ ἀναγκαῖα Συνοδικὰ Γράμματα πρός τε τὸν Οἰκουμενικὸν καὶ τοὺς λοιποὺς ἁγιωτάτους Πατριάρχας καὶ πρὸς πάσας τὰς αὐτοκεφάλους ὀρθοδόξους Ἐκκλησίας τοῦθ' ὅπερ καὶ αὐτὸς δικαιοῦται παρὰ τούτων ἀποδέχεσθαι. Ἐπὶ πᾶσιν οὖν τούτοις ἡ καθ' ἡμᾶς ἁγία καὶ Μεγάλη τοῦ Χριστοῦ Ἐκκλησία εὐλογῇ ἀπὸ βάθους ψυχῆς τὴν αὐτοκέφαλον καὶ ἐν Χριστῷ ἀγαπητὴν Ἐκκλησίαν τῆς Ρουμανίας καὶ δαψιλεῖς ἐπικαλεῖται ἐπὶ τὸν εὐσεβῆ λαόν, τὸν ἀνὰ τὸν θεοφρούρητον βασιλέα τῆς Ρουμανίας, ἐκ τῶν ἀκενώτων θησαυρῶν τοῦ Ἐπουρανίου Πατρός τάς θείας αὐτοῦ δωρεάς καὶ χάριτας ὑπεσχομένη αὐτοῖς τε καὶ τοῖς τέκνοις αὐτῶν εἰς γενεάν γενεῶν πᾶν ἀγαθόν καὶ κατ' ἄμφω σωτήριον «ὁ δέ Θεός τῆς εἰρήνης, ὁ ἀναγαγών ἐκ νεκρῶν τόν ποιμένα τῶν προβάτων τόν μέγαν ἐν αἵματι διαθήκης αἰωνίου τόν Κύριον ἡμῶν Ἰησοῦν, καταρτίσαι τήν ἁγίαν ταύτην Ἐκκλησίαν ἐκ παντί ἔργῳ ἀγαθῷ εἰς τό ποιῆσαι τό θέλημα αὐτοῦ, τηρεῖν εἰς τούς αἰῶνας τῶν αἰώνων. Ἀμήν.

Ἐν ἔτει σωτηρίῳ ˌαωηε΄ κατά μῆνα ἀπρίλιοξν Ἐπινεμήσεως ΙΓ΄.

Ὁ Πατριάρχης Κωνσταντινουπόλεως ἀποφαίνεται.

β) Επιστολή προς την Εκκλησία της Ρουμανίας περί ανακοινώσεως προς αυτήν της αποφάσεως για την ανύψωσή της σε Πατριαρχείο²

Ἀριθμ. Πρωτ. 1579

Μακαριώτατε καὶ Ἁγιώτατε Ἀρχιεπίσκοπε Βουκουρεστίου, Μητροπολῖτα Οὐγγροβλαχίας καὶ Πατριάρχα τῆς Ὀρθοδ. Αὐτοκέφαλου Ἐκκλησίας τῆς Ρουμανίας, ἐν Χριστῷ τῷ Θεῷ λίαν ἀγαπητὲ καὶ περιπόθητε ἀδελφὲ καὶ συλλειτουργὲ τῆς ἡμῶν Μετριότητος κύριε Μύρων, τὴν φίλην ἡμῖν σεβασμίαν Αὐτῆς Μακαριότητα ἀδελφικῶς ἐν Κυρίῳ κατασπαζόμενοι ὑπερήδιστα προσαγορεύομεν.

Ἄσμενοι προσφωνοῦμεν τὴν Ὑμετέραν Μακαριότητα διὰ τοῦ νέου Αὐτῆς σεπτοῦ Πατριαρχικοῦ τίτλου, προφρόνως ἄρτι δι' ἀποφάσεως ὁμοθύμου τῆς περὶ ἡμᾶς Ἁγίας καὶ Ἰ. Συνόδου ἀναγνωρισθέντος. Ἡ καθ' ἡμᾶς τοῦ Χριστοῦ Ἐκκλησία, ὡς μήτηρ φιλόστοργος, τὴν ἔφεσιν καὶ τὴν ἀπόφασιν κρίνασα καὶ ἐννοήσασα τῆς πεφιλημένης καὶ τετιμημένης αὐτῆς θυγατρός τε καὶ ἀδελφῆς ἐν Χριστῷ Ἁγίας Ρουμαν. Ἐκκλησίας, οὐχ εὗρεν ἀνυπέρβλητον κώλυμα τῷ καλῷ τῆς οἰκονομίας χρήσασθαι τρόπῳ καὶ προφρόνως καὶ ἀπὸ τοῦδε τὴν ἑαυτῆς δοῦναι ἀδελφικὴν συγκατάθεσιν καὶ ἀναγνώρισιν εἰς τὰ ἀπὸ κοινῆς ἀποφάσεως Ἐκκλησίας τε καὶ Πολιτείας ἐν τῇ ἀδελφῇ Ἐκκλησίᾳ γενόμενα, ἐν πεποιθήσει καὶ ἐπὶ τῇ προσδοκίᾳ βεβαίως ὅτι καὶ ὑπὸ τῆς ὅλης Ἁγίας Ὀρθοδ. Ἐκκλησίας, ἐν Οἰκουμενικῇ ἢ καὶ μεγάλῃ ἄλλῃ Συνόδῳ ἐν πρώτῃ εὐκαιρίᾳ συνερχομένης καὶ τελειωτικῶς περὶ τῶν τοιούτων κατὰ τὴν κανονικὴν ἀκρίβειαν ἀποφασιζούσης, οὐκ ἄλλως τὰ ἀπὸ χρηστῆς προθέσεως ὑπὲρ τῆς

---

2 Βλ. το κείμενο σε Ορθοδοξία (1925), 46-47. Αντί της αποφάσεως της Ιεράς Συνόδου του Οικουμενικού Πατριαρχείου περί ανυψώσεως της Εκκλησίας της Ρουμανίας σε Πατριαρχείο, δημοσιεύεται η αντίστοιχη επιστολή δια της οποίας ανακοινώνεται στη Ρουμανική Εκκλησία η ανύψωσή της σε Πατριαρχείο, λόγω συνοδικής αποφάσεως που απαγορεύει την παραχώρηση αποσπασμάτων από τα τηρούμενα Πρακτικά των συνεδριάσεων της Ιεράς Συνόδου του Οικουμενικού Πατριαρχείου.

ώφελείας καὶ τῆς δόξης τῆς Ἐκκλησίας προτελεσθέντα κριθήσονται. Ἔχομεν δὲ βεβαίαν ὡσαύτως τὴν πεποίθησιν, ὅτι ἐν τῇ ἀπόψει ἡμῶν ταύτῃ, καὶ ἄλλα ἐχούσῃ ἤδη τὰ πραγματικὰ παραδείγματα, ὁμογνώμονας καὶ συμψήφους ἕξομεν καὶ τοὺς λοιποὺς Ἁγιωτάτους καὶ Σεβασμιωτάτους Πατριάρχας καὶ Προέδρους πασῶν τῶν Ἁγίων ἀδελφῶν ὀρθοδόξων Αὐτοκεφάλων Ἐκκλησιῶν καὶ κοινὴ καὶ ἀπὸ τοῦδε ἔσται πάντων ἡ συναίνεσις περὶ τῆς εἰς τὴν Πατριαρχικὴν ἀξίαν ἀνυψώσεως τῆς ἀδελφῆς Ἐκκλησίας τῆς Ρουμανίας, ὡς τιμῆς καὶ ἐπιβραβεύσεως λόγῳ τε τῆς εὐλογίᾳ Θεοῦ ἐπελθούσης ἄρτι διὰ τῆς πολιτικῆς τοῦ ὅλου εὐσεβοῦς Ρουμανικοῦ Ἔθνους συνενώσεως μεγαλύνσεως τῶν κατ᾽ αὐτὴν εὐκαίρου καὶ δεδικαιολογημένης, λόγῳ τε τῆς ἐλπιζομένης μείζονος ἐν τῇ πίστει καὶ τῇ εὐσεβείᾳ προκοπῆς καὶ ἐπανθήσεως τῶν κατ᾽ αὐτὴν προσφόρου καὶ λυσιτελοῦς.

Εἴη μὲν οὖν ἡ οὕτω συντελεσθεῖσα τῆς ἀδελφῆς Ἐκκλησίας τῆς Ρουμανίας ἀνύψωσις εἰς τὴν Πατριαρχικὴν ἀξίαν καὶ περιωπὴν ἀφετηρία νέας ἀκμῆς τῶν κατ᾽ αὐτὴν καὶ πᾶσα χάρις καὶ πᾶν δώρημα τέλειον κατεπέμποιτο πάντοτε ἄνωθεν αὐτῇ.

Ἡμεῖς χαίροντες ὅτι μέλλομεν ἀπευθύνεσθαι ἐφεξῆς πρὸς τὴν Ὑμετέραν σεβασμίαν Μακαριότητα ὡς πρὸς Πρόεδρον Ἐκκλησίας ἤδη Πατριαρχικῆς καὶ εὐχόμενοι ἀδελφικῶς πᾶσαν ἱκάνωσιν, κατασπαζόμεθα καὶ αὖθις Αὐτὴν ἀδελφικῶς ἐν Κυρίῳ καὶ διατελοῦμεν μετ᾽ ἀγάπης πολλῆς.

,αϡκε΄ Ἰουλίου λ΄
Τῆς Ὑμετέρας γερασμίας Μακαριότητος
ἀγαπητὸς ἐν Χριστῷ ἀδελφὸς
† Ὁ Κωνσταντινουπόλεως ΒΑΣΙΛΕΙΟΣ

γ) Απαντητική Επιστολή του Προκαθημένου της Ρουμανικής Εκκλησίας για την ανύψωση αυτής σε Πατριαρχείο

Βουκουρέστιον, 26 Ἰανουαρίου 1926
Ἀριθμ. Πρωτ. 60
Παναγιώτατε,

Ἡ Ἱερὰ Σύνοδος τῆς Ἁγίας Ὀρθοδόξου Ρουμανικῆς Ἐκκλησίας, συνελθοῦσα εἰς ἔκτακτον συνεδρίαν τὴν 15ην Δεκεμβρίου 1925, ἔλαβε γνῶσιν λίαν εὐχαρίστως τῆς Ὑμετέρας πολυτίμου ἐπιστολῆς ὑπ' ἀριθμ. 1579 καὶ ἡμερομ. 30 Ἰουλίου 1925· τῆς πράξεως δηλονότι δι' ἧς Ὑμεῖς τε καὶ ἡ Ἱερὰ Σύνοδος τῆς Μεγάλης Οἰκουμ. Ἐκκλησίας ἀποδέχεσθε καὶ ἀναγνωρίζετε τὴν ἀνύψωσιν τῆς Ἁγίας αὐτοκεφάλου Ὀρθοδόξου Ρουμανικῆς Ἐκκλησίας εἰς τὴν τάξιν Πατριαρχείου καὶ τῆς ἡμῶν Μετριότητος εἰς τὸ ἀξίωμα τοῦ πρώτου Πατριάρχου τῆς Ρουμανικῆς Ἐκκλησίας, ἡνωμένης ἐν μιᾷ. Ἡ Ἱερὰ Σύνοδος τῆς Ἁγίας Αὐτοκεφάλου Ὀρθοδόξου Ρουμανικῆς Ἐκκλησίας ἤκουσε μετὰ μεγάλης πνευματικῆς χαρᾶς τὴν ἀνάγνωσιν τοῦ πολυτίμου τούτου ἐγγράφου, ἀποδεξαμένη αὐτὸ ὡς αἰσθητὸν δεῖγμα τῆς ἀγάπης, τὴν ὁποίαν ἡ Ἁγία καὶ Μεγάλη Οἰκουμενικὴ Ἐκκλησία ἐκδηλοῖ εἰς ὅ,τι ἔχει ὡς ἀποστολήν, τὴν ἐξασφάλισιν τῆς προόδου καὶ τῆς ἐνισχύσεως τῆς ἁγίας ὀρθοδόξου πίστεως διὰ τῆς εὐημερίας ἁπασῶν τῶν ἁγίων Ἐκκλησιῶν, αἵτινες ἐν συνόλῳ ἀποτελοῦσι τὴν Μίαν, Ἁγίαν, Καθολικὴν καὶ Ἀποσιολικὴν Ἐκκλησίαν, ἧς ὁ ἀρχηγὸς καὶ ὑπέρτατος Κύριος τυγχάνει ὁ Κύριος καὶ Θεὸς ἡμῶν Ἰησοῦς Χριστός, ὁ Σωτὴρ τοῦ κόσμου.

Ἡ ἁγία Ρουμανικὴ Ἐκκλησία, πιστὴ εἰς τὸ ἔνδοξον αὐτῆς παρελθὸν ὡς φρουροῦ καὶ σθεναρᾶς προστάτιδος τῆς ὀρθοδόξου πίστεως, καθὼς ἐπίσης καὶ ὡς γενναίου στηρίγματος τῶν δυστυχῶν, οὓς κατέβαλον αἱ θλίψεις καὶ τὰ δεινοπαθήματά, θὰ διατελέσῃ καὶ ἐν τῷ μέλλοντι στερρῶς ἐρειδωμένη ἐπὶ τῆς βάσεως τῶν ἱερῶν δογμάτων καὶ κανόνων, τοὺς ὁποίους ἐκληρονόμησε παρὰ τῶν ἁγίων καὶ σεπτῶν προκατόχων καὶ τοὺς ὁποίους θὰ διαφυλάξῃ ὡς θησαυρὸν ἀνεκτίμητον καὶ ἐν ἀνάγκῃ θὰ προάσπιζῃ μετὰ τοῦ αὐτοῦ ὅπως καὶ ἐκεῖνοι ζήλου.

Ἐν δὲ τῇ συναινέσει καὶ τῇ ἀναγνωρίσει ὑπὸ τῆς Ὑμετέρας Θ. Παναγιότητος τοῦ νέου τούτου ἀξιώματος, τοῦ ὁποίου ἡμεῖς τε καὶ ἡ ἡμετέρα Ἐκκλησία ἐγενόμενα ἄξιοι, θὰ ἀντλήσωμεν νέαν δύναμιν ἐν τῇ ἐκπληρώσει τῆς ἱερᾶς ἀποστολῆς, τὴν ὁποίαν ὁ Πανάγαθος Θεὸς ἐν τῇ εὐσπλαχνίᾳ Αὐτοῦ, ἠβουλήθη ἵνα ἀναθέσῃ ἡμῖν.

Ἡ Μετριότης ἡμῶν φέρουσα εἰς γνῶσιν τῆς Ὑμετέρας Παναγιότητος τὰ ἀνωτέρω, λογίζεται εὐτυχὴς ὅτι κατὰ τὸν χρόνον τῆς ποιμανιορικῆς αὐτῆς ἀποστολῆς ἁγία ὀρθόδοξος Ῥουμανικὴ Ἐκκλησία κατέστη ἀξία νὰ τύχῃ τοῦ μᾶλλον τιμητικοῦ καὶ τοῦ μᾶλλον ὑψηλοῦ ἐν τῇ Ὀρθοδοξίᾳ ἀξιώματος, τοῦ Πατριαρχικοῦ.

Διὰ τοῦ νέου τούτου ἀξιώματος περικεκοσμημένη ἡ ἡμετέρα Ἐκκλησία, αἰσθάνεται πλέον παρὰ ποτὲ τὸ καθῆκον, τὸ μὲν ὅπως ἀποδώσῃ χάριτας καὶ εὐχαριστίαν εἰς τὸν Πανάγαθον Θεὸν καὶ τὸν Υἱόν Αὐτοῦ, τὸν Λυτρωτήν, διὰ τὰς ἀπείρους εὐεργεσίας καὶ ἐπικαλεσθῇ παρ' Ἐκείνου «τοῦ τὰ ἀσθενῆ θεραπεύοντος, καὶ τὰ ἐλλείποντα ἀναπληροῦντος», ἵνα δώσῃ αὐτῇ δύναμιν καὶ πίστιν καὶ διὰ τοῦ Παναγίου Αὐτοῦ Πνεύματος κατευθύνῃ αὐτὴν εἰς πᾶν ἔργον ἀγαθὸν καὶ θεάρεστον, ὁ δὲ ὅπως διαβεβαιώσῃ τὴν Ὑμετέραν Θ. Παναγιότητα καὶ τὴν Ἱερὰν Σύνοδον τῆς Μεγάλης Οἰκουμενικῆς Ἐκκλησίας περὶ τοῦ ἀνεκφράστου αὐτῆς σεβασμοῦ καὶ τῆς ἀγάπης, ἅτινα αἰσθανόμεθα πρὸς Ὑμᾶς.

Ἐκφράζοντες ἐκ νέου τὰς εὐχαριστίας ἡμῶν καὶ τῆς Ἱερᾶς Συνόδου τῆς Ἁγίας ἡμῶν Ἐκκλησίας διὰ τὴν ἀδελφικὴν ἀγάπην, τὴν ὁποίαν ἐπεδείξατε καὶ ἐν τῇ περιστάσει ταύτῃ, παρακαλοῦμεν Ὑμᾶς, ὅπως δεχθῆτε τοὺς ἀδελφικοὺς ἡμῶν ἐν Κυρίῳ ἀσπασμοὺς καὶ ὅπως ἀναμιμνήσκησθε ἐν ταῖς ἁγίαις ἡμῶν προσευχαῖς τῆς Μετριότητος ἡμῶν, τῶν ἐπισκόπων, τοῦ κλήρου τῆς ἁγίας ἡμῶν Ἐκκλησίας καὶ τοῦ ὀρθοδόξου Ῥουμανικοῦ λαοῦ, οἵτινες τοὐντεῦθεν ὡς καὶ κατὰ τὸ παρελθὸν θέλουσι περιβάλλῃ τὸν Οἰκουμενικὸν Θρόνον διὰ τῆς αὐτῆς τιμῆς, ἀγάπης καὶ ἀφοσιώσεως.

Διατελῶ τῆς Ὑμετ. Θ. Παναγιότ. ταπεινὸς ἐν Κυρίῳ Ἰησοῦ Χριστῷ ἀδελφός,
† ΜΥΡΩΝ
Πατριάρχης τῆς Ὀρθοδόξου Ῥουμανικῆς Ἐκκλησίας.
Ὁ Διευθυντὴς
Ἀρχιμ. Τ. Σεμένδρια.

4. Πατριαρχείο Βουλγαρίας

α) Πρωτόκολλον των Όρων περί άρσεως του Σχίσματος[1]

Πρὸς ἄρσιν τῆς ἀπὸ ἐτῶν ὑφισταμένης λυπηρᾶς ἀνωμαλίας ἐν τῷ σώματι τῆς Ἁγίας Ὀρθοδόξου Ἐκκλησίας καὶ ἀποκατάστασιν τῆς εἰρήνης καὶ τῶν ἀδελφικῶν κανονικῶν σχέσεων τῆς Βουλγαρικῆς Ἐκκλησίας πρὸς τὸ Οἰκουμενικὸν Πατριαρχεῖον καὶ τὰς λοιπὰς Αὐτοκεφάλους Ὀρθοδόξους Ἐκκλησίας θεωροῦνται τελεσφόρα τὰ κατωτέρω:

Α) Ἵνα ἡ Ἁγιωτάτη Σύνοδος τῆς Ὀρθοδόξου Βουλγαρικῆς Ἐκκλησίας διὰ γραμμάτων αὐτῆς πρὸς τὸν Οἰκουμενικὸν Πατριάρχην δηλώσῃ ὅτι, θλιβομένη διὰ τὸν χωρισμόν, ὅστις ὑφίσταται ἐν ταῖς κανονικαῖς σχέσεσι τῆς Ὀρθοδόξου Βουλγαρικῆς Ἐκκλησίας πρὸς τὸ Οἰκουμενικὸν Πατριαρχεῖον, ἐπιθυμεῖ ὅπως:

1) Ἀρθῇ ἡ ἐν τῷ παρελθόντι ἕνεκα τῶν γνωστῶν λόγων κατάκρισις τῆς Βουλγαρικῆς Ἐκκλησίας, καθ' ἣν τινὲς μὲν τῶν Ἀρχιερέων αὐτῆς ἐστερήθησαν τοῦ βαθμοῦ αὐτῶν, ὁ δὲ λοιπὸς Βουλγαρικὸς κλῆρος καὶ λαὸς ἐκηρύχθησαν ἀλλότριοι τῆς Μιᾶς Ἁγίας ἡμῶν Ὀρθοδόξου Ἐκκλησίας.

---
1. Βλ. το κείμενο σε Ορθοδοξία (1945), 63-64.

2) Άποκατασταθῇ ὁ ἀδελφικός δεσμός τῆς εἰρήνης πρός τό Οἰκουμενικὸν Πατριαρχεῖον καὶ πάσας τὰς Ὀρθοδόξους Αὐτοκεφάλους Ἐκκλησίας.

3) Ἀναγνωρισθῇ καὶ συγκαταριθμηθῇ ἡ Βουλγαρική Ἐκκλησία μεταξύ τῶν Αὐτοκεφάλων Ὀρθοδόξων Ἐκκλησιῶν τῶν ἐχουσῶν κανονικὰς σχέσεις πρὸς τὸ Οἰκουμενικὸν Πατριαρχεῖον καὶ τὰς ἄλλας Αὐτοκεφάλους ἀδελφὰς Ἐκκλησίας.

Β) Ἵνα μετὰ τὴν λῆψιν τῶν εἰρημένων Γραμμάτων ὁ Οἰκουμενικὸς Πατριάρχης διὰ Γραμμάτων Αὐτοῦ ἀπαντήσῃ τῇ Ἱερᾷ Συνόδῳ τῆς Ὀρθοδόξου Βουλγαρικῆς Ἐκκλησίας καὶ, ἑρμηνεύων τὴν χαρὰν Αὐτοῦ ἐπὶ τῇ ἐκφρασθείσῃ ἐπιθυμίᾳ τῆς Βουλγαρικῆς Ἐκκλησίας πρὸς ἀποκατάστασιν τῶν κανονικῶν σχέσεων, ἀναγνωρίσῃ ἐπισήμως τὴν Ὀρθόδοξον Βουλγαρικὴν Ἐκκλησίαν ὡς Αὐτοκέφαλον, κηρύττων τὸν Βουλγαρικὸν κλῆρον καὶ λαὸν πιστὰ τέκνα τῆς Ἁγίας ἡμῶν Ὀρθοδόξου Ἐκκλησίας.

Γ) Ἵνα ἀμφότερα τὰ ἄνω Γράμματα τῆς Ἱερᾶς Συνόδου τῆς Ὀρθοδόξου Βουλγαρικῆς Ἐκκλησίας καὶ τοῦ Οἰκουμενικοῦ Πατριαρχείου σημάνωσι πραγματικῶς καὶ ἐπισήμως τὴν ἀποκατάστασιν κανονικῶν σχέσεων μεταξύ τοῦ Οἰκουμενικοῦ Πατριαρχείου καὶ τῆς Βουλγαρικῆς Ἐκκλησίας, τὴν ἀναγνώρισιν τῆς τελευταίας ὡς Αὐτοκεφάλου καὶ τὴν συγκαταρίθμησιν αὐτῆς μεταξύ τῶν λοιπῶν Ὀρθοδόξων Αὐτοκεφάλων Ἐκκλησιῶν.

Δ) Ἵνα τὸ Οἰκουμενικὸν Πατριαρχεῖον καὶ ἡ Ἱερὰ Σύνοδος τῆς Ὀρθοδόξου Βουλγαρικῆς Ἐκκλησίας γνωστοποιήσωσι ταῦτα πρὸς ἁπάσας τὰς λοιπὰς Ὀρθοδόξους Αὐτοκεφάλους Ἐκκλησίας.

Ε) Ἵνα εἰς τὴν ἐν Κωνσταντινουπόλει Βουλγαρικὴν Κοινότητα, ὡς καὶ εἰς πᾶσαν ἄλλην τοιαύτην ἐν τοῖς ὁρίοις τῆς Τουρκικῆς Δημοκρατίας εὑρισκομένην, μετὰ τὴν ἀποκατάστασιν τῶν κανονικῶν σχέσεων μετὰ τῆς Βουλγαρικῆς Ἐκκλησίας, συμφώνως πρὸς τοὺς ὅρους τῆς παρούσης συμφωνίας, καὶ τὴν ἀποχώρησιν τῶν Βουλγαρικῶν Ἐκκλησιαστικῶν Ἀρχῶν ἐκ Κωνσταντινουπόλεως, χορηγηθῇ ἐσωτερικὴ ἐκκλησιαστικὴ αὐτοδιοίκησις, ἐν τῷ πλαισίῳ πάντοτε τῶν Ἱερῶν Κανόνων, τῶν Βουλγαρικῶν Κοινοτήτων δυναμένων νὰ ὑποδεικνύωσι τῷ Οἰκουμενικῷ Πατριάρχῃ τὸν ἐφημεριακὸν αὐτῶν κλῆρον (τοὺς ἱερατικῶς προϊσταμένους, τοὺς ἱερεῖς καὶ τοὺς διακόνους), πρὸς ἔγκρισιν διὰ τὸν διορισμὸν ἢ τὴν χειρονομίαν αὐτοῦ, ἐφ᾽ ὅσον, ἐννοεῖται, οἱ ὑποδεικνυόμενοι πρὸς τοῦτο κέκτηνται τὰ σχετικὰ κανονικὰ προσόντα. Τὰ ἀνωτέρω θὰ ἰσχύσωσι καὶ διὰ τὰς ἐν Βουλγαρίᾳ Ἑλληνικὰς Κοινότητας καὶ τὸν Κλῆρον αὐτῶν, ἐφ᾽ ὅσον θὰ ὑπάρξωσι τοιαῦται.

ΣΤ) Ἵνα εἰς ἐπισφράγισιν τῆς ἀποκατασθείσης ἑνότητος τελεσθῇ ἐν τῷ Πανσέπτῳ Πατριαρχικῷ Ναῷ ἐπὶ τούτῳ Πατριαρχικὴ καὶ Συνοδικὴ Λειτουργία, συμμετεχόντων εἰς αὐτὴν καὶ ἐπὶ τούτῳ ἐρχομένων εἰς Κωνσταντινούπολιν ἀντιπροσώπων τῆς Βουλγαρικῆς Ἐκκλησίας, ὑπὲρ ζώντων καὶ τεθνεώτων, τῶν ἀπὸ τῆς λυπηρᾶς διαστάσεως μέχρι σήμερον.

Εἰς πίστωσιν καὶ βεβαίωσιν τῶν ἀνωτέρω ὑπεγράφη ὑφ᾽ ἡμῶν ἑλληνιστὶ καὶ βουλγαριστὶ εἰς διπλοῦν τὸ παρὸν Πρωτόκολλον.

Ἐν τοῖς Πατριαρχείοις Κωνσταντινουπόλεως, τῇ 19ῃ Φεβρουαρίου 1945.

Ἡ Ἐπιτροπὴ τοῦ Οἰκουμενικοῦ Πατριαρχείου	Ἡ Ἀντιπροσωπεία τῆς ἐν Βουλγαρίᾳ Ὀρθ. Ἐκκλησίας
† Ὁ Χαλκηδόνος Μάξιμος	† Ὁ Νευροκοπίου Βόρις
† Ὁ Σάρδεων Γερμανός	† Ὁ Τυρνόβου Σωφρόνιος
† Ὁ Εἰρηνουπόλεως Κων/τῖνος	† Ὁ Βελισσοῦ Ἀνδρέας
† Ὁ Λαοδικείας Δωρόθεος	

β) Πατριαρχική και Συνοδική Πράξη περί άρσεως του Σχίσματος[2]

† Βενιαμίν ἐλέῳ Θεοῦ Ἀρχιεπίσκοπος Κων/πόλεως, Νέας Ῥώμης καὶ Οἰκουμενικὸς Πατριάρχης.

«Νῦν χαίρω, οὐχ᾽ ὅτι ἐλυπήθητε, ἀλλ᾽ ὅτι ἐλυπήθητε εἰς μετάνοιαν· ἐλυπήθητε γὰρ κατὰ Θεόν, ἵνα ἐν μηδενὶ ζημιωθῆτε ἐξ ἡμῶν. Ἡ γὰρ κατὰ Θεὸν λύπη μετάνοιαν εἰς σωτηρίαν ἀμεταμέλητον κατεργάζεται... Ἰδοὺ γὰρ αὐτὸ τοῦτο τὸ κατὰ Θεὸν λυπηθῆναι ὑμᾶς, πόσην κατειργάσατο ὑμῖν σπουδήν, ἀλλ᾽ ἀπολογίαν..., ἀλλὰ ἐπιπόθησιν, ἀλλὰ ζῆλον..., διὰ τοῦτο παρακεκλήμεθα» τοῖς Κορινθίοις (Β΄. Κορ. ζ. 9 13) ἔγραφεν ὁ τῶν Ἐθνῶν Ἀπόστολος, ἔκδηλον τὴν χαρὰν αὐτοῦ καὶ τὴν παραμυθίαν ποιούμενος ἐπὶ τῇ κατὰ Θεὸν ἐκδηλωθείσῃ λύπῃ αὐτῶν καὶ τῇ εἰς σωτηρίαν ἀμεταμέλητον ὁδηγησάσῃ αὐτοὺς μετανοίᾳ. Ἐπειδὴ τοίνυν καὶ ἡ καθ᾽ ἡμᾶς Ἁγία τοῦ Χριστοῦ Μεγάλη Ἐκκλησία σαφῶς τῶν ἀποστολικῶν τούτων λογίων τὸν νοῦν καὶ τὴν ἐφαρμογὴν κατεῖδεν ἐν οἷς ἄρτι ἡ ἐν Βουλγαρίᾳ Διοικοῦσα Ἐκκλησίᾳ ὑπέβαλεν αὐτῇ· αὕτη γὰρ διὰ γραμμάτων αὐτῆς ὑπὸ πολλοῦ σεβασμοῦ καὶ στοργῆς καὶ ἀφοσιώσεως πρὸς τὴν ἐν Κυρίῳ γεννήσασαν καὶ γαλουχήσασαν καὶ διαπαιδαγωγήσασαν τὸ τῶν Βουλγάρων Ἔθνος Μητέρα Ἐκκλησίαν Κωνσταντινουπόλεως διαπνεομένων, τὴν βαθεῖαν αὐτῆς ἐπὶ τοῖς ποτε ἀναφυεῖσι γνωστοῖς ζητήμασι καὶ τῷ συνεπείᾳ αὐτῶν προελθόντι χωρισμῷ καὶ τῇ διακοπῇ τῶν πνευματικῶν καὶ κανονικῶν πρὸς αὐτὴν σχέσεων λύπην ἐκφράζουσα καὶ τὴν προτέραν αἰθρίαν καὶ εἰρήνην ζωηρῶς ποθοῦσα, ἐξῃτήσατο ἐν ἱκεσίαις τὴν ἄρσιν μὲν τῆς πρὸ χρόνων κατὰ τοῦ Βουλγαρικοῦ κλήρου καὶ λαοῦ ἀπαγγελθείσης ἐκκλησιαστικῆς καταδίκης, τὴν ἀποκατάστασιν δὲ καὶ αὖθις τοῦ συνδέσμου τῆς εἰρήνης καὶ τῆς ἀγάπης καὶ τῶν κανονικῶν σχέσεων πρός τε τὴν Μητέρα αὐτῆς Μεγάλην Ἐκκλησίαν καὶ πρὸς τὰς λοιπὰς Ὀρθοδόξους Αὐτοκεφάλους Ἐκκλησίας· ἡ Μετριότης ἡμῶν μετὰ τῶν τὴν περὶ ἡμᾶς Ἁγίαν καὶ Ἱερὰν Πατριαρχικὴν

---

2. Βλ. το κείμενο σε Ορθοδοξία (1945), 65-66.

Σύνοδον συγκροτούντων Ίεροτάτων Μητροπολιτῶν καὶ ὑπερτίμων, τῶν ἐν Ἁγίῳ Πνεύματι ἀγαπητῶν ἡμῖν ἀδελφῶν καὶ συλλειτουργῶν, ἐν Συνόδῳ συνεληλυθότες ἐν τῷ καθ' ἡμᾶς σεπτῷ Πατριαρχικῷ Παρεκκλησίῳ τοῦ Ἁγίου Ἀποστόλου Ἀνδρέου τοῦ Πρωτοκλήτου καὶ τὸ Ἅγιον τοῦ Χριστοῦ Εὐαγγέλιον εἰς μέσον προθέμενοι καὶ ἐν κατανύξει ψυχῆς τὴν ἄνωθεν παρὰ τοῦ Πατρὸς τῶν φώτων χάριν ἐπικαλεσάμενοι καὶ τῷ Κυρίῳ ἡμῶν, τῷ ἐλθόντι καταλλάξαι πάντας καὶ εἰρήνην εὐαγγελίσασθαι τοῖς ἐγγύς τε καὶ τοῖς μακράν, θερμὴν δόντες εὐχαριστίαν, «ἐπὶ πᾶσι δὲ τούτοις τὴν ἀγάπην, ἥτις ἐστὶ σύνδεσμος τῆς τελειότητος» βάσιν τῶν σκέψεων καὶ ἐνεργειῶν ἡμῶν θέμενοι, προφρόνως τὴν ὑποβληθεῖσαν αἴτησιν καὶ παράκλησιν ταύτην τῆς ἐν Βουλγαρίᾳ Διοικούσης Ἐκκλησίας, ὡς ὑποδηλοῦσαν πνεῦμα συγγνώμης καὶ εἰς δόξαν Χριστοῦ ὁδηγοῦσαν, ἀπεδεξάμεθα.

Ἐφ' ᾧ συνοδικῶς ἐν Ἁγίῳ Πνεύματι ἀποφαινόμεθα ὅπως πάντες οἱ διὰ τοῦ «ὅρου» τῆς Ἁγίας καὶ Μεγάλης Συνόδου, τῆς ἐν ἔτει χιλιοστῷ ὀκτακοσιοστῷ ἑβδομηκοστῷ δευτέρῳ, Ἰνδικτιῶνος Α΄, κατὰ μῆνα Σεπτέμβριον, ἐν τῷ καθ' ἡμᾶς πανσέπτῳ Πατριαρχικῷ Ναῷ τοῦ Ἁγίου Μεγαλομάρτυρος Γεωργίου τοῦ Τροπαιοφόρου συγκροτηθείσης, κηρυχθέντες καὶ θεωρούμενοι καὶ νῦν «σχισματικοὶ καὶ ἀλλότριοι τῆς τοῦ Χριστοῦ Ὀρθοδόξου Ἐκκλησίας» Βούλγαροι κληρικοὶ καὶ λαϊκοί, ὑπάρχωσιν ἀπηλλαγμένοι τῆς κατ' αὐτῶν ἀπὸ μέρους τῆς Ἐκκλησίας ἀπαγγελθείσης καταδίκης καὶ ἐπιβληθείσης ποινῆς, συγκεχωρημένοι καὶ εὐλογημένοι παρὰ τῆς Ἁγίας καὶ Ὁμοουσίου Τριάδος, θεωρούμενοι ἀπὸ τοῦδε καὶ ἐφεξῆς καὶ λογιζόμενοι καὶ προσωνυμούμενοι εὐσεβεῖς Χριστιανοὶ καὶ τέκνα πιστὰ τῆς Μιᾶς Ἁγίας Καθολικῆς καὶ Ἀποστολικῆς Ἐκκλησίας, ἐπὶ πάντας δὲ τοὺς ἀπὸ τῆς λυπηρᾶς διαστάσεως οἱαδήποτε ἐπὶ μέρους ἐκκλησιαστικῇ κατακρίσει καὶ ἀποφάσει ἢ καθόλου τῇ γενικῇ τοῦ «Ὅρου» ἀποκηρύξει ὑποβληθέντας καὶ ἤδη τῶν τῇδε μεταστάντας Βουλγάρους κληρικοὺς καὶ λαϊκοὺς ἐπικαλούμεθα τὸ θεῖον ἔλεος.

«Ναί, Δέσποτα Φιλάνθρωπε καὶ Πολυέλεε, τοῖς μὲν προλαβοῦσι δούλοις Σου τούτοις ἐλευθερίαν καὶ ἄνεσιν καὶ ἄφεσιν δώρησαι, ἐν χώρᾳ ζώντων καὶ ἐν σκηναῖς δικαίων κατατάσσων αὐτούς, τῷ δὲ Βουλγαρικῷ κλήρῳ καὶ λαῷ εὐλογίαν κατάπεμψον, τέλος ἀγαθὸν καὶ εἰρηνικὸν παρεχόμενος αὐτοῖς καὶ ἀξιῶν τῆς Σῆς Βασιλείας καὶ τῆς ἐκ δεξιῶν Σου παραστάσεως κατὰ τὴν ἡμέραν τῆς κρίσεως, πρεσβείαις καὶ ἱκεσίαις τῆς Παναχράντου καὶ Παμμακαρίστου Σου Μητρὸς, τοῦ Τιμίου καὶ Ἐνδόξου Προφήτου Προδρόμου καὶ Βαπτιστοῦ Ἰωάννου, τῶν Ἁγίων Ἐνδόξων καὶ Πανευφήμων Ἀποστόλων, τοῦ Ἁγίου Ἐνδόξου Ἀποστόλου Ἀνδρέου τοῦ Πρωτοκλήτου, τοῦ ἐν Ἁγίοις Πατρὸς ἡμῶν Φωτίου Ἀρχιεπισκόπου Κωνσταντινουπόλεως τοῦ Ὁμολογητοῦ, τοῦ Ἁγίου Ἐνδόξου Μεγαλομάρτυρος Γεωργίου τοῦ Τροπαιοφόρου καὶ πάντων τῶν Ἁγίων, τῶν ἀπ' αἰῶνος Σοι εὐαρεστησάντων Ἀμήν».

Ἐν ἔτει σωτηρίῳ ͵αλμε', κατὰ μῆνα Φεβρουάριον (κβ'), Ἐπινεμήσεως ΙΓ'.

Ὁ Πατριάρχης Κωνσταντινουπόλεως Βενιαμίν ἀποφαίνεται
† Ὁ Χαλκηδόνος Μάξιμος
† Ὁ Πριγκηπονήσων Θωμᾶς
† Ὁ Θεοδωρουπόλεως Λεόντιος
† Ὁ Χριστουπόλεως Μελέτιος
† Ὁ Φιλαδελφείας Αἰμιλιανός
† Ὁ Προύσης Πολύκαρπος
† Ὁ Σάρδεων Γερμανὸς
† Ὁ Εἰρηνουπόλεως Κων/τῖνος
† Ὁ Λαοδικείας Δωρόθεος
† Ὁ Προικονήσου Φιλόθεος

γ) Πατριαρχικὸς καὶ Συνοδικὸς Τόμος περὶ παραχωρήσεως αυτοκεφάλου καθεστώτος στην Βουλγαρική Εκκλησία[3]

† Βενιαμίν, ἐλέῳ Θεοῦ, Ἀρχιεπίσκοπος Κωνσταντινουπόλεως, Νέας Ῥώμης, καὶ Οἰκουμενικὸς Πατριάρχης.

«Ἀληθεύοντες δὲ ἐν ἀγάπῃ αὐξήσωμεν εἰς αὐτὸν τὰ πάντα, ὅς ἐστιν ἡ κεφαλή, ὁ Χριστός, ἐξ οὗ πᾶν τὸ σῶμα συναρμολογούμενον καὶ συμβιβαζόμενον διὰ πάσης ἁφῆς τῆς ἐπιχορηγίας κατ' ἐνέργειαν ἐν μέτρῳ ἑνὸς ἑκάστου μέρους τὴν αὔξησιν τοῦ σώματος ποιεῖται εἰς οἰκοδομὴν ἑαυτοῦ ἐν ἀγάπῃ» τοῖς Ἐφεσίοις ἔγραφεν ὁ τῶν Ἐθνῶν Ἀπόστολος Παῦλος, τὴν θεοφιλῆ ἁρμονίαν καὶ πρὸς ἀλλήλους ἐπικοινωνίαν καὶ κανονικὴν τάξιν ἐν τῷ σώματι τῆς Ἁγίας Ἐκκλησίας ὑπονοῶν, καὶ ταύτην ἐσαεὶ διαμένειν καὶ ὑφίστασθαι παρακελευόμενος, ὥστε ἀπρόσκοπτον εἶναι τὴν ἐπὶ μέρους καὶ τὴν ἐν γένει οἰκονομίαν καὶ εὐόδωσιν τῶν ἐκκλησιαστικῶν πραγμάτων καὶ μείζονα, ὡς εἰκός, καὶ αὔξουσαν γίγνεσθαι τὴν ἐν Κυρίῳ καρποφορίαν τοῦ εὐσεβοῦς τῶν χριστιανῶν ἀθροίσματος.

Ἐπειδὴ τοίνυν καὶ ἡ ἐν τοῖς ὁρίοις τοῦ θεοφρουρήτου Βουλγαρικοῦ Κράτους Ἐκκλησία, ἡ ἄνωθεν καὶ ἐξ ἀρχῆς ἰδιαιτέροις πνευματικοῖς δεσμοῖς συνεχομένη τῇ καθ' ἡμᾶς Ἁγίᾳ τοῦ Χριστοῦ Μεγάλῃ Ἐκκλησίᾳ Κωνσταντινουπόλεως, καὶ ἐπὶ αἰῶνας μακροὺς ὑπὸ τὴν ἄμεσον κανονικὴν ἐξάρτησιν τοῦ καθ' ἡμᾶς Ἁγιωτάτου Ἀποστολικοῦ καὶ Πατριαρχικοῦ Οἰκουμενικοῦ Θρόνου διατελέσασα, ἐξητήσατο διὰ γραμμάτων θερμῶν συγκαταριθμηθῆναι αὐτὴν ἐν τῇ χορείᾳ τῶν λοιπῶν Ὀρθοδόξων Αὐτοκεφάλων Ἐκκλησιῶν, ἡ Μετριότης ἡμῶν μετὰ τῶν περὶ ἡμᾶς, Ἱερωτάτων Μητροπολιτῶν καὶ ὑπερτίμων, τῶν ἐν Ἁγίῳ Πνεύματι ἀγαπητῶν ἡμῖν ἀδελφῶν καὶ συλλειτουργῶν, τῇ αἰτήσει ταύτῃ εὐμενῶς διατεθέντες καὶ πρώτιστα μὲν ἐν προκειμένῳ τὴν τῶν Ἱερῶν Κανόνων διακέλευσιν καὶ τὴν μακραίωνα τῆς Ἐκκλησίας

---
3. Α.Ο.Π., κώδικας Ab΄/5, 138-140.

πρᾶξιν ὑπ' ὄψιν λαβόντες, εἶτα δὲ καὶ τὴν πρὸς τὴν ἐν Βουλγαρίᾳ Ἐκκλησίαν φιλόστοργον διάθεσιν διάθεσιν ἔχοντες, ἅτε τῆς καθ' ἡμᾶς Μεγάλης Ἐκκλησίας γεννησάσης ἐν Κυρίῳ καὶ γαλουχησάσης τὸ τῶν Βουλγάρων Ἔθνος, ἀπεδεξάμεθα τὸ πρὸς ἡμᾶς γενόμενον ὡς ἄνω αἴτημα.

Ὅθεν καὶ συνοδικῶς ἐν Ἁγίῳ Πνεύματι ἀποφαινόμενοι, ἐπευλογοῦμεν τὴν αὐτοκέφαλον σύστασιν καὶ ὀργάνωσιν τῆς ἐν Βουλγαρίᾳ Ἁγίας Ἐκκλησίας, ὁρίζοντες ὅπως αὕτη, ἐπωνυμουμένη «Ἁγία Ὀρθόδοξος Αὐτοκέφαλος Ἐκκλησία τῆς Βουλγαρίας» καὶ πνευματικὴ ἡμῶν ἀδελφὴ ὑπάρχουσα καὶ γνωριζομένη τοῦ λοιποῦ, διοικῇ καὶ διέπῃ τὰ κατ' αὐτὴν ἀνεξαρτήτως καὶ αὐτοκεφάλως, κατὰ τὴν τάξιν καὶ τὰ κυριαρχικὰ δικαιώματα καὶ τῶν λοιπῶν Ὀρθοδόξων Αὐτοκεφάλων Ἐκκλησιῶν, ἀναγνωρίζουσα ὡς ὑπερτάτην αὐτῆς Ἐκκλησιαστικὴν Ἀρχὴν τὴν ἐξ Ἀρχιερέων ἀπαρτιζομένην Ἱερὰν Σύνοδον καὶ ἔχουσαν Πρόεδρον τὸν κατὰ καιρὸν Μακαριώτατον Μητροπολίτην Σόφιας καὶ Ἔξαρχον πάσης Βουλγαρίας.

Πρὸς τήρησιν δὲ καὶ ἔνδειξιν τῆς πνευματικῆς καὶ κανονικῆς ἑνότητος μετὰ τοῦ καθ' ἡμᾶς Ἁγιωτάτου Ἀποστολικοῦ καὶ Πατριαρχικοῦ Οἰκουμενικοῦ Θρόνου καὶ πασῶν τῶν Ὀρθοδόξων Αὐτοκεφάλων Ἐκκλησιῶν ὁ ἑκάστοτε Μακαριώτατος Μητροπολίτης Σόφιας καὶ Ἔξαρχος πάσης Βουλγαρίας ἔχει τὸ καθῆκον, κατὰ τὸν ἀνέκαθεν κρατήσαντα κανονικῆς σχέσεως καὶ κοινωνίας δεσμόν, ἀναγγέλλειν δι' Ἐνθρονιστηρίων Γραμμάτων τῇ τε καθ' ἡμᾶς Μεγάλῃ τοῦ Χριστοῦ Ἐκκλησίᾳ καὶ πάσαις ταῖς λοιπαῖς ἀδελφαῖς Ὀρθοδόξοις Αὐτοκεφάλοις Ἐκκλησίαις τὴν ἐκλογὴν καὶ ἀνάρρησιν αὐτοῦ, παρεχόμενος ἅμα τὴν ἀδελφικὴν ὁμολογίαν καὶ διαβεβαίωσιν περὶ τῆς ὑπ' αὐτοῦ τε καὶ τῆς πεπιστευμένης αὐτῷ Ἐκκλησίας ἀπαρασφαλοῦς τηρήσεως τῆς ὀρθοδόξου πίστεως καὶ εὐσεβείας καὶ πράττων ὅσα οἱ θεῖοι καὶ ἱεροὶ Κανόνες καὶ ἡ μακραίων τῆς Ἐκκλησίας τάξις διακελεύονται, μνημονεύειν ἐν τοῖς διπτύχοις τοῦ ὀνόματος τοῦ Οἰκουμενικοῦ Πατριάρχου καὶ τῶν λοιπῶν Πατριαρχῶν καὶ τῶν ἄλλων Προέδρων τῶν Ὀρθοδόξων Αὐτοκεφάλων Ἐκκλησιῶν, ἀναφέρεσθαί τε πρὸς τὸν καθ' ἡμᾶς Ἁγιώτατον Πατριαρχικὸν

Οἰκουμενικὸν Θρόνον καὶ δι' αὐτοῦ ἐπιζητεῖν καὶ λαμβάνειν τὴν ἔγκυρον γνώμην καὶ ἀντίληψιν αὐτοῦ τε καὶ τῶν λοιπῶν ἁγίων ἀδελφῶν Ἐκκλησιῶν ἐπὶ γενικῶν ἐκκλησιαστικῶν ζητημάτων, τῆς καθολικωτέρας ψήφου καὶ δοκιμασίας δεομένων.

Ταῦτα οὕτω δόξαντα καὶ συνοδικῶς ὑφ' ἡμῶν κατὰ τὴν συνοδικὴν συνεδρίαν τῆς κβ΄. Φεβρουαρίου ἐνεστῶτος ἔτους ἀποφασισθέντα καὶ κυρωθέντα βεβαιοῦμεν εἰς μόνιμον παραφυλακὴν καὶ διὰ τοῦ παρόντος Πατριαρχικοῦ ἡμῶν καὶ Συνοδικοῦ Τόμου, καταστρωθέντος καὶ ὑπογραφέντος ἐν τῷ Κώδικι τῆς καθ' ἡμᾶς Ἁγίας τοῦ Χριστοῦ Μεγάλης Ἐκκλησίας, ἐν ἴσῳ δὲ καὶ ἀπαραλλάκτῳ ἀπολυθέντος καὶ σταλέντος τῷ Μακαριωτάτῳ Μητροπολίτῃ Σόφιας καὶ Ἐξάρχῳ πάσης Βουλγαρίας κυρίῳ Στεφάνῳ, Προέδρῳ τῆς Ἱερᾶς Συνόδου τῆς Ἁγίας Ὀρθοδόξου Αὐτοκεφάλου Ἐκκλησίας τῆς Βουλγαρίας.

Κύριος δὲ ὁ Θεός, χάριτι καὶ οἰκτιρμοῖς τοῦ Πρώτου καὶ Μεγάλου καὶ Ἄκρου Ἀρχιποίμενος Χριστοῦ τοῦ Θεοῦ ἡμῶν, στηρίζοι ἐσαεὶ τὴν ἐν Βουλγαρίᾳ Ἁγίαν Ὀρθόδοξον Αὐτοκέφαλον Ἐκκλησίαν, προάγων καὶ αὔξων τὰ κατ' αὐτὴν εἰς δόξαν τοῦ Ἁγίου Αὐτοῦ Ὀνόματος, χαρὰν τῆς καθ' ἡμᾶς Μεγάλης Ἐκκλησίας καὶ τῶν λοιπῶν ἀδελφῶν Ὀρθοδόξων Αὐτοκεφάλων Ἐκκλησιῶν καὶ ὠφέλειαν ψυχικὴν τοῦ εὐσεβοῦς κλήρου καὶ λαοῦ τοῦ θεοσώστου Βουλγαρικοῦ Κράτους.

Ἐν ἔτει σωτηρίῳ ͵αϡμε΄, κατὰ μῆνα Φεβρουάριον (κβ΄.), Ἐπινεμήσεως ΙΓ΄.

† Ὁ Πατριάρχης Κωνσταντινουπόλεως Βενιαμὶν ἀποφαίνεται

† Ὁ Χαλκηδόνος Μάξιμος † Ὁ Προύσης Πολύκαρπος
† Ὁ Πριγκηπονήσων Θωμᾶς † Ὁ Θεοδωρουπόλεως Λεόντιος
† Ὁ Εἰρηνουπόλεως Κων/τῖνος † Ὁ Χριστουπόλεως Μελέτιος
† Ὁ Λαοδικείας Δωρόθεος † Ὁ Φιλαδελφείας Αἰμιλιανός
† Ὁ Προικονήσου Φιλόθεος † Ὁ Κυδωνιῶν Ἀγαθάγγελος
† Ὁ Γάν. καὶ Χώρ. Παγκράτιος † Ὁ Περγάμου Ἀδαμάντιος

δ) Επιστολή προς την Εκκλησία της Βουλγαρίας περί ανακοινώσεως προς αυτήν της αποφάσεως για την ανύψωσή της σε Πατριαρχείο[4]

Ἀριθμ. Πρωτ. 552

Μακαριώτατε καὶ Ἁγιώτατε Πατριάρχα Σόφιας καὶ πάσης Βουλγαρίας, ἐν Χριστῷ τῷ Θεῷ λίαν ἀγαπητὲ καὶ περιπόθητε ἀδελφὲ καὶ συλλειτουργὲ τῆς ἡμῶν Μετριότητος κύριε Κύριλλε, τὴν Ὑμετέραν σεβασμίαν Μακαριότητα ἀδελφικῶς ἐν Κυρίῳ κατασπαζόμενοι, ὑπερήδιστα προσαγορεύομεν. Ἐξ ὅτου, τῇ χάριτι τοῦ Παναγάθου Θεοῦ, ἤρθη ἡ ἐν τῷ σώματι τῆς Ἁγίας ἡμῶν Ὀρθοδόξου Ἐκκλησίας ἐπὶ ἔτη παραταθεῖσα λυπηρὰ ἀνωμαλία καὶ ἀποκατέστησαν ἡ εἰρήνη καὶ αἱ ἀδελφικαὶ κανονικαὶ σχέσεις τῆς Ὀρθοδόξου Βουλγαρικῆς Ἐκκλησίας πρὸς τὸν καθ' ἡμᾶς Ἁγιώτατον Οἰκουμενικὸν Θρόνον καὶ τὰς λοιπὰς Αὐτοκεφάλους Ὀρθοδόξους Ἐκκλησίας ἡ καθ' ἡμᾶς Ἁγία τοῦ Χριστοῦ Μεγάλη Ἐκκλησία, κατὰ τὴν δοθεῖσαν τότε ὑπόσχεσιν, ἅ τε ἦν ἀναμένουσα τὸν κατάλληλον καιρόν, ὅπως αὐτή, κατὰ τὴν ἐκ παλαιῶν κρατήσασαν τάξιν, ἐνεργήσει τὸ προσῆκον, διὰ τὴν ἀνύψωσιν καὶ τῆς Ὀρθοδόξου Βουλγαρικῆς Ἐκκλησίας εἰς τὴν Πατριαρχικὴν ἀξίαν καὶ περιωπήν, λογιζομένη τοῦτο δίκαιον καὶ πρόσφορον καὶ πολλαχῶς λυσιτελὲς τῷ Ὀρθοδόξῳ Βουλγαρικῷ λαῷ, ὑπὸ τὴν χειραγωγίαν Πατριάρχου, μείζονα δυναμένῳ ἐμφανίζειν τὴν ἐν τῇ πίστει καὶ τῇ εὐσεβείᾳ προκοπὴν καὶ ἐπάνθησιν. Τοιαύτην γοῦν περὶ τῆς ἀγαπητῆς Ὀρθοδόξου Βουλγαρικῆς Ἐκκλησίας ἔχοντες καὶ ἡμεῖς μετὰ τῆς περὶ ἡμᾶς Ἁγίας καὶ Ἱερᾶς Συνόδου πρόθεσιν, βαθέως τε ἐπὶ τῇ καὶ αὖθις ἀπὸ τῆς ι' Μαΐου τοῦ ͵αϡνγ' (1953) σωτηρίου ἔτους ἐπελθούσῃ ἀνωμαλίᾳ ἐν ταῖς σχέσεσι τῶν δύο Ἐκκλησιῶν, ὡς εἰκός, θλιβόμενοι, μετ' ἀγαθῆς διαθέσεως καὶ φιλοστόργως ἀπεβλέψαμεν πρὸς τὴν καὶ πρότερον μέν, νῦν δ' ὅμως, ἐπὶ τῇ διαγενομένῃ μεγάλῃ ἑορτῇ τοῦ Ἁγίου Πάσχα, διὰ τῶν ἀπὸ λα' (31) Μαρτίου, ἀριθμ. 2575,

---

4. Α.Ο.Π., Κώδικας Α'|108, 224-226.

Τιμίων Γραμμάτων τῆς Ὑμετέρας γερασμίας Μακαριότητος, καὶ ἐπισημότερον διατυπωθεῖσαν παράκλησιν, ὅπως, ἐπὶ τῇ Ἑορτῇ ταύτῃ τῆς θριαμβευούσης Θείας Ἀγάπης, λήθη καλύψωμεν τὰ διαταράξαντα τὰς μεταξὺ τῆς καθ' ἡμᾶς Μητρὸς Ἁγίας τοῦ Χριστοῦ Μεγάλης Ἐκκλησίας καὶ τῆς θυγατρὸς αὐτῆς Ὀρθοδόξου Βουλγαρικῆς Ἐκκλησίας τακτικὰς καὶ ἀγαθὰς σχέσεις, καὶ εὐλογήσωμεν τὴν εἰς τὴν Πατριαρχικὴν ἀξίαν ἀνύψωσιν αὐτῆς. Ὅθεν, διασκεψάμενοι ἄρτι Συνοδικῶς ἐπὶ τοῦ αἰτήματος τούτου τῆς Ὑμετέρας φίλης Μακαριότητος καὶ τῆς κατ' Αὐτὴν Ἁγιωτάτης Ἐκκλησίας, καὶ ὑπὸ τῆς ἱερᾶς ἐπιθυμίας τῆς παντὶ τρόπῳ διατηρήσεως τῆς ἑνότητος τῆς Μιᾶς, Ἁγίας, Καθολικῆς καὶ Ἀποστολικῆς Ὀρθοδόξου Ἐκκλησίας, καὶ τῆς ἐνισχύσεως δὲ τῆς εἰς ἀλλήλου(ς) ἀγάπης ἐν τῷ συνδέσμῳ τῆς εἰρήνης, ἐν ταῖς σκέψεσιν καὶ κρίσεσιν ἡμῶν χειραγωγούμενοι, ἔγνωμεν, τῇ οἰκονομίᾳ χρώμενοι, δοῦναι ἀπὸ τοῦδε τὴν ἀδελφικὴν συγκατάθεσιν καὶ ἀναγνώρισιν καὶ εὐλογίαν τῆς καθ' ἡμᾶς Ἁγιωτάτης Ἐκκλησίας Κωνσταντινουπόλεως εἰς τὰ ὅπως ποτέ, κατὰ παρέκκλισιν πάντως ἀπὸ τῆς κανονικῆς ἀκριβείας καὶ τάξεως, ἐν τῇ αὐτόθι Ἁγιωτάτῃ Ἐκκλησίᾳ συντελεσθέντα, ἐν τῇ πεποιθήσει, βεβαίως, καὶ προσδοκίᾳ ὅτι ἐν τῇ ἀποφάσει ἡμῶν ταύτῃ ἕξωμεν, κατὰ τὰ πρόσθεν γενόμενα, ὁμογνώμονας καὶ συμψήφους καὶ τοὺς λοιποὺς Μακαριωτάτους καὶ τιμιωτάτους Πατριάρχας καὶ Προέδρους τῶν Ὀρθοδόξων Αὐτοκεφάλων Ἐκκλησιῶν, ἕως οὗ καὶ τὸ ζήτημα τοῦτο τελειωτικῶς καθορισθῇ ὑπὸ Οἰκουμενικῆς Συνόδου, μόνης ἐχούσης τὸ δικαίωμα τοῦ προάγειν τινὰ τῶν ἐπὶ μέρους ἁγίων τοῦ Θεοῦ Ἐκκλησιῶν εἰς Πατριαρχικὴν ἀξίαν καὶ περιωπήν.

Εὐχόμενοι τοίνυν, ὅπως ἡ εἰς τὴν Πατριαρχικὴν ἀξίαν καὶ τιμὴν ἀνύψωσις τῆς Ἁγιωτάτης Ὀρθοδόξου Βουλγαρικῆς Ἐκκλησίας ἢ δι' αὐτὴν ἀπαρχὴ νέων ἐν τῇ πίστει καὶ τῇ εὐσεβείᾳ προόδων καὶ ἐπιτεύξεων καὶ πηγὴ παραμυθίας καὶ στηρίξεως διὰ τὸν Ὀρθόδοξον Βουλγαρικὸν Λαόν, συγχαίρομεν ἐγκαρδίως τῇ Ὑμετέρᾳ περιποθήτῳ Μακαριότητι, τῷ Ἱερῷ Κλήρῳ καὶ παντὶ τῷ Πληρώματι, καὶ ἐπιδηλοῦντες, ὅτε ἐν τοῖς Ἱεροῖς Διπτύχοις τὸ ὄνομα

τοῦ ἑκάστοτε Πατριάρχου Σόφιας καὶ πάσης Βουλγαρίας μέλλει μνημονεύεσθαι ἀμέσως κατόπιν τοῦ ὀνόματος τοῦ Πατριάρχου Βουκουρεστίου καὶ πάσης Ρουμανίας, περιπτυσσόμεθα Αὐτὴν καὶ αὖθις ἐν φιλήματι ἁγίῳ καὶ διατελοῦμεν μετ' ἀγάπης ἀδελφικῆς καὶ ἐξιδιασμένης τιμῆς
͵αϡξα' (1961) Ἰουλίου κζ' (27)
Τῆς Ὑμετέρας σεβασμίας Μακαριότητος
ἀγαπητὸς ἐν Χριστῷ ἀδελφός

5. Πατριαρχείο Γεωργίας

α) Πατριαρχικός και Συνοδικός Τόμος περί παραχωρήσεως αυτοκεφάλου καθεστώτος στην Εκκλησία της Γεωργίας[1]

† Δημήτριος, ἐλέῳ Θεοῦ Ἀρχιεπίσκοπος Κωνσταντινουπόλεως, Νέας Ῥώμης καὶ Οἰκουμενικὸς Πατριάρχης.

«Εἰς τὸ ὄνομα τοῦ Πατρὸς καὶ τοῦ Υἱοῦ καὶ τοῦ Ἁγίου Πνεύματος.

«Ἀληθεύοντες ἐν ἀγάπῃ αὐξήσωμεν εἰς αὐτὸν τὰ πάντα, ὅς ἐστιν ἡ Κεφαλή, ὁ Χριστός, ἐξ οὗ πᾶν τὸ σῶμα συναρμολογούμενον καὶ συμβιβαζόμενον διὰ πάσης ἁφῆς τῆς ἐπιχορηγίας κατ' ἐνέργειαν ἐν μέτρῳ ἑνὸς ἑκάστου μέρους τὴν αὔξησιν τοῦ σώματος ποιεῖται εἰς οἰκοδομὴν ἑαυτοῦ ἐν ἀγάπῃ» (Ἐφ. 4, 15-16), φησὶν ὁ Ἀπόστολος τῶν Ἐθνῶν Παῦλος. Κἄν δὲ μία ποίμνη καὶ Ἕν σῶμα Χριστοῦ ἐστι καὶ λέγεται ἡ τοῦ Θεοῦ ἐπὶ τῆς γῆς Ἐκκλησία διὰ τὸν τῆς πνευματικῆς ἑνότητος λόγον, οὐδαμῶς μέντοι ἐκώλυσε τοῦτο, κατά τε τοὺς πρώτους καὶ τοὺς μετέπειτα χρόνους, τὴν σύστασιν κατὰ τόπους καὶ χώρας Ἐκκλησιῶν, ἀνεξαρτήτων ἀπ' ἀλλήλων καὶ ἐσωτερικῶς αὐτοδιοικουμένων ὑπὸ ἰδίους Ποιμένας καὶ Διδασκάλους καὶ Διακόνους τοῦ Εὐαγγελίου τοῦ Χριστοῦ, συγκροτουσῶν δὲ τὴν Μίαν, Ἁγίαν, Καθολικὴν καὶ Ἀποστολικὴν Ἐκκλησίαν.

---

1. Βλ. τὸ κείμενο σὲ Ἐπίσκεψις (1990), 7-9.

Οὕτω τοίνυν καί ἡ ἐν τῇ κατά Καύκασον εὐλογημένη γῇ, νῦν δέ ἐν τοῖς ὁρίοις τῆς Δημοκρατίας τῆς Γεωργίας, Ἁγία Ὀρθόδοξος Ἐκκλησία, ἡ παλαιόθεν δι' αὐτοδιοικήτου κατά χειραφέτησιν καθεστῶτος καί δι' ἀναλόγου ἐκκλησιαστικῆς ὀργανώσεως καί διοικήσεως προικισθεῖσα, ἐν τῇ πίστει δέ εὐστάθειαν καί ἐν τοῖς ἐκκλησιαστικοῖς καθόλου πολλήν καί καλήν τήν ἐπίδοσιν μαρτυρήσασα καί μαρτυροῦσα, καί ἀσινῆ καί ἀλώβητον τήν ἀποκεκαλυμμένην ἀλήθειαν καί τήν διδασκαλίαν τῆς Ὀρθοδόξου ἡμῶν Ἐκκλησίας διατηροῦσα, νῦν δέ τήν κανονικότητα εἰς τά ἑαυτῆς βουλομένη καί ἐν ταῖς μετά πασῶν τῶν ἁγίων ὁμοδόξων Ἐκκλησιῶν σχέσεσιν αὐτῆς τῇ πρός ἀλλήλας φιλαδελφίᾳ διακονῆσαι ἐφιεμένη, ἀνηνέχθη, ἐν ἀλλεπαλλήλοις εὐκαιρίαις, τῷ καθ' ἡμᾶς Ἁγιωτάτῳ Ἀποστολικῷ καί Πατριαρχικῷ Οἰκουμενικῷ Θρόνῳ καί ἐξῃτήσατο τήν εὐλογίαν καί κύρωσιν τῆς αὐτοδιοικήτου αὐτῆς συγκροτήσεως, ἵνα οὕτω συναριθμουμένη, ὡς κλῆμα ἀδιάσπαστον τῆς θείας ἀμπέλου, εἰς τήν κανονικήν χορείαν τῶν κατά τόπους Ὀρθοδόξων Ἐκκλησιῶν, συνεχίσῃ συμβαλλομένη εἰς συγκρότησιν καί αὔξησιν τοῦ σώματος τοῦ Χριστοῦ.

Τῇ οὖν φιλοτίμῳ ταύτῃ ἀναφορᾷ καί αἰτήσει φιλοστόργως διατεθέντες, ἡμεῖς τε καί ἡ περί ἡμᾶς Ἁγία καί Ἱερά Σύνοδος, καί χρώμενοι τῷ καθ' ἡμᾶς Ἁγιωτάτῳ Οἰκουμενικῷ Θρόνῳ ἀνήκοντι κανονικῷ δικαιώματι καί καθήκοντι, τοῦ τε προνοεῖν περί τῶν ἐν ἀνάγκαις εὑρισκομένων Ἁγίων Ὀρθοδόξων Ἐκκλησιῶν καί τοῦ χειραγωγεῖν αὐτάς, κατά τήν τοῦ βιοτικοῦ πολιτεύματος καιρικήν χρείαν, ὥστε, συνῳδά τῇ μακραίωνι ἐκκλησιαστικῇ πράξει καί τάξει, εἰς αὐτοκέφαλον διοίκησιν ἀνάγειν τάς εἰς τήν περιωπήν ταύτην καταξιωθείσας φθάσαι ἐκκλησιαστικάς διοικήσεις ἐν τῇ ἑκάστοτε ἰσχυούσῃ ἐκκλησιαστικῇ διαρθρώσει τῶν τῆς Ὀρθοδοξίας πραγμάτων, ἔγνωμεν, ἡ Μετριότης ἡμῶν μετά τῶν περί ἡμᾶς Ἱερωτάτων Μητροπολιτῶν, τῶν καί ὑπερτίμων, τῶν ἐν Ἁγίῳ Πνεύματι ἀγαπητῶν ἡμῖν ἀδελφῶν καί συλλειτουργῶν, προφρόνως ἀποδέξασθαι τήν πρός τήν καθ' ἡμᾶς Πρωτόθρονον Ἁγιωτάτην Ἐκκλησίαν Κωνσταντινουπόλεως ἀναφοράν τῆς ἐν Γεωργίᾳ Ἁγίας ἀδελφῆς Ὀρθοδόξου Ἐκκλησίας καί χορηγῆσαι τήν παρ' ἡμῶν εὐλογίαν, ἀναγνώρισιν καί κύρωσιν πρός τήν αὐτοκεφαλίαν καί ἀνεξάρτητον ὀργάνωσιν αὐτῆς, ἐπ' ἀναφορᾷ μέντοι γε πρός τήν μέλλουσαν Ἁγίαν Οἰκουμενικήν Σύνοδον, τήν ἀείποτε διασφαλίζουσαν καί ἀλώβητον διατηροῦσαν τήν ἐν τῇ πίστει καί τῇ ἐκκλησιαστικῇ κανονικῇ τάξει ἑνότητα τῆς Ἁγίας ἡμῶν Ὀρθοδόξου Ἐκκλησίας.

Ὅθεν καί συνοδικῶς ἐν Ἁγίῳ Πνεύματι ἀποφαινόμενοι ἀνακηρύττομεν τήν Ἁγιωτάτην Ἐκκλησίαν τῆς Γεωργίας, ὑπό τήν παλαιόθεν αὐτοδίοικητον σύστασιν καί ὀργάνωσιν αὐτῆς μαρτυρομένην καί ὑπό τοῦ Βαλσαμῶνος, γράφοντος ὅτι: «... λέγεται γάρ ὅτι ἐπί τῶν ἡμερῶν τοῦ ἁγιωτάτου Πατριάρχου θεουπόλεως μεγάλης Ἀντιοχείας κυροῦ Πέτρου γέγονεν οἰκονομία συνοδική, ἐλευθέραν εἶναι καί αὐτοκέφαλον τήν Ἐκκλησίαν τῆς Ἰβηρίας...» (βλ. Γ. Α. Ράλλη-Μ. Ποτλῆ, Σύνταγμα τῶν θείων καί ἱερῶν κανόνων, Ἀθήνησιν 1852, τομ. Β', σελ. 172) ἐντεταγμένην θεωρεῖσθαι καί εἶναι ἐν τῇ χορείᾳ τῶν ἀδελφῶν Ὀρθοδόξων Αὐτοκεφάλων Ἐκκλησιῶν, βεβαιοῦντες ὅπως αὕτη, ἐπωνυμουμένη «Ἁγία Αὐτοκέφαλος Ἐκκλησία πάσης Γεωργίας» καί πνευματική ἡμῶν ἀδελφή ὑπάρχουσα καί γνωριζομένη, διοικῇ καί διέπῃ τά κατ' αὐτήν ἀνεξαρτήτως καί αὐτοκεφάλως, κατά τήν τάξιν καί παρά ταῖς λοιπαῖς κατά τόπους Ἁγίαις Ὀρθοδόξοις Αὐτοκεφάλοις Ἐκκλησίαις ἰσχύοντα κανονικά δικαιώματα, Ἀρχηγόν καί κεφαλήν ἔχουσα τόν Κύριον καί Θεόν καί Σωτῆρα ἡμῶν Ἰησοῦν Χριστόν, καί πρῶτον ἀπό γε κανονικῆς καί ἐκκλησιαστικῆς τάξεως καί προνομίας ἀποδεχομένη καί τιμῶσα τόν καθ' ἡμᾶς Οἰκουμενικόν Θρόνον καί γνωρίζουσα ὡς ὑπερτάτην αὐτῆς διοικητικήν ἐκκλησιαστικήν ἀρχήν τήν ἐκ τῶν κανονικῶν ἐν Γεωργίᾳ Ὀρθοδόξων Ἀρχιερέων ἀπαρτιζομένην Ἱεράν Σύνοδον, ἔχουσα Πρόεδρον τόν ἑκάστοτε Ἀρχιεπίσκοπον Μετσχέτης καί Τιφλίδος καί Καθολικόν πάσης Γεωργίας.

Πρός τήρησιν δέ τῆς πνευματικῆς καί κανονικῆς ἑνότητος μετά τε τοῦ καθ' ἡμᾶς Ἁγιωτάτου Ἀποστολικοῦ καί Πατριαρχικοῦ Οἰκουμενικοῦ Θρόνου καί μετά πασῶν τῶν Ὀρθοδόξων Αὐτοκεφάλων Ἐκκλησιῶν ὁ ἑκάστοτε Ἀρχιεπίσκοπος Μετσχέτης καί Τιφλίδος καί Καθολικός Πατριάρχης πάσης Γεωργίας ἔχει τό καθῆκον ὅπως ἀναγγέλῃ τοῖς Προκαθημένοις αὐτῶν, κατά τήν κανονικήν τάξιν τῆς Ἁγίας ἡμῶν Ὀρθοδόξου Ἐκκλησίας, τήν ἐκλογήν καί ἀνάρρησιν αὐτοῦ δι' ἐνθρονιστηρίων Εἰρηνιῶν Γραμμάτων, παρεχόμενος ἅμα καί τήν ἀδελφικήν ὁμολογίαν καί διαβεβαίωσιν περί τῆς καί ὑπ' αὐτοῦ καί τῆς πιστευομένης αὐτῷ Ἁγίας Ὀρθοδόξου Ἐκκλησίας ἀπαρασφαλοῦς τηρήσεως τῆς Ὀρθοδόξου πίστεως καί εὐσεβείας, ὡς καί πάντων, ὅσα οἱ θεῖοι καί ἱεροί κανόνες καί ἡ τάξις τῆς Ἁγίας Ὀρθοδόξου Ἐκκλησίας διακελεύονται, καί ὅπως μνημονεύῃ, κατά τήν τάξιν, ἐν τοῖς Ἱεροῖς Διπτύχοις τοῦ ὀνόματος τοῦ ἑκάστοτε Οἰκουμενικοῦ Πατριάρχου καί τῶν λοιπῶν Ἁγιωτάτων Πατριαρχῶν καί Μακαριωτάτων Προέδρων τῶν Ἁγίων Ὀρθοδόξων Αὐτοκεφάλων Ἐκκλησιῶν. Περί δέ τοῦ Ἁγίου Μύρου προκειμένου πρέπον ἐστίν ὅπως τηρῆται ἡ ἐν προκειμένῳ καθεστηκυῖα ἐκκλησιαστική τάξις, ἵνα καί δι' ὁρωμένων καί δι' ἀοράτων συγκροτῆται καί ἐμφαίνηται τοῖς πᾶσι, τοῖς τε ἐντός καί τοῖς ἐκτός, καί καταγγέληται καί πιστῶται ἡ ἀδιάρρηκτος ἑνότης τῆς Ἁγίας ἡμῶν Ὀρθοδόξου Ἐκκλησίας.

Ὡσαύτως συνίσταμεν ὅπως, προκειμένου περί ζητημάτων ἤ ἀποριῶν γενικωτέρας ἐκκλησιαστικῆς φύσεως, ἐξερχομένων τῶν ὁρίων τῆς δικαιοδοσίας τῶν ἐπί μέρους Αὐτοκεφάλων Ἐκκλησιῶν καί καθολικοτέρας δοκιμασίας καί ψήφου δεομένων, ὁ Ἀρχιεπίσκοπος Μετσχέτης καί Τιφλίδος καί Καθολικός Πάσης Γεωργίας ἀπευθύνεται πρός τόν καθ' ἡμᾶς Ἁγιώτατον Πατριαρχικόν Οἰκουμενικόν Θρόνον, δι' οὗ ἡ κοινωνία μετά πάσης Ἐπισκοπῆς Ὀρθοδόξων, τῶν ὀρθοτομούντων τόν λόγον τῆς ἀληθείας, καί ὅπως δι' αὐτοῦ τε καί ἐπιζητῇ καί λαμβάνῃ τήν ἐπ' αὐτῶν ἔγκυρον γνήμην καί ἀντίληψιν αὐτοῦ τε καί τῶν ἀδελφῶν Ἐκκλησιῶν.

Ταῦτα οὕτω δόξαντα καί κριθέντα καί συνοδικῶς ὑφ' ἡμῶν κυρωθέντα κατά τήν τακτικήν ἐν ὁλομελείᾳ συνεδρίαν τῆς περί ἡμᾶς Ἁγίας καί Ἱερᾶς Συνόδου τῆς κγ' Ἰανουαρίου 1990, βεβαιοῦμεν εἰς μόνιμον παραφυλακήν, διά τοῦ παρόντος Πατριαρχικοῦ ἡμῶν καί συνοδικοῦ Τόμου, καταστρωθέντος μέν καί ὑπογραφέντος ἐν τῷ Κώδικι τῆς καθ' ἡμᾶς Ἁγίας τοῦ Χριστοῦ Μεγάλης Ἐκκλησίας, ἐν ἴσῳ δέ καί ἀπαραλλάκτῳ ἀπολυθέντος καί σταλέντος καί τῷ Ἀρχιεπισκόπῳ Μετσχέτης καί Τιφλίδος καί Καθολικῷ πάσης Γεωργίας, τῷ ἐν Χριστῷ ἀγαπητῷ ἡμῖν ἀδελφῷ καί συλλειτουργῷ κυρίῳ Ἠλίᾳ, τῷ καί Προέδρῳ τῆς Ἱερᾶς Συνόδου τῆς Ἁγίας Ὀρθοδόξου Αὐτοκεφάλου Ἐκκλησίας πάσης Γεωργίας, τῶν οὑτωσί ἐκκλησιαστικῶς διενεργηθέντων ἀνακοινουμένων καί ταῖς λοιπαῖς ἀδελφαῖς Ὀρθοδόξοις Αὐτοκεφάλοις Ἐκκλησίαις, κατά τήν τάξιν, διά γε τήν παραφυλακήν καί στήριξιν τῆς ἑνότητος τῆς Ἁγίας ἡμῶν Ὀρθοδόξου Ἐκκλησίας.

Κύριος δέ ὁ Θεός, χάριτι καί οἰκτιρμοῖς τοῦ Πρώτου καί Μεγάλου καί ἄκρου Ἀρχιερέως Χριστοῦ τοῦ Θεοῦ ἡμῶν, πρεσβείαις τῆς Παναχράντου Αὐτοῦ Μητρός, τῆς ἀειπαρθένου καί Θεοτόκου Μαρίας, τοῦ τιμίου ἐνδόξου Προφήτου Προδρόμου καί Βαπτιστοῦ Ἰωάννου, τῶν Ἁγίων ἐνδόξων καί πανευφήμων Θεοκηρύκων καί Πνευματοφόρων Ἀποστόλων, τῶν Ἁγίων ἐνδόξων Βασιλέων καί Ἰσαποστόλων Κωνσταντίνου καί Ἑλένης, τῆς Ἁγίας Ἰσαποστόλου Νίνας, καί τῶν Ὁσίων καί Θεοφόρων Πατέρων ἡμῶν, στηρίζοι ἐσαεί τήν οὕτως ἐπ᾽ αἰσίοις ἐν τῷ σώματι τῆς Μιᾶς, Ἁγίας Ὀρθοδόξου Ἐκκλησίας συναριθμηθεῖσαν ἀδελφήν Ὀρθόδοξον Αὐτοκέφαλον Ἐκκλησίαν τῆς Γεωργίας καί προάγοι καί αὔξοι τά κατ᾽ αὐτήν, εἰς δόξαν τοῦ Ἁγίου Αὐτοῦ ὀνόματος, ὠφέλειαν τοῦ κατ᾽ αὐτήν εὐσεβοῦς πληρώματος καί χαράν τοῦ καθ᾽ ἡμᾶς Ἁγιωτάτου Πατριαρχικοῦ Ἀποστολικοῦ καί Οἰκουμενικοῦ Θρόνου καί πασῶν τῶν Ἁγίων ἀδελφῶν Ὀρθοδόξων Αὐτοκεφάλων Ἐκκλησιῶν.

Ἐν ἔτει σωτηρίῳ 1990, κατά μῆνα Ἰανουάριον (κγ´) Ἐπινεμήσεως ΙΓ´.

† Ὁ Πατριάρχης Κωνσταντινουπόλεως Δημήτριος ἀποφαίνεται

† Ὁ Χαλκηδόνος Βαρθολομαῖος

† Ὁ Ῥοδοπόλεως Ἱερώνυμος

† Ὁ Κολωνίας Γαβριήλ

† Ὁ Πέργης Εὐάγγελος

† Ὁ Λύστρων Καλλίνικος

† Ὁ Δέρκων Κωνσταντῖνος

† Ὁ Ἑλενουπόλεως Ἀθανάσιος

† Ὁ Μελιτηνῆς Ἰωακείμ

β) Πατριαρχική και Συνοδική Πράξη περί αποδόσεως της Πατριαρχικής Αξίας στον Προκαθήμενο της Αγιωτάτης Εκκλησίας της Γεωργίας[2]

† Δημήτριος ἐλέῳ Θεοῦ Ἀρχιεπίσκοπος Κωνσταντινουπόλεως, Νέας Ῥώμης καὶ Οἰκουμενικὸς Πατριάρχης

Ἐπείπερ ἀπὸ τῆς μακραίωνος ἐκκλησιαστικῆς τάξεως τὸ κανονικὸν ἐπιπεφύλακται τῷ καθ' ἡμᾶς Ἁγιωτάτῳ Ἀποστολικῷ καὶ Πατριαρχικῷ Οἰκουμενικῷ Θρόνῳ δικαίωμα τοῦ συναντιλαμβάνεσθαι ταῖς χρείαις τῶν Ἁγίων τοῦ Θεοῦ Ἐκκλησιῶν, θεραπεύειν τε καὶ ἀναπληροῦν τὰ ὁπωσοῦν μερίμνης παρ' αὐταῖς χρῄζοντα, τῆς δὲ κατὰ Γεωργίαν Ἁγιωτάτης Ὀρθοδόξου Ἐκκλησίας ὡς αὐτοκεφάλου καὶ ἀνεξαρτήτου ἐν τῷ συστήματι τῶν Ὀρθοδόξων Αὐτοκεφάλων Ἐκκλησιῶν συναριθμουμένης καὶ τὰ κατ' αὐτὴν αὐτοβούλως διοικούσης, ἡ Μετριότης ἡμῶν μετὰ τῶν περὶ ἡμᾶς Ἱερωτάτων Μητροπολιτῶν, τῶν καὶ ὑπερτίμων, συνδιασκεψάμενοι, ἔγνωμεν, τῇ ἐκκλησιαστικῇ οἰκονομίᾳ χρώμενοι, δοῦναι τὴν ἀδελφικὴν συγκατάθεσιν καὶ ἀναγνώρισην τῆς καθ' ἡμᾶς Ἁγιωτάτης Ἐκκλησίας τῆς Κωνσταντινουπόλεως, ἵνα ἡ κατὰ Γεωργίαν Ἁγιωτάτη Ἐκκλησία τιμηθῇ διὰ τῆς Πατριαρχικῆς ἀξίας καὶ περιωπῆς, τοῦ Πρώτου αὐτῆς φέροντος, κατὰ τὰ τοῖς ἀρχαίοις χρονικοῖς καὶ ἄλλαις ἐκκλησιαστικαῖς πηγαῖς αὐτῆς ἀναφερόμενα, τὸν τίτλον τοῦ «Ἀρχιεπισκόπου Μετσχέτης καὶ Τιφλίδος καὶ Καθολικοῦ Πατριάρχου πάσης Γεωργίας», καὶ οὕτω μνημονευομένου ἐφ' ἑξῆς ἐν τοῖς Ὀρθοδόξοις Διπτύχοις ἐν ταῖς θείαις καὶ ἱεραῖς ἀκολουθίαις.

Ἔχοντες δὲ στερρὰν τὴν πεποίθησιν ὅτι, ἐν ταῖς οὑτωσὶ ὑπὸ τῆς καθ' ἡμᾶς Ἁγίας τοῦ Χριστοῦ Μεγάλης Ἐκκλησίας κριθεῖσι καὶ συνοδικῶς κυρωθεῖσιν, ἕξομεν ὁμογνώμονας καὶ συμψήφους καὶ τοὺς λοιποὺς Μακαριωτάτους Πατριάρχας καὶ Προέδρους πασῶν τῶν Ἁγίων τοῦ Θεοῦ ἀδελφῶν Ὀρθοδόξων Αὐτοκεφάλων Ἐκκλησιῶν καὶ κοινῇ ἀπὸ τοῦδε ἔσται πάντων

---

[2]. Βλ. τὸ κείμενο σὲ Ἐπίσκεψις (1990), 9-10.

ἡ συναίνεσις περὶ τῆς ἀναγνωρίσεως τῆς Πατριαρχικῆς ἀξίας τῇ ἀδελφῇ Ἐκκλησίᾳ τῆς Γεωργίας, ἐκφράζομεν βεβαίαν τὴν ἐλπίδα ὅτι πάντα ταῦτα, ἐπὶ οἰκοδομῇ τῆς ἑνότητος τῆς Ἁγίας ἡμῶν Ὀρθοδόξου Ἐκκλησίας ἐκκλησιαστικῶς γινόμενα, θέλουσιν ἀποβῇ πρόξενα μείζονος ἐν τῇ πίστει καὶ τῇ εὐσεβείᾳ προκοπῆς καὶ αὐξήσεως, ἅμα δὲ καὶ πολλῆς τῆς ἐπανθήσεως τῆς ἀδελφῆς Ἐκκλησίας ταύτης.

Ταῦτα ἐν χαρᾷ εὐαγγελιζόμενοι τῇ Ὑμετέρᾳ λίαν ἡμῖν ἀγαπητῇ καὶ περισπουδάστῳ Μακαριότητι, τῇ περὶ Αὐτὴν σεβασμίᾳ Ἱεραρχίᾳ τῷ εὐλαβεῖ Ἱερῷ Κλήρῳ καὶ τῷ εὐσεβεῖ καὶ πιστῷ Ὀρθοδόξῳ λαῷ τοῦ Πατριαρχείου Γεωργίας, περιπτυσσόμεθα τὴν Ὑμετέραν φίλην Μακαριότητα φιλήματι ἀδελφικῷ, ἀπευθύνομεν παντὶ τῷ φιλοχρίστῳ πληρώματι αὐτῆς τὴν Πρωθιεραρχικὴν ἡμῶν εὐλογίαν καὶ ἐπικαλούμεθα ἐπὶ πάντας τὴν χάριν καὶ τὸ ἄπειρον ἔλεος τοῦ Δομήτορος τῆς Ἐκκλησίας Χριστοῦ τοῦ Θεοῦ ἡμῶν.

Ἐν ἔτει σωτηρίῳ 1990, κατὰ μῆνα Ἰανουάριον (κγ΄) Ἐπινεμήσεως ΙΓ΄.

† Ὁ Πατριάρχης Κωνσταντινουπόλεως Δημήτριος ἀποφαίνεται

† Ὁ Χαλκηδόνος Βαρθολομαῖος † Ὁ Ροδοπόλεως Ἱερώνυμος
† Ὁ Κολωνίας Γαβριήλ † Ὁ Πέργης Εὐάγγελος
† Ὁ Λύστρων Καλλίνικος † Ὁ Δέρκων Κωνσταντῖνος
† Ὁ Ἑλενουπόλεως Ἀθανάσιος † Ὁ Μελιτηνῆς Ἰωακείμ

6. Εκκλησία Ελλάδος

α) Πατριαρχικός και Συνοδικός Τόμος περί ιδρύσεως «Αυτοκεφάλου Εκκλησίας της Ελλάδος»[1]

Τῆς ἐν Κωνσταντινουπόλει Ἁγίας καὶ Ἱερᾶς Συνόδου, τῆς συγκροτηθείσης ἐν ἔτει ἀπὸ Χριστοῦ Σωτῆρος χιλιοστῷ ὀκτακοσιοστῷ πεντηκοστῷ, ἐν μηνὶ Ἰουνίῳ, Ἰνδικτιῶνος Η΄, περὶ τῆς ἐν Ἑλλάδι Ὀρθοδόξου Ἐκκλησίας.

Εἰς τὸ ὄνομα τοῦ Πατρὸς καὶ τοῦ Υἱοῦ καὶ τοῦ Ἁγίου Πνεύματος. Ἀμήν.

† Ὁ δεσπότης τῶν ἁπάντων καὶ Κύριος ἡμῶν Ἰησοῦς Χριστὸς ἐν τῇ νυκτί, ᾗ παρεδίδοτο, διατιθέμενος τοῖς ἱεροῖς αὐτοῦ Μαθηταῖς καὶ Ἀποστόλοις τὴν κοινὴν αὐτοῦ καὶ χαρακτηριστικὴν τῶν χριστιανῶν ἐντολήν, τὴν πρὸς ἀλλήλους ἀγάπην, «οὐ δύναται», ἔφη, «τὸ κλῆμα καρπὸν φέρειν ἀφ᾽ ἑαυτοῦ, ἐὰν μὴ μείνῃ ἐν τῇ ἀμπέλῳ». Καὶ ἀντιλαμβανόμενος τῆς ἀνθρωπίνης ἀσθενείας, αὐτὸς πάλιν ὁ πάνσοφος διδάσκαλος ἡμῶν ἡρμήνευσε τρανῶς, ὅτι αὐτός ἐστιν ἡ ἄμπελος ἡ ἀληθινή, εἰς ἣν ἐντέλλεται ἅπαντας

---

[1] Βλ. τὸ κείμενο σε Ι. Κονιδάρης, Θεμελιώδεις διατάξεις σχέσεων Κράτους-Εκκλησίας [Βιβλιοθήκη Εκκλησιαστικού Δικαίου, Σειρά Α΄: Πηγές, 1], β΄ έκδοση: Αθήνα: Εκδόσεις Αντ. Σάκκουλα, 2006, 33-38.

ἡμᾶς μένειν. «Μείνατε ἐν ἐμοί». Ἐντεῦθεν ἐν τῷ χριστιανικῷ ὀρθοδόξῳ πληρώματι ἡ ὑμνουμένη ἐκείνη, καὶ τοσοῦτον φιλοτίμως σπουδαζομένη ὑπό τε τῶν θείων Ἀποστόλων καὶ τῶν σεπτῶν Οἰκουμενικῶν Συνόδων, καὶ καθ' ἑκάστην ἐν ταῖς δεήσεσι τῶν πιστῶν θερμῶς ἐξαιτουμένη ἑνότης. «Μείνατε ἐν ἐμοί». Εἷς γὰρ Κύριος, ᾧ λατρεύομεν· μία πίστις, ἣν παρελάβομεν καὶ ἓν βάπτισμα, ὃ βεβαπτίσμεθα. Ταῦτα εἰσὶν αἱ συνθῆκαι τῆς μιᾶς ἀληθοῦς Ποίμνης τοῦ Ἀρχιποίμενος Χριστοῦ, ἤτοι τῆς Μίας, Ἁγίας, Καθολικῆς καὶ Ἀποστολικῆς Ἐκκλησίας, ποιμαινομένης ὑπὸ πολυπληθῶν ὑπηρετῶν αὐτοῦ, ἀγραυλούντων καὶ φυλασσόντων φυλακὰς ἐν τῇ νυκτὶ τοῦ πλάνου τούτου βίου, ἐπὶ μιᾷ ἐλπίδι, εἰς ἣν καὶ ἐκλήθημεν ἅπαντες. Ἀλλ' ἡ σοφία τοῦ Θεοῦ, ὡς ἅπασαν τὴν κτίσιν συνέχει, ἐν θαυμασίᾳ ἀλληλουχίᾳ καὶ τάξει διέπουσα, οὕτω καὶ τὴν ἁγίαν αὐτοῦ Ἐκκλησίαν, ηὐδόκησε τῇ αὐτῇ ἁρμονίᾳ οἰκονομεῖσθαι· καὶ τὸ Ἅγιον Πνεῦμα, τὸ θέμενον τοὺς μὲν Ἀποστόλους, τοὺς δὲ Προφήτας, τοὺς δὲ Ποιμένας καὶ Διδασκάλους, ὥσπερ διὰ τῆς τῶν θείων Ἀποστόλων χειροθεσίας ἀνέδειξεν ἐν τῇ διακονίᾳ τῆς πίστεως, τοὺς μὲν Ἐπισκόπους, τοὺς δὲ Πρεσβυτέρους, τοὺς δὲ Διακόνους· οὕτω τὸ αὐτὸ Πνεῦμα, καὶ διὰ τῆς ἀποφάνσεως τῶν Οἰκουμενικῶν Ἁγίων Συνόδων ἐκανόνισεν ἐν τῇ οἰκονομίᾳ τῆς ἑνότητος τοὺς μὲν Πατριάρχας, τοὺς δὲ Ἀρχιεπισκόπους καὶ Μητροπολίτας, τοὺς δὲ Ἀρχιπρεσβυτέρους καὶ Ἀρχιδιακόνους κ.λ.π. Οὗτοι δὲ πάντες, εἴτε ὁμότιμοι ἐν ἀδελφικῇ ὑπαλληλίᾳ, εἴτε ὑποτασσόμενοι ἀλλήλοις ὡς «ἡγουμένοις», κατὰ τὴν διακονίαν, ἣν ἕκαστος ἔλαχεν, ἔχοντες τὸ αὐτὸ πνεῦμα τῆς πίστεως καὶ τὴν αὐτὴν ἀποστολικὴν κατὰ τοὺς κανόνας χειροτονίαν, ὡς μέλη ὑπουργικὰ συναρμολογούμενοι εἰς ἓν σῶμα Χριστοῦ, ὅπου γῆς ἂν ὦσιν, ἕνα Ναὸν Ἅγιον καταρτίζουσι, καὶ συνδεόμενοι τῷ συνδέσμῳ τῆς ἀγάπης, κἂν κεχωρισμένοι καὶ ἀφεστηκότες δοκῶσι κατὰ τὰς τοῦ κοινωνικοῦ βίου χρείας τε καὶ περιπετείας τῶν πολιτευμάτων, ἀδιάστατοι καὶ ἀχώριστοί εἰσιν ἐν τῇ τῆς Ἐκκλησίας ἑνότητι. Ἐπὶ ταύτῃ τῇ βάσει ἀνέκαθεν ἡ τοῦ Χριστοῦ Ἐκκλησία, ἤτοι αἱ σεπταὶ Οἰκουμενικαὶ Σύνοδοι, ὥς γε πρὸς τὴν τοῦ βιωτικοῦ πολιτεύματος καιρικὴν χρείαν ἀφορῶσαι, ἢ ἐχώρισαν ἢ συνῆψαν ἐπαρχίας ἐκκλησιαστικάς, καὶ ἢ ἄλλοις ὑπέταξαν ἢ αὐτοκεφάλους ἀνέδειξαν αὐτὰς τῆς ἐν τῇ πίστει καὶ ἐν τῇ ἐκκλησιαστικῇ κανονικῇ τάξει ἑνότητος ἀλωβήτου διαμενούσης. Ἐπεὶ τοίνυν καί τινες τῶν ὑπὸ τὴν ἐκκλησιαστικὴν κυριαρχίαν τοῦ Πατριαρχικοῦ, Ἀποστολικοῦ, Οἰκουμενικοῦ Θρόνου τῆς Κωνσταντινουπόλεως ἁγιώταται Μητροπόλεις, καὶ Ἀρχιεπισκοπαὶ καὶ Ἐπισκοπαί, αἱ ἀπαρτίζουσαι σήμερον τὸ θεόσωστον καὶ θεοστήρικτον Βασίλειον τῆς Ἑλλάδος, διὰ καιρικὰς περιπετείας, καίπερ διατηροῦσαι τῇ τοῦ Θεοῦ χάριτι τὴν τῆς πίστεως ἑνότητα, ἀπελείφθησαν ὅμως ἐπί τινα καιρὸν τῆς ἐκκλησιαστικῆς καὶ κανονικῆς σχέσεώς τε καὶ συναφείας πρός τε τὴν Ὀρθόδοξον αὐτῶν Μητέρα, τὴν ἐν Κωνσταντινουπόλει Μεγάλην Ἐκκλησίαν, ἐξ ἧς ἤρτηντο, καὶ δὴ πρὸς πάσας τὰς λοιπὰς Ὀρθοδόξους τοῦ Χριστοῦ Ἐκκλησίας· ἡμεῖς οἱ διὰ τῆς χάριτος τοῦ Παναγίου Πνεύματος συνελθόντες ἐν πλήρει Συνόδῳ πρὸς καταρτισμὸν τῆς κανονικῆς ἑνότητος τῆς ἐν Ἑλλάδι Ἐκκλησίας μετὰ τῶν λοιπῶν Ὀρθοδόξων Ἐκκλησιῶν, ἀκούσαντες διὰ τῶν ἐπισήμων γραμμάτων, τῶν ἐπισταλέντων ἡμῖν παρὰ τοῦ εὐσεβοῦς Ὑπουργείου τοῦ Θεοσώστου Κράτους τῆς Ἑλλάδος τήν τε περὶ τούτου αἴτησιν τοῦ ἐκεῖ σύμπαντος εὐλαβεστάτου Κλήρου, καὶ τὴν συντρέχουσαν ἐπιθυμίαν παντὸς τοῦ Ὀρθοδόξου Ἑλληνικοῦ Λαοῦ, τῶν ἐν Ἁγίῳ Πνεύματι τέκνων ἡμῶν ἀγαπητῶν καὶ περιποθήτων, συνιδόντες δὲ καὶ τὴν χρείαν τῆς κατ' ἐκείνῳ τὸ νεοσύστατον Κράτος διακονίας τῆς πίστεως, καὶ τῆς ἐκκλησιαστικῆς οἰκονομίας τῆς ἑνότητος, καὶ συσκεψάμενοι, ὅπως ἥ τε ἁγία ἡμῶν Πίστις διατηρηθῇ ἐσαεὶ ἀλώβητος, καὶ οἱ κανόνες τῶν θείων Πατέρων ἀπαραβίαστοι καὶ ἀπαρασάλευτοι, ὥστε εἶναι πάντας ἡμᾶς, ὡς ἐν τῇ αὐτῇ πίστει, οὕτω καὶ ἐν τῇ αὐτῇ οἰκονομίᾳ τῆς ἑνότητος, καὶ κλήματα ἀδιάσπαστα τῆς θείας ἀμπέλου, ὡρίσαμεν τῇ δυνάμει τοῦ Παναγίου καὶ Τελεταρχικοῦ Πνεύματος, διὰ τοῦ παρόντος Συνοδικοῦ Τόμου, ἵνα ἡ ἐν τῷ Βασιλείῳ τῆς Ἑλλάδος Ὀρθόδοξος Ἐκκλησία, Ἀρχηγὸν ἔχουσα καὶ κεφαλὴν, ὡς καὶ πᾶσα ἡ Καθολικὴ καὶ Ὀρθόδοξος Ἐκκλησία, τὸν Κύριον καὶ Θεὸν καὶ Σωτῆρα ἡμῶν Ἰησοῦν Χριστόν, ὑπάρχῃ τοῦ λοιποῦ κανονικῶς αὐτοκέφαλος, ὑπερτάτην ἐκκλησιαστικὴν ἀρχὴν γνωρίζουσα Σύνοδον διαρκῆ, συνισταμένην ἐξ Ἀρχιερέων, προσκαλουμένων ἀλληλοδιαδόχως κατὰ τὰ πρεσβεῖα τῆς χειροτονίας, Πρόεδρον ἔχουσα τὸν κατὰ καιρὸν Ἱερώτατον Μητροπολίτην Ἀθηνῶν, καὶ διοικοῦσαν τὰ τῆς Ἐκκλησίας κατὰ τοὺς θείους καὶ ἱεροὺς κανόνας ἐλευθέρως καὶ ἀκωλύτως ἀπὸ πάσης κοσμικῆς ἐπεμβάσεως. Οὕτω δὴ καὶ ἐπὶ τούτοις καθισταμένην διὰ τοῦ παρόντος Συνοδικοῦ Τόμου τὴν Ἱερὰν ἐν Ἑλλάδι Σύνοδον, ἐπιγιγνώσκομεν αὐτήν, καὶ ἀνακηρύττομεν πνευματικὴν ἡμῶν ἀδελφήν, καὶ πᾶσι τοῖς ἁπανταχοῦ εὐσεβέσι καὶ ὀρθοδόξοις τέκνοις τῆς Μίας, Ἁγίας, Καθολικῆς καὶ Ἀποστολικῆς Ἐκκλησίας ἐπισυνιστῶμεν ὡς τοιαύτην τοῦ λοιποῦ ἀναγνωρίζεσθαι καὶ μνημονεύεσθαι τῷ ὀνόματι «Ἱερὰ Σύνοδος τῆς Ἐκκλησίας τῆς Ἑλλάδος»· δαψιλεύομεν δὲ αὐτῇ καὶ πάσας τὰς προνομίας καὶ πάντα τὰ κυριαρχικὰ δικαιώματα τὰ τῇ ἀνωτάτῃ ἐκκλησιατικῇ ἀρχῇ παρομαρτοῦντα, ἵνα τοῦ λοιποῦ μνημονεύηται ὑπὸ τῶν ἐν Ἑλλάδι Ἀρχιερέων ἐν ταῖς ἰδίαις ἐπαρχίαις ἱερουργούντων, τοῦ Προέδρου αὐτῆς μνημονεύοντος πάσης Ἐπισκοπῆς Ὀρθοδόξων, καὶ χορηγῇ τὰς πρὸς χειροτονίαν Ἀρχιερέων ἀπαιτουμένας κονονικὰς ἐκδόσεις. Ἵνα δὲ ἡ κανονικὴ ἑνότης πρός τε τὴν ἐν Κωνσταντινουπόλει Μεγάλην Ἐκκλησίαν, καὶ πρὸς τὰς λοιπὰς Ὀρθοδόξους τοῦ Χριστοῦ Ἐκκλησίας διατηρῆται κατὰ τοὺς θείους καὶ ἱεροὺς κανόνας καὶ τὰ πατροπαράδοτα ἔθιμα τῆς Καθολικῆς Ὀρθοδόξου Ἐκκλησίας, ὀφείλει ἡ Ἱερὰ Σύνοδος τῆς Ἐκκλησίας τῆς Ἑλλάδος, μνημονεύειν ἐν τοῖς ἱεροῖς Διπτύχοις τοῦ τε κατὰ καιρὸν Οἰκουμενικοῦ Πατριάρχου καὶ τῶν λοιπῶν Πατριαρχῶν κατὰ τάξιν, καθὼς καὶ πάσης Ἐπισκοπῆς Ὀρθοδόξων· λαμβάνειν δέ, ὁσάκις ἂν χρήζῃ, καὶ τὸ ἅγιον μύρον παρὰ τῆς Ἁγίας τοῦ Χριστοῦ Μεγάλης Ἐκκλησίας. Κατὰ δὲ τὰς κανονικὰς καὶ πατροπαραδότους διατυπώσεις, ὁ Πρόεδρος τῆς Ἱερᾶς Συνόδου ἀναγορευόμενος ὀφείλει ἐπιστέλλειν τὰ ἀναγκαῖα συνοδικὰ γράμματα πρός τε τὸν Οἰκουμενικὸν καὶ πρὸς τοὺς λοιποὺς Πατριάρχας, καθὼς καὶ οὗτοι ἀναγορευόμενοι τὸ αὐτὸ ποιήσουσιν. Οὐ μὴν ἀλλὰ καὶ ἐν τοῖς συμπίπτουσιν ἐκκλησιαστικοῖς πράγμασι, τοῖς δεομένοις συσκέψεως καὶ συμπράξεως πρὸς κρείττονα οἰκονομίαν καὶ στηριγμὸν τῆς Ὀρθοδόξου Ἐκκλησίας, ἤρεσεν, ἵνα ἡ μὲν ἐν Ἑλλάδι Ἱερὰ Σύνοδος ἀναφέρηται πρὸς τὸν Οἰκουμενικὸν Πατριάρχην καὶ τὴν περὶ αὐτὸν Ἱερὰν Σύνοδον· ὁ δὲ Οἰκουμενικὸς Πατριάρχης μετὰ τῆς περὶ αὐτὸν Ἁγίας καὶ Ἱερᾶς Συνόδου παρέχει προθύμως τὴν ἑαυτοῦ σύμπραξιν, ἀνακοινῶν τὰ δέοντα πρὸς τὴν Ἱερὰν Σύνοδον τῆς Ἐκκλησίας τῆς Ἑλλάδος. Τὰ δὲ πρὸς τὴν ἐσωτερικὴν ἐκκλησιατικὴν διοίκησιν ἀφορῶντα, οἷα φερ' εἰπεῖν τὰ περὶ ἐκλογῆς καὶ χειροτονίας Ἀρχιερέων, περὶ ἀριθμοῦ αὐτῶν καὶ ὀνομασίας τοῦ θρόνου αὐτῶν, περὶ χειροτονίας ἱερέων καὶ ἱεροδιακόνων, περὶ γάμου καὶ διαζυγίου, περὶ διοικήσεως Μοναστηρίων, περὶ εὐταξίας καὶ ἐκπαιδεύσεως τοῦ ἱεροῦ Κλήρου, περὶ τοῦ κηρύγματος τοῦ θείου λόγου, περὶ ἀποδοκιμασίας ἀντιθρησκευτικῶν βιβλίων, ταῦτα πάντα καὶ τὰ τοιαῦτα κανονισθήσονται παρὰ τῆς Ἱερᾶς Συνόδου διὰ συνοδικῆς πράξεως, μὴ ἀντιβαινούσης τὸ παράπαν τοῖς ἱεροῖς κανόσι τῶν ἁγίων καὶ ἱερῶν Συνόδων, καὶ τοῖς πατροπαραδότοις ἐθίμοις, καὶ ταῖς διατυπώσεσι τῆς Ὀρθοδόξου Ἀνατολικῆς Ἐκκλησίας. Ἐπ' αὐτοῖς οὖν τοῖς ὅροις, αὕτη ἡ ἀρχῆθεν καλλιγόνος Μήτηρ, ἡ ὡς ἄμπελος εὐθυνοῦσα ἐν τοῖς κλίτεσι τοῦ οἴκου Κυρίου, ἡ ἐν Κωνσταντινουπόλει Μεγάλη τοῦ Χριστοῦ Ἐκκλησία, ἐν Ἁγίῳ Πνεύματι συνοδικῶς ἀποφαινομένη, ἀναγορεύει καὶ κηρύττει τὴν ἐν Ἑλλάδι Ἐκκλησίαν αὐτοκέφαλον, καὶ τὴν ἐν αὐτῇ Σύνοδον ἀδελφὴν ἐν Πνεύματι ἑαυτῆς τε καὶ πάσης ἄλλης ἀνὰ μέρος Ὀρθοδόξου Ἐκκλησίας· ἔτι ἀναγνωρίζει πλήρη καὶ κυρίαν καὶ Ἀποστολικὴν τὴν ψήφῳ καὶ δοκιμασίᾳ τῶν ἐν Ἑλλάδι ἱερωτάτων Μητροπολιτῶν καὶ Ἀρχιεπισκόπων καὶ Ἐπισκόπων γινομένην χειροτονίαν, ἣν ἔλαβον ἐντεῦθεν ἀπὸ τοῦ Ἀποστολικοῦ Οἰκουμενικοῦ τούτου Θρόνου ἢ καὶ ἀφ' ἑτέρου Ἀποστολικοῦ Θρόνου ἢ καὶ Συνόδων αὐτοκεφάλων, τῶν ἐν τῷ Ὀρθοδόξῳ πληρώματι· ἔτι δὲ κατέχει πλήρη, κυρίαν καὶ ἀποστολικὴν πᾶσαν χειροθεσίαν αὐτῶν, καὶ πᾶσαν ἱερὰν τελετὴν νομίμως τελουμένην, καὶ τοιαύτην ἀξιοῖ κατέχεσθαι καὶ παρὰ πάντων τῶν Ὀρθοδόξων. Ταῦτα ὥρισεν ἐν Ἁγίῳ Πνεύματι ἡ ἐν Κωνσταντινουπόλει

Ὀρθόδοξος Ἱερὰ Σύνοδος, εὐχομένη ἀπλέτῳ πόθῳ, καὶ διαπύρῳ ἀγάπῃ τῇ φίλῃ αὐτῆς ἐν Χριστῷ ἀδελφῇ, στηριγμὸν ἐν τῇ πίστει καὶ ἐν τῇ ἑνότητι, προκοπὴν ἐν τοῖς παραγγέλμασι τοῦ Κυρίου, καὶ ἄγρυπνον προσοχὴν εἰς τὴν Ὀρθόδοξον διδασκαλίαν τοῦ Ποιμνίου, εἰς ὃ τὸ Πνεῦμα τὸ Ἅγιον ἐπέστησε ποιμαίνειν, ὅπως ἂν εἴπωσι καὶ οἱ ἀντικείμενοι τῇ εὐσεβείᾳ «Τίς αὕτη ἡ ἐκκύπτουσα ὡσεὶ ὄρθρος, καλὴ ὡς σελήνη, ἐκλεκτὴ ὡς ὁ ἥλιος, θάμβος ὡς τεταγμέναι»· ὁ δὲ Θεὸς τῆς εἰρήνης, ὁ ποιήσας τὰ ἀμφότερα ἕν, καὶ τὸ μεσότειχον τοῦ φραγμοῦ λύσας, δῴη ἡμῖν τὸ αὐτὸ φρονεῖν ἐν ἀλλήλοις πάντοτε, χάριτι καὶ οἰκτιρμοῖς τοῦ Πρώτου καὶ Μεγάλου καὶ Ἄκρου Ἀρχιερέως Χριστοῦ τοῦ Θεοῦ ἡμῶν, πρεσβείαις τῆς Παναχράντου αὐτοῦ Μητρός, τῆς ἀειπαρθένου καὶ Θεοτόκου Μαρίας, τοῦ τιμίου ἐνδόξου Προφήτου Προδρόμου καὶ Βαπτιστοῦ Ἰωάννου, τῶν ἁγίων ἐνδόξων Πανευφήμων Θεοκηρύκων καὶ Πνευματοφόρων Ἀποστόλων, τῶν Ὁσίων καὶ Θεοφόρων Πατέρων ἡμῶν καὶ πάντων τῶν Ἁγίων. Ἀμήν.

Ἐν ἔτει σωτηρίῳ ͵αων΄ Ἰουνίου κθ΄.
† Ἄνθιμος ἐλέῳ Θεοῦ Ἀρχιεπίσκοπος Κωνσταντινουπόλεως Νέας Ῥώμης καὶ Οἰκουμενικὸς Πατριάρχης ἐν Χριστῷ τῷ Θεῷ ἀποφαίνεται
† Ὁ πρῴην Κωνσταντινουπόλεως Κωνστάντιος ὁ Α΄ ἐν Χριστῷ τῷ Θεῷ συναποφαίνεται
† Ὁ πρῴην Κωνσταντινουπόλεως Κωνστάντιος ὁ Β΄ ἐν Χριστῷ τῷ Θεῷ συναποφαίνεται
† Ὁ πρῴην Κωνσταντινουπόλεως Γρηγόριος ἐν Χριστῷ τῷ Θεῷ συναποφαίνεται
† Ὁ πρῴην Κωνσταντινουπόλεως Γερμανὸς ἐν Χριστῷ τῷ Θεῷ συναποφαίνεται
† Ὁ πρῴην Κωνσταντινουπόλεως Ἄνθιμος ἐν Χριστῷ τῷ Θεῷ συναποφαίνεται
† Κύριλλος ἐλέῳ Θεοῦ Πατριάρχης τῆς Ἁγίας πόλεως Ἱερουσαλὴμ ἐν Χριστῷ τῷ Θεῷ συναποφαίνεται
† Ὁ Καισαρείας Παΐσιος
† Ὁ Ἐφέσου Ἄνθιμος

† Ὁ Ἡρακλείας Πανάρετος

† Ὁ Νικομηδείας Διονύσιος, ἔχων καὶ τὴν γνώμην τοῦ Σεβ. Γέροντος Χαλκηδόνος Κυρίου Ἱεροθέου

† Ὁ Δέρκων Νεόφυτος

† Ὁ Πρόεδρος Διδυμοτείχου Μελέτιος

† Ὁ Νεοκαισαρείας Λεόντιος

† Ὁ Κρήτης Χρύσανθος

† Ὁ Σερρῶν Ἰάκωβος

† Ὁ Βιζύης Γρηγόριος

† Ὁ Σωζοαγαθουπόλεως Προκόπιος

† Ὁ πρῴην Μεσημβρίας Μανουὴλ

† Ὁ Σταυρουπόλεως Κωνσταντῖνος

β) Πατριαρχική και συνοδική πράξη περί παραχωρήσεως στην Αυτοκέφαλη Εκκλησία της Ελλάδος των εκκλησιαστικών επαρχιών του Οικουμενικού Πατριαρχείου στην Επτάνησο[2]

† Σωφρόνιος ἐλέῳ Θεοῦ Ἀρχιεπίσκοπος Κωνσταντινουπόλεως, Νέας Ῥώμης καὶ Οἰκουμενικὸς Πατριάρχης.

Τῆς εὐσταθείας τῶν ἁπανταχοῦ ἁγίων τοῦ Θεοῦ Ἐκκλησιῶν πρόνοιαν ἐς ἀεὶ ποιουμένη ἡ καθ' ἡμᾶς αὕτη τοῦ Χριστοῦ Μεγάλη Ἐκκλησία, οἷα κοινὴ Μήτηρ καὶ προστάτις ὑπέρμαχος, διαφόροις μὲν διαιτήσεσιν ἀναγκαίαις, καὶ τῷ καιρῷ καὶ ταῖς περιστάσεσι καταλλήλοις τὴν εὐκοσμίαν καὶ εὐρυθμίαν αὐταῖς ἐνεργάζεται, οὐ μὴν δὲ ἀλλὰ καὶ τὰ παρ' ἑαυτῇ ἀπονέμειν προθύμως οὐκ ἀπαναίνεται, προνοίᾳ τε ἀξιοχρέῳ καὶ φιλοτιμίᾳ κεκινημένη, καὶ πάντα πρὸς οἰκοδομὴν, κατὰ τὴν ἀποστολικὴν ἐντολὴν, διαπράττουσα, καθὰ καὶ ἐπὶ τοῦ παρόντος. Τῶν γὰρ κατὰ τὴν Ἰονικὴν Ἑπτάνησον ἁγιωτάτων ἐπαρχιῶν, ἤτοι τῆς Κερκύρας, τῆς Κεφαλληνίας, τῆς Ζακύνθου, τῆς Λευκάδος καὶ Ἁγίας Μαύρας, τῆς ἀρχιεπισκοπῆς Κυθήρων, καὶ τῶν ἐπισκοπῶν Ἰθάκης, ὑποκειμένης τῇ Μητροπόλει Κεφαλληνίας, καὶ Παξῶν τῇ τῆς Κερκύρας, ἀνέκαθεν ὑποτελουσῶν πνευματικῶς τῷ καθ' ἡμᾶς Ἁγιωτάτῳ Πατριαρχικῷ, Ἀποστολικῷ καὶ Οἰκουμενικῷ Θρόνῳ, ἕνεκα δὲ πολιτικῶν αἰτιῶν διαφόροις ὑποκυψασῶν περιστάσεσι καὶ μεταβολαῖς περὶ τὴν ἐκκλησιαστικὴν αὐτῶν διοίκησιν, πρὸ χρόνων, ἤτοι κατὰ τὸ ͵αωκζ΄ Σωτήριον ἔτος, ὅτε καὶ ἐν παντελεῖ σχεδὸν χηρείᾳ καὶ στερήσει ἀρχιερέων διέκειντο, προνοίᾳ ἐκκλησιαστικῇ καὶ εὐμενεῖ ἐπινεύσει τῆς τηνικαῦτα τὸ Ἰόνιον Κράτος προστατευούσης Μεγάλης Βρεττανίας, ἀποκατέστη μὲν μορφωθεῖσα ὅσον ἐνῆν καὶ εἰσήχθη ἐν ταῖς θεοσώστοις ταύταις ἐπαρχίαις εὔρυθμός τις ἐκκλησιαστικὴ κυβέρνησις, ὑπὸ τὴν περιοδικὴν διαδοχικὴν ἐξαρχίαν ἑνὸς τῶν τεσσάρων αὐτῶν Μητροπολιτῶν, χειροτονηθέντων τότε διὰ Πατριαρχικῶν ἐκδόσεων τοῦ

---

2. Βλ. το κείμενο σε Ι. Κονιδάρης, ό.π., 39-42.

ἀοιδίμου ἐν Πατριάρχαις κυροῦ Ἀνθίμου τοῦ Γ΄, οὗ καὶ Γράμματι Πατριαρχικῷ καὶ Συνοδικῷ ἐπικυρωτικῷ καὶ διαιτητηρίῳ κατασφαλισθεῖσα ἡ διεξαγωγὴ καὶ διοίκησις τῆς Ἐκκλησίας ταύτης διετέλει ἔκτοτε καὶ μέχρι τοῦ νῦν διενεργουμένη, φυλαττομένων τῶν τοῦ Οἰκουμενικοῦ Θρόνου προνομίων ἐν τῷ μνημοσύνῳ τοῦ Πατριαρχικοῦ ὀνόματος καὶ τῇ ἐκδόσει ἀδείας πατριαρχικῆς ἐν χειροτονίαις νέων Ἀρχιερέων.

Ἐπεὶ δὲ ἤδη τοῦ Ἰονίου Κράτους ἑνωθέντος τῷ Ἑλληνικῷ Βασιλείῳ καὶ πάντων τῶν ἐκείνου πολιτικῶν πραγμάτων πρὸς τοῦτο συναρμοσθέντων καὶ ἀφομοιωθέντων, ἡ τὰ πνευματικὰ τοῦ θεοσώστου τούτου Βασιλείου διέπουσα ἁγιωτάτη Ἱερὰ Σύνοδος τῆς Ὀρθοδόξου Ἐκκλησίας τῆς Ἑλλάδος (ἡ πρό τινων χρόνων διὰ Πατριαρχικοῦ καὶ Συνοδικοῦ Τόμου εἰς αὐτοκέφαλον Ἐκκλησίαν ἀνεδείχθη ὑπὸ τῆς καθ' ἡμᾶς τοῦ Χριστοῦ Μεγάλης Ἐκκλησίας), ἀναγκαίαν κατιδοῦσα τὴν τῶν εἰρημένων τῆς Ἑπτανήσου ἐπαρχιῶν μετ' αὐτῆς ἕνωσιν καὶ συνάφειαν, ἀνήγγειλε τῇ ἡμῶν μετριότητι, προκαθημένη συνοδικῶς, διὰ σεβασμίου αὐτῆς Γράμματος, χρονολογουμένου τῇ α΄ Ἰουνίου τοῦ τρέχοντος ͵αωξε΄ Σωτηρίου ἔτους, ἐξαιτουμένη τὴν κανονικὴν Ἐκκλησιαστικὴν ἐπίνευσιν ἐπὶ τῷ μεταβιβασθῆναι τῇ αὐτῆς δικαιοδοσίᾳ, ἅπερ ἐπὶ τῶν ἐπαρχιῶν ἐκείνων ὁ καθ' ἡμᾶς ἁγιώτατος Οἰκουμενικὸς θρόνος κέκτηται προνόμια συνιστῶσα τὸ πρόβλημα καὶ διὰ τῆς συγκαταθέσεως ἁπάσης τῆς Ἱεραρχίας τῆς Ἐκκλησίας τῆς Ἑπτανήσου, θεωρούσης, ὥς φησιν, ἀναγκαίαν καὶ ζητούσης τὴν ἕνωσιν αὐτῆς μετὰ τῆς Ἐκκλησίας τῆς Ἑλλάδος, ὡς ἐγγράφως αὕτη ἀνεφέρθη πρὸς αὐτὴν διὰ τοῦ Ὑπουργείου. Ταῦτα φαμέν, προτεινομένης τῇ καθ' ἡμᾶς τοῦ Χριστοῦ Μεγάλῃ Ἐκκλησίᾳ τῆς ἁγιωτάτης Ἱερᾶς Συνόδου, ἡ Μετριότης ἡμῶν, διασκεψαμένη μετὰ τῆς περὶ αὐτὴν Ἁγίας καὶ Ἱερᾶς Συνόδου, ἐπειδὴ κατείδομεν τὴν περὶ ἧς ὁ λόγος ἕνωσιν τῆς Ἐκκλησίας τῆς Ἑπτανήσου πρὸς τὴν τῆς Ἑλλάδος εὔλογον μὲν ἄλλως καί, ὡς εἰπεῖν, φυσικὴν οὖσαν συνέπειαν τῆς ἐν τοῖς πολιτικοῖς πράγμασιν ἀφομοιώσεως, ὁμολογουμένως ἐναπαιτούσης καὶ τὴν τῶν Ἐκκλησιαστικῶν κατ' οὐδὲν δὲ τὰ πνευματικὰ ἐκείνης συμφέροντα παραβλάπτουσαν ἡ μέχρις ὑπονοίας διακινδυνεύουσαν διὰ τὴν ἐν Χριστῷ ὁμοφροσύνην καὶ τὴν τῶν ἱερῶν δογμάτων τῆς ἀμωμήτου ἡμῶν πίστεως ἀμφοτέρων τῶν Ἐκκλησιῶν ἑνότητα, ἀλλὰ καὶ μᾶλλον συντελοῦσαν αὐτῇ πρὸς εὐστάθειαν καὶ ἀκμαίαν κατάστασιν καὶ λαμπρότητα τῇ προστασίᾳ Κράτους ὁμοδόξου, ἔτι δὲ καὶ τὴν συγκατάθεσιν τῆς Σεβασμίας αὐτῆς Ἱεραρχίας πληροφορηθέντες, συνάδουσαν, οὐδὲν ἧττον ἐκζητούσης τὴν ἕνωσιν, ὡς διείληπται, διὰ ταῦτα ἀπεδεξάμεθα κοινῇ Συνοδικῇ γνώμῃ τὴν αἴτησιν καὶ ἀξίωσιν τῆς ἐν Χριστῷ ἀγαπητῆς ἡμῶν ἀδελφῆς ἁγιωτάτης Συνόδου, ὡς σύμφωνον τῇ ἀξιοχρέῳ ἐκκλησιαστικῇ ἡμῶν μερίμνῃ ὑπὲρ τῆς εὐσταθείας τῶν τοῦ Θεοῦ Ἐκκλησιῶν καὶ τῆς γαληναίας καὶ εἰρηνικῆς αὐτῶν καταστάσεως καὶ εὐχαρίστῳ συνεπινεύσει συναποφηνάμενος τὴν χειραφέτησιν τῶν εἰρημένων ἐπαρχιῶν ἀπὸ πάσης ἐξαρτήσεως αὐτῶν πρὸς τὸν καθ' ἡμᾶς ἁγιώτατον Οἰκουμενικὸν Πατριαρχικὸν Θρόνον, ἀπενείμαμεν καὶ μετεβιβάσαμεν αὐτὰς τῇ κανονικῇ προστασίᾳ τῆς Ὀρθοδόξου Ἐκκλησίας τῆς Ἑλλάδος, ἀφοσιώσαντες καὶ ἀναθέμενοι ὁλοσχερῶς τῇ πνευματικῇ καὶ ἐκκλησιαστικῇ αὐτῆς δικαιοδοσίᾳ. Ἥντινα καὶ ἐπικυροῦντες καὶ κρατύνοντες καὶ διὰ τῆς παρούσης Πατριαρχικῆς καὶ Συνοδικῆς ἡμῶν Πράξεως, ἀποφαινόμεθα ἐν ἁγίῳ Πνεύματι καὶ ὁριζόμεθα συνοδικῶς μετὰ τῶν περὶ ἡμᾶς ἱερωτάτων ἀρχιερέων καὶ ὑπερτίμων, τῶν ἐν ἁγίῳ Πνεύματι ἀγαπητῶν ἡμῶν ἀδελφῶν καὶ συλλειτουργῶν, ἵνα αἱ ἀνωτέρω ὀνομαστὶ ἀπαριθμηθεῖσαι ἁγιώταται ἐπαρχίαι τῆς Ἰονικῆς Ἑπτανήσου ὑπάρχωσιν ἀπὸ τοῦδε καὶ εἰς τὸν ἑξῆς ἅπαντα χρόνον καὶ λέγωνται καὶ παρὰ πάντων γιγνώσκωνται συνηνωμέναι καὶ συνημμέναι τῇ Ὀρθοδόξῳ Αὐτοκεφάλῳ Ἐκκλησίᾳ τῆς Ἑλλάδος καὶ μέρος αὐτῆς ἀποτελοῦσαι ἀναπόσπαστον, ὑπαγόμεναι ὑπὸ τὴν δικαιοδοσίαν καὶ προστασίαν τῆς ἁγιωτάτης Συνόδου τῆς Ἐκκλησίας ταύτης καὶ πρὸς αὐτὴν ἀναφερόμεναι καὶ ἄμεσον ἔχουσαι τὴν σχέσιν καὶ ἀναφορὰν ἐν πάσαις ταῖς ἐμπιπτούσαις πνευματικαῖς καὶ ἐκκλησιαστικαῖς ὑποθέσεσι, σὺν τῷ μνημοσύνῳ καὶ τοῦ ὀνόματος αὐτῆς. Ἐφ' ᾧ καὶ ἡ παροῦσα Πατριαρχικὴ καὶ Συνοδικὴ Πρᾶξις κατέστρωται, ὑπογραφεῖσα ἐν τῷδε τῷ ἱερῷ Κώδικι τῆς καθ' ἡμᾶς τοῦ Χριστοῦ Μεγάλης Ἐκκλησίας, εἰς διηνεκῆ ἔνδειξιν καὶ μόνιμον παράστασιν.

Ἐν ἔτει χιλιοστῷ ὀκτακοσιοστῷ ἑξηκοστῷ ἕκτῳ, κατὰ μῆνα Ἰούλιον, Ἐπινεμήσεως θ΄.

† Σωφρόνιος ἐλέῳ Θεοῦ Ἀρχιεπίσκοπος Κωνσταντινουπόλεως, Νέας Ῥώμης καί Οἰκουμενικὸς Πατριάρχης

† Ὁ Νικαίας Ἰωαννίκιος

† Ὁ Χαλκηδόνος Γεράσιμος

† Ὁ Προύσης Κωνστάντιος

† Ὁ Πελαγωνείας Βενέδικτος

† Ὁ Μεσημβρίας Νικηφόρος

† Ὁ Βιδύνης Παΐσιος

† Ὁ Γάνου καὶ Χώρας Χρύσανθος

† Ὁ Λήμνου Ἰωακεὶμ

† Ὁ Κορυτζᾶς Νεόφυτος

† Ὁ Ἐλασσῶνος Ἰγνάτιος

† Ὁ Φαναριοφαρσάλων Νεόφυτος

† Ὁ Κώου Κύριλλος

γ) Πατριαρχική και Συνοδική Πράξη περί παραχωρήσεως στην Αυτοκέφαλη Εκκλησία της Ελλάδος των εκκλησιαστικών επαρχιών του Οικουμενικού Πατριαρχείου στη Θεσσαλία και σε τμήμα της Ηπείρου[3]

† Ἰωακεὶμ ἐλέῳ Θεοῦ Ἀρχιεπίσκοπος Κωνσταντινουπόλεως, Νέας Ῥώμης καὶ Οἰκουμενικὸς Πατριάρχης

Τῆς τῶν πολιτειῶν καταστάσεως ὡς ἐπὶ τὸ πολὺ μεταβαλλομένης ταῖς τοῦ χρόνου φοραῖς καὶ ἄλλοτε ἄλλως μεταπιπτούσης, ἀνάγκη καὶ τὰ περὶ τὴν διοίκησιν τῶν ἐπὶ μέρους Ἐκκλησιῶν ταύτῃ συμμεταβάλλεσθαι καὶ συμμεθαρμόζεσθαι. Ὅ δὴ καὶ ὁ ἱερώτατος Φώτιος ἐδήλου ἄλλοτε, λέγων, «τὰ ἐκκλησιαστικά, καὶ μάλιστά γε τὰ περὶ τῶν ἐνοριῶν δίκαια, ταῖς πολιτικαῖς ἐπικρατείαις καὶ διοικήσεσι συμμεταβάλλεσθαι εἴωθεν». Ἔνθεν τοι καὶ νῦν, ἐπεί τινες τῶν ἐν ταῖς χώραις Ἠπείρου καὶ Θεσσαλίας παροικιῶν τοῦ καθ' ἡμᾶς ἁγιωτάτου Ἀποστολικοῦ Πατριαρχικοῦ Οἰκουμενικοῦ Θρόνου, ἤτοι ἡ ἁγιωτάτη Μητρόπολις Λαρίσσης μετὰ τῶν ὑπ' αὐτὴν ἁγιωτάτων Ἐπισκοπῶν Τρίκκης, Σταγῶν, Θαυμακοῦ καὶ Γαρδικίου, καὶ αἱ ἁγιώταται Μητροπόλεις Ἄρτης, Δημητριάδος καὶ Φαναριοφερσάλων καὶ ἡ ἁγιωτάτη Ἐπισκοπὴ Πλαταμῶνος, ἡ τῇ ἁγιωτάτῃ Μητροπόλει Θεσσαλονίκης ὑποκειμένη, ἔτι δὲ εἴκοσι χωρία τῆς ἁγιωτάτης Μητροπόλεως Ἰωαννίνων ἐκ τοῦ τμήματος Τσουμέρκων καὶ τρία ἕτερα τῆς αὐτῆς Μητροπόλεως ἐκ τοῦ τμήματος Μαλακασίου, νεύσει κρείττονι προσηρτήθησαν ἔναγχος καὶ ἡνώθησαν πολιτικῶς τῷ θεοσώστῳ Βασιλείῳ τῆς Ἑλλάδος, ἀνηνέχθησαν δὲ τῇ καθ' ἡμᾶς ἁγίᾳ τοῦ Χριστοῦ Μεγάλῃ Ἐκκλησίᾳ ἥ τε εὐσεβεστάτη Κυβέρνησις τοῦ εἰρημένου Βασιλείου, διὰ γραμμάτων αὐτῆς σεσημασμένων τῇ κ΄ Ἀπριλίου ἐνεστῶτος σωτηρίου ἔτους ‚αωπβ΄ καὶ ἡ τὰ τῆς ἁγιωτάτης Ἐκκλησίας τῆς Ἑλλάδος διοικοῦσα Ἱερὰ Σύνοδος δι' ἑτέρων αὐτῆς γραμμάτων ὑπὸ χρονολογίαν κη΄ Ἀπριλίου τοῦ αὐτοῦ Σωτηρίου ἔτους, αἰτουμέ-

---

3. Βλ. τὸ κείμενο σε Ι. Κονιδάρης, ὅ.π., 43-45.

νοι, ὅπως, κατὰ τὴν ἀνέκαθεν ἐν τῇ Ἐκκλησίᾳ κρατήσασαν τάξιν, αἱ εἰρημέναι παροικίαι ἀπολυθῶσι καὶ ἐκκλησιαστικῶς ἀπὸ τοῦ καθ' ἡμᾶς ἁγιωτάτου Οἰκουμενικοῦ Πατριαρχικοῦ Θρόνου καὶ προσαρτηθῶσι τῇ ἁγιωτάτῃ Ἐκκλησίᾳ τῆς Ἑλλάδος, ἀποτελοῦσαι τοῦ λοιποῦ μέρος ταύτης ἀδιάσπαστον καὶ ἀχώριστον, ἡ μετριότης ἡμῶν μετὰ τῆς περὶ ἡμᾶς ἁγίας Συνόδου τῶν ἱερωτάτων Μητροπολιτῶν, τῶν ἐν ἁγίῳ Πνεύματι ἀγαπητῶν ἡμῖν ἀδελφῶν καὶ συλλειτουργῶν, ἅτε δὴ ὀφείλοντες ἀξιοχρέως μεριμνᾶν ὑπὲρ τῆς εὐσταθείας τῶν ἁγίων τοῦ Θεοῦ Ἐκκλησιῶν, τὰ κατὰ τὴν ἱερὰν ταύτην ὑπόθεσιν, ὡς εἰκός, μελετήσαντες καὶ συνδιασκεψάμενοι, ἐπειδὴ κατείδομεν ὅτι ἡ ὑπὸ τοῦ ἁγιωτάτου Οἰκουμενικοῦ Πατριαρχικοῦ Θρόνου ἀπόλυσις τῶν εἰρημένων ἐκκλησιαστικῶν παροικιῶν καὶ ἡ τούτων ἐκχώρησις τῇ ἁγιωτάτῃ αὐτοκεφάλῳ Ἐκκλησίᾳ τῆς Ἑλλάδος ἀναγκαίως ἐναπαιτεῖται, ἕνεκα τῆς ἐπ' ἐσχάτων ἐπελθούσης πολιτικῆς αὐτῶν ἑνώσεως μετὰ τοῦ θεοφρουρήτου Βασιλείου τῆς Ἑλλάδος, καὶ πρέπουσα ἅμα καὶ λυσιτελὴς καθόλου ἀποβαίνει εἰς τὰ πνευματικὰ αὐτῶν συμφέροντα, προθύμως ἀπεδεξάμεθα τὴν αἴτησιν, κοινῇ καὶ ὁμοφώνῳ γνώμῃ συνευδοκήσαντες.

Καὶ δὴ γράφοντες ἀποφαινόμεθα ἐν Ἁγίῳ Πνεύματι, τὰς ἐν ταῖς πολιτικῶς τῷ Βασιλείῳ τῆς Ἑλλάδος ἄρτι ἐκχωρηθείσαις χώραις κειμένας, τῇ καθ' ἡμᾶς δὲ ἁγίᾳ τοῦ Χριστοῦ Ἐκκλησίᾳ μέχρι τοῦ νῦν κανονικῶς ὑπαγομένας Μητροπολιτικὰς καὶ Ἐπισκοπικὰς παροικίας Λαρίσσης, Ἄρτης, Δημητριάδος, Φαναριοφερσάλων, Τρίκκης, Σταγῶν, Θαυμακοῦ, Γαρδικίου, Πλαταμῶνος καὶ τὰ συμπεριληφθέντα ἐκ τῆς ἁγιωτάτης Μητροπόλεως Ἰωαννίνων χωρία, ὡς καὶ τὰς ἐν αὐταῖς ὑπαρχούσας ἱερὰς Πατριαρχικὰς καὶ Σταυροπηγιακὰς Μονὰς, εἶναι διὰ παντὸς τοῦ λοιποῦ καὶ λέγεσθαι καὶ παρὰ πάντων γιγνώσκεσθαι καὶ ἐκκλησιαστικῶς ἡνωμένας καὶ συνημμένας ἀναποστάστως τῇ ἁγιωτάτῃ αὐτοκεφάλῳ Ἐκκλησίᾳ τῆς Ἑλλάδος καὶ ὑπὸ τῆς Ἱερᾶς Συνόδου τῆς Ἐκκλησίας ταύτης διακυβερνᾶσθαι, πρὸς αὐτὴν τε ἔχειν τὴν κανονικὴν καὶ ἄμεσον ὑποταγὴν καὶ ἀναφορὰν, καὶ τοῦ ὀνόματος αὐτῆς μνημονεύειν. Ἐφ' ᾧ καὶ ἐγένετο ἡ παροῦσα Πατριαρχικὴ καὶ Συνοδικὴ ἐν μεμβράναις Πρᾶξις, καταστρωθεῖσα καὶ ἐν τῷ ἱερῷ Κώδικι τῆς καθ' ἡμᾶς ἁγίας τοῦ Χριστοῦ Μεγάλης Ἐκκλησίας. Ἐν ἔτει σωτηρίῳ ͵αωπβ' κατὰ μῆνα Μάϊον.

† Ὁ Κωνσταντινουπόλεως Ἰωακεὶμ

† Ὁ Ἐφέσου Ἀγαθάγγελος

† Ὁ Νικομηδείας Φιλόθεος

† Ὁ Πρόεδρος Νικαίων Διονύσιος

† Ὁ Δέρκων Ἰωακεὶμ

† Ὁ Προύσης Νικόδημος

† Ὁ Μυτιλήνης Κωνσταντίνος

† Ὁ Πρόεδρος Διδυμοτείχου Μεθόδιος

† Ὁ Βάρνης Κύριλλος

† Ὁ Βοδενῶν Ἱερόθεος

† Ὁ Κασσάνδρου Κωνστάντιος

δ) Πατριαρχική και Συνοδική Πράξη περί παραχωρήσεως κατά τη διοίκηση στην Αυτοκέφαλη Εκκλησία της Ελλάδος των εκκλησιαστικών επαρχιών του Οικουμενικού Πατριαρχείου των λεγόμενων «Νέων Χωρών»[4]

† Βασίλειος, ἐλέῳ Θεοῦ Ἀρχιεπίσκοπος Κωνσταντινουπόλεως, Νέας Ῥώμης καὶ Οἰκουμενικὸς Πατριάρχης.

Ἀκλόνητον τὴν βάσιν τῆς κανονικῆς τάξεως ἔχουσα καὶ διαφυλάττουσα ἡ Ἁγία τοῦ Χριστοῦ Ἐκκλησία ἐν τῇ τῆς ἐκκλησιαστικῆς διοικήσεως οἰκονομίᾳ, οἶδε καὶ εἴωθεν ἐν τῇ ἐμμελεῖ αὐτῆς περὶ τῆς ἀπανταχοῦ ἱερᾶς εὐταξίας καὶ καταστάσεως φροντίδι εὐθετίζειν καὶ διέπειν τὰ ἐπὶ μέρους κατὰ τὰς ἀνάγκας καὶ τοὺς καιρούς, ἐναρμόνιον πάντοτε στοχαζομένη ἀποφαίνειν πανταχοῦ κατὰ τὴν χρείαν τῶν καιρῶν καὶ τῶν πραγμάτων τὴν ἱερὰν τάξιν, ᾗπερ ἡ ἐκκλησιαστικὴ κατάστασις καθωραΐζεται.

Ἐπειδὴ τοίνυν, προκειμένου καὶ περὶ τῆς διοικήσεως τῶν εἰς τὸ θεοφρούρητον Κράτος τῆς Ἑλλάδος τελευταίως περιελθουσῶν πολιτικῶς Ἐπαρχιῶν τοῦ καθ' ἡμᾶς Ἁγιωτάτου Ἀποστολικοῦ καὶ Πατριαρχικοῦ Οἰκουμενικοῦ Θρόνου, κατάδηλον ἐγένετο ὅτι διὰ τὴν ἐπελθοῦσαν πολιτικὴν μεταβολὴν τῶν κατ' αὐτὰς οὐκ ἄμοιρος δυσχερειῶν καὶ ἀνωμαλιῶν ποικίλων ἦν ἐφεξῆς ἡ ἄμεσος αὐτῶν παρὰ τοῦ Ἁγιωτάτου τούτου Θρόνου ὡς πρότερον διακυβέρνησις, ἡ Μετριότης ἡμῶν μετὰ τῶν περὶ ἡμᾶς Ἱερωτάτων Μητροπολιτῶν καὶ ὑπερτίμων τῶν ἐν Ἁγίῳ Πνεύματι ἀγαπητῶν ἡμῖν ἀδελφῶν καὶ συλλειτουργῶν, λαβόντες ὑπ' ὄψιν κατὰ τὸ χρεὼν τὴν νέαν κατάστασιν καὶ τὴν ἐνδεικνυμένην ἐξ αὐτῆς ἀνάγκην ἀξιοχρέου προνοίας καὶ μερίμνης πρὸς τὴν προσήκουσαν ἀνάλογον διευθέτησιν καὶ διοργάνωσιν καὶ ἐκκλησιαστικῶς τῶν κατὰ τὰς Ἐπαρχίας ταύτας, ἔγνωμεν καὶ ἀπεφασίσαμεν Συνοδικῶς, ὅπως, τηρουμένου τοῦ ἐπὶ τῶν Ἐπαρχιῶν τούτων ἀνωτάτου κανονικοῦ δικαιώματος τοῦ Ἁγιωτάτου Πατριαρχικοῦ Οἰκουμενικοῦ Θρόνου, ἡ διοίκησις ἐν τοῖς ἐπὶ μέρους τῶν Ἐπαρχιῶν τούτων διεξάγηται ἐφεξῆς ἐπιτροπικῶς ὑπὸ τῆς πεφιλημένης Ἁγιωτάτης Ἀδελφῆς Ἐκ-

---

4. Βλ. τὸ κείμενο σε Ι. Κονιδάρης, ὅ.π., 56-60.

κλησίας τῆς Ἑλλάδος, προφρόνως ἀποδεξαμένης, συναινούσης καὶ κυρούσης καὶ τῆς Ἐντίμου Ἑλληνικῆς Πολιτείας, ὅπως κατὰ τὴν παράκλησιν τῆς Μητρὸς Ἐκκλησίας ἀναλάβῃ τὴν ἐντολὴν ταύτην, ἐνεργουμένην ἐπὶ τοῖς ἑξῆς κυρωθεῖσιν ἐκκλησιαστικῶς τε καὶ πολιτικῶς γενικοῖς ὅροις:

Α΄. Ἅπασαι αἱ εἰς τὸ Ἑλληνικὸν Κράτος περιελθοῦσαι Ἐπαρχίαι τοῦ Ἁγιωτάτου Ἀποστολικοῦ καὶ Πατριαρχικοῦ Οἰκουμενικοῦ Θρόνου, πλὴν τῆς Ἁγιωτάτης Ἐκκλησίας τῆς νήσου Κρήτης, διαφυλαττούσης τὸ ἄχρι τοῦδε αὐτόνομον αὐτῆς καθεστώς, ὑπάγονται ἐφεξῆς ὑπὸ τὴν ἄμεσον διακυβέρνησιν τῆς Ἁγιωτάτης Ὀρθοδόξου Αὐτοκεφάλου Ἐκκλησίας τῆς Ἑλλάδος, ἐπεκτεινούσης καὶ ἐπὶ τῶν Ἐπαρχιῶν τούτων ἐν πᾶσι τὸ σύστημα τῆς διοικήσεως καὶ τὴν τάξιν τῶν ἰδίων αὐτῆς Ἐπαρχιῶν.

Β΄. Ἄμεσος ὡς ἐκ τούτου κεντρικὴ καὶ τῶν Ἐπαρχιῶν τούτων ἀνωτέρα ἐκκλησιαστικὴ ἀρχὴ ἀναγνωρίζεται ἐφεξῆς ἡ ἐν Ἀθήναις Ἱερὰ Σύνοδος τῆς Ὀρθοδόξου Αὐτοκεφάλου Ἐκκλησίας τῆς Ἑλλάδος, ἧς συμμετέχουσι καὶ οἱ Μητροπολῖται τῶν Ἐπαρχιῶν τούτων, καλούμενοι εἰς αὐτὴν κατ᾽ ἴσον ἀριθμὸν πρὸς τοὺς ἐκ τῶν Ἐπαρχιῶν τῆς Αὐτοκεφάλου Ἐκκλησίας τῆς Ἑλλάδος προσκαλουμένους ἀρχιερεῖς καὶ κατὰ τὸν αὐτὸν τρόπον καὶ σύστημα καὶ μετὰ τῶν αὐτῶν δικαιωμάτων.

Γ΄. Κατ᾽ ἴσον ἀριθμὸν καὶ μετὰ τῶν αὐτῶν δικαιωμάτων συμμετέχουσι καὶ παρεδρεύουσιν οἱ ἐκ τῶν ἐν Ἑλλάδι ἐπαρχιῶν τοῦ καθ᾽ Ἡμᾶς Ἁγιωτάτου Οἰκουμενικοῦ Θρόνου καὶ ἐν τῷ Διοικητικῷ Συμβουλίῳ τοῦ Γενικοῦ Ἐκκλησιαστικοῦ Ταμείου καὶ ἐν τῷ Ἐποπτικῷ Συμβουλίῳ τῆς Ἐκκλησιαστικῆς Ἐκπαιδεύσεως.

Δ΄. Οἱ τῶν Ἐπαρχιῶν τοῦ καθ᾽ ἡμᾶς Ἁγιωτάτου Πατριαρχικοῦ Οἰκουμενικοῦ Θρόνου ἐν Ἑλλάδι ἀρχιερεῖς συμμετέχουσιν ὡσαύτως ὑποχρεωτικῶς καὶ τῶν Γενικῶν Συνόδων τῆς Ἱεραρχίας τῆς Ὀρθοδόξου Αὐτοκεφάλου Ἐκκλησίας τῆς Ἑλλάδος καὶ ὡς ἓν σῶμα συσκέπτονται καὶ λαμβάνουσιν ἀποφάσεις ἀπὸ κοινοῦ, ἐξ ἴσου ἰσχυούσας καὶ διὰ τὰς αὐτόθι Ἐπαρχίας τοῦ Πατριαρχικοῦ Θρόνου.

Ε΄. Οἱ τῶν ἐν Ἑλλάδι Ἐπαρχιῶν τοῦ Πατριαρχικοῦ Θρόνου ἀρχιερεῖς ἐκλέγονται ἐφεξῆς καὶ ἀποκαθίστανται εἰς τὰς οἰκείας ἕδρας καθ' ὃν τρόπον καὶ σύστημα καί οἱ τῆς Ὀρθοδόξου Αὐτοκεφάλου Ἐκκλησίας τῆς Ἑλλάδος ἐπὶ τῇ βάσει καταλόγου ἐκλεξίμων, συντεταγμένου ὑπὸ τῆς ἐν Ἀθήναις Ἱερᾶς Συνόδου τῆς Ἐκκλησίας τῆς Ἑλλάδος καὶ ἐγκεκριμένου ὑπὸ τοῦ Οἰκουμενικοῦ Πατριαρχείου, δικαιουμένου καὶ τούτου ὑποδεικνύειν ὑποψηφίους, ἀπαγορευομένων τῶν ἀρχιερατικῶν μεταθέσεων ἀπὸ ἐπαρχίας εἰς ἐπαρχίαν. Προσωρινῶς μόνον τό γε νῦν, ἐφ' ὅσον εἰσέτι ὑπάρχουσιν ἐν Ἑλλάδι διαθέσιμοι πρόσφυγες ἀρχιερεῖς, ἡ πλήρωσις χηρευούσης τινὸς μονίμου Μητροπόλεως τῆς περιοχῆς τοῦ ἐν Ἑλλάδι πατριαρχικοῦ κλίματος δύναται διενεργεῖσθαι, ἀποφάσει τῆς ἐν Ἀθήναις Ἱερᾶς Συνόδου, δι' ἀποκαταστάσεως τινὸς ἐκ τῶν προσφύγων τούτων ἀρχιερέων ἢ διὰ μεταθέσεως ἀρχιερέως κατέχοντος προσωρινὴν Μητροπολιτικὴν ἕδραν ἢ διὰ διορισμοῦ τινὸς ἐκ τῶν ἤδη ὑπαρχόντων βοηθῶν Ἐπισκόπων, ὧν ὁ θεσμὸς ἐφεξῆς καταργεῖται.

ΣΤ΄. Ὑπαγόμενοι ἐφεξῆς ἐν πᾶσιν ὑπὸ τοὺς νόμους τῆς ἐν Ἑλλάδι Ὀρθοδόξου Αὐτοκεφάλου Ἐκκλησίας οἱ ἐν Ἑλλάδι ἀρχιερεῖς τοῦ Πατριαρχικοῦ Θρόνου δικάζονται καθ' ὃν τρόπον καί οἱ ἀρχιερεῖς τῆς Ὀρθοδόξου Αὐτοκεφάλου Ἐκκλησίας τῆς Ἑλλάδος, κεκτημένοι μόνον τὸ δικαίωμα τῆς ἐκκλήτου ἐνώπιον τοῦ Οἰκουμενικοῦ Πατριάρχου ἐν περιπτώσει ποινῶν ἀργίας ἢ καθαιρέσεως ἤ τινος τοιούτου.

Ζ΄. Ἥ τε χηρεία καὶ ἡ πλήρωσις ἐπαρχίας τινὸς τῆς περιοχῆς τῆς δικαιοδοσίας τοῦ Οἰκουμενικοῦ Θρόνου ἀναγγέλλεται τῷ Οἰκουμενικῷ Πατριάρχῃ ὑπὸ τοῦ Προέδρου τῆς ἐν Ἀθήναις Ἱερᾶς Συνόδου Μακαριωτάτου Ἀρχιεπισκόπου Ἀθηνῶν, ἀποστέλλοντος ἑκάστοτε πρὸς Αὐτὸν καὶ ἀντίγραφον τοῦ ὑπομνήματος τῆς ἐκλογῆς τῶν ἀποκαθισταμένων ἀρχιερέων, καθὼς ἐπίσης καὶ τὴν κατὰ τὴν χειροτονίαν ἀρχιερατικὴν αὐτῶν Ὁμολογίαν, ὁσάκις πρόκειται περὶ νεωστὶ χειροτονουμένων. Ὡσαύτως, κατὰ τὸν αὐτὸν τρόπον ἀγγέλλεται τῷ Οἰκουμενικῷ Πατριάρχῃ ἡ πρόσκλησις τῶν Μητροπολιτῶν τοῦ Οἰκουμενικοῦ Θρόνου πρὸς συμμετοχὴν εἰς τὴν ἐν Ἀθήναις Ἱερὰν Σύνοδον, τὸ Γενικὸν Ἐκκλησιαστικὸν Ταμεῖον καὶ τὸ Ἐποπτικὸν Συμβούλιον τῆς Ἐκκλησιαστικῆς Ἐκπαιδεύσεως, ὡς καὶ εἰς τὰς Γενικὰς Συνόδους τῆς Ἱεραρχίας. Ἡ ἀνάληψις δὲ τῶν ποιμαντορικῶν καθηκόντων ἀναγγέλλεται πρὸς τὸν Οἰκουμενικὸν Πατριάρχην καὶ δι᾽ ἰδίου γράμματος τοῦ ἐκλεγέντος νέου ἀρχιερέως, ἀποστελλομένου ὡσαύτως διὰ τῆς Ἱερᾶς Συνόδου τῆς Ἐκκλησίας τῆς Ἑλλάδος.

Η΄. Διὰ τῆς Ἱερᾶς Συνόδου τῆς Ἐκκλησίας τῆς Ἑλλάδος οἱ ἀρχιερεῖς τῶν Πατριαρχικῶν Ἐπαρχιῶν ἀποστέλλουσιν ὡσαύτως κατ᾽ ἔτος πρὸς τὸν Οἰκουμενικὸν Πατριάρχην ἀντίγραφον τῶν πρὸς τὴν Ἱερὰν Σύνοδον τῆς Ἑλλάδος τακτικῶν ἐτησίων ἐκθέσεων αὐτῶν, περὶ τῆς ἐν ταῖς Ἐπαρχίαις αὐτῶν ἐκκλησιαστικῆς καταστάσεως.

Θ΄. Οἱ ἐν Ἑλλάδι Μητροπολῖται τοῦ Οἰκουμενικοῦ Θρόνου μνημονεύουσι τοῦ ὀνόματος τοῦ Οἰκουμενικοῦ Πατριάρχου, οὗ ἡ ἐκλογὴ διεξάγεται κατὰ τὰ ἀπό τινος γιγνόμενα.

Ι΄. Διατηροῦνται ἀπαραμείωτα τὰ κανονικὰ δικαιώματα τοῦ Οἰκουμενικοῦ Πατριάρχου ἐπὶ τῶν ἐν Ἑλλάδι Ἱερῶν Πατριαρχικῶν καὶ Σταυροπηγιακῶν Μονῶν, μνημονευομένου ἐν αὐταῖς τοῦ ὀνόματος τοῦ Οἰκουμενικοῦ Πατριάρχου καὶ ἑκάστοτε ὑπὸ τῆς Ἱερᾶς Συνόδου τῆς Ἐκκλησίας τῆς Ἑλλάδος διὰ τοῦ Προέδρου αὐτῆς ἀνακοινουμένης πρὸς τὸν Οἰκουμενικὸν Πατριάρχην τῆς ἐκλογῆς τῶν νέων Ἡγουμενοσυμβουλίων τῶν Μονῶν τούτων. Ἀλλ᾽ ἡ διοίκησις ὅμως τῶν Μονῶν καὶ ἡ ἐν γένει διαχείρισις καὶ ὁ ἐπ᾽ αὐτῶν ἔλεγχος ὑπάγονται ὑπὸ τὴν ἄμεσον δικαιοδοσίαν τῆς Ἁγιωτάτης Ἐκκλησίας τῆς Ἑλλάδος, ἐφαρμοζούσης καὶ ἐπὶ τῶν Μονῶν τούτων τὰς ἰσχυούσας διὰ τὰς ἐν τῇ ἰδίᾳ αὐτῆς περιοχῇ Ἱερὰς Μονὰς διατάξεις. Ἡ διάλυσις ὅμως τυχὸν ἢ συγχώνευσις Πατριαρχικῆς τινος Σταυροπηγιακῆς Μονῆς διενεργεῖται πάντοτε μετὰ προηγουμένην συνεννόησιν πρὸς τὸ Οἰκουμενικὸν Πατριαρχεῖον.

Ταῦτα οὕτω Συνοδικῶς ἐγκριθέντα καὶ ἀποφασισθέντα κυροῦνται καὶ διὰ τῆς παρούσης Πατριαρχικῆς ἡμῶν καὶ Συνοδικῆς Πράξεως, καταστρωθείσης ἐν τῷ κώδικι τῆς καθ' ἡμᾶς Μεγάλης τοῦ Χριστοῦ Ἐκκλησίας, ἐν ἴσῳ δὲ καὶ ἀπαραλλάκτῳ ἀποστελλομένης καὶ τῇ Ἁγιωτάτῃ Ἀδελφῇ Ἐκκλησίᾳ τῆς Ἑλλάδος.

Κύριος δὲ ὁ Θεός, ὁ τὰ πάντα πρὸς τὸ συμφέρον τοῦ εὐσεβοῦς Αὐτοῦ λαοῦ οἰκονομῶν, εὐλογοῖ πάντοτε ἐν πᾶσι καὶ αὔξοι τὰ κατὰ τὴν Ἁγίαν Αὐτοῦ ἐν Ἑλλάδι Ἐκκλησίαν ἔν τε τῇ ἄλλῃ αὐτῆς περιοχῇ καὶ ἐν ταῖς αὐτόθι Ἐπαρχίαις τοῦ καθ' ἡμᾶς Ἁγιωτάτου Ἀποστολικοῦ καὶ Πατριαρχικοῦ Οἰκουμενικοῦ Θρόνου, ἵνα καὶ ἡμεῖς «χαίρωμεν βλέποντες τὴν τάξιν αὐτῶν καὶ τὸ στερέωμα τῆς εἰς Χριστὸν πίστεως».

Ἐν ἔτει σωτηρίῳ ͵αϡκη΄, μηνὸς Σεπτεμβρίου δ΄, Ἰνδικτιῶνος ιβ΄.

† Ὁ Πατριάρχης Κων/πόλεως Βασίλειος ἀποφαίνεται

† Ὁ Κυζίκου Καλλίνικος

† Ὁ Νικαίας Βενιαμὶν

† Ὁ Προύσης Νικόδημος

† Ὁ Νεοκαισαρείας Ἀμβρόσιος

† Ὁ Ἡλιουπόλεως Γεννάδιος

† Ὁ Εἰρηνουπόλεως Κωνσταντῖνος

† Ὁ Χριστουπόλεως Μελέτιος

† Ὁ Μύρων Πολύκαρπος

† Ὁ Λαοδικείας Δωρόθεος

7. Ἐκκλησία Πολωνίας

α) Πατριαρχικὸς καὶ Συνοδικὸς Τόμος περὶ παραχωρήσεως αὐτοκεφάλου καθεστῶτος στὴν Ἐκκλησία τῆς Πολωνίας[1]

† Γρηγόριος, ἐλέῳ Θεοῦ Ἀρχιεπίσκοπος Κωνσταντινουπόλεως, Νέας Ῥώμης καὶ Οἰκουμενικὸς Πατριάρχης.

Ἡ ἐν τῷ θεοφρουρήτῳ Κράτει τῆς Πολωνίας Ἁγία Ὀρθόδοξος Ἐκκλησία ἡ δι' αὐτονόμου ἐκκλησιαστικῆς διοικήσεως καὶ ὀργανώσεως προικισθεῖσα, ἐν τῇ πίστει δὲ εὐστάθειαν καὶ ἐν τοῖς ἐκκλησιαστικοῖς καθόλου πολλὴν καὶ καλὴν τὴν ἐπίδοσιν μαρτυροῦσα, ἐξητήσατο παρὰ τοῦ καθ' ἡμᾶς Ἁγιωτάτου Ἀποστολικοῦ Πατριαρχικοῦ Οἰκουμενικοῦ θρόνου τὴν εὐλογίαν καὶ κύρωσιν τῆς αὐτοκεφάλου αὐτῆς συγκροτήσεως, ὡς μόνης ταύτης δυναμένης ὑπὸ τὰς νέας τῶν κατ' αὐτὴν πολιτικῶν πραγμάτων συνθήκας ἱκανοποιῆσαι καὶ περιφρουρῆσαι τὰς ἀνάγκας αὐτῆς.

Τῇ οὖν αἰτήσει ταύτῃ φιλοστόργως διατεθέντες καὶ πρώτιστα μὲν τὴν τῶν ἱερῶν κανόνων διακέλευσιν ὁρίζουσαν: «Τοῖς πολιτικοῖς καὶ δημοσίοις τύποις καὶ τῶν ἐκκλησιαστικῶν πραγμάτων ἡ τάξις ἀκολουθήτω» (Δ΄

---
[1]. Α.Ο.Π., Κώδικας Ab΄|5, 89-92.

Οἰκουμ. Συν. ιζ΄. - Στ΄ Οἰκουμ. Συν. λη΄.) καὶ τὸ τοῦ ἱεροῦ Φωτίου ἀξιωματικὸν ἀπόφθεγμα: «τὰ ἐκκλησιαστικὰ καὶ μάλιστα τὰ περὶ τῶν ἐνοριῶν δίκαια ταῖς πολιτικαῖς ἐπικρατείαις τε καὶ διοικήσεσι συμμεταβάλλεσθαι εἴωθεν» ὑπ' ὄψιν λαβόντες, εἶτα δὲ καὶ τοῦ τῷ καθ' ἡμᾶς Ἁγιωτάτῳ Οἰκουμενικῷ Θρόνῳ ἐπιβεβλημένου κανονικοῦ καθήκοντος τοῦ προνοεῖν περὶ τῶν ἐν ἀνάγκαις εὑρισκομένων Ἁγίων Ὀρθοδόξων Ἐκκλησιῶν τὴν ἰσχυρὰν φωνὴν ἐνωτισάμενοι, ἔτι δὲ καὶ τὴν ἱστορίαν συνευδοκοῦσαν ἐν τούτῳ καθορῶντες, γέγραπται γὰρ ὅτι ἡ ἀπὸ τοῦ καθ' ἡμᾶς Θρόνου ἀρχικὴ ἀπόσπασις τῆς Μητροπόλεως Κιέβου καὶ τῶν ἐξ αὐτῆς ἐξαρτωμένων Ὀρθοδόξων Ἐκκλησιῶν Λιθουανίας καὶ Πολωνίας καὶ ἡ προσάρτησις αὐτῶν τῇ Ἁγίᾳ Ἐκκλησίᾳ Μόσχας οὐδαμῶς συνετελέσθη συμφώνως ταῖς νενομισμέναις κανονικαῖς διατάξεσιν, οὐδ' ἐτηρήθησαν τὰ συνομολογηθέντα περὶ πλήρους ἐκκλησιαστικῆς αὐτοτελείας τοῦ Μητροπολίτου Κιέβου-, φέροντος τὸν τίτλον Ἐξάρχου τοῦ Οἰκουμενικοῦ Θρόνου, ἡ Μετριότης ἡμῶν μετὰ τῶν περὶ ἡμᾶς Ἱερωτάτων Μητροπολιτῶν καὶ ὑπερτίμων, τῶν ἐν Ἁγίῳ Πνεύματι ἀγαπητῶν ἡμῖν ἀδελφῶν καὶ συλλειτουργῶν, ἔγνωμεν προφρόνως ἀποδέξασθαι τὸ πρὸς ἡμᾶς αἴτημα τῆς ἐν Πολωνίᾳ Ἁγίας Ὀρθοδόξου Ἐκκλησίας καὶ τὴν παρ' ἡμῶν χορηγῆσαι εὐλογίαν καὶ κύρωσιν πρὸς τὴν αὐτοκέφαλον καὶ ἀνεξάρτητον ὀργάνωσιν αὐτῆς.

Ὅθεν καὶ συνοδικῶς ἐν Ἁγίῳ Πνεύματι ἀποφαινόμενοι, ἀναγνωρίζομεν τὴν αὐτοκέφαλον ὀργάνωσιν καὶ σύστασιν τῆς ἐν Πολωνίᾳ Ἁγίας Ὀρθοδόξου Ἐκκλησίας, ἐπευλογοῦντες ὅπως αὕτη, Πνευματικὴ ἡμῶν Ἀδελφὴ ὑπάρχουσα, διοικῇ ἐφεξῆς καὶ διέπῃ τὰ κατ' αὐτὴν ἀνεξαρτήτως καὶ αὐτοκεφάλως, κατὰ τὴν τάξιν καὶ τὰ κυριαρχικὰ δικαιώματα καὶ τῶν λοιπῶν Ἁγίων Ὀρθοδόξων Αὐτοκεφάλων Ἐκκλησιῶν, ὡς ὑπερτάτην αὐτῆς διοικητικὴν ἐκκλησιαστικὴν ἀρχὴν γνωρίζουσα τὴν ἐκ τῶν κανονικῶν ἐν Πολωνίᾳ Ὀρθοδόξων Ἀρχιερέων ἀπαρτιζομένην Ἱερὰν Σύνοδον, ἔχουσαν Πρόεδρον τὸν κατὰ καιρὸν Σεβασμιώτατον Μητροπολίτην Βαρσοβίας καὶ πάσης Πολωνίας.

Πρὸς διατήρησιν δὲ καὶ εἰς ἔνδειξιν τῆς κανονικῆς ἑνότητος μετὰ τοῦ καθ' ἡμᾶς Ἁγιωτάτου Ἀποστολικοῦ καὶ Πατριαρχικοῦ Οἰκουμενικοῦ Θρόνου καὶ πασῶν τῶν Ὀρθοδόξων Αὐτοκεφάλων Ἐκκλησιῶν ὑπομιμνήσκομεν τὸ καθῆκον, ὅπως ὁ ἑκάστοτε Σεβασμιώτατος Μητροπολίτης Βαρσοβίας καὶ πάσης Πολωνίας ἀναγγέλῃ, κατὰ τὴν τάξιν τῆς Ἁγίας Ὀρθοδόξου Ἐκκλησίας, τὴν ἐκλογὴν καὶ ἀνάρρησιν αὐτοῦ δι' ἐνθρονιστηρίων γραμμάτων τῇ καθ' ἡμᾶς τε Μεγάλῃ τοῦ Χριστοῦ Ἐκκλησίᾳ καὶ πάσαις ταῖς ἀδελφαῖς Ὀρθοδόξοις Αὐτοκεφάλοις Ἐκκλησίαις καὶ τὴν νενομισμένην παρέχῃ ἐπὶ τούτῳ ἀδελφικὴν ὁμολογίαν καὶ διαβεβαίωσιν περὶ τῆς καὶ ὑπ' αὐτοῦ καὶ τῆς πεπιστευμένης αὐτῷ Ἁγίας Ἐκκλησίας ἀπαρασφαλοῦς τηρήσεως τῆς ὀρθοδόξου πίστεως καὶ εὐσεβείας καὶ πάντων, ὅσα οἱ θεῖοι καὶ ἱεροὶ κανόνες καὶ ἡ τάξις τῆς Ἁγίας Ὀρθοδόξου Ἐκκλησίας διακελεύονται, καὶ ὅπως μνημονεύῃ, κατὰ τὴν τάξιν, ἐν τοῖς Διπτύχοις τοῦ ὀνόματος τοῦ Οἰκουμενικοῦ Πατριάρχου καὶ τῶν λοιπῶν Ἁγιωτάτων Πατριαρχῶν καὶ Σεβασμιωτάτων Προέδρων τῶν Ἁγίων Ὀρθοδόξων Αὐτοκεφάλων Ἐκκλησιῶν, ὁρίζοντες ἅμα ὅπως καὶ ἡ ἐν Πολωνίᾳ ἀδελφὴ Ἁγία Αὐτοκέφαλος Ὀρθόδοξος Ἐκκλησία λαμβάνῃ τὸ Ἅγιον Μύρον παρὰ τῆς καθ' ἡμᾶς Ἁγίας Μεγάλης τοῦ Χριστοῦ Ἐκκλησίας.

Ὡσαύτως συνίσταμεν ὅπως προκειμένου περὶ ζητημάτων ἢ ἀποριῶν γενικωτέρας ἐκκλησιαστικῆς φύσεως, ἐξερχομένων τῶν ὁρίων τῆς δικαιοδοσίας τῶν ἐπὶ μέρους Αὐτοκεφάλων Ἐκκλησιῶν, ὁ Σεβασμιώτατος Μητροπολίτης Βαρσοβίας καὶ πάσης Πολωνίας ἀπευθύνηται πρὸς τὸν καθ' ἡμᾶς Ἁγιώτατον Πατριαρχικὸν Οἰκουμενικὸν Θρόνον, δι' οὗ ἡ κοινωνία μετὰ πάσης Ἐπισκοπῆς Ὀρθοδόξων τῶν ὀρθοτομούντων τὸν λόγον τῆς Ἀληθείας, καὶ ζητῇ οὕτω τὴν ἔγκυρον τῶν ἀδελφῶν Ἐκκλησιῶν γνώμην καὶ ἀντίληψιν.

Ταῦτα οὕτω δόξαντα καὶ κριθέντα καὶ συνοδικῶς ὑφ' ἡμῶν κυρωθέντα[*2], εἰς μόνιμον παραφυλακήν, βεβαιοῦνται καὶ διὰ τοῦ παρόντος Πατριαρχικοῦ ἡμῶν καὶ Συνοδικοῦ Τόμου, καταστρωθέντος μὲν καὶ ὑπογραφέντος ἐν τῷ

---

2. Στο πρωτότυπο κείμενο υπάρχει αστερίσκος με σημείωση στο περιθώριο: «κατὰ τὴν τακτικὴν συνεδρίασιν τῆς στ' Νοεμβρίου ἐ.ἔ»

Κώδικι τῆς καθ' ἡμᾶς Μεγάλης τοῦ Χριστοῦ Ἐκκλησίας, ἐν ἴσῳ δὲ καὶ ἀπαραλλάκτῳ ἀπολυθέντος καὶ σταλέντος καὶ τῷ Σεβασμιωτάτῳ Μητροπολίτῃ Βαρσοβίας καὶ πάσης Πολωνίας, τῷ ἐν Χριστῷ ἀγαπητῷ ἡμῖν ἀδελφῷ καὶ συλλειτουργῷ κυρίῳ Διονυσίῳ, τῷ καὶ Προέδρῳ τῆς Ἱερᾶς Συνόδου τῆς Ἁγίας Ὀρθοδόξου Αὐτοκεφάλου Ἐκκλησίας τῆς Πολωνίας. Κύριος δὲ ὁ Θεός, χάριτι καὶ οἰκτιρμοῖς τοῦ Πρώτου καὶ Μεγάλου καὶ Ἄκρου Ἀρχιερέως Χριστοῦ τοῦ Θεοῦ ἡμῶν, στηρίζοι ἐσαεὶ τὴν οὕτως ἐπ' αἰσίοις συστᾶσαν ἀδελφὴν Ὀρθόδοξον Αὐτοκέφαλον Ἐκκλησίαν τῆς Πολωνίας καὶ προάγοι καὶ αὔξοι τὰ κατ' αὐτήν, εἰς δόξαν τοῦ Ἁγίου Αὐτοῦ ὀνόματος, ὠφέλειαν τοῦ κατ' αὐτὴν εὐσεβοῦς πληρώματος καὶ χαρὰν πασῶν τῶν Ἁγίων ἀδελφῶν Ὀρθοδόξων Αὐτοκεφάλων Ἐκκλησιῶν.

Ἐν ἔτει σωτηρίῳ ͵αλκδ´ κατὰ μῆνα Νοέμβριον (ιγ´) Ἐπινεμήσεως Η´.

† Ὁ Πατριάρχης Κωνσταντινουπόλεως Γρηγόριος ἀποφαίνεται

† Ὁ Κυζίκου Καλλίνικος

† Ὁ Νικαίας Βασίλειος

† Ὁ Χαλκηδόνος Ἰωακεὶμ

† Ὁ Δέρκων Κωνσταντῖνος

† Ὁ Προύσσης Νικόδημος

† Ὁ Πριγκηπονήσων Ἀγαθάγγελος

† Ὁ Νεοκαισαρείας Ἀμβρόσιος

† Ὁ Σάρδεων καὶ Πισιδίας Γερμανός

† Ὁ Φιλαδελφείας Φώτιος

† Ὁ Συληβρίας Εὐγένιος

† Ὁ Ῥοδοπόλεως Κύριλλος

† Ὁ Ἀνέων Θωμᾶς

β) Πατριαρχική και Συνοδική πράξη περί απονομής του τίτλου του Μακαριωτάτου στον Μητροπολίτη Βαρσοβίας και πάσης Πολωνίας[3]

† Βασίλειος, ἐλέῳ Θεοῦ Ἀρχιεπίσκοπος Κωνσταντινουπόλεως, Νέας Ῥώμης καί Οἰκουμενικὸς Πατριάρχης

Ἡ Μετριότης ἡμῶν μετὰ τῆς περὶ ἡμᾶς Ἁγίας καὶ Ἱερᾶς Συνόδου, λαβόντες ὑπ' ὄψιν ὅτι ἡ ἐπ' αἰσίοις, προνοίᾳ τοῦ καθ' ἡμᾶς Ἁγιωτάτου Ἀποστολικοῦ καὶ Πατριαρχικοῦ Οἰκουμενικοῦ Θρόνου, εἰς τὴν τάξιν τῶν Αὐτοκεφάλων Ἐκκλησιῶν κανονικῶς ἀναχθεῖσα Ἁγία Ὀρθόδοξος Ἐκκλησία Πολωνίας, οὐ μόνον ἐπαξίως τὰ κατ' αὐτὴν ὠργάνωσε καὶ διηυθέτησεν, ἀλλὰ καὶ πολλὴν ἤδη τὴν ἐν Κυρίῳ ἀπέδωκεν ἐπάνθησιν, αὔξουσα καὶ προκόπτουσα εὐσταθῶς καὶ εἰς τὴν ὁδὸν τῆς σωτηρίας τὸν κατ' αὐτὴν εὐσεβῆ ὁδηγοῦσα λαὸν ὑπὸ τὴν σκέπην τῆς ἐλευθερίας καὶ τῆς δικαιοσύνης τῆς διοικήσεως τοῦ εὐγενοῦς Πολωνικοῦ Κράτους, ἔγνωμεν ἀσμένως, ἐπὶ τῇ ἄρτι πρὸς ἡμᾶς προσωπικῇ ἐπισκέψει τοῦ Προέδρου αὐτῆς ἀγαπητοῦ ἡμῖν ἐν Χριστῷ ἀδελφοῦ Σεβασμιωτάτου Μητροπολίτου Βαρσοβίας καὶ πάσης Πολωνίας κυρίου Διονυσίου, ἀπονεῖμαι τῇ Αὐτοῦ Σεβασμιότητι ὡς Προέδρῳ καὶ τῷ τίτλῳ τοῦ προεδρεύοντος χαίρῃ τιμωμένη ἡ πολυάριθμος καὶ οὕτως ἑαυτὴν ἀξίαν ἀποδείξασα ἀγαπητὴ ἀδελφὴ Ὀρθόδοξος Ἐκκλησία τῆς Πολωνίας.

Ἐφ' ᾧ καὶ βεβαιοῦμεν διὰ τῆς παρούσης Πατριαρχικῆς καὶ Συνοδικῆς ἡμῶν Πράξεως τὴν οὕτω γενομένην περὶ τὸν τίτλον τοῦ Προεδρεύοντος τῆς ἀδελφῆς Ὀρθοδόξου Αὐτοκεφάλου Ἐκκλησίας τῆς Πολωνίας μεταβολὴν ταύτην, ἣν οὐκ ἀμφιβάλλομεν ὅτι μετὰ χαρᾶς ἐπικροτήσουσι καὶ ἀποδέξονται καὶ πᾶσαι αἱ ἀδελφαὶ Ὀρθόδοξοι Αὐτοκέφαλοι Ἐκκλησίαι, χαίρουσαι μεθ' ἡμῶν ἐπὶ τῇ εὐλογίᾳ τοῦ Θεοῦ, ἐπανθήσει τῆς Ἁγίας ταύτης ἀδελφῆς Ἐκκλησίας καὶ τὸ δίκαιον συνομολογοῦσαι τῆς πρὸς αὐτὴν ἐκκλησιαστικῆς τιμῆς καὶ Μακαριώτατον Μητροπολίτην Βαρσοβίας καὶ πάσης Πολωνίας

---
3. Α.Ο.Π., Κώδικας Ab'/5, 95-96.

καὶ αὐταὶ πᾶσαι, ὥσπερ ἡμεῖς, ὀνομάζουσαι τοὐντεῦθεν καὶ ἐν τοῖς γράμμασι προσαγορεύουσαι τὸν Προκαθήμενον αὐτῆς.

Ἐν ἔτει σωτηρίῳ ͵αλκζ΄ κατὰ μῆνα Ἀπρίλιον (ζ΄), Ἐπινεμήσεως Ι΄.
† Ὁ Πατριάρχης Κωνσταντινουπόλεως Βασίλειος ἀποφαίνεται
† Ὁ Κυζίκου Καλλίνικος
† Ὁ Χαλκηδόνος Ἀγαθάγγελος
† Ὁ Δέρκων Φώτιος
† Ὁ Προύσης Νικόδημος
† Ὁ Νεοκαισαρείας Ἀμβρόσιος
† Ὁ Συληβρίας Εὐγένιος
† Ὁ Σαρδέων καὶ Πισιδίας Γερμανὸς
† Ὁ Ῥοδοπόλεως Κύριλλος
† Ὁ Ἡλιουπόλεως Γεννάδιος
† Ὁ Ἴμβρου καὶ Τενέδου Ἰάκωβος

8. Εκκλησία Αλβανίας

Πατριαρχικός και Συνοδικός Τόμος περί παραχωρήσεως αυτοκεφάλου καθεστώτος στην Εκκλησία της Αλβανίας[1]

† Βενιαμίν, ἐλέῳ Θεοῦ Ἀρχιεπίσκοπος Κωνσταντινουπόλεως, Νέας Ῥώμης καὶ Οἰκουμενικὸς Πατριάρχης.

Τὴν ἐνυπάρχουσαν πρόνοιαν καὶ περιποίησιν ἡ ἁγία τοῦ Χριστοῦ Ἐκκλησία οἷα φιλόστοργος Μήτηρ ἀδιαλείπτως πρὸς τὸ τῶν εὐσεβῶν ἄθροισμα ἐνδεικνυμένη, οὐ διαλείπει τοῖς προσήκουσιν ἑκάστοτε τῷ καιρῷ καὶ τῷ τόπῳ ἀντιληπτικοῖς τρόποις καὶ δαψιλεστέροις δέ, ἐπὰν δήσῃ, ταῖς ἀπ᾽ αὐτῆς δωρεαῖς πρὸς τὴν τῶν ἀναφαινομένων ἀναγκῶν θεραπείαν τὸ τῆς ἱερᾶς μερίμνης καθῆκον ἐπιτελοῦσα ὥστε ἀπρόσκοπτον πάντοτε γίγνεσθαι κατ᾽ αὐτοὺς τῶν οἰκείων ἐκκλησιαστικῶν πραγμάτων τὴν εὐκοσμίαν καὶ μείζονα τὴν ἐν Κυρίῳ καρποφορίαν, ἥτις ἐστὶ δήπου τὸ τέλος τῆς ἐκκλησιαστικῆς μερίμνης καὶ διακυβερνήσεως.

Οὕτω δὴ καὶ νῦν, ἐπειδὴ οἱ ἐν τῷ παρὰ Θεοῦ εὐλογηθέντι νεαρῷ Ἀλβανικῷ κράτει εὐσεβεῖς Ὀρθόδοξοι Χριστιανοὶ ἀπετάθησαν πρὸς τὸν καθ᾽ ἡμᾶς Ἁγιώτατον Ἀποστολικὸν καὶ Πατριαρχικὸν Οἰκουμενικὸν Θρόνον, ὑφ᾽ οὗ

---
1. Α.Ο.Π., κώδικας Ab΄|5, 130-132.

τὴν ἀμφιλαφῆ σκέπην ἀπ' αἰώνων ὡς τιμία παρακαταθήκη περιτίθοντο καὶ χάριτι Χριστοῦ ἐν τῷ ἀμπελῶνι αὐτοῦ μένοντες διεσώζοντο, καὶ θαρροῦντες πρὸς αὐτὴν ὡς μητέρα φιλόστοργον τὰς παρούσας αὐτῶν ἐξέθεντο ἐκκλησιαστικὰς ἀνάγκας καὶ θερμὴν ὑπέβαλον εὐχὴν καὶ αἴτησιν περὶ εὐλογίας καὶ ἀνακηρύξεως τῆς κατ' αὐτοῖς ἐκκλησιαστικῆς περιοχῆς εἰς ἰδίαν αὐτοτελῆ καὶ αὐτοκέφαλον ἐκκλησιαστικὴν περιφέρειαν, ὡς μόνης τῆς τοιαύτης συγκροτήσεως ὑπὸ τὰς νέας αὐτῶν τῶν πολιτικῶν πραγμάτων συνθήκας δυναμένης καλῶς πρὸς τὴν καλὴν οἰκονομίαν καὶ διεξαγωγὴν τῶν κατ' αὐτοὺς ἐκκλησιαστικῶν πραγμάτων ἐπαρκεῖν καὶ τὴν εὐσταθῆ αὐτῶν πρόοδον ἐν τῇ ὅλῃ προόδῳ τοῦ εὐλογημένου Ἀλβανικοῦ Κράτους ἀσφαλίζειν καὶ ἐμπεδοῦν, αὐτὸ δὲ τὸ θεοφρούρητον Ἀλβανικὸν Κράτος ἀξιοχρέως περὶ τῆς ἐν παντὶ ἀκωλύτου καὶ ἐλευθέρας προκοπῆς τῶν ἰδίων αὐτοῦ πολιτῶν προνοούμενον τῇ ἐν αὐτῷ Ὀρθοδόξῳ Ἐκκλησίᾳ πλήρη αὐτοτέλειαν καὶ ἐλευθερίαν ἐβεβαιώσατο, ἡ Μετριότης ἡμῶν μετὰ τῶν περὶ ἡμᾶς Ἱερωτάτων Μητροπολιτῶν καὶ ὑπερτίμων, τῶν ἐν Ἁγίῳ Πνεύματι ἀγαπητῶν ἡμῖν ἀδελφῶν καὶ συλλειτουργῶν, μετὰ φιλοστόργου πρὸς τὴν υἱικὴν ταύτην αἴτησιν προσοχῆς ἀποβλέψαντες καὶ τὰς τῶν ἱερῶν κανόνων διατάξεις καὶ τὴν ἐκκλησιαστικὴν τάξιν καὶ πρᾶξιν ὁδηγὸν ἔχοντες, ἔγνωμεν εὐμενῶς τὸ πρὸς ἡμᾶς αἴτημα τοῦτο τῶν ἐν Ἀλβανίᾳ ἀγαπητῶν ἡμῖν κατὰ πνεῦμα υἱῶν ὀρθοδόξων χριστιανῶν ἀποδέξασθαι καὶ τὴν παρ' ἡμῶν χορηγῆσαι εὐλογίαν καὶ κύρωσιν πρὸς τὴν ἀνεξάρτητον καὶ αὐτοκέφαλον ὀργάνωσιν τῶν ἐκκλησιαστικῶν πραγμάτων αὐτῶν.

Ὅθεν καὶ συνοδικῶς ἐν Ἁγίῳ Πνεύματι ἀποφαινόμενοι, ὁρίζομεν καὶ ἀνακηρύττομεν ἐν ὥραις αἰσίαις ὅπως αἱ ἐν τῷ θεοσώστῳ Ἀλβανικῷ κράτει περιλαμβανόμεναι ὀρθόδοξοι ἐπαρχίαι τε καὶ κοινότητες πᾶσαι ὑπάρχωσιν ἐφεξῆς συνηνωμέναι καὶ συγκεκροτημέναι εἰς μίαν αὐτοτελῆ καὶ αὐτοκέφαλον ἐκκλησιαστικὴν ὀργάνωσιν ὑπὸ τὴν ἐπωνυμίαν «Ὀρθόδοξος Αὐτοκέφαλος Ἐκκλησία Ἀλβανίας», ἡ ἐκκλησία δὲ αὕτη, πνευματικὴ ἡμῶν ἀδελφὴ ὑπάρχουσα διέπῃ καὶ διοικῇ ἐφεξῆς τὰ ἑαυτῆς ἀνεξαρτήτως καὶ αὐτοκεφάλως, κατὰ τὴν τάξιν καὶ τὰ κυριαρχικὰ δικαιώματα καὶ τῶν λοιπῶν Ἁγίων Ὀρθοδόξων

Αὐτοκεφάλων Ἐκκλησιῶν, ὡς ὑπερτάτην ἑαυτῆς διοικητικὴν ἐκκλησιαστικὴν ἀρχὴν ἔχουσα καὶ ἀναγνωρίζουσα τὴν ἐκ τῶν κανονικῶν ἐν Ἀλβανίᾳ Ὀρθοδόξων Ἀρχιερέων ἀπαρτιζομένην Ἱερὰν Σύνοδον, Πρόεδρον ἔχουσαν τὸν κατὰ καιρὸν Σεβασμιώτατον Ἀρχιεπίσκοπον Τιράννων καὶ πάσης Ἀλβανίας.

Πρὸς τήρησιν δὲ καὶ εἰς ἔνδειξιν καὶ οὕτω τῆς ἱερᾶς κανονικῆς ἑνότητος μετὰ τοῦ καθ᾽ ἡμᾶς Ἁγιωτάτου Ἀποστολικοῦ καὶ Πατριαρχικοῦ Οἰκουμενικοῦ θρόνου καὶ πασῶν τῶν Ὀρθοδόξων Αὐτοκεφάλων Ἐκκλησιῶν ἔχει τὸ καθῆκον ὁ ἑκάστοτε Σεβασμιώτατος Ἀρχιεπίσκοπος Τιράννων καὶ πάσης Ἀλβανίας ὅπως ἀναγγείλῃ κατὰ τὴν τάξιν τῆς Ἁγίας Ὀρθοδόξου Ἐκκλησίας, τὴν ἐκλογὴν καὶ ἀνάρρησιν αὐτοῦ δι᾽ ἐνθρονιστηρίων Γραμμάτων τῇ καθ᾽ ἡμᾶς τε Μεγάλῃ τοῦ Χριστοῦ Ἐκκλησίᾳ καὶ πάσαις ταῖς ἀδελφαῖς Ὀρθοδόξοις Αὐτοκεφάλοις Ἐκκλησίαις καὶ τὴν νενομισμένην παρέχῃ ἐπὶ τούτῳ ὁμολογίαν καὶ διαβεβαίωσιν περὶ τῆς ὑπ᾽ αὐτοῦ τε καὶ τῆς πεπιστευμένης αὐτῷ Ἁγίας Ἐκκλησίας ἀπαρασφαλοῦς τηρήσεως τῆς ὀρθοδόξου πίστεως καὶ εὐσεβείας καὶ πάντων, ὅσα οἱ θεῖοι καὶ οἱ ἱεροὶ κανόνες καὶ ἡ τάξις τῆς Ἁγίας Ὀρθοδόξου Ἐκκλησίας διακελεύουσιν καὶ ὅπως μνημονεύῃ, κατὰ τὴν τάξιν, ἐν τοῖς διπτύχοις τοῦ ὀνόματος τοῦ Οἰκουμενικοῦ Πατριάρχου καὶ τῶν λοιπῶν Ἁγιωτάτων Πατριαρχῶν καὶ Σεβασμιωτάτων Προέδρων τῶν Ἁγίων Ὀρθοδόξων Αὐτοκεφάλων Ἐκκλησιῶν.

Ὁρίζομεν ἅμα ὅπως καὶ ἡ ἐν Ἀλβανίᾳ ἀδελφὴ Ἁγία Αὐτοκέφαλος Ὀρθόδοξος Ἐκκλησία λαμβάνῃ τὸ Ἅγιον Μύρον παρὰ τῆς καθ᾽ ἡμᾶς Μεγάλης τοῦ Χριστοῦ Ἐκκλησίας.

Ὡσαύτως συνίσταμεν ὅπως προκειμένου περὶ ζητημάτων ἢ ἀποριῶν γενικωτέρας ἐκκλησιαστικῆς φύσεως, ἐξερχομένων τῶν ὁρίων τῆς δικαιοδοσίας τῶν ἐπὶ μέρους Αὐτοκεφάλων Ἐκκλησιῶν, ὁ Σεβασμιώτατος Ἀρχιεπισκόπος Τιράννων καὶ πάσης Ἀλβανίας ἀπευθύνηται πρὸς τὸν καθ᾽ ἡμᾶς Ἁγιώτατον Πατριαρχικὸν Οἰκουμενικὸν Θρόνον, δι᾽ οὗ ἡ κανονικὴ μετὰ πάσης Ἐπισκοπῆς Ὀρθοδόξων τῶν ὀρθοτομούντων τὸν λόγον τῆς ἀληθείας, καὶ ζητῇ οὕτω τὴν ἔγκυρον τῶν ἀδελφῶν Ἐκκλησιῶν γνώμην καὶ ἀντίληψιν.

Ταῦτα οὖν οὕτω δόξαντα καὶ συνοδικῶς ὑφ᾽ ἡμῶν κατὰ τὴν τακτικὴν συνοδικὴν συνεδρίαν τῆς 12 Ἀπριλίου ἐ.ἔ. ἀποφασισθέντα καὶ κυρωθέντα βεβαιοῦμεν πρὸς μόνιμον παραφυλακὴν καὶ διὰ τοῦ παρόντος Πατριαρχικοῦ ἡμῶν καὶ Συνοδικοῦ Τόμου, καταστρωθέντος καὶ ὑπογραφέντος ἐν τῷ κώδικι τῆς καθ᾽ ἡμᾶς Μεγάλης τοῦ Χριστοῦ Ἐκκλησίας, ἐν ἴσῳ δὲ καὶ ἀπαραλλάκτῳ ἀπολυθέντος καὶ σταλέντος καὶ τῷ Σεβασμιωτάτῳ Ἀρχιεπισκόπῳ Τιράννων καὶ πάσης Ἀλβανίας, τῷ ἐν Χριστῷ ἀγαπητῷ ἡμῖν ἀδελφῷ καὶ συλλειτουργῷ Κυρίῳ Χριστοφόρῳ, Προέδρῳ τῆς Ἱερᾶς Συνόδου τῆς Ἁγίας Ὀρθοδόξου Αὐτοκεφάλου Ἐκκλησίας τῆς Ἀλβανίας. Κύριος δὲ ὁ Θεός, χάριτι καὶ οἰκτιρμοῖς τοῦ πρώτου καὶ Μεγάλου Ἀρχιερέως καὶ Ποιμένος Χριστοῦ τοῦ Θεοῦ ἡμῶν στηρίζοι ἐσαεὶ τὴν οὕτως ἐπ᾽ αἰσίοις συστᾶσαν ἀδελφὴν Ὀρθόδοξον Αὐτοκέφαλον Ἐκκλησίαν τῆς Ἀλβανίας καὶ αὔξοι καὶ προάγοι τὰ κατ᾽ αὐτὴν τῇ χάριτι καὶ εὐλογίᾳ Αὐτοῦ, εἰς δόξαν τοῦ Ἁγίου Αὐτοῦ ὀνόματος καὶ ὠφέλειαν τοῦ κατ᾽ αὐτὴν εὐσεβοῦς πληρώματος, χαρὰν δὲ ἅμα καὶ πασῶν τῶν ἁγίων ἀδελφῶν Ὀρθοδόξων Αὐτοκεφάλων Ἐκκλησιῶν.

Ἐν ἔτει σωτηρίῳ ‚αϡλζ΄, κατὰ μῆνα Ἀπρίλιον (ιβ΄), Ἐπινεμήσεως Ε΄.

† Ὁ Πατριάρχης Κωνσταντινουπόλεως Βενιαμὶν ἀποφαίνεται

† Ὁ Χαλκηδόνος Μάξιμος

† Ὁ Δέρκων Ἰωακεὶμ

† Ὁ Προύσης Πολύκαρπος

† Ὁ Πριγκηπονήσων Θωμᾶς

† Ὁ Σάρδεων Γερμανὸς

† Ὁ Ἡλιουπόλεως καὶ Θείρων Γεννάδιος

† Ὁ Θεοδωρουπόλεως Λεόντιος

† Ὁ Εἰρηνουπόλεως Κωνσταντῖνος

† Ὁ Χριστουπόλεως Μελέτιος

† Ὁ Λαοδικείας Δωρόθεος

† Ὁ Αἴνου Γερμανὸς

9. Εκκλησία Τσεχίας και Σλοβακίας

α) Πατριαρχική και Συνοδική Πράξη περί ιδρύσεως της Ορθόδοξης Αρχιεπισκοπής Τσεχοσλοβακίας και παραχωρήσεως σ' αυτήν αυτονόμου καθεστώτος[1]

† Μελέτιος, ἐλέῳ Θεοῦ Ἀρχιεπίσκοπος Κωνσταντινουπόλεως, Νέας Ῥώμης καὶ Οἰκουμενικὸς Πατριάρχης.

Δεσμοὶ ἱεροὶ συνδέουσι τὴν περὶ τὴν Πράγαν χώραν ἀπὸ χρόνων παλαιῶν μετὰ τῆς ἐν Κωνσταντινουπόλει Ἁγιωτάτης Ἐκκλησίας. Ἐντεῦθεν γὰρ ἐκκινήσαντες ἐκόμισαν πρὸς τοὺς Μοραβοὺς καὶ τοὺς περὶ τὴν Μοραβίαν λαοὺς τὸ τοῦ Εὐαγγελίου φῶς οἱ ἱεροὶ ἄνδρες Κύριλλος καὶ Μεθόδιος, ὧν ὁ δεύτερος καὶ πρῶτος αὐτῶν ἐγένετο Ἐπίσκοπος. Διά τοι τοῦτο καὶ χαίροντες εἴδομεν προσερχομένους τῷ Ἁγιωτάτῳ τούτῳ Ἀποστολικῷ καὶ Πατριαρχικῷ Θρόνῳ τοὺς ἐν τῷ νεοσυστάτῳ Κράτει τῆς Τσεχοσλοβακίας Ὀρθοδόξους Χριστιανοὺς καὶ ἐν ὑπομνήσει τῶν ἀρχαίων δεσμῶν ἐξαιτουμένους χειραγωγίαν πνευματικὴν τῆς θρησκευτικῆς αὐτῶν ζωῆς ἐν ταῖς τρίβοις τῶν νέων συνθηκῶν, εἰς ἃς εἰσῆλθεν ὁ

---
1. Α.Ο.Π., κώδικας Ab´|5, 12-16.

ἐθνικὸς αὐτῶν βίος διὰ τῆς ἀποκαταστάσεως τῶν Τσεχοσλοβάκων πάντων εἰς Κράτος ἴδιον.

Τῇ οὖν αἰτήσει τῶν ἐν Τσεχοσλοβακίᾳ τέκνων τῆς Ἁγίας Ὀρθοδόξου Ἐκκλησίας φιλοστόργως διατεθέντες καὶ τοῦ καθήκοντος ἡμῶν τοῦ ποιμαντορικῶς προνοεῖν περὶ τῶν Ὀρθοδόξων παροικιῶν τῶν ἔξω τῶν ὁρίων ἑκάστης τῶν ἐπὶ μέρους Ἁγίων Ἐκκλησιῶν τὴν φωνὴν ἐνωτισάμενοι, ἔγνωμεν μετὰ τῶν περὶ ἡμᾶς Ἱερωτάτων Μητροπολιτῶν καὶ ὑπερτίμων, συνοδικῶς διασκεψάμενοι, ἀποκαταστῆσαι διὰ πράξεως κανονικῆς τὰ τῆς Ὀρθοδοξίας ἐν Τσεχοσλοβακίᾳ πράγματα, ὥστε «πάντα εὐσχημόνως καὶ κατὰ τάξιν» γίνεσθαι, κατὰ τὴν τοῦ μακαρίου Παύλου παραγγελίαν· «οὐ γάρ, φησίν, ἀκαταστασίας ὁ Θεός, ἀλλὰ τάξεως καὶ εἰρήνης». Ὅθεν ἐν Ἁγίῳ Πνεύματι συνοδικῶς ἀποφαινόμενοι, ὁρίζομεν ὅπως ἀπὸ τοῦ νῦν οἱ ἐν τῇ θεοφρουρήτῳ Δημοκρατίᾳ τῆς Τσεχοσλοβακίας βιοῦντες ὀρθόδοξοι χριστιανοὶ μετὰ τῶν ἱδρυμάτων αὐτῶν ὦσι συγκεκροτημένοι εἰς μίαν ἑνιαίαν ἐκκλησιαστικὴν περιφέρειαν, ἔχουσαν μὲν τὸ ὄνομα «Ὀρθόδοξος Ἀρχιεπισκοπὴ Τσεχοσλοβακίας», τηροῦσαν δὲ ἀπαρασαλεύτως τὰς ἀκολούθους διατάξεις:

Α΄) Ἡ Ἀρχιεπισκοπὴ αὕτη, τεθεμελιωμένη ἐπὶ τῶν δογμάτων καὶ τῶν ἱερῶν Ἀποστολικῶν καὶ Συνοδικῶν κανόνων καὶ τῶν λοιπῶν Ἐκκλησιαστικῶν Διατάξεων τῆς Μιᾶς, Ἁγίας, Ὀρθοδόξου, Καθολικῆς καὶ Ἀποστολικῆς Ἐκκλησίας καὶ κρατοῦσα τὸν μετὰ τοῦ Ἁγιωτάτου Ἀποστολικοῦ καὶ Πατριαρχικοῦ Οἰκουμενικοῦ Θρόνου κανονικὸν σύνδεσμον, περιλαμβάνει ἔν γε τῷ παρόντι τρεῖς Ἐπισκοπάς, ἤτοι τὴν Ἐπισκοπὴν Πράγας, τὴν Ἐπισκοπὴν Μοραβίας καὶ τὴν Ἐπισκοπὴν Καρπαθορρωσίας, δυναμένας ἀργότερον αὐξηθῆναι κατὰ λόγον τῶν ποιμαντορικῶν ἀναγκῶν τῆς ἐν Τσεχοσλοβακίᾳ Ὀρθοδόξου Ἐκκλησίας.

Β΄) Ὁ ἐπίσκοπος ὁ ἑδρεύων ἐν Πράγᾳ τιτλοφορεῖται «Ἀρχιεπίσκοπος Πράγας καὶ πάσης Τσεχοσλοβακίας», ὑπὸ τὴν προεδρείαν δὲ αὐτοῦ συνέρχονται οἱ Ἐπίσκοποι εἰς Σύνοδον τακτικῶς μὲν δὶς τοῦ ἔτους, πρὸ τοῦ θείου Πάσχα καὶ κατὰ τὸ φθινόπωρον, ἐκτάκτως δὲ ὁσάκις ἂν κληθῶσιν ὑπὸ τοῦ Ἀρχιεπισκόπου, συνέρχεται δὲ ὅπου ἂν ὁρίσῃ ὁ Ἀρχιεπίσκοπος.

Γ΄) Ἡ Σύνοδος τῆς Ἀρχιεπισκοπῆς Τσεχοσλοβακίας ἔχει πάσας τὰς ἐξουσίας καὶ τὰς εὐθύνας, ἃς οἱ ἱεροὶ κανόνες τῇ Συνόδῳ τῆς Ἐπαρχίας ἀναγράφουσιν, ὑπέχουσα εὐθύνας ἐνώπιον τοῦ Οἰκουμενικοῦ Πατριάρχου καὶ τῆς περὶ αὐτὸν ἁγίας Συνόδου διὰ τὴν παραφυλακὴν τῶν θείων δογμάτων καὶ τῆς κανονικῆς τάξεως ἐν τῇ δικαιοδοσίᾳ αὐτῆς.

Δ΄) Τοὺς Ἐπισκόπους προτείνει μὲν ὁ κλῆρος καὶ ὁ λαὸς τῆς ἐπισκοπικῆς δικαιοδοσίας, ψηφίζει δὲ ἡ Σύνοδος, τὸ κῦρος δὲ τῶν γενομένων ἀνήκει, εἰ μὲν πρόκειται περὶ Ἐπισκόπου, τῷ Ἀρχιεπισκόπῳ, εἰ δὲ περὶ τοῦ Ἀρχιεπισκόπου αὐτοῦ, τῷ Οἰκουμενικῷ Πατριάρχῃ, ἕως οὗ δὲ συγκροτηθῇ ἡ τῆς Ἀρχιεπισκοπῆς Σύνοδος, ἡ ψῆφος ἐπὶ ἐκλογῇ Ἐπισκόπου ἀνήκει τῇ Πατριαρχικῇ Συνόδῳ.

Ε΄) Οὐδεὶς δύναται προταθῆναι ἢ ἐκλεγῆναι Ἐπίσκοπος, ἐὰν μὴ ᾖ κάτοχος μὲν διπλώματος Ὀρθοδόξου Θεολογικῆς Σχολῆς, προδεδοκιμασμένος δὲ ἐν κατωτέροις ἱερατικοῖς βαθμοῖς ἐπὶ χρόνον οὐχ ἥσσονα τῶν τριῶν ἐτῶν καὶ ἡλικίας οὐχ ἥσσονος τῶν τριάκοντα ἐτῶν.

Στ΄) Οἱ κανονικῶς τοῖς θρόνοις αὐτῶν ἀποκατασταθέντες, ὅ τε Ἀρχιεπίσκοπος καὶ οἱ λοιποὶ Ἐπίσκοποι, παραμένουσιν ἰσόβιοι ἐν αὐτοῖς, ἐκτὸς ἐὰν παραιτηθῶσιν οἰκειοθελῶς ἢ ἐκπέσωσιν αὐτῶν κανονικῶς. Ἐπίσκοποι ὑπὸ τῆς ἰδίας Συνόδου κατακριθέντες δικαιοῦνται εἰς ἔκκλησιν πρὸς τὸν Οἰκουμενικὸν Πατριάρχην, τελεσιδίκως μετὰ τῆς περὶ Αὐτὸν Συνόδου τῶν Μητροπολιτῶν κρίνοντα.

Ζ΄) Ἕκαστος τῶν Ἐπισκόπων, ποιμαίνων τὴν ἑαυτοῦ Ἐπισκοπήν, ἔχει τὰς ἐξουσίας καὶ τὰς εὐθύνας, ἃς οἱ ἱεροὶ κανόνες καὶ ἡ μακραίων τῆς Ἐκκλησίας πρᾶξις τῷ ἐπισκοπικῷ ἀξιώματι ἀναγράφουσιν. Εἰδικώτερον δὲ μνημονευτέον τῶν δικαιωμάτων καὶ καθηκόντων ἑκάστου Ἐπισκόπου τοῦ ἁγιάζειν καὶ τῇ θείᾳ λατρείᾳ καθιεροῦν τοὺς ναοὺς καὶ τοὺς εὐκτηρίους οἴκους, τοῦ ἀποκαθιστᾶν ἐν αὐτοῖς τοὺς λειτουργοῦντας καὶ ψάλλοντας ἱερεῖς, διακόνους καὶ λοιποὺς κληρικούς, τοῦ ἐπιμελεῖσθαι τῆς ἐν εὐσχημοσύνῃ καὶ τάξει καὶ πρὸς τὸ κοινὸν συμφέρον διοικήσεως πάντων τῶν ἐν αὐτοῖς, τοῦ συνάπτειν καὶ λύειν πνευματικῶς τὸν γάμον κατὰ τὰς κειμένας διατάξεις τῆς Ὀρθοδόξου Ἐκκλησίας καὶ τοῦ διανέμειν τὸ Μύρον τοῦ Ἁγίου Χρίσματος, λαμβανόμενον διὰ τοῦ Ἀρχιεπισκόπου παρὰ τοῦ Οἰκουμενικοῦ Πατριάρχου.

Η΄) Παρ' ἑκάστῳ Ἐπισκόπῳ λειτουργεῖ Πνευματικὸν Δικαστήριον, ἀποτελούμενον ἐξ αὐτοῦ ὡς Προέδρου ἢ τοῦ νομικοῦ ἀναπληρωτοῦ αὐτοῦ καὶ ἐκ δύο Πρεσβυτέρων. Τὸ Δικαστήριον τοῦτο ἐκδικάζει πρωτοδίκως πάντα τὰ κανονικὰ πλημμελήματα τοῦ κλήρου καὶ τοῦ λαοῦ, ἐν οἷς καὶ τὰ συντρέχοντα εἰς λύσιν τῶν γαμικῶν δεσμῶν. Τῶν Ἐπισκοπικῶν Δικαστηρίων αἱ ἀποφάσεις ἐκκαλοῦνται πρὸς τὴν Σύνοδον τῆς Ἀρχιεπισκοπῆς, τελεσιδίκως ἀποφασίζουσαν.

Θ΄) Ὀφείλουσι μνημονεύειν ἐν τοῖς μυστηρίοις καὶ ταῖς τελεταῖς οἱ μὲν ἱερεῖς καὶ διάκονοι τοῦ οἰκείου Ἐπισκόπου, οἱ δὲ Ἐπίσκοποι τοῦ Ἀρχιεπισκόπου, ὁ δὲ Ἀρχιεπίσκοπος τοῦ Οἰκουμενικοῦ Πατριάρχου, δι' οὗ ἡ κοινωνία μετὰ πάσης Ἐπισκοπῆς Ὀρθοδόξων τῶν ὀρθοτομούντων τὸν λόγον τῆς τοῦ Χριστοῦ ἀληθείας. Τῶν διατάξεων τούτων ὡς βάσεως ἀπαρασαλεύτου φυλαττομένης, ὁ Ἀρχιεπίσκοπος καὶ οἱ Ἐπίσκοποι μετὰ τοῦ κλήρου καὶ τοῦ λαοῦ ἔχουσι τὸ ἐλεύθερον ὀργανῶσαι ἐν ταῖς λεπτομερείαις τὴν ἐν Τσεχοσλοβακίᾳ Ὀρθόδοξον Ἐκκλησίαν κατὰ τὰς ἀπαιτήσεις τῶν νόμων τῆς χώρας αὐτῶν, ὑπὸ τὸν ἀπαραίτητον ὅρον ὅπως μηδεμία διάταξις τῶν σχετικῶν ὀργανισμῶν εὑρεθῇ ἀντικειμένη τῇ διδασκαλίᾳ καὶ τοῖς κανόσι τῆς Ἁγίας Ὀρθοδόξου Ἐκκλησίας, ὡς οὗτοί εἰσιν ἡρμηνευμένοι ἐν τῇ πράξει τοῦ Οἰκουμενικοῦ Πατριαρχείου, οὗ ἕνεκεν οὐδεὶς μὲν ἐνοριακὸς κανονισμὸς ἔσται ἔγκυρος, ἐὰν μὴ φέρῃ τὴν ἔγκρισιν τοῦ ἁρμοδίου Ἐπισκόπου ἢ τῆς Συνόδου τῆς Ἀρχιεπισκοπῆς, οὐδεὶς δὲ κανονισμὸς τῆς ὅλης Ἀρχιεπισκοπῆς τιθήσεται ἐν ἰσχύϊ, ἐὰν μὴ πρότερον κυρωθῇ ἐν Συνόδῳ ὑπὸ τοῦ Οἰκουμενικοῦ Πατριάρχου.

Παραγγέλομεν δὲ πατρικῶς τῷ τε κλήρῳ καὶ τῷ λαῷ, ὡς τέκνοις ἡμῶν ἐν Χριστῷ ἀγαπητοῖς, τιμᾶν τοὺς Ποιμένας αὐτῶν καὶ Διδασκάλους καὶ ὡς ἡγουμένοις καὶ πνευματικοῖς αὐτῶν πατράσι «πείθεσθαι καὶ ὑπείκειν», κατὰ τὴν τοῦ Παύλου ἐντολήν, «ἵνα μετὰ χαρᾶς τὸ ἔργον τῆς ποιμαντορικῆς διακονίας ἐπιτελῶσι καὶ μὴ στενάζοντες».

Ταῦτα οὕτω δόξαντα καὶ κριθέντα, ἐκυρώθησαν συνοδικῶς, εἰς μόνιμον δὲ τούτων παραφυλακὴν ἐκδίδοται ὁ Πατριαρχικὸς καὶ Συνοδικὸς οὗτος Τόμος, καταστρωθεὶς μὲν καὶ ὑπογραφεὶς καὶ ἐν τῷ Κώδικι τῆς καθ' ἡμᾶς Μεγάλης τοῦ Χριστοῦ Ἐκκλησίας, ἐγχειρισθεὶς δὲ ἐν ἴσῳ καὶ ἀπαραλλάκτῳ τῷ Σεβασμιωτάτῳ Ἀρχιεπισκόπῳ Πράγας καὶ πάσης Τσεχοσλοβακίας κυρίῳ Σαββατίῳ ἐπὶ τῇ χειροτονίᾳ αὐτοῦ.

Ἐν τοῖς Πατριαρχείοις, κατὰ μῆνα Μάρτιον ͵αϡκγ΄ (1923), Ἰνδικτιῶνος στ΄.

† Ὁ Πατριάρχης Κων/πόλεως Μελέτιος ἀποφαίνεται
† Ὁ Καισαρείας Νικόλαος
† Ὁ Νικαίας Βασίλειος
† Ὁ Χαλκηδόνος Γρηγόριος
† Ὁ Ῥόδου Ἀπόστολος
† Ὁ Κορυτσᾶς Ἰωακεὶμ
† Ὁ Βάρνης Νικόλαος
† Ὁ Δυρραχίου Ἰάκωβος
† Ὁ Βελεγραδίου Ἰωακεὶμ

β) Πατριαρχικός και Συνοδικός Τόμος περί παραχωρήσεως αυτοκεφάλου καθεστώτος στην Εκκλησία Τσεχίας και Σλοβακίας[2]

† Βαρθολομαῖος ἐλέῳ Θεοῦ Ἀρχιεπίσκοπος Κωνσταντινουπόλεως, Νέας Ῥώμης καὶ Οἰκουμενικὸς Πατριάρχης

Εὐλογητὸς ὁ Θεὸς καὶ Πατὴρ τοῦ Κυρίου ἡμῶν Ἰησοῦ Χριστοῦ, ὅτι τῇ Ἑαυτοῦ θείᾳ καὶ παναγάθῳ βουλῇ ηὐδόκησε τὸ τῆς ἀληθείας φῶς καὶ τὸ Πνεῦμα Αὐτοῦ τὸ Ἅγιον καὶ εἰς τὴν περιοχὴν τῶν εὐλογημένων Χωρῶν τῆς Τσεχίας καὶ Σλοβακίας ἐκχέαι καὶ εἰς τὴν Ὀρθόδοξον Πίστιν προσκαλέσασθαι· εἰς ἣν καὶ προσῆλθον ἀγρευθέντες τῷ καλάμῳ τοῦ Τιμίου Σταυροῦ ὑπερμεσοῦντος τοῦ Θ' αἰῶνος ὑπὸ τῶν θεοφόρων καὶ πανευφήμων θεοκηρύκων καὶ ἰσαποστόλων Ἁγίων Μεθοδίου καὶ Κυρίλλου, αὐτόσε μετακληθέντων μὲν ὑπὸ τοῦ κραταιοῦ ἡγεμόνος τῆς τότε Μεγάλης Μοραβίας, ἀποσταλέντων δὲ ζήλῳ θεόφρονι τοῦ ἁγιωτάτου ἐκείνου καὶ ἐν Πατριάρχαις μεγίστου Φωτίου.

Καὶ ὑπὸ ἐκείνων, τῶν τὴν καρδίαν πυρίνων ὁ θεῖος σπόρος καλῶς σπαρεὶς εἰς τὴν ἀγαθὴν γῆν τῶν εὐλογημένων λαῶν τῆς Τσεχίας καὶ Σλοβακίας, Μοραβίας τε καὶ Βοημίας καὶ τῆς Καρπαθίας, ἐβλάστησε καὶ ἐγένετο δένδρον καλλίκομόν τε καὶ καλλίκαρπον εἰς δόξαν τοῦ οὐρανίου Γεωργοῦ καὶ Σωτῆρος ἡμῶν, ἔπαινον δὲ καὶ τιμὴν παρ' ἀνθρώποις ἀγήρω καὶ παρὰ Θεῷ αἰώνιον τῶν τὰς καρδίας καὶ τὰ ὦτα εἰς ὑποδοχὴν τοῦ Εὐαγγελίου ἀνοιξάντων καὶ τῷ Υἱῷ τοῦ Θεοῦ ὅλῃ ψυχῇ καὶ διανοίᾳ προσελθόντων.

Ἐχάρη ἐπὶ τῇ αἰσίᾳ ἐκβάσει τοῦ κόπου τῶν Ἁγίων ἐκείνων ἡ τούτους ἐκθρεψαμένη, ἡ ἐπινεύσει θεϊκῇ ἐπὶ τὰ Θεῷ εὐάγωγα ἀναδειχθέντα εὐλογημένα πλήθη τῶν λαῶν τῆς Τσεχίας καὶ τῆς Σλοβακίας ἐκπέμψασα, θεασαμένη ἐν ἐλαχίστου χρόνου ῥοπῇ Ἐκκλησίαν τελείαν ἐν ταῖς ἡγιασμέναις ἐκείναις χώραις συσταθεῖσαν καὶ τὸν τρισμακάριον καὶ παναοίδιμον Μεθόδιον

---

2. Βλ. το κείμενο Ορθοδοξία (1998), 433-438.

πρῶτον αὐτῆς Ἀρχιεπίσκοπον κατασταθέντα. Τόσον δὲ ἐμεγαλύνθη ἡ ἐν τῇ τότε κραταιᾷ ἡγεμονίᾳ τῆς Μεγάλης Μοραβίας Ἁγία Ἐκκλησία, ὥστε ὑπὸ ζήλου καὶ φθόνου κινούμενοι οἱ ἱστορικῶς παραπορευόμενοι ἰσχυροὶ λαοὶ τὸ κατανέμεσθαι καὶ ληΐζεσθαι τὴν τοιαύτην τοῦ Θεοῦ Ἁγίαν τοῦ Κυρίου κληρονομίαν ἑαυτοῖς κατόρθωμα ἐπὶ αἰῶνας ἐπεγράφοντο.

Ἀλλ' ηὐδόκησεν ὁ τὰ πάντα διέπων καὶ κυβερνῶν μόνῳ τῷ βούλεσθαι Παντοκράτωρ Κύριος καὶ ἐναπελείφθη λεῖμμα ἅγιον καὶ ἱερόν, τὸν θησαυρὸν τῆς Ἁγίας Ὀρθοδόξου Πίστεως ἐν τῇ καρδίᾳ ἐγκεκρυμμένον διαφυλάττον· ὅπερ καὶ κατὰ τὰς ἀρχὰς τοῦ λήγοντος αἰῶνος ἀνέσεως καὶ ἐλευθερίας ἀπολαῦσαν, ὡς μυστήριον Θεοῦ ταύτην ἀπεκάλυψεν καὶ ἐφανέρωσεν ἐνδόξως.

Οὕτως οὖν ὡς εἰς ἐπισύστασιν ἑαυτῆς τὴν μέριμναν πασῶν τῶν Ἁγίων τοῦ Θεοῦ Ἐκκλησιῶν εἰς ἔργον διακονίας ἀναδεξαμένη προσῆλθεν ἡ καθ' ἡμᾶς Ἁγία τοῦ Χριστοῦ Μεγάλη Ἐκκλησία, ἡ μηδέποτε τῶν ἑαυτῆς τέκνων ἐπιλανθανομένη καὶ ἄλλῳ τῷ μὴ διαφέροντι τὴν περὶ τούτου φροντίδα ἐπιτρέπουσα, καὶ ὡς εἰς Ἐκκλησίαν ζῶσαν —ζῇ γὰρ ζωὴν ζωῆς κρείττονα ὁ ὡς ἐκ τάφου ἀνιστάμενος— καὶ ἐν κράτει ἐλευθέρῳ, αὐτοδεσπότῳ καὶ φιλελευθέρῳ διαβιοῦσαν τὴν Ἁγίαν Τοπικὴν κατὰ Τσεχίαν καὶ Σλοβακίαν Ὀρθόδοξον Ἐκκλησίαν, εἰ καὶ ὀλιγάριθμον εἰς μέλη, ἐν ἔτει ͵αλκγ' Αὐτονομίᾳ ἐτίμησε, Τόμον ἐκδοῦσα ἐπὶ τούτῳ Πατριαρχικὸν καὶ Συνοδικόν, καθ' ὃν αὕτη (ἡ ἐν Τσεχίᾳ καὶ Σλοβακίᾳ Ἁγία Ὀρθόδοξος Τοπικὴ Ἐκκλησία) ἄχρι τῆς σήμερον ἐπολιτεύθη, παρὰ τάς τινας ἀκανονίστους πράξεις, ἃς καὶ ὡς τοιαύτας ἐν σιγῇ καὶ συγχωρήσει ἀντιπαρερχόμεθα, εἰδότες ὅτι τὰ ἅπαξ ἀντικανονικῶς καὶ μὴ κατὰ τὰ θέσμια καὶ τὰς παραδόσεις τῆς Ἁγίας τῶν Ὀρθοδόξων Μιᾶς Ἐκκλησίας γενόμενα, ἐξ ἀρχῆς ἀνίσχυρα καὶ ἄκυρα ὄντα, οὐδέποτε κυροῦνται καὶ οὐδέποτε εἰς τὸ διηνεκὲς ἰσχυρὰ καθίστανται.

Οὕτω δέ πως ἐν Κυρίῳ καὶ ἐν τῇ Ὀρθοδόξῳ εἰς Αὐτὸν πίστει καλῶς πολιτευομένη ἡ Ἁγία τοῦ Θεοῦ ἐν τῷ πλαισίῳ τῆς δικαιοδοσίας τοῦ Οἰκουμενικοῦ Θρόνου Αὐτόνομος Ὀρθόδοξος Τοπικὴ Ἐκκλησία τῆς Τσεχίας καὶ τῆς

Σλοβακίας, εἰς κατάστασιν βελτίονα καὶ ἐπὶ χρησταῖς ἐλπίσιν ἐν Χριστῷ τῷ πάντας ἀνθρώπους σωθῆναι ἐθέλοντι ἀποβλέψασα, Συνοδικῶς τε καὶ ἐν γενικαῖς συνελεύσεσι διασκεψαμένη καὶ σύμφωνον ἔχουσα τὴν γνώμην τοῦ κλήρου καὶ τοῦ λαοῦ, διὰ τοῦ ὑπ' ἀριθμ. 195 καὶ ἀπὸ τῆς δ΄ Ἰουλίου ἐ.ἔ. (͵αλη΄ μ.Χ.) Γράμματος τοῦ Ἱερωτάτου Ἀρχιεπισκόπου Πράγας καὶ πάσης Τσεχίας καὶ Σλοβακίας καὶ τῆς ἡμῶν Μετριότητος ἀδελφοῦ ἀγαπητοῦ κυρίου Δωροθέου ταῦτα πάντα καθηκόντως ἡμῖν καθυπέβαλε καὶ ἐξῃτήσατο τὴν τῆς κατ' αὐτὸν Αὐτονόμου Ἐκκλησίας εἰς Αὐτοκέφαλον ἀνύψωσίν τε καὶ ἀνακήρυξιν.

Ἐφ' ᾧ καὶ ἡ ἡμετέρα Μετριότης μετὰ τῶν περὶ ἡμᾶς Ἱερωτάτων καὶ ὑπερτίμων Μητροπολιτῶν, τῶν συγκροτούντων τὴν τῆς Ἁγίας τοῦ Χριστοῦ Μεγάλης Ἐκκλησίας Ἁγίαν καὶ Ἱερὰν Σύνοδον, διαβουλευσάμενοι καὶ ἐν Ἁγίῳ Πνεύματι διασκεψάμενοι, ἔγνωμεν ὅπως, ὑπείκοντες τῇ κανονικῇ τῶν Ἁγίων Πατέρων διατάξει, τῇ διακελευομένῃ τῶν ἐν τοῖς βαρβαρικοῖς, ἤτοι ἐκτὸς τῶν ὁρίων τῶν Ἁγίων Πατριαρχικῶν καὶ Αὐτοκεφάλων Ἐκκλησιῶν τελούντων χριστιανῶν ἁπάντων τὴν πνευματικὴν ἐπιμέλειαν μόνῳ τῷ τῆς μεγαλωνύμου Νέας Ῥώμης Θρόνῳ ἀνακεῖσθαι, ἀποδεξάμενοι τὸ ὑποβληθὲν αἴτημα τῆς Ἱερᾶς Συνόδου τῆς Αὐτονόμου Τοπικῆς Ὀρθοδόξου Ἐκκλησίας τῆς Τσεχίας καὶ τῆς Σλοβακίας καὶ εἰς ἐπιβράβευσιν τοῦ ὑπὲρ τῆς ὀρθοδόξου πίστεως ζήλου κλήρου καὶ λαοῦ, διὰ τοῦδε τοῦ Πατριαρχικοῦ καὶ Συνοδικοῦ Τόμου ἀνυψώσωμεν τὴν ἐν ταῖς εὐδαιμονούσαις ταύταις Χώραις Ἁγίαν Τοπικὴν Ὀρθόδοξον Ἐκκλησίαν ἀπὸ Αὐτονόμου εἰς Αὐτοκέφαλον, ἐπὶ τοῖς ἀκολουθοῦσιν ἀπαραιτήτοις ὅροις, οὓς ἡ περὶ ἡμᾶς Ἁγία καὶ Ἱερὰ Πατριαρχικὴ Σύνοδος κυριαρχικῷ δικαιώματι χρωμένη θεσπίζει ἐπὶ φυλακῇ μὲν τῆς Ὀρθοδόξου Πίστεως καὶ τῶν Ὀρθοδόξων θεσμῶν καὶ παραδόσεων, τιμῇ δὲ καὶ αὐξήσει καὶ κλέει τῆς ἐπ' ἄρτι Αὐτοκεφάλου καθισταμένης Ἐκκλησίας. Οἱ δὲ ὅροι εἰσὶν οὗτοι:

Α. – Ὑπερτάτη ἀρχὴ τῆς Αὐτοκεφάλου Τοπικῆς Ὀρθοδόξου Ἐκκλησίας τῆς Τσεχίας καὶ Σλοβακίας καθίσταται διὰ τοῦ παρόντος ἡ Ἱερὰ Σύνοδος τῶν διαποιμαινόντων ἐπαρχίας Ἀρχιερέων. Ἐκ τούτων ὁ διαποιμαίνων τὴν ἐπαρχίαν Πράγας ὀνομαζόμενος εἰς τὸ ἑξῆς Μακαριώτατος Ἀρχιεπίσκοπος

Πράγας καὶ πάσης Τσεχίας καὶ Σλοβακίας κατὰ τὸ ἀρχαῖον ἔθος τὸ Ἀρχιεπισκόπους ὀνομάζον τοὺς Μητροπολιτῶν προεδρεύοντας πρώτους Τοπικῶν Ἐκκλησιῶν, ὅπερ καὶ ἔν τε Κύπρῳ καὶ Ἑλλάδι καὶ Ἀλβανίᾳ καὶ ἀλλαχοῦ καλῶς τηρεῖται, καθίσταται Πρόεδρος τῆς Ἱερᾶς Συνόδου, ἔχων τὰ προνόμια τὰ ἀνήκοντα εἰς τὸν ἐν ἑκάστῳ ἔθνει πρῶτον κατὰ τὸν ΛΔ΄ Ἀποστολικὸν Κανόνα. Οἱ λοιποὶ διαποιμαίνοντες ἐπαρχίας Ἀρχιερεῖς, ἤτοι ὁ Πρέσοβ, ὁ Μιχαλόφτσε καὶ ὁ Ὀλομόουτς καὶ Μπρνὸ ἀνυψοῦνται εἰς Μητροπολίτας καὶ αἱ ὑπ' αὐτοὺς ἐπαρχίαι εἰς Μητροπόλεις.

Ἀρχιεπίσκοπος Πράγας καὶ πάσης Τσεχίας καὶ Σλοβακίας δύναται νὰ ἐκλεγῇ πᾶς ἀρχιερεὺς ἢ ἄλλος ἄξιος πρὸς τοῦτο κληρικὸς τῆς ἑνιαίας αὐτοκεφάλου Ἐκκλησίας Τσεχίας καὶ Σλοβακίας.

Ὁ ἑκάστοτε Μητροπολίτης Πρεσόβ προσονομάζεται «καὶ ἔξαρχος Σλοβακίας» καὶ ἔχει τὸ δικαίωμα νὰ συγκαλῇ εἰς ἐκκλησιαστικὰς Συσκέψεις τοὺς Σεβ. Μητροπολίτας καὶ ἄλλους κληρικοὺς τῆς Σλοβακίας, ὁριζομένους ὑπὸ τῆς Ἱερᾶς Συνόδου τῆς Αὐτοκεφάλου Ἐκκλησίας Τσεχίας καὶ Σλοβακίας, πρὸς ἀντιμετώπισιν θεμάτων καθαρῶς Σλοβακικοῦ τοπικοῦ ἐνδιαφέροντος. Αἱ ἀποφάσεις τῶν Συσκέψεων αὐτῶν τίθενται ἀπαραιτήτως ὑπὸ τὴν κρίσιν καὶ τὸν ἔλεγχον τῆς Ἱερᾶς Συνόδου τῆς ἑνιαίας Αὐτοκεφάλου Ἐκκλησίας Τσεχίας καὶ Σλοβακίας.

Ἀνάλογόν τι δύναται νὰ πράττῃ καὶ ὁ Μακαριώτατος Ἀρχιεπίσκοπος Πράγας καὶ πάσης Τσεχίας καὶ Σλοβακίας πρὸς καλλιτέραν μελέτην καὶ ἀντιμετώπισιν καθαρῶς τοπικῶν θεμάτων τῆς Ἐκκλησίας ἐν Τσεχίᾳ.

Ἡ Ἐκκλησία Τσεχίας καὶ Σλοβακίας δύναται διὰ Συνοδικῶν ἀποφάσεων, κανονικῶς λαμβανομένων, νὰ αὐξάνῃ τὸν ἀριθμὸν τῶν ἐπαρχιῶν αὐτῆς κατὰ τὰς ἑκάστοτε ποιμαντικὰς ἀνάγκας.

Β. – Ἡ Ἱερὰ Σύνοδος συνέρχεται κατὰ τακτὰ μὲν διαστήματα πρὸς ἀντιμετώπισιν διοικητικῶν ζητημάτων, δὶς δὲ τοὐλάχιστον κατ' ἔτος, κατὰ τοὺς ἱεροὺς κανόνας, πρὸς διαβούλευσιν ἐπὶ τῶν τε ποιμαντικῶν καὶ τῶν δογματικο-κανονικῶν προβλημάτων, ἅτινα ἤθελον προκύψει.

Γ. – Οἱ κανονικῶς ἐκλεγέντες καὶ κατασταθέντες, ὅ τε Μακαριώτατος Ἀρχιεπίσκοπος καὶ οἱ Ἱερώτατοι Μητροπολῖται παραμένουσιν ἰσόβιοι, ἐκτὸς ἐὰν οἰκειοθελῶς παραιτηθῶσιν ἢ κανονικῶς ἐκπέσωσιν.

Δ. – Οἱ διάκονοι καὶ οἱ ἱερεῖς εἰς δεύτερον βαθμὸν τελεσιδίκως καὶ οἱ Ἀρχιερεῖς εἰς πρῶτον κρίνονται διὰ τὰς παραβάσεις τῶν καθηκόντων αὐτῶν καὶ κατακρίνονται κατὰ τοὺς ἱεροὺς κανόνας διὰ κανονικῶς συγκροτουμένων Συνοδικῶν Δικαστηρίων, πρὸς ἀπαρτισμὸν τῶν ὁποίων προσκαλοῦνται τῇ ἐγκρίσει τοῦ Οἰκουμενικοῦ Πατριάρχου Ἱεράρχαι ἀποκλειστικῶς μόνον τοῦ κλίματος τῆς Μητρὸς Ἐκκλησίας, ἤτοι τοῦ Οἰκουμενικοῦ Θρόνου. Οἱ οὕτωσὶ καταδικασθέντες Ἀρχιερεῖς δύνανται νὰ προσφεύγωσιν εἰς τὴν ἔκκλητον ψῆφον τοῦ Οἰκουμενικοῦ Πατριάρχου.

Ε. – Εἰς τὰ Ἱερὰ Δίπτυχα τῶν Ἁγίων Ὀρθοδόξων Ἐκκλησιῶν, ἡ Ἁγία Αὐτοκέφαλος Ἐκκλησία τῆς Τσεχίας καὶ Σλοβακίας καὶ ὁ ταύτης Προκαθήμενος ἐπέχουσι τὴν δεκάτην τετάρτην θέσιν, ἤτοι εὐθὺς μετὰ τὴν Αὐτοκέφαλον Ἐκκλησίαν τῆς Ἀλβανίας.

ΣΤ. – Ὁ Μακαριώτατος Ἀρχιεπίσκοπος Πράγας καὶ πάσης Τσεχίας καὶ Σλοβακίας ἱερουργῶν μνημονεύει, κατὰ τὴν τάξιν, «πάσης Ἐπισκοπῆς Ὀρθοδόξων» καὶ εἰς τὰ Ἱερὰ Δίπτυχα τοῦ Οἰκουμενικοῦ Πατριάρχου καὶ ἐφ' ἑξῆς πάντων τῶν Μακαριωτάτων Πατριαρχῶν καὶ Αὐτοκεφάλων Ἀρχιεπισκόπων καὶ Μητροπολιτῶν κατὰ τὴν τάξιν καὶ τὸν τύπον τοῦ Οἰκουμενικοῦ Πατριαρχείου. Οἱ Ἱερώτατοι Μητροπολῖται μνημονεύουσιν ἐν ταῖς ἱεραῖς ἀκολουθίαις τοῦ Ἀρχιεπισκόπου Πράγας, ὡς τοῦ ἐν αὐτοῖς πρώτου. Τῷ Μακαριωτάτῳ Ἀρχιεπισκόπῳ Πράγας καὶ πάσης Τσεχίας καὶ Σλοβακίας παρέχεται τὸ δικαίωμα τοῦ φέρειν λευκὸν ἐπιρριπτάριον μετὰ λιθοποικίλτου Σταυροῦ. Οἱ Ἱερώτατοι Μητροπολῖται φέρουσι μέλαν ἐπιρριπτάριον μετὰ λιθοποικίλτου Σταυροῦ.

Ζ. – Ἡ Ἐκκλησία τῆς Τσεχίας καὶ Σλοβακίας εἰς δήλωσιν τῆς Πνευματικῆς μετὰ τῆς Μητρὸς Ἐκκλησίας ἑνότητος λαμβάνει τὸ Ἅγιον Μύρον τοῦ Χρίσματος παρὰ τοῦ Οἰκουμενικοῦ Πατριάρχου.

Η. – Ἡ Ἱερὰ Σύνοδος κύριον ἔργον καὶ πρωτίστην ἀποστολὴν ἔχει τὴν τήρησιν τῆς Ὀρθοδόξου Πίστεως ἀδιαλωβήτου καὶ τῆς ἐν Ἁγίῳ Πνεύματι κοινωνίας μετὰ τοῦ Οἰκουμενικοῦ Πατριαρχείου καὶ τῶν λοιπῶν Ὀρθοδόξων Ἐκκλησιῶν, ὑπέχουσα εὐθύνας διὰ πᾶσαν παράβασιν οὐ μόνον ἐνώπιον τῆς Ἁγίας καὶ Ἱερᾶς Συνόδου τοῦ Οἰκουμενικοῦ Πατριαρχείου, ἀλλὰ καὶ ἐνώπιον Μείζονος καὶ Ὑπερτελοῦς Συνόδου εἰδικῶς ἐπὶ τούτῳ συγκαλουμένης, μερίμνῃ καὶ ἐνεργείαις τοῦ Οἰκουμενικοῦ Πατριαρχείου.

Θ. – Προκειμένου περὶ ζητημάτων ἢ ἀποριῶν γενικωτέρας ἐκκλησιαστικῆς φύσεως, ἐξερχομένων τῶν ὁρίων τῆς δικαιοδοσίας τῶν ἐπὶ μέρους Αὐτοκεφάλων Ἐκκλησιῶν, ὁ Μακαριώτατος Ἀρχιεπίσκοπος Πράγας καὶ πάσης Τσεχίας καὶ Σλοβακίας ἀπευθύνεται πρὸς τὸν καθ᾽ ἡμᾶς Ἁγιώτατον Πατριαρχικὸν Οἰκουμενικὸν Θρόνον, δι᾽ οὗ ἡ κοινωνία μετὰ πάσης Ἐπισκοπῆς Ὀρθοδόξων, τῶν ὀρθοτομούντων τὸν λόγον τῆς ἀληθείας, καὶ ζητεῖ οὕτω τὴν ἔγκυρον τῶν ἀδελφῶν Ἐκκλησιῶν γνώμην καὶ συναντίληψιν.

Ἐπὶ δὲ τούτοις, κανονιστικῶς διὰ τοῦ παρόντος Τόμου, ὡς ἐν εἴδει πατρικῆς ὑποθήκης, ὑπομιμνήσκομεν τὸ «Στήκετε καὶ κρατεῖτε τὰς ὀρθοδόξους παραδόσεις», ὡς τῆς ἀληθείας τῆς δογματικῆς ὑποστηλώματα· καὶ τό, ἐπὶ τῶν ἀγνοουμένων καὶ ἀμφιβαλλομένων ἔχον τὴν ἰσχύν, «ἐπερώτησον τὸν πατέρα σου καὶ ἀναγγελεῖ σοι, τοὺς πρεσβυτέρους σου καὶ ἐροῦσί σοι» (Δευτ. 32,7), καὶ παρεγγυώμεθα, ὅτι αὕτη ἀσφάλεια τὸ μὴ ἐν μηδενὶ φρονεῖν ὑπὲρ ὃ δεῖ φρονεῖν, τὸ μὴ θέλειν πλεονεκτεῖν τὸν ἕτερον τοῦ ἑτέρου, τὸ μὴ πεποιθέναι ἐπὶ τῷ ἰδίῳ λογισμῷ, ἀλλ᾽ ἐν ταπεινώσει ἐπιζητεῖν τί τὸ θέλημα τοῦ Κυρίου τὸ ἀγαθὸν καὶ τέλειον.

Ἐπὶ δὲ πᾶσι ἐπευλογοῦντες τὴν νέαν Αὐτοκέφαλον Τοπικὴν Ὀρθόδοξον Ἐκκλησίαν τῆς Τσεχίας καὶ τῆς Σλοβακίας, τόν τε αὐτῆς τιμιώτατον Προκαθήμενον Μακαριώτατον Ἀρχιεπίσκοπον Πράγας καὶ πάσης Τσεχίας καὶ Σλοβακίας καὶ τοὺς σὺν αὐτῷ Ἱερωτάτους Μητροπολίτας, τὸν ἱερὸν κλῆρον, τοὺς ἡγιασμένους Ἱερεῖς Κυρίου καὶ τὸν θεόλεκτον λαόν, ἐπικαλούμεθα πλουσίαν τὴν παρὰ τοῦ Θεοῦ καὶ Σωτῆρος ἡμῶν Ἰησοῦ Χριστοῦ εὐλογίαν καὶ ἐπευχόμεθα τῇ μὲν Ἐκκλησίᾳ εὐστάθειαν καὶ αὔξησιν εἰς δόξαν Χριστοῦ καὶ σωτηρίαν κόσμου, τοῖς δὲ εὐλογημένοις ἀδελφοῖς, Ἀρχιερεῦσι τε καὶ ἱερεῦσι καὶ μοναχοῖς καὶ τῷ πιστῷ χριστεπωνύμῳ λαῷ πᾶσαν παρὰ Κυρίου εὐλογίαν καὶ εἰρήνην καὶ χαρὰν καὶ εἰς τὸ μέγιστον καρποφορίαν τῶν διὰ Χριστὸν καὶ τὴν Ὀρθόδοξον Αὐτοῦ Πίστιν ἀγώνων αὐτῶν.

Ἐν ἔτει σωτηρίῳ ͵αϡη΄, κατὰ μῆνα Αὔγουστον (κζ΄) Ἐπινεμήσεως ΣΤ΄.

† Ὁ Κωνσταντινουπόλεως Βαρθολομαῖος ἀποφαίνεται
† Ὁ Ἐφέσου Χρυσόστομος
† Ὁ Χαλκηδόνος Ἰωακεὶμ
† Ὁ Ῥοδοπόλεως Ἱερώνυμος
† Ὁ Ἴμβρου καὶ Τενέδου Φώτιος
† Ὁ Πριγκιποννήσων Συμεὼν
† Ὁ Κολωνείας Γαβριὴλ
† Ὁ Πέργης Εὐάγγελος
† Ὁ Λύστρων Καλλίνικος
† Ὁ Δέρκων Κωνσταντῖνος
† Ὁ Ἡλιουπόλεως καὶ Θείρων Ἀθανάσιος
† Ὁ Τρανουπόλεως Γερμανὸς
† Ὁ Φιλαδελφείας Μελίτων

II. Αυτόνομες Εκκλησίες

1. Εκκλησία Φιλανδίας

α) Πατριαρχικός και Συνοδικός Τόμος περί ιδρύσεως της Ορθοδόξου Αρχιεπισκοπής Φιλανδίας και παραχωρήσεως σ' αυτήν αυτονόμου καθεστώτος[1]

† Μελέτιος ἐλέῳ Θεοῦ Ἀρχιεπίσκοπος Κωνσταντινουπόλεως, Νέας Ῥώμης καὶ Οἰκουμενικὸς Πατριάρχης

Ὁ Ἁγιώτατος Ἀποστολικὸς καὶ Πατριαρχικὸς Οἰκουμενικὸς Θρόνος τῆς Κωνσταντινουπόλεως διαπεπίστευται κανονικῶς τὴν φροντίδα τῶν διὰ καιρικὰς περιστάσεις ποιμαντορικῆς προνοίας ἐστερημένων Ἁγίων Ὀρθοδόξων Ἐκκλησιῶν.

Ἐπειδὴ δὲ καὶ ἡ ἐν τῷ νεοσυστάτῳ Κράτει τῆς Φιλλανδίας Ὀρθόδοξος Ἐκκλησία διά τε τὰς ἐπελθούσας νέας πολιτικὰς κατ' αὐτὴν συνθήκας καὶ διὰ τὰς ἐν Ῥωσσίᾳ ἐπισυμβάσας ἐκκλησιαστικὰς ἀνωμαλίας ἀποχωρισθεῖσα τῆς συναφείας πρὸς τὴν ἐν Ῥωσσίᾳ Ἁγιωτάτην Ὀρθόδοξον Ἐκκλησίαν, ἀφ' ἧς τέως κανονικῶς ἐξηρτᾶτο, διατελεῖ νῦν ἀπροστάτευτος, ἀποταθεῖσα δὲ πρὸς τὸν Οἰκουμενικὸν Θρόνον διά τε γραμμάτων καὶ δι' ἐπὶ τούτῳ

---
1. Α.Ο.Π., Κώδικας Ab΄/5, 17-20.

ἀποσταλείσης ἀντιπροσωπείας ἠτήσατο τὴν πνευματικὴν χειραγωγίαν καὶ πρόνοιαν αὐτοῦ πρὸς ἀσφαλῆ καὶ κανονικὴν λειτουργίαν καὶ διεξαγωγὴν τῶν κατ' αὐτήν, ἡμεῖς μετὰ τῶν περὶ ἡμᾶς Ἱερωτάτων Μητροπολιτῶν καὶ Ὑπερτίμων τῇ αἰτήσει ταύτῃ φιλοστόργως διατεθέντες, ἔγνωμεν, συνοδικῶς διασκεψάμενοι, τὴν προσήκουσαν περὶ τῆς ἐν Φιλλανδίᾳ Ὀρθοδόξου Ἐκκλησίας ποιήσασθαι πρόνοιαν καὶ διὰ πράξεως κανονικῆς τὰ κατ' αὐτὴν ἀποκαταστῆσαι, ὑποκαθιστῶντες ἐν τούτῳ τὴν ἀδυνατοῦσαν, λόγῳ τῶν περιστάσεων, μεριμνῆσαι περὶ αὐτῆς Ἁγιωτάτην Ἐκκλησίαν τῆς Ρωσσίας.

Ὅθεν ἐν Ἁγίῳ Πνεύματι ἀποφαινόμενοι, ἐπευλογοῦμεν καὶ ἡμεῖς τὸ ἤδη παρὰ τοῦ Μακαριωτάτου Πατριάρχου Μόσχας καὶ πάσης Ρωσσίας κ. Τύχωνος ἀπονεμηθὲν τῇ Ἁγίᾳ Ὀρθοδόξῳ Ἐκκλησίᾳ Φιλλανδίας αὐτόνομον καὶ ὁρίζομεν ὅπως ἀπὸ τοῦ νῦν οἱ ἐν τῇ θεοφρουρήτῳ Δημοκρατίᾳ τῆς Φιλλανδίας βιοῦντες ὀρθόδοξοι χριστιανοὶ μετὰ τῶν ἱδρυμάτων αὐτῶν ὦσι συγκεκροτημένοι εἰς μίαν ἑνιαίαν ἐκκλησιαστικὴν περιφέρειαν ἔχουσαν μὲν τὸ ὄνομα «Ὀρθόδοξος Ἀρχιεπισκοπὴ Φιλλανδίας», τηροῦσαν δὲ ἀπαρασαλεύτως τὰς ἀκολούθους διατάξεις:

α΄) Ἡ Ἀρχιεπισκοπή, τεθεμελιωμένη ἐπὶ τῶν Δογμάτων καὶ τῶν ἱερῶν Ἀποστολικῶν καὶ Συνοδικῶν Κανόνων καὶ τῶν λοιπῶν Ἐκκλησιαστικῶν Διατάξεων τῆς Μιᾶς, Ἁγίας, Ὀρθοδόξου, Καθολικῆς καὶ Ἀποστολικῆς Ἐκκλησίας καὶ κρατοῦσα τὸν μετὰ τοῦ Ἁγιωτάτου Ἀποστολικοῦ καὶ Πατριαρχικοῦ Οἰκουμενικοῦ Θρόνου κανονικὸν σύνδεσμον, ἀποτελεῖ μίαν ἐκκλησιαστικὴν περιφέρειαν, δυναμένην ἀργότερον κατὰ λόγον τῶν ποιμαντορικῶν ἀναγκῶν καὶ ἐξ ἀποφάσεως τῆς Ἐκκλησιαστικῆς Συνελεύσεως τῆς Ἀρχιεπισκοπῆς, ὑποδιαιρεθῆναι εἰς δύο ἢ καὶ πλείους Ἐπισκοπάς.

β΄) Ὁ ἑδρεύων σήμερον ἐν Βιμπόργῳ Ἐπίσκοπος τιτλοφορεῖται «Ἀρχιεπίσκοπος Βιμπόργου καὶ πάσης Φιλλανδίας». Ἐν περιπτώσει δὲ μεταθέσεως τῆς ἕδρας αὐτοῦ εἰς ἄλλην πόλιν, ὁ Ἀρχιεπίσκοπος θέλει τιτλοφορεῖσθαι ἀπὸ τοῦ ὀνόματος τῆς πόλεως ταύτης μετὰ τῆς προσθήκης «καὶ πάσης Φιλλανδίας».

γ΄) Ὁσάκις ἂν παραστῇ ἀνάγκη χειροτονίας Ἐπισκόπου ἢ συγκροτήσεως Ἀρχιερατικῆς Συνόδου περὶ ζητημάτων δογματικῆς καὶ κανονικῆς φύσεως, ἔχει τὸ δικαίωμα ὁ Ἀρχιεπίσκοπος, καὶ τούτου μὴ ὄντος ὁ μετ' αὐτὸν Ἐπίσκοπος τῇ εἰδήσει μέντοι τοῦ Οἰκουμενικοῦ Πατριάρχου, καλεῖν ἐξ Ἐσθονίας ἢ καὶ ἐξ ἄλλων τῆς δικαιοδοσίας τοῦ Οἰκουμενικοῦ Θρόνου Μητροπόλεων ἀρχιερεῖς πρὸς καταρτισμὸν πλήρους Συνόδου. Ἡ τοιαύτη Σύνοδος ὑπέχει εὐθύνας ἐνώπιον τοῦ Οἰκουμενικοῦ Πατριάρχου καὶ τῆς περὶ Αὐτὸν Συνόδου τῶν Μητροπολιτῶν διὰ τὰς ἀποφάσεις αὐτῆς.

δ΄) Ἡ ἐκλογή, χειροτονία καὶ ἀποκατάστασις τοῦ Ἀρχιεπισκόπου καὶ τῶν Ἐπισκόπων διενεργεῖται συμφώνως πρὸς τοὺς ἱεροὺς Κανόνας καὶ τὸ Καταστατικὸν τῆς Ἀρχιεπισκοπῆς, τὸ κῦρος δὲ τῶν γενομένων ἀνήκει εἰ μὲν πρόκειται περὶ Ἐπισκόπου, τῷ Ἀρχιεπισκόπῳ, εἰ δὲ περὶ τοῦ Ἀρχιεπισκόπου, τῷ Οἰκουμενικῷ Πατριάρχῃ.

ε΄) Οἱ κανονικῶς τοῖς θρόνοις αὐτῶν ἀποκατασταθέντες Ἀρχιεπίσκοπός τε καὶ Ἐπίσκοποι παραμένουσιν ἰσοβίως ἐν αὐτοῖς, ἐκτὸς ἂν παραιτηθῶσιν οἰκειοθελῶς ἢ ἐκπέσωσιν αὐτῶν κανονικῶς. Ἐπίσκοποι κατακριθέντες ὑπὸ τῆς Ἀρχιερατικῆς Συνόδου δικαιοῦνται εἰς ἔκκλησιν πρὸς τὸν Οἰκουμενικὸν Πατριάρχην, τελεσιδίκως μετὰ τῆς περὶ Αὐτὸν Συνόδου τῶν Μητροπολιτῶν κρίνοντα.

στ΄) Ἕκαστος τῶν Ἐπισκόπων ποιμαίνων τὴν ἑαυτοῦ ἐπισκοπὴν ἔχει τὰς ἐξουσίας καὶ τὰς εὐθύνας, ἃς οἱ ἱεροὶ Κανόνες καὶ ἡ μακραίων τῆς Ἐκκλησίας πρᾶξις τῷ Ἐπισκοπικῷ ἀξιώματι ἀναγράφουσιν.

ζ΄) Ὀφείλουσι μνημονεύειν ἐν τοῖς μυστηρίοις καὶ ταῖς τελεταῖς οἱ μὲν ἱερεῖς καὶ διάκονοι τοῦ οἰκείου Ἐπισκόπου, οἱ δὲ Ἐπίσκοποι τοῦ Ἀρχιεπισκόπου καὶ ὁ Ἀρχιεπίσκοπος τοῦ Οἰκουμενικοῦ Πατριάρχου, παρ' οὗ καὶ λαμβάνει τὸ Ἅγιον Μύρον καὶ δι' οὗ ἡ κοινωνία μετὰ πάσης Ἐπισκοπῆς ὀρθοδόξων τῶν ὀρθοτομούντων τὸν λόγον τῆς τοῦ Χριστοῦ ἀληθείας. Τῶν διατάξεων τούτων ὡς βάσεως ἀπαρασαλεύτου φυλαττομένων, ὁ Ἀρχιεπίσκοπος καὶ οἱ Ἐπίσκοποι μετὰ τοῦ κλήρου καὶ τοῦ λαοῦ αὐτῶν ἔχουσι τὸ δικαίωμα τοῦ ἐλευθέρως ἑκάστοτε ὀργανοῦν ἐν ταῖς λεπτομερείαις τὴν ἐν Φιλλανδίᾳ Ὀρθόδοξον Ἐκκλησίαν κατὰ τὰς ἀπαιτήσεις τῶν νόμων τῆς χώρας αὐτῶν, ὑπὸ τὸν ἀπαραίτητον ὅρον, ὅπως μηδεμία διάταξις τοῦ σχετικοῦ ὀργανισμοῦ εὑρεθῇ ἀντικειμένη τῇ διδασκαλίᾳ καὶ τοῖς κανόσι τῆς Ἁγίας Ὀρθοδόξου Ἐκκλησίας, ὡς οὗτοί εἰσιν ἡρμηνευμένοι ἐν τῇ πράξει τοῦ Οἰκουμενικοῦ Πατριαρχείου.

Παραγγέλομεν δὲ πατρικῶς τῷ τε κλήρῳ καὶ τῷ λαῷ ὡς τέκνοις ἡμῶν ἐν Χριστῷ ἀγαπητοῖς, τιμᾶν τοὺς Ποιμένας αὐτῶν καὶ Διδασκάλους καὶ ὡς ἡγουμένοις καὶ πνευματικοῖς αὐτῶν Πατράσι «πείθεσθαι καὶ ὑπείκειν» κατὰ τὴν τοῦ Παύλου ἐντολὴν «ἵνα μετὰ χαρᾶς τὸ ἔργον τῆς ποιμαντορικῆς διακονίας ἐπιτελῶσι καὶ μὴ στενάζοντες».

Ταῦτα οὕτω δόξαντα καὶ κριθέντα, ἐκυρώθησαν Συνοδικῶς, εἰς μόνιμον δὲ τούτων παραφυλακὴν ἐκδίδοται ὁ Πατριαρχικὸς καὶ Συνοδικὸς οὗτος Τόμος, καταστρωθεὶς μὲν καὶ ὑπογραφεὶς καὶ ἐν τῷ Κώδικι τῆς καθ' ἡμᾶς Μεγάλης τοῦ Χριστοῦ Ἐκκλησίας, διαβιβασθεὶς δὲ ἐν ἴσῳ καὶ ἀπαραλλάκτῳ τῷ Ἱερωτάτῳ Ἀρχιεπισκόπῳ Βιμπόργου καὶ πάσης Φιλλανδίας κυρίῳ Σεραφείμ. Ἐν τοῖς Πατριαρχείοις κατὰ μῆνα Ἰούλιον ͵αϡκγ' (1923) Ἰνδικτιῶνος Στ'.

† Ὁ Πατριάρχης Κων/πόλεως Μελέτιος ἀποφαίνεται
† Ὁ Καισαρείας Νικόλαος
† Ὁ Κυζίκου Καλλίνικος
† Ὁ Νικαίας Βασίλειος
† Ὁ Χαλκηδόνος Γρηγόριος
† Ὁ Νεοκαισαρείας Ἀγαθάγγελος
† Ὁ Ῥόδου Ἀπόστολος
† Ὁ Φιλιππουπόλεως Βενιαμὶν
† Ὁ Κορυτσᾶς Ἰωακεὶμ
† Ὁ Βάρνης Νικόδημος
† Ὁ Δυρραχίου Ἰάκωβος
† Ὁ Βελεγράδων Ἰωακεὶμ
† Ὁ Ῥοδοπόλεως Κύριλλος

β) Πατριαρχική και Συνοδική Πράξις περί ανυψώσεως των Επισκοπών Καρελίας και Ελσίγκυ στην τάξη και τιμή Μητροπόλεων[2]

† Ἀθηναγόρας ἐλέῳ Θεοῦ Ἀρχιεπίσκοπος Κωνσταντινουπόλεως, Νέας Ῥώμης καὶ Οἰκουμενικός Πατριάρχης.

Ἡ Μετριότης ἡμῶν μετὰ τῶν τὴν περὶ ἡμᾶς Ἁγίαν καὶ Ἱερὰν Σύνοδον συγκροτούντων Ἱερωτάτων Μητροπολιτῶν, τῶν ἐν ἁγίῳ Πνεύματι ἀγαπητῶν ἡμῖν ἀδελφῶν καὶ συλλειτουργῶν, ἔχοντες ὑπ' ὄψει αἴτημα τοῦ Ἱερωτάτου Ἀρχιεπισκόπου Καρελίας καὶ πάσης Φιλλανδίας κ. Παύλου, παρακαλοῦντος ὅπως τὰ κατὰ τὰς συναποτελούσας τὴν Ἁγιωτάτην Αὐτόνομον Ὀρθόδοξον Ἐκκλησίαν τῆς Φιλλανδίας Ἐπαρχίας τῆς Καρελίας καὶ τοῦ Ἐλσίγκυ ῥυθμισθῶσι κατὰ τὴν ἐν ταῖς Ἐπαρχίαις τοῦ καθ' ἡμᾶς Πατριαρχικοῦ Κλίματος κρατοῦσαν τάξιν, ὥστε ἐμφανῆ εἶναι τὴν διοικητικὴν αὐτοτέλειαν αὐτῶν, ὁρίζομεν ὅπως:

α) Παραμενουσῶν ἀπαρασαλεύτων τῶν περὶ τῆς κανονικῆς θέσεως καὶ ὀργανώσεως καθόλου τῆς ἐν Φιλλανδίᾳ Αὐτονόμου Ὀρθοδόξου Ἐκκλησίας διατάξεων τοῦ ἐπὶ τοῦ προκατόχου ἡμῶν ἀοιδίμου Πατριάρχου Μελετίου τοῦ Δ΄ κατὰ μῆνα Ἰούλιον τοῦ σωτηρίου ἔτους ͵αϡκγ΄ ἐκδοθέντος Πατριαρχικοῦ καὶ Συνοδικοῦ Τόμου αἱ δύο Ἐπισκοπαὶ Καρελίας καὶ Ἐλσίγκυ ἀπὸ τοῦ νῦν ὦσιν ὑψωμέναι εἰς τὴν τάξιν καὶ τιμὴν Μητροπόλεων, τῶν τὴν ἀρχιερατικὴν ἐπιστασίαν αὐτῶν ἀναδεδεγμένων Ἀρχιερέων φερόντων τὸν τίτλον τοῦ Μητροπολίτου, καὶ

β) ὅπως καὶ ἐφεξῆς ὁ Μητροπολίτης Καρελίας καὶ κεφαλὴ τῆς ἐν Φιλλανδίᾳ Αὐτονόμου Ὀρθοδόξου Ἐκκλησίας ἐξακολουθῇ τιτλοφορούμενος καὶ ὀνομαζόμενος «Ἱερώτατος Ἀρχιεπίσκοπος Καρελίας καὶ πάσης Φιλλανδίας».

Εἰς μόνιμον παραφυλακὴν τῶν οὕτωσὶ κριθέντων καὶ κυρωθέντων Συνοδικῶς ἐκδίδοται ἡ παροῦσα Πατριαρχικὴ ἡμῶν καὶ Συνοδικὴ πρᾶξις κα-

---

[2]. Α.Ο.Π., Κώδικας, Ab΄/5 250-251.

ταστρωθεῖσα μὲν καὶ ὑπογραφεῖσα ἐν τῷδε τῷ Ἱερῷ Κώδικι τῆς καθ' ἡμᾶς Ἁγίας τοῦ Χριστοῦ Μεγάλης Ἐκκλησίας ἐν ἴσῳ δὲ καὶ ἀπαραλλάκτῳ ἀποσταλεῖσα τῷ Ἱερωτάτῳ Ἀρχιεπισκόπῳ Καρελίας καὶ πάσης Φιλλανδίας κ. Παύλῳ πρὸς γνῶσιν καὶ κατάθεσιν ἐν τοῖς οἰκείοις Ἀρχείοις.
Ἐν ἔτει σωτηρίῳ ͵αϡοβ΄ κατὰ μῆνα Φεβρουάριον (α΄) Ἐπινεμήσεως Ι΄.

† Ὁ Πατριάρχης Κωνσταντινουπόλεως Ἀθηναγόρας ἀποφαίνεται

† Ὁ Δέρκων Ἰάκωβος

† Ὁ Πριγκηποννήσων Δωρόθεος

† Ὁ Χαλδίας Κύριλλος

† Ὁ Λαοδικείας Μάξιμος

† Ὁ Σάρδεων Μάξιμος

† Ὁ Ροδοπόλεως Ἱερώνυμος

† Ὁ Εἰρηνουπόλεως Συμεών

† Ὁ Κολωνίας Γαβριὴλ

2. Εκκλησία Εσθονίας

α) Πατριαρχικός και Συνοδικός Τόμος περί παραχωρήσεως αυτονόμου καθεστώτος στην Εκκλησία της Εσθονίας[1]

† Μελέτιος, ἐλέῳ Θεοῦ Ἀρχιεπίσκοπος Κωνσταντινουπόλεως, Νέας Ῥώμης καὶ Οἰκουμενικὸς Πατριάρχης.

Ὁ Ἁγιώτατος Ἀποστολικὸς καὶ Πατριαρχικὸς Οἰκουμενικὸς Θρόνος τῆς Κωνσταντινουπόλεως διαπεπίστευται κανονικῶς τὴν φροντίδα τῶν διὰ καιρικὰς περιστάσεις ποιμαντορικῆς προνοίας ἐστερημένων Ἁγίων Ὀρθοδόξων Ἐκκλησιῶν. Ἐπειδὴ δὲ καὶ ἡ ἐν τῷ νεοσυστάτῳ Κράτει τῆς Ἐσθονίας Ὀρθόδοξος Ἐκκλησία διά τε τὰς ἐπελθούσας νέας πολιτικὰς κατ' αὐτὴν συνθήκας καὶ διὰ τὰς ἐν Ῥωσσίᾳ ἐπισυμβάσας ἐκκλησιαστικὰς ἀνωμαλίας ἀποχωρισθεῖσα τῆς συναφείας πρὸς τὴν ἐν Ῥωσσίᾳ Ἁγίαν Ὀρθόδοξον Ἐκκλησίαν, ἀφ' ἧς τέως κανονικῶς ἐξηρτᾶτο, διατελεῖ νῦν ἀπροστάτευτος, ἀποταθεῖσα δὲ πρὸς τὸν Οἰκουμενικὸν Θρόνον διά τε γραμμάτων καὶ διὰ τοῦ ἐπὶ τούτῳ ἀποσταλέντος Ἱερωτάτου Ἀρχιεπισκόπου Ἐσθονίας κυρίου Ἀλεξάνδρου ᾐτήσατο τὴν πνευματικὴν χειραγωγίαν καὶ προστασίαν αὐτοῦ πρὸς ἀσφαλῆ καὶ κανο-

---
1. Α.Ο.Π., Κώδικας Αβ΄/5, 21-24.

νικὴν λειτουργίαν καὶ διεξαγωγὴν τῶν κατ' αὐτήν, ἡμεῖς μετὰ τῶν περὶ ἡμᾶς Ἱερωτάτων Μητροπολιτῶν καὶ Ὑπερτίμων τῇ αἰτήσει ταύτῃ φιλοστόργως διατεθέντες, ἔγνωμεν, συνοδικῶς διασκεψάμενοι, τὴν προσήκουσαν περὶ τῆς ἐν Ἐσθονίᾳ Ὀρθοδόξου Ἐκκλησίας ποιήσασθαι πρόνοιαν καὶ διὰ πράξεως κανονικῆς τὰ κατ' αὐτὴν ἀποκαταστῆσαι ὑποκαθιστῶντας ἐν τούτῳ τὴν ἀδυνατοῦσαν λόγῳ τῶν περιστάσεων μεριμνῆσαι περὶ αὐτῆς Ἁγιωτάτην Ἐκκλησίαν τῆς Ῥωσσίας. Ὅθεν ἐν Ἁγίῳ Πνεύματι ἀποφαινόμενοι ἐπευλογοῦμεν καὶ ἡμεῖς τὸ ἤδη παρὰ τοῦ Μακαριωτάτου Πατριάρχου Μόσχας καὶ πάσης Ῥωσσίας κ. Τύχωνος ἀπονεμηθὲν τῇ Ἁγίᾳ Ὀρθοδόξῳ Ἐκκλησίᾳ Ἐσθονίας αὐτόνομον καὶ ὁρίζομεν ὅπως ἀπὸ τοῦ νῦν οἱ ἐν τῇ εὐλογημένῃ Δημοκρατίᾳ τῆς Ἐσθονίας βιοῦντες ὀρθόδοξοι χριστιανοὶ μετὰ τῶν ἱδρυμάτων αὐτῶν ὦσι συγκεκροτημένοι εἰς μίαν ἑνιαίαν ἐκκλησιαστικὴν περιφέρειαν, ἔχουσαν μὲν τὸ ὄνομα «Ὀρθόδοξος Μητρόπολις Ἐσθονίας», τηροῦσαν δὲ ἀπαρασαλεύτως τὰς ἀκολούθους διατάξεις:

α') Ἡ Μητρόπολις τεθεμελιωμένη ἐπὶ τῶν δογμάτων καὶ τῶν ἱερῶν Ἀποστολικῶν καὶ Συνοδικῶν Κανόνων καὶ τῶν λοιπῶν ἐκκλησιαστικῶν διατάξεων τῆς Μιᾶς, Ἁγίας, Ὀρθοδόξου, Καθολικῆς καὶ Ἀποστολικῆς Ἐκκλησίας καὶ κρατοῦσα τὸν μετὰ τοῦ Ἁγιωτάτου Ἀποστολικοῦ καὶ Πατριαρχικοῦ Οἰκουμενικοῦ Θρόνου κανονικὸν σύνδεσμον περιλαμβάνει ἔν γε τῷ παρόντι τρεῖς ἐπισκοπάς: τὴν Ἐπισκοπὴν Πετσέρι, δυναμένας ἀργότερον αὐξηθῆναι κατὰ λόγον τῶν ποιμαντορικῶν ἀναγκῶν καὶ ἐξ ἀποφάσεως τῆς Ἐκκλησιαστικῆς Συνελεύσεως τῆς Μητροπόλεως.

β') Ὁ ἑδρεύων σήμερον ἐν Ταλλίνῃ Ἐπίσκοπος τιτλοφορεῖται «Μητροπολίτης Ταλλίνης καὶ πάσης Ἐσθονίας» ὑπὸ τὴν προεδρείαν δὲ αὐτοῦ συνέρχονται οἱ Ἐπίσκοποι εἰς Σύνοδον, ἔχουσαν πάσας τὰς ἐξουσίας καὶ τὰς εὐθύνας, ἃς οἱ ἱεροὶ κανόνες τῇ Συνόδῳ τῆς Ἐπαρχίας ἀναγράφουσι καὶ ὑπέχουσαν εὐθύνας ἐνώπιον τοῦ Οἰκουμενικοῦ Πατριάρχου καὶ τῆς περὶ Αὐτὸν Ἁγίας Συνόδου διὰ τὴν παραφυλακὴν τῶν θείων δογμάτων καὶ τῆς κανονικῆς τάξεως ἐν τῇ δικαιοδοσίᾳ αὐτῆς.

γ') Ἐὰν μέχρι καταρτισμοῦ τοιαύτης Συνόδου ἤθελε παραστῇ ἀνάγκη χειροτονίας Ἐπισκόπου ἢ συγκροτήσεως Ἀρχιερατικῆς Συνόδου περὶ ζητημάτων δογματικῆς καὶ κανονικῆς φύσεως, ἔχει τὸ δικαίωμα ὁ Μητροπολίτης καὶ τούτου μὴ ὄντος ὁ μετ' αὐτὸν Ἐπίσκοπος, τῇ εἰδήσει μέντοι τοῦ Οἰκουμενικοῦ Θρόνου Μητροπόλεως ἀρχιερεῖς πρὸς καταρτισμὸν πλήρους Συνόδου. Ἡ τοιαύτη Σύνοδος ὑπέχει εὐθύνας ἐνώπιον τοῦ Οἰκουμενικοῦ Πατριάρχου καὶ τῆς περὶ Αὐτὸν Συνόδου τῶν Μητροπολιτῶν διὰ τὰς ἀποφάσεις αὐτῆς.

δ') Ἡ ἐκλογὴ, ἡ χειροτονία καὶ ἀποκατάστασις τοῦ Μητροπολίτου καὶ τῶν Ἐπισκόπων διενεργεῖται συμφώνως πρὸς τοὺς ἱεροὺς Κανόνας καὶ τὸ Καταστατικὸν τῆς Μητροπόλεως, τὸ δὲ κῦρος τῶν γενομένων ἀνήκει, εἰ μὲν πρόκειται περὶ ἐπισκόπου, τῷ Μητροπολίτῃ, εἰ δὲ περὶ τοῦ Μητροπολίτου τῷ Οἰκουμενικῷ Πατριάρχῃ.

ε') Οἱ κανονικῶς τοῖς θρόνοις αὐτῶν ἀποκατασταθέντες Μητροπολίτης τε καὶ Ἐπίσκοποι παραμένουσιν ἰσοβίως ἐν αὐτοῖς, ἐκτὸς ἂν παραιτηθῶσιν οἰκειοθελῶς ἢ ἐκπέσωσιν αὐτῶν κανονικῶς. Ἐπίσκοποι κατακριθέντες ὑπὸ τῆς Ἀρχιερατικῆς Συνόδου δικαιοῦνται εἰς ἔκκλησιν πρὸς τὸν Οἰκουμενικὸν Πατριάρχην, τελεσιδίκως μετὰ τῆς περὶ Αὐτὸν Συνόδου τῶν Μητροπολιτῶν κρίνοντα.

στ') Ἕκαστος τῶν Ἐπισκόπων ποιμαίνων τὴν ἑαυτοῦ ἐπισκοπὴν ἔχει τὰς ἐξουσίας καὶ τὰς εὐθύνας, ἃς οἱ ἱεροὶ Κανόνες καὶ ἡ μακραίων τῆς Ἐκκλησίας πρᾶξις τῷ Ἐπισκοπικῷ ἀξιώματι ἀναγράφουσιν.

ζ') Ὀφείλουσι μνημονεύειν ἐν τοῖς μυστηρίοις καὶ ταῖς τελεταῖς οἱ μὲν ἱερεῖς καὶ διάκονοι τοῦ οἰκείου Ἐπισκόπου, οἱ δὲ Ἐπίσκοποι τοῦ Μητροπολίτου καὶ ὁ Μητροπολίτης τοῦ Οἰκουμενικοῦ Πατριάρχου, παρ' οὗ καὶ λαμβάνει τὸ Ἅγιον Μύρον καὶ δι' οὗ ἡ κοινωνία μετὰ πάσης Ἐπισκοπῆς Ὀρθοδόξων τῶν ὀρθοτομούντων τὸν λόγον τῆς τοῦ Χριστοῦ ἀληθείας. Τῶν διατάξεων τούτων ὡς βάσεως ἀπαρασαλεύτου φυλαττομένων, ὁ Μητροπολίτης καὶ οἱ Ἐπίσκοποι μετὰ τοῦ κλήρου καὶ τοῦ λαοῦ αὐτῶν ἔχουσι τὸ δικαίωμα ὀργανοῦν ἐν ταῖς λεπτομερείαις τὴν ἐν Ἐσθονίᾳ ὀρθόδοξον Ἐκκλησίαν κατὰ τὰς ἀπαιτήσεις τῶν νόμων αὐτῶν ὑπὸ τὸν ἀπαραίτητον ὅρον ὅπως μηδεμία διάταξις τοῦ σχετικοῦ ὀργανισμοῦ εὑρεθῇ ἀντικειμένη τῇ διδασκαλίᾳ καὶ τοῖς κανόσι τοῦ Οἰκουμενικοῦ Πατριαρχείου.

Παραγγέλομεν δὲ πατρικῶς τῷ τε κλήρῳ καὶ τῷ λαῷ ὡς τέκνοις ἡμῶν ἐν Χριστῷ ἀγαπητοῖς, τιμᾶν τοὺς ποιμένας αὐτῶν καὶ Διδασκάλους καὶ ὡς ἡγουμένοις καὶ πνευματικοῖς αὐτῶν Πατράσι «πείθεσθαι καὶ ὑπείκειν» κατὰ τὴν τοῦ Παύλου ἐντολὴν «ἵνα μετὰ χαρᾶς τὸ ἔργον τῆς ποιμαντορικῆς διακονίας ἐπιτελῶσι καὶ μὴ στενάζοντες».

Ταῦτα οὕτω δόξαντα καὶ κριθέντα, ἐκυρώθησαν Συνοδικῶς, εἰς μόνιμον δὲ τούτων παραφυλακὴν ἐκδίδοται ὁ Πατριαρχικὸς καὶ Συνοδικὸς οὗτος Τόμος, καταστρωθεὶς μὲν καὶ ὑπογραφεὶς καὶ ἐν τῷ Κώδικι τῆς καθ' ἡμᾶς Μεγάλης τοῦ Χριστοῦ Ἐκκλησίας, ἐγχειρισθεὶς δὲ ἐν ἴσῳ ἀπαραλλάκτῳ τῷ Ἱερωτάτῳ Ταλλίνης καὶ πάσης Ἐσθονίας κυρίῳ Ἀλεξάνδρῳ.

Ἐν τοῖς Πατριαρχείοις κατὰ μῆνα Ἰούλιον ͵αϡκγ' (1923) Ἰνδικτιῶνος Στ'.

† Ὁ Πατριάρχης Κων/πόλεως Μελέτιος ἀποφαίνεται

† Ὁ Καισαρείας Νικόλαος

† Ὁ Κυζίκου Καλλίνικος

† Ὁ Νικαίας Βασίλειος

† Ὁ Χαλκηδόνος Γρηγόριος

† Ὁ Νεοκαισαρείας Ἀγαθάγγελος

† Ὁ Ῥόδου Ἀπόστολος

† Ὁ Φιλιππουπόλεως Βενιαμὶν

† Ὁ Κορυτσᾶς Ἰωακεὶμ

† Ὁ Βάρνης Νικόδημος

† Ὁ Δυρραχίου Ἰάκωβος

† Ὁ Βελεγράδων Ἰωακεὶμ

† Ὁ Ῥοδοπόλεως Κύριλλος

β) Πατριαρχική και Συνοδική Πράξη περί ενεργοποιήσεως του Πατριαρχικού και Συνοδικού Τόμου του 1923[2]

† Βαρθολομαῖος ἐλέῳ Θεοῦ Ἀρχιεπίσκοπος Κωνσταντινουπόλεως, Νέας Ῥώμης καὶ Οἰκουμενικός Πατριάρχης

Πατριαρχικὴ καὶ συνοδικὴ πρᾶξις ἐνεργοποιήσεως τοῦ πατριαρχικοῦ καὶ συνοδικοῦ τόμου τοῦ 1923 περὶ τῆς ὀρθοδόξου μητροπόλεως Ἐσθονίας

«Τὰ περὶ τῶν ἐνοριῶν δίκαια ταῖς πολιτικαῖς ἐπικρατείαις τε καὶ διοικήσεσι συμμεταβάλλεσθαι εἴωθε», διεκήρυξεν ὁ σοφός ἐν Πατριάρχαις Φώτιος ὁ Μέγας.

Ἐπεὶ τοίνυν οἱ Ὀρθόδοξοι Χριστιανοὶ οἱ ἐν Ἐσθονίᾳ παροικοῦντες καὶ τοῦ Ἐσθονικοῦ Ἔθνους τίμιον τμῆμα ἀποτελοῦντες ἐζήτησαν παρὰ τῆς Ἁγιωτάτης Ἐκκλησίας τῆς Κωνσταντινουπόλεως, τῆς ἱστορικῆς Μητρός Ἐκκλησίας πάντων τῶν ἐν Ἀνατολικῇ καὶ Κεντρῴᾳ Εὐρώπῃ Ὀρθοδόξων λαῶν, προστασίαν πνευματικὴν καὶ τῶν κατ᾽ αὐτοὺς πραγμάτων ρύθμισιν, αὕτη ὡς φιλόστοργος Μήτηρ τὸ ἐλεύθερον καὶ ὁμόφωνον αἴτημα τῶν τέκνων αὐτῆς ἀποδεξαμένη ἀνεγνώρισε καὶ ηὐλόγησε αὐτόνομον τὴν ἐν Ἐσθονίᾳ Ὀρθόδοξον Ἐκκλησίαν εἶναι ὑπὸ τὴν τοῦ Οἰκουμενικοῦ Πατριαρχείου πνευματικὴν ἐποπτείαν διὰ Πατριαρχικοῦ καὶ Συνοδικοῦ Τόμου ἐκδοθέντος ὑπὸ τοῦ ἀοιδίμου προκατόχου ἡμῶν Οἰκουμενικοῦ Πατριάρχου Μελετίου Δ΄ κατ᾽ Ἰούλιον τοῦ ἔτους 1923.

Μετὰ εἰκοσαετίαν ὅμως, καταλυθείσης βιαίως τῆς ἐλευθερίας καὶ ἀνεξαρτησίας τοῦ Ἐσθονικοῦ Κράτους, συγκατελύθη βιαίως καὶ ἡ ἐκκλησιαστικὴ τῶν ἐν Ἐσθονίᾳ Ὀρθοδόξων Χριστιανῶν αὐτονομία, τοῦ μὲν νομίμου Μητροπολίτου αὐτῶν Ἀλεξάνδρου μετὰ πολλῶν κληρικῶν καὶ χιλιάδων λαοῦ καταφυγόντος εἰς Σουηδίαν κατὰ Μάρτιον τοῦ ἔτους 1944, τῆς δὲ αὐτονόμου Ἐκκλησίας Ἐσθονίας ὑποταγείσης τῇ Ἐκκλησίᾳ τῆς Ρωσσίας,

---

2. Βλ. το κείμενο σε Ορθοδοξία (1996), 215-217.

ἀκολούθως μὲν τῇ συμβάσῃ τότε πολιτικῇ μεταβολῇ, ἀλλ' οὐ δι' ὁδοῦ συμφώνου τῇ κανονικῇ εὐταξίᾳ.

Ὁ Ἁγιώτατος Ἀποστολικὸς Πατριαρχικὸς καὶ Οἰκουμενικὸς θρόνος, ὡς φύλαξ τῆς κανονικῆς ἀκριβείας, μὴ ἀποδεξάμενος τὰ ἀντικανονικῶς βίᾳ καὶ τυραννίᾳ γενόμενα, ἐπὶ μακρὸν ἐξηκολούθει θεωρῶν ὡς ὑφισταμένην τὴν αὐτονομίαν τῆς Ὀρθοδόξου Ἐσθονικῆς Ἐκκλησίας, ἐκπροσωπουμένης κανονικῶς ὑπὸ τῶν ἐκτὸς τῆς τότε Σοβιετικῆς Ἑνώσεως ἐν ἐξορίᾳ διαβιούντων φυγάδων Ὀρθοδόξων Ἐσθονῶν. Ἐν τῷ πνεύματι τούτῳ ἐν ἔτει 1978ῳ, ἡ Μήτηρ Ἐκκλησία τῆς Κωνσταντινουπόλεως τῇ ἐκκλησιαστικῇ οἰκονομίᾳ χρωμένη, φιλαδέλφως δ' ἀνταποκρινομένη εἰς παράκλησιν τῆς Ἐκκλησίας τῆς Ῥωσσίας, λόγῳ τῶν καιρικῶν περιστάσεων, ἐκήρυξε διὰ Πατριαρχικῆς καὶ Συνοδικῆς Πράξεως τὸν Τόμον τοῦ ἔτους 1923 ἀνενεργῆ, ἤτοι ὡς μὴ δυνάμενον τότε ἔχειν ἰσχὺν ἐντὸς τῆς Ἐσθονίας, ἀποτελούσης τότε τμῆμα τῆς Σοβιετικῆς Ἑνώσεως, οὐχὶ ὅμως ἄκυρον ἢ ἀνίσχυρον ἢ κατηργημένον.

Ἤδη ὅμως, ἡ Ἐσθονία καταστᾶσα ἀπὸ τοῦ ἔτους 1991 Κράτος ἐλεύθερον καὶ ἀνεξάρτητον, ἀπαιτεῖ ὅπως, κατὰ τὰ δι' ἅπαντα τὰ ὀρθόδοξα ἔθνη ἰσχύσαντα, ἀποκατασταθῇ καὶ τὸ πρότερον αὐτόνομον καθεστὼς τῆς ἐν Ἐσθονίᾳ Ὀρθοδόξου Ἐκκλησίας διὰ τῆς ἐκ νέου ἐνεργοποιήσεως τοῦ Πατριαρχικοῦ καὶ Συνοδικοῦ Τόμου τοῦ ἔτους 1923, ἐπιστρεφούσης εἰς τὴν πατρῴαν γῆν, ἔνθα κατελύθη, τῆς ἐν ἐξορίᾳ ἐπιβιωσάσης αὐτονόμου Ἐσθονικῆς Ἀποστολικῆς Ὀρθοδόξου Ἐκκλησίας, ὡς ἐπισήμως ἐτιτλοφορεῖτο αὕτη ἀπὸ τοῦ ἔτους 1935.

Κατὰ ταῦτα, ἡ Ἁγιωτάτη Μήτηρ Ἐκκλησία τῆς Κωνσταντινουπόλεως, ἐνεργοῦσα δυνάμει τῶν θείων καὶ ἱερῶν κανόνων 9 καὶ 17 τῆς ἐν Χαλκηδόνι Ἁγίας Τετάρτης Οἰκουμενικῆς Συνόδου, τῶν ἐντελλομένων: «Εἰ δὲ πρὸς τὸν τῆς αὐτῆς ἐπαρχίας Μητροπολίτην, ἐπίσκοπος ἢ κληρικὸς ἀμφισβητοίη, καταλαμβανέτω τὸν ἔξαρχαν τῆς διοικήσεως, ἢ τὸν τῆς βασιλευούσης Κωνσταντινουπόλεως θρόνον, καὶ ἐπ' αὐτῷ δικαζέσθω» (Καν. θ΄)· καὶ «Εἰ δέ τις ἀδικοῖτο παρὰ τοῦ ἰδίου μητροπολίτου, παρὰ τῷ ἐξάρχῳ τῆς διοικήσεως, ἢ τῷ Κωνσταντινουπόλεως Θρόνῳ δικαζέσθω, καθ' ἃ προείρηται» (Καν. ΙΖ')· καθὼς καὶ τοῦ 34ου Κανόνος τῶν Ἁγίων Ἀποστόλων, διακελευομένου ὅτι αἱ Ἐκκλησίαι τῶν διαφόρων ἐθνῶν καὶ μάλιστα τῶν εἰς κράτη ἐλεύθερα καὶ ἀνεξάρτητα συγκεκροτημένων δέον ὅπως διαμορφώνται εἰς αὐτονόμους καὶ αὐτοκεφάλους ὑπὸ ἴδιον ἑκάστη Ἀρχιεπίσκοπον καὶ ἐπισκόπους· ἀπεδέξατο τὸ δίκαιον αἴτημα τῶν ἐν Ἐσθονίᾳ Ὀρθοδόξων Χριστιανῶν καὶ τῆς ἐντίμου Κυβερνήσεως τῆς Ἐσθονίας, πρὸς πλήρη ἀποκατάστασιν ἐν Ἐσθονίᾳ τῆς πρὸ τοῦ 1940 ὑφισταμένης Ἐσθονικῆς Ἀποστολικῆς Ὀρθοδόξου Ἐκκλησίας ὡς αὐτονόμου Ἐκκλησίας ὑπὸ τὸ Οἰκουμενικὸν Πατριαρχεῖον διατελούσης.

Ὅθεν ἡ Μετριότης ἡμῶν, μετὰ τῶν περὶ ἡμᾶς Ἱερωτάτων Μητροπολιτῶν καὶ ὑπερτίμων, τῶν ἐν Ἁγίῳ Πνεύματι ἀγαπητῶν ἡμῖν ἐν Χριστῷ ἀδελφῶν καὶ συλλειτουργῶν, Συνοδικῶς διασκεψάμενοι, ἀξιοχρέως δὲ περὶ πάντων ἐν τῇ τῶν ἐκκλησιαστικῶν πραγμάτων διακυβερνήσει καὶ διεξαγωγῇ μεριμνῶντες καὶ τὸ προσῆκον προνοοῦντες, ὡς ἔθος κανονικὸν ἔκπαλαι κέκτηται ὁ Ἁγιώτατος Οἰκουμενικὸς θρόνος ἵνα τὴν τῶν Ἐκκλησιῶν σύστασιν καὶ ὑπόστασιν προσηκόντως πρὸς τὰς τῶν καιρῶν ἀνάγκας καὶ τὴν καλὴν τοῦ ὅλου συγκροτήματος σύνθεσιν προσαρμόζει καὶ οἰκονομεῖ, εἰς εὔρυθμον ἑκάστοτε καὶ λυσιτελῆ τῶν ἐπὶ μέρους τε καὶ τοῦ ὅλου παράστασιν καὶ διακυβέρνησιν, κηρύσσομεν ἐκ νέου ἐνεργὸν τὸν Πατριαρχικὸν καὶ Συνοδικὸν Τόμον τοῦ ἔτους 1923 περὶ τῆς Ὀρθοδόξου Μητροπόλεως Ἐσθονίας ἐν πᾶσι τοῖς ὅροις αὐτοῦ, ἀναγνωρίζομεν δὲ ὡς νομίμους συνεχιστὰς τῆς Ἐσθονικῆς Ἀποστολικῆς Ὀρθοδόξου Ἐκκλησίας τοὺς ἀποδεχομένους τοῦτον καὶ διαφυλάξαντας ἀδιαλείπτως τὴν κανονικὴν συνέχειαν ἐκείνης.

Συγχρόνως, δηλοῦμεν ὅτι ἔχοντες ὑπ' ὄψει τὰς ἀνησυχίας τοῦ Μακαριωτάτου ἀδελφοῦ Πατριάρχου Μόσχας καὶ πάσης Ρωσσίας κυρίου Ἀλεξίου περὶ τῶν ἐν Ἐσθονίᾳ Ὀρθοδόξων μεταναστῶν Ρωσσικῆς καταγωγῆς πιστῶν, τῶν ἐκεῖ ἐγκατασταθέντων κατὰ τὸ διάστημα ὅτε ἡ Ἐσθονία ἀπετέλει τμῆμα τῆς τότε Σοβιετικῆς Ἑνώσεως, διακηρύσσομεν τὴν σταθερὰν ἡμῶν βούλησιν ὅπως ἐξασψαλισθῇ ἡ ἀπρόσκοπτος αὐτῶν ἐκκλησιαστικὴ ζωή, ἀποτελούντων ἀναπόσπαστον τμῆμα τῆς κατ' Ἐσθονίαν αὐτονόμου Ἐκκλησίας, ὑπὸ ἴδιον Ῥωσσόφωνον Ἐπίσκοπον ὀργανουμένων, ἐλπίζοντες ὅτι ἡ κανονικὴ καὶ νόμιμος αὐτῶν κατάστασις ῥυθμισθήσεται ἐν πνεύματι ἀγάπης καὶ εἰρήνης, ἐν τῇ ἐπιγνώσει τῆς ἀδελφικῆς ἑνότητος πάντων τῶν Ὀρθοδόξων λαῶν.

Ἐφ' ᾧ, εἰς δήλωσιν καὶ βεβαίωσιν καὶ εἰς μόνιμον παράστασιν τῶν οὕτως ἐκκλησιαστικῶς κριθέντων καὶ ὁρισθέντων περὶ ἐπανενεργοποιήσεως τοῦ Πατριαρχικοῦ καὶ Συνοδικοῦ Τόμου τοῦ 1923, ἐγένετο καὶ ἡ παροῦσα ἡμετέρα Πατριαρχικὴ καὶ Συνοδικὴ Πρᾶξις, καταστρωθεῖσα καὶ ὑπογραφεῖσα ἐν τῷδε τῷ Ἱερῷ Κώδικι τῆς καθ' ἡμᾶς Ἁγίας τοῦ Χριστοῦ Μεγάλης Ἐκκλησίας, ἐν ἴσῳ δὲ καὶ ἀπαραλλάκτῳ ἀπολυθεῖσα καὶ ἀποσταλεῖσα καὶ τῷ ὁρισθέντι Τοποτηρητῇ τῆς Ὀρθοδόξου Αὐτονόμου Ἀποστολικῆς Ἐκκλησίας Ἐσθονίας Ἱερωτάτῳ Ἀρχιεπισκόπῳ Καρελίας καὶ πάσης Φιλλανδίας, ἀγαπητῷ δ' ἡμῖν ἐν χριστῷ ἀδελφῷ κυρίῳ Ἰωάννῃ, πρός κατάθεσιν ἐν τοῖς Ἀρχείοις τῆς αὐτονόμου Ἐκκλησίας τῆς Ἐσθονίας.

Ἐν ἔτει σωτηρίῳ ͵αληϛ', κατὰ μῆνα Φεβρουάριον (κ'), Ἐπινεμήσεως Δ'.

† Βαρθολομαῖος ἐλέῳ Θεοῦ Ἀρχιεπίσκοπος Κωνσταντινουπόλεως, Νέας Ῥώμης καὶ Οἰκουμενικὸς Πατριάρχης ἀποφαίνεται

† Ὁ Λύστρων Καλλίνικος συναποφαίνεται

† Ὁ Χαλκηδόνος Ἰωακεὶμ συναποφαίνεται

† Ὁ Πέργης Εὐάγγελος συναποφαίνεται

† Ὁ Ῥοδοπόλεως Ἱερώνυμος συναποφαίνεται

† Ὁ Φιλαδελφείας Μελίτων συναποφαίνεται

† Ὁ Πριγκιποννήσων Συμεὼν συναποφαίνεται

† Ὁ Δέρκων Κωνσταντῖνος συναποφαίνεται

† Ὁ Ἡλιουπόλεως καὶ Θείρων Ἀθανάσιος συναποφαίνεται

† Ὁ Τρανουπόλεως Γερμανὸς συναποφαίνεται

www.ingramcontent.com/pod-product-compliance
Lightning Source LLC
Chambersburg PA
CBHW071409300426
44114CB00016B/2234